從近現代到後冷戰：

亞洲的政治記憶與歷史敘事

國際學術研討會論文集

總策劃：林明德

總幹事：張清泉

徐秀慧・吳彩娥　主編

國立彰化師範大學國文系　編輯

里 仁 書 局　印行

目　次

序

　　彰化師大扎根彰化，薪傳白沙書院的精神，迄今創校屆滿 40 年，適逢國文系創系 20 周年。我們向以培育優良師資生為使命，近年，因應社會與人口結構的改變，主動配合國家政策，積極轉型為綜合大學，用心經營優質的人文空間，念念以學術回饋社會。往昔，有一府二鹿三艋舺的符碼；今天，人文彰化見證半線風華。國文系與台文所貼近地緣，掌握人文脈搏，既挖掘詩學又耕耘區域文學，建立獨特的學術風氣，深受學界的肯定。

　　一九九〇年以來，隨著民族主義、新歷史主義、後殖民、後現代理論、文化研究與跨文化等思潮的引進，台灣文學的相關研究很快被納入這些理論中，而且蔚為風氣。影響所及，不僅中外文學界，甚至連歷史學、社會學、政治學也紛紛以台灣文學作為研究的文本，從而開啟跨文化研究的新學術途徑。

　　2008 年初夏，在期末的系務會議上，系所同仁凝聚共識，提出「台灣研究與亞洲對話」的構想，期望透過與來自亞洲各地學者的對話，連結跨界的文化研究社羣，藉以拓展人文研究的視野，擴大台灣研究的內涵。經過籌備委員充分討論、溝通後，大家為研討會定調：從後冷戰的視角回顧近代亞洲各國現代性處境的異同；論述主軸則為「亞洲的政治記憶與歷史敘事」的關係，並探討文化的生成與發展。於是 2009 年的一場國際學術會議，於焉誕生。

　　此次會議邀請國內外學者共二十四篇論文發表，討論的區域包括：台灣、中國（含偽滿洲國）、日本、韓國與馬來西亞等。議題則可概括為：馬華文學的集體記憶與歷史敘事、帝制批判與近代超克、民族主義與文學敘事、後殖民與集體記憶以及近代的超克與文化認同

等。十九世紀以來，亞洲各國被迫「向西方」看齊，一些主流論述往往忽略東方傳統文化自身的長處與亞洲觀點的思考，遑論批判西方強勢文化的入侵與衝擊，截至後殖民論述出現後才開始清理殖民主義的傷痕。當前全球化的大趨勢中，亞洲的崛起固然備受注目，但各國（地）經濟體的互利與衝突，導致各國（地）對外的民族主義與對內的族群意識日漸高漲，族裔關係愈來愈緊張。面對此一情勢，研討會提供平台，反觀自身處境與亞洲各國的夥伴關係，深化了彼此之間的了解。

　　為了讓發表的學者有充分沉澱、增刪論文的時間，會後我們並不急於出版論文集，經發表人的同意與審查的程序，二年後，我們精選了 17 篇論文，匯集成冊，以期作為學界了解亞洲的政治記憶與歷史敘事的開端，並期望此一研究社群能繼續連結下去，為深耕亞洲區域文化研究埋下種苗。

林明德　徐秀慧謹識

2011 年 9 月

凝視解體：
李希聖《庚子國變記》的深度書寫

吳 彩 娥

國立彰化師範大學國文學系

摘 要

發生於二十世紀初年的庚子事變，是一場轟天動地、清朝差點解體的大事件。相關的記載，大致展現為三個書寫面向：一、對入侵帝國的聲討；二、對貪腐清政權的批判；三、對義和團狂暴行徑的撻伐。當時評價頗高的《庚子國變記》，是李希聖以日記方式，記載上述三個面向、而特別著重在第二與三個面向的一本現場記實之作。這兩個特別著重的面向，在李希聖筆下又常是二而為一之事：有時官為寇，有時寇成官；官寇狂亂互易，扭曲變形，令人瞠目結舌。統治階層如此的腐敗病態，使得舉國迅即被捲入一個即將解體的漩渦中。本文因之分由「政軍解體」、「道德價值解體」、「思想觀念解體」等三個綱要，分析《庚子國變記》的書寫深度。

關鍵詞：清朝、李希聖、義和團、庚子事變、庚子國變記

一、前 言

　　關於凝視，約翰・柏格（John Berger）曾說道：「我們凝視的從來不是事物的本身；我們注視的，永遠是事物與我們之間的關係。我們的視線不斷搜尋，不斷移動，不斷在它的週圍抓住些什麼，不斷建構

出當下呈現在我們眼前的景象。」[1]對人類而言，觀看過去，穿梭於事事物物的深層，清理事事物物的根源，建構事事物物的景象，乃為重新標訂我們的理念方向、價值意識，歷史所以能垂鑑古今，原因也在於此。

發生於二十世紀初年的這場轟天動地、清王朝差點解體的庚子事變，對於目睹其狀，親遭其害的中國知識份子，究竟觀看到了什麼？又建構了何等景觀？含蘊了什麼意涵？發生了什麼影響？檢視有關庚子事變的記載，包括詩詞歌賦彈詞戲曲小說散文等，大致展現為三個書寫面向：（一）對入侵帝國的嚴厲聲討、（二）對腐敗清政權的強烈批判、（三）對義和團荒誕迷信行徑的峻責撻伐。[2]這些深度書寫呈現了當時知識份子對於民族社會國家處境的深重憂慮與焦思苦索。

李希聖（1864-1905）的《庚子國變記》是以散文逐日記載、即時掃瞄的方式，觀看王朝的迅速變化解體，書寫了上述三個方面，而特別著重在第二、第三個面向；但深入觀察，則又會發現，此二個向度在李希聖筆下，實是一而二、二而一的一件事，有時達官貴人迅即變為妖孽寇仇，有時妖寇立即轉成大官，官寇快速狂亂互易、扭曲變形，令人瞠目結舌不已。正如黃遵憲〈京亂補述〉這首詩所描寫的：「舉國成狂病，群官做賊曹。驢主兼狗相，踴躍喜同袍。」[3]君臣道消、蠢惡交構，官賊不分，群醜跳樑。統治階層的腐敗病態，使得舉國也被捲入一個瀕臨解體邊緣的酷烈旋渦中。

---

* 本文承蒙會議討論人及另兩位匿名審查者賜教，已作補正，萬分感激，謹此敬申謝忱。

[1] 約翰・柏格（John Berger）著，吳莉君譯：《觀看的方式》（台北：麥田出版社，2006），頁 110。

[2] 相關的內容分析可參見廣雅出版編：《庚子事變文學集・詩詞・戲曲》（台北：廣雅出版公司，1982），頁 13、23、28、34、36、43。

[3] 廣雅出版編：《庚子事變文學集・詩詞・戲曲》，頁 17。

　　李希聖字亦元，湖南湘潭人，光緒十九年進士，授官刑部主事；讀書務博覽，通古今治法，有經世志。[4]所記庚子事變，陳衍《石遺室詩話》卷七評之為「能盡情變」[5]，狄平子《平等閣詩話》卷一許為：「言成軌則，為世鑒誡，一時傳誦之。」[6]時人評價如此之高、騰傳如此之普遍；且庚子事變時，李希聖就在圍城中[7]，親眼目睹了喪亂，現場經驗深入，構造的景象格外突出鮮明具體，萬象並呈，同時因不假修飾，作者的理念觀感也自然直覺的流衍其中，予人客觀真實的感受；因此本文以李希聖《庚子國變記》作為論述的對象。[8]而其對清政府和義和團的書寫，實指向政軍體系、道德價值、思想觀念之

4　汪辟疆撰，王培軍箋證：《光宣詩壇點將錄箋證》（北京：中華書局，2008），頁480。

5　同上註，頁484。

6　同上註。

7　羅惇曧《庚子國變記》前文說道：李希聖庚子在圍城中，所為日記極詳雅，以觸犯多，不肯示人。有竊錄之者，託名日人小山重信著，稱《庚子傳信錄》，付印，較原著不及十之四五。壬子夏（民國一年）羅惇曧取而連貫之，成傳記體，並附記至慈禧太后西行後，刊於《庸言報》。羅惇曧《庚子國變記》今收於廣雅出版編《庚子事變文學集・說唱・散文》（台北：廣雅出版公司，1982），頁1119。

8　本文採自《續修四庫全書・史部・雜史類・446》（上海：上海古籍出版社，1997）；《續修四庫全書》本乃據上海圖書館所藏民國十二年刻的抱冰堂本影印。另：就羅惇曧《庚子國變記》說：李希聖只寫到慈禧光緒等人西狩為止，餘皆羅所補；且已改李希聖的日記體為傳記體寫法。今拿《續修四庫全書》本與羅惇曧之《庚子國變記》作一對照，發現太后出宮西行後部分，《續修四庫全書》本仍為逐日月而記，但已隨處加入傳記體寫法，稍不同於太后西行前的寫法，可能李希聖本與羅惇曧本已被融貫在後出的《續修四庫全書》本中。《續修四庫全書》本所影印的抱冰堂本既題為李希聖著，又較羅本為詳，故據之；但本文較側重在西行前作分析。

瓦解的開掘，故本文即循此三大主題，進行剖析。

二、政軍體系的解體：決策與執行的狂暴混亂

政軍體系的瓦解，《庚子國變記》所記載的，主要是指管理大眾事務與軍務系統崩解，進而造成皇朝瀕臨解體，社會經濟殘破，民生凋敝；書中所寫，以慈禧太后所主持的三次殿前會議最為詳細，也最具代表性。

戊戌（西元 1898）政變後，慈禧太后聽政，光緒帝雖一同上朝，但默無一言；慈禧太后並欲立載漪之子為大阿哥，只是各國並不認同。慈禧等人為護衛大權，庚子年（西元 1900）下令引進義和團入京，此時董福祥官兵剛殺了日本書記杉山彬，兩股巨大勢力合流後，更加放膽掠殺焚燒京畿教士、教民，及其住所、教堂等，城內大亂，火燒城闕，三日不滅，載漪順勢又倡導出兵圍攻各國使館，欲盡殲滅之；朝廷中主戰〈攻使館〉主和〈不攻使館〉兩股勢力相決不下，慈禧太后遂三次召來大學士、六部、九卿共同會商。[9]

會商是為了作成決策決定，是一種決策行為；決策行為涉及三個層次：決策者、決策過程、決策後的執行行動[10]；據李希聖的記載，三次會商，無論決策者、決策過程、執行行動，皆處於狂暴不堪的狀態。

---

[9] 見李希聖《庚子國變記》，收於《續修四庫全書・史部・雜史類・446》，同
　　上註，頁 441 下、442 上、442 下、443 下：「戊戌八月，太后復出聽政」「上
　　雖同朝視，嘿無一言」「欲立溥儁，各公使不聽」「太后使⋯⋯ 之（義和拳）
　　入京」「董福祥遣兵殺之（日本書記生杉山彬）」「火教民居，無老幼婦女皆
　　殺之」「城門盡閉，京師大亂」「火光燭天，三日不滅，是日召大學士、六部、
　　九卿入議」。

[10] 易君博著：《政治理論與研究方法》（台北：三民書局，1984，四版），頁
　　　81-98。

（一）首先就決策者來看，決策者是慈禧太后而非光緒帝。太后聽政，不合傳統政治意識法則的身分背景，使其名不正、言不順，註定難以糾合群臣同心協力。三次會商，主戰（攻使館）主和（不攻使館）、主消滅或主保障義和團的相反對立意見，都無法形成某種程度的共識。且慈禧太后一心想要握住權柄，會議前私見已成，自然偏向主戰與保護義和團之方；故三次會商，主觀情緒皆極強烈，不能平情客觀的判斷，致帶來災禍，人民的經濟產業、甚至生存權，也跟著遭殃。

例如第一次會商時，慈禧首先哭示臣子羅嘉杰所上英兵將脅迫歸政的小道消息[11]，繼則對主和或反對義和團者，不是怒目相視，便是屬聲詰問，替主戰者幫腔，讓主和者心生畏懼，不敢盡言[12]，這之中的問題如：1.攻使館的下場？（例如許景澄言：「攻殺使臣，中外皆無成案」「儻不測，不知宗社生靈置於何地？」）2.義和團為亂民抑義民？（例如袁昶視為亂民，長萃則視為義民）3.董福祥之驕悍能不能節制？（例如載漪視其為制夷無敵，光緒帝則視之為驕悍難用），凡此軍政主客觀情勢皆不能如其實的充分呈現，阻斷了決策者更周延的思考判斷。

第二次會商，慈禧太后更明白的指示主戰與保護義和團者，針對持反對意見的光緒帝，進行強烈辯駁[13]；而當支持擁護皇帝的增多，另一方處於劣勢時，太后則馬上指定平素佞倖的權臣發言，冀其傾向於己。[14]如是作為，頗失決策者應有的中立不倚之立場，更不能異中

---

[11] 同註9，頁442下：「太后哭，出羅嘉杰書，示廷臣」。

[12] 同上註：「太后目攝之」「畏太后不敢言也」。

[13] 同註9，頁443上：「太后曰：皇帝意在和，不欲用兵，……，今日廷論，可盡為上言」。

[14] 同註9，頁443下：「太后度載漪辯窮，戶部尚書立山以心計侍中用事，得太后歡，太后乃問山」。

求同，如：積衰兵弱如何與強敵作戰？拳民之居心與用術如何？的辯難異議；遂不能統合異質異量對付敵人，反而削弱分化了群體之力量。

第三次會議，慈禧太后非但不能異中求同，且欲置異議者於死地。[15]而於異議者所顧慮的種種後果，諸如：彼強我弱，戰敗如何收拾？以及前二次會議所累積下的矛盾問題，慈禧皆不願深入思索，但以「吾皆習聞之矣」[16]當作不足慮，而憤怒作結。因而形成偏頗無效的結論，註定了失敗的結局。

三次會議，於決策者所必不可免的三個判斷：價值判斷、事實判斷、後果判斷[17]，皆未妥善處理。例如價值判斷為行動目的的選擇，慈禧乃為逞其私欲，非為公益，故難以光明正大號召人心；又如事實判斷為對客觀情狀的了解，慈禧因其已偏向一方，另一方所言情狀皆被遮蔽，視而不見，決策者遂失去統觀全局的視野；後果判斷則為各種手段途徑可能造成的後果的設想，慈禧只耽溺在一廂情願護權的想像中，對其採取宣戰並任縱驕兵悍將與義和團橫行之手段，其可能造成的慘敗後果，毫不檢視或預為之計。由此可知決策者的不正不義、無明無識；如此，政軍體系如何不傾頹？生民如何不捲入一場大災難中？

（二）其次就決策過程來看，策略的制定，決策者固居首要地位，但環繞決策者四周圍的人事物之往來互動，亦構成重要的影響因素。三次會商，環繞在慈禧左右的皇上大臣及皇族王公將領，是對立的雙方，前者主和，認為將不可制、兵不可用，並欲消滅義和團；後者主戰，坦護董福祥，並大舉引用義和團。會商時，你來我往，各抒己見，互相詰難，本為常態，但載漪為首的皇族勢力，因有慈禧太后撐腰，

---

[15] 同上註：「太后大怒，召左右立斬之（指聯元）」。

[16] 同註 14。

[17] 同註 10，頁 87。

常常「語不遜」「色變」[18]，狂恣大言，喧囂不已，動不動就誣指對方為通敵「漢奸」[19]，要斬殺對方，故李希聖批評道：「聞者莫不痛心，詆為妖孽，知其必亡」。[20]而主和者之方，包括光緒帝及一般大臣，三言兩語即被慈禧或皇族王公叱止。[21]如此的決策過程，顯然不是在會商，而是氣燄高的那方，不斷以疾言厲色壓制對方的話語權，並屈辱對方之身心，以遂行其私。這種內鬥，在三次會商後，愈演愈烈，正式下令宣戰後，主戰者即教唆去殺害異己之大臣：許景澄、袁昶、徐用儀、立山、聯元等人。[22]這正是崩解的狀態。

決策過程所辯論的內容，主和者認為中國財絀兵單，敵強我弱，將驕拳亂，且甲午（西元 1894）戰後，創鉅痛深，元氣未復，不宜挑釁啟端，置宗社生靈於不顧。[23]凡此雖言之至為劑切當理，盡展底蘊，但主戰者只執意要掌握政權，不惜挑起內外戰爭，一味誇說拳民為義民，何等忠義與神異[24]，董福祥部隊如何剿回叛有功、有本領、能作戰。[25]然事實擺在眼前的是：會議所以召開，正因義和團在京師大肆焚殺，使得包括正陽門外四千餘家的京師富商，「數百年精華盡矣」[26]，京師大亂，商業破壞，人民呻吟於酷烈的殘殺下，卻無能節制之者；

---

[18] 同註 9，頁 442 下、443 上。

[19] 同註 9，頁 443 上、下。

[20] 同註 9，頁 443 上。

[21] 同註 19：「載漪語不遜，上嘿然」「太后大怒而起，以手擊案罵之」。

[22] 同註 9，頁 447 上～449 下：「殺許景澄、袁昶，秉衡有力焉」「五日內連殺五大臣，詔辭怵惕，無左證」。

[23] 同註 9，頁 442 上～443 上、下：「（上曰：）自朝鮮之役，創鉅痛深」「福祥驕難用，敵器利而兵精」「自甲午以後，財絀兵單」。

[24] 同註 9，頁 442 下～443 上：「神至能禁鎗礮」「火起刀槊不能傷」「義民起田間，出萬死不顧一生，以赴國家之難」。

[25] 同註 9，頁 442 下：「董福祥剿叛回有功，以禦夷當無敵」。

[26] 同上註。

董福祥的部隊則剛於會議前二日殘殺了日本書記杉山彬，卻妄辯無責，慈禧太后亦無可如之何。強敵壓境，而拳暴將驕，事實明擺在眼前，決策過程中，主政的慈禧太后，竟都可視若無睹，而開門揖盜，引火自焚，其狂亂悖理如此，舉國如何不陷入敗亡之境？整個社會經濟，如何能不陪葬其中？

（三）再其次，就決策後的執行行動觀之。決策後當然要付之執行，第一次會商後，並未明確決議圍攻使館、殺洋使，然義和團事實上早已在京師大殺教徒洋人，日人書記杉山彬亦已被殺而亡，如此一來，聯軍如何能不趕赴京城援助使館？第一次會議後，太后卻下令主和者許景澄去執行不可能的任務：往說駐在楊村的洋兵不要入京護衛。此舉可說只陷毫無保障的大臣於被棄被亡的的境地，景澄果然道中遇匪被劫幾死。[27]這種執行的指令，實荒謬而草菅人命。

第二次朝議會商後，圍攻使館否？亦未作成決議。卻又派遣大臣至外國使館，警告其勿調外兵來援，外兵至則雙方決裂。[28]只要求彼方，於己方之拳民軍隊皆無所節制，於大使館的安危亦不置一辭，何能阻止大使館人不向外求援？這些派遣行動，意義空洞，指令虛發，不知要解決何種實際問題？與決策的過程有何相關？因此顯現出了最高決策階層盲動的一面。

第三次會議後，慈禧太后決定要圍攻使館、殺使臣了，遂下詔褒獎拳民為義民，不追究任何之前的破壞行為，並撥內帑十萬兩供給之；又諭知各國使臣至總理衙門商議，卻埋伏斬殺來議的德使；同時旋命董福祥進攻交民巷大使館。董福祥本為左宗棠所招降之悍賊，與義和團混合，遂恣意劫掠，無論洋人或平民，皆遭其害。官寇不分，亦令人瞠目結舌不已，李希聖評之曰：「自有書契以來，蓋未聞奉詔

---

[27] 同註9，頁442上、下～443上、下：「往楊村說夷兵，令無入，道遇拳匪，劫之歸，景澄幾死」。

[28] 同註9，頁443下：「至使館曰：無召兵，兵來則失好矣」。

為官寇，寇而獎謂忠義，如今日者也。」[29]

　　這次會議後，看似有針對決策展開相關行動，然於助戰的拳民，但褒其義，而不加訓練，使之具有真正戰鬥能力，卻迷幻於其神力，則徒然使其仍為異類而已；等太后及一班王公大臣為壇為祠膜拜不已，影響所及，則「由是燕齊之盜，莫不搤腕並起，而言滅夷矣。」[30]山東河北盜賊假滅夷之名到處蜂起，則整個北方陷入無政府狀態了。

　　執行決策的行動中，又旁生枝節，斬殺了德國使者，無論這是有意或無意，都說明了決策與執行行動間產生了縫隙，造成了某種難以控制的情況；這種不能控制的情況在軍拳混合後，官寇不分、兵匪合一、劫掠多於攻打敵兵時，達於極點。當愈多的「不能制」「不能破」「不可制」[31]等意外狀況發生，就更表現出了決策不能被真正有效的執行或完成，甚至宣告失敗。攻打使館、殲滅洋兵之策既敗，則城破軍潰，清王室瀕臨解體矣，整個社會經濟民生自然也陷入萬劫難復的境地。

　　整個政軍體系的瓦解，也表現在城破之日。城破之日，太后欲召見大學士、六部、九卿，竟無一至者[32]，躲的躲、逃的逃。問計於軍機處，沒人敢言；載漪等權貴，倒是有的說「張白旗」，有的說「寓書使館，請停戰」[33]，總之，就是投降。結果白旗也沒人做，投降書也沒人寫沒人送，「大局靡爛至此」[34]，故《庚子國變記》不無諷刺的說道：「當是時勤王兵在保定者數萬人，不敢復言戰；而上書自名

29　同註9，頁446上。

30　同註9，頁443下。

31　同註9，頁445下、449上。

32　同註9，頁449下：「是日召見大學士、六部、九卿，無一至者」。

33　同註9，頁449下。

34　同註9，頁453下。

忠義，欲攻夷者，皆走竄山谷。」[35]

　　慈禧太后向洋人宣戰後，李鴻章首倡不奉詔之議，與各國商定東南互保，劉坤一、張之洞、袁世凱皆應和之。[36]此舉雖保住東南免於陷入混亂，然亦有異議而加以舉發者，如廣西巡撫黃槐森即指責劉坤一、張之洞等人的自保行動，「使夷兵得并力趨京師，誤大局」。[37]惟事後，慈禧於諸人並無議處，且派諸人為議和的全權大臣。《庚子國變記》於李鴻章、袁世凱皆持肯定之見：「當是時微李鴻章東南且亂，而袁世凱亦有應和之功焉。」[38]足見本書認為慈禧等一班人，已無能力治理天下，護衛子民。十一年後，武昌革命一起，各省馬上宣佈獨立，這不正是李鴻章東南自保模式的翻版？帝國果然瓦解。

　　書中又記載，自俄之侵佔東北，朝廷任其魔軍而進，慈禧太后在西逃途中，居然下詔書給壽山將軍，告誡他「無生釁」，但又「陰嗾之」[39]，政策反覆無常，東北遂淪入俄人手中，靠各國干涉，始免於被侵佔。於此又可見慈禧太后等人確已無能護國衛土，任人宰割矣。

三、道德價值的解體：正義與秩序的覆墜

　　人類的社會生活，有一些基本的道德價值是必須加以維繫的，諸如公平正義、誠實正直、相互尊重愛護等。在劇烈變動的時代，這些基本價值常流於混亂危墜，而造成社會的失範與失序；必待公權力的介入，方能保持典型和秩序的不墜不落。但若執行公權力的政治機構

---

[35] 同註9，頁451上。

[36] 同註9，頁454上、下：「李鴻章首倡不奉詔之議，坤一、之洞和之」「是時微李鴻章，東南且亂，而袁世凱亦有應和之功」。

[37] 同註9，頁454下：「黃槐森言：……坤一、之洞謀自保，私與夷約和，使夷兵得并力趨京師，誤大局」。

[38] 同上註。

[39] 同註9，頁453上。

執法不彰，甚至與不法份子同流合污，則政府喪失了道德根柢與統治的合法性，將給國家社會帶來動盪不安與莫大的危機。

庚子事變主要是由義和團和統治者的官兵聯手攻打駐在北京的各國大使館，而召來八國聯軍以保護公使為名的反擊。這場戰爭，除了上章所討論的統治者階層外，拳民亦為要角之一。拳民本被清廷定位為盜匪，是要被剿滅的對象[40]，然因慈禧太后等人為掌控政權，鑒其勢眾而熾，遂加利用，引入京城作為護衛，並撥給公帑，而改稱「義民」。懲凶擿惡者與狂徒盜匪共謀合作，等於是統治者與殺人放火、打家劫舍、戕官拒捕、攻城陷地的不法之徒，簽下了一個邪惡的協定：隨時可以互相利用、互相背叛、互相殘殺。於是官而為寇，寇而成官，是非顛倒，黑白混淆，人間正義失墜，社會秩序蕩然，整個道德價值瓦解矣。李希聖《庚子國變記》就是見證這一段活生生的瓦解過程。

據《庚子國變記》的記載，慈禧所以會引進拳民對付各國，是積累了一些背景因素的：首先是戊戌政變後，英人庇護了康有為，梁啟超則逃入日本；再者，慈禧謀立大阿哥，經元善在東南聯名數千人上書反對，被通緝，則逃入澳門；載漪通告各外國公使入賀立大阿哥之事，各國公使復不聽；因此慈禧等對外國人，積憤甚深，日夜圖謀報復[41]；剛好義和團以「扶清滅洋」為旗幟，遂大量引進，欲其護衛自己，並藉之廢立光緒帝。

義和團入京後，首先揚言要對付一龍——光緒帝，二虎——奕劻、李鴻章；因其或在戊戌變法時效法西洋、或任職總理衙門專辦外國事務、或與外國多所交往折衝。專制封建時代，在政治上公然挑戰統治者，已屬亂民；其既入京，更分壇設教遍於城中，日夜焚香結霧，黑雲蔽空，鬼氣愁慘。又自稱刀槍不入，能空中起火，一城之人皆爭先恐後入教，唯恐不入則被辱：連慈禧、載漪都在宮邸中供奉膜拜。

---

[40] 同註9，頁441下：「義和拳者起自嘉慶，時有嚴禁，犯者凌遲」。

[41] 同上註：「太后大怒曰：此讐必報」「太后及載漪內慚，日夜謀所以報」。

[42]如此則上自統治階級、下至京城內外居民，皆入其彀中矣。剎那間，拳民的「洪鈞老祖」「梨山聖母」等「神仙」，代替了皇帝「奉天承運」的「天命」位置；拳民成為神聖之民，超越一切階層，而此皆拜統治者所賜。統治者是正義的維持者，卻將正義所欲排除的暴民亂民含納其中，正義從此墜落。

　　慈禧與王公貴人的膜拜，遂亦召來一批欲諂媚干進的士大夫爭相追隨，百官上書則滿紙神怪，官署辦公廳則遍設神壇。[43]拳民數千百人，日日橫行都中，焚殺劫掠，火光照天，人莫敢正視。凡所不快者，即誣指為洋教士、教徒，殺盡其全家，如此而死者十數萬人；殺人時則「刀矛並下，肌體分裂，嬰兒生未匝月者亦殺之，慘酷無復人理」[44]；其實被義和拳宣稱為教民而殺死的，「十九皆平民」。[45]官員不敢制，不能制，整個社會亂無綱紀，秩序蕩然無存。

　　義和拳後來被比照官軍編成部隊[46]，助董福祥進攻各國使館，卻可專殺自如[47]，凡不附不順之官員，往往被傷至死。為了攻打聯軍，慈禧太后等又從天津招來十餘萬拳民，公庫不支，則公然為盜、殺人取財，或縱火延燒，真開門揖盜矣；編為軍隊卻又時時為寇，官寇不分。當聯軍攻破京城，義和拳則四下逃竄，聚黨山川，遍佈河北，鑄錢、掘塚、劫掠行人，無所不為，死者不可勝數[48]；太后西逃途中，

---

[42] 同註9，頁443下：「載漪即第為壇，晨夕必拜，太后亦祠之」。

[43] 同註9，頁444上、下：「當是時，上書言神怪者以百數；王公邸第，百司廨署，拳匪皆設壇焉」。

[44] 同註9，頁443下。

[45] 同註9，頁446下。

[46] 同註9，頁444下：「籍姓名，部署比於官軍」

[47] 同上註。

[48] 同註9，頁453下：「自河以北，大抵無慮皆匪矣，鑄錢、掘冢、劫掠行人，死者不可勝數」。

就被拳匪攻擊過，還不敢「正名為匪」[49]，完全抹殺了法治與暴力、罪與罰對治的正當性。

另外李希聖書上又記載著，李秉衡攻打聯軍時曾作了一次閱兵，帶著三千義和拳跟隨，「各持引魂幡，混天旂、雷火扇、陰陽瓶、九連套、如意鉤、火牌、飛劍，謂之八寶」以從。[50]陰陽怪氣琳琅滿目，簡直像在辦嘉年華會，也頗像雜耍特技團，這如何能作戰？攻敵不克，慈禧又請來「三賢」，實即妖僧、剽盜與精神病者[51]；助董福祥進攻使館時，又上演相同的戲碼：「巫步披髮，升屋而號者數萬人，聲動天地」。[52]搬弄荒誕神怪對付洋兵，自難取勝，義和拳於是於城外俘虜村民，前後約數百餘人，交給刑部斬殺於市，這些無辜者哀嚎就戮，至死尚不明白何以至此，「觀者數千人莫不頓足嘆息，憐其冤」[53]。等李秉衡出戰敗死，義和拳又無故殺民無算，以洩其恨[54]，凡此凶殘以逞，直如小說家李伯元筆下的人間《活地獄》圖，誰來護衛這些哀哀無告的人民？誰來主持社會的公平正義？

寇而成官，已令作者痛心疾首，更難以置信的是官而為寇。慈禧太后下令宣戰後，義和拳與官兵合流。當是時不僅義和拳殘殺不順不附之官員，董福祥、載濂等之軍隊，亦借機鋤殺異己，由貝子爺到大學士、各部首長、御史、太常卿，皆有人身亡，而城中居民屋舍近郊數里內，也皆被焚掠一空。[55]戰敗後，董福祥則先「縱兵大掠」，往西

---

[49] 同註9，頁454上。

[50] 同註9，頁448上。

[51] 同註9，頁445下：「普法本妖人；余蠻子以攻剽為群盜，至盡發蜀中兵乃捕得之；而（周）漢有心疾」。

[52] 同註9，頁445上。

[53] 同註9，頁447下。

[54] 同註9，頁448下：「秉衡死之，拳匪殺平民無算而歸」。

[55] 同註9，頁445下：「刲殺貝子……其家人多死者」「民居市舍，數里內，焚

撤逃的路上，所裝載的衣物、武備、軍糧，「輜重相屬於道」[56]。當其奔赴太后太原行在時，兵而散為盜者已去其十之五六，山西歲慊，年登不豐，米價騰貴，兵不得食，又任其出殺劫掠。[57]這是身為朝廷命官，心則盜賊意識，所作所為，乃為官又為寇的矛盾綜合。

而庚子拳變其時，「政在軍府，高下任心」[58]，權貴載漪常常殺賞無度，呵斥公卿，車騎服飾，擬於天子，自稱九千歲，隨意出入宮庭，目無光緒帝，數度欲謀殺之。[59]身居高位，所作所為，卻不斷釋出不忠不義的訊息，「僭越」無寧不也是一種盜寇意識？

至於慈禧本人，出宮逃亡前，特意先將看不順眼的珍妃推墮井中而後去[60]；途中命奕劻回京議和，卻又綁架其子為人質[61]；舉動凶狠毒辣。流亡沿途，不斷接受餽獻，不斷授官賣官；所過州縣，括民財，治供具，左右受賄，動至千金萬金；流亡回宮後，漸又奢華如故，起治宮室，整修圓明園，益騖於財。[62]類此政以賄成，貪狠交加，生民何賴？

其他朝廷要員、文臣武將，「偷合自全」[63]者不絕於書。戰爭中「坐城樓觀戰，飲酒歡呼」如剛毅與趙舒翹者有之；戰敗而謊報大捷如裕

掠皆空」。

[56] 同註9，頁449上。

[57] 同註9，頁452上：「會山西歲不登，米價騰躍，從兵不得食，時出劫掠」。

[58] 同註9，頁446上。

[59] 同註9，頁446上、455下：「賞賚無虛日，車騎服色擬於乘輿，至自稱九千歲，出入大清門，呵斥公卿」「載漪在道，數謀逆」。

[60] 同註9，頁449下：「珍妃有寵於上，太后惡之，臨行推墮井死」。

[61] 同註9，頁450下：「命奕劻回京議和，許便宜行事，太后遣人至懷來，取其子為質」。

[62] 同註9，頁461上～462下：「頗召名匠鑿地磚，為花鳥，費不貲」「大興兵衛，道死者相望」「歲時一遣人往視（圓明園）然所費猶日萬金」。

[63] 同註9，頁452下。

祿、彭述者有之；逃亡敗死而詔褒其忠如王廷相者有之；內訌相殘如廷雍之與勞乃宣，王兆騏蔭桓之與載漪剛毅、梅東益之與裕祿、董福祥之與徐虎恩、徐桐之與許景澄、載濂之與王文韶、剛毅之與榮祿；等等不一而足。[64]又有子迫父死，如徐承煜拿繩索給徐桐自縊而自躲禍者[65]；又有政客行徑，週旋於新舊勢力而屢獲優容如榮祿者。[66]

這些統治階層達官貴人，所行所止，於倫理要義、道德禁忌，皆相牴牾；把聖賢教誨、行為規範、朝廷法制、人間正義、社會秩序皆置之腦後，罔然勿顧；於是庚子事變由國是之變，變成人心之非之變，「惡質」得到空前的釋放——一種令人悚慄錯愕的桀驁不馴、一種摒棄法理道德的極惡剽悍。李希聖在本書中寫出了對世道人心渺不可尋的深沈幻滅感，對正統權力無可寄寓的無望感。然這當也驅使了其他知識菁英重新思考追求現狀以外的道德正義之可能，諸如革命。

四、思想觀念的解體：
民本、主權、宗教信仰的式微匱乏與喪失

思想觀念的作用在於幫助人類對於本身存在的各種複雜狀況、理念、價值、意義等，作系統而深刻的認知、體察與超越，以指導實踐的可能，因此，思想觀念的弱化崩毀，將使得真理茫昧，行為扞格，理想墜失。《庚子國變記》呈現出當時的思想觀念亦在解體中，包括民本思想的弱化，主權意識的匱乏，宗教信仰的喪失。茲分論如下：

---

[64] 同註9，頁445上下、446上下、448上下、450下、452上、454下、462下。

[65] 同註9，頁450下：「徐桐子承煜請桐自裁，桐猶豫，承煜引繩進之，桐不得已就縊」。

[66] 同註9，頁452下、462下：「天下頑鈍貪鄙之徒，皆輻輳其（榮祿）門，所得以鉅萬億計」。

（一）民本思想的式微

　　庚子事變這一場戰爭，是由慈禧太后等一班掌政者與義和團共同挑起，其後果是義和團被消滅，從歷史舞台消失，而清王室則差點解體。其後，在朝野共憤之下，王室雖宣布立憲變法，但仍流於敷衍了事的緩兵之計，而遭人民唾棄；從此人民的聲音高漲，人民為主體的思想崛起，民權的概念得到普遍的認同。庚子事變後的十一年，以民有民治民享為綱領的民主政體，終於取代君主專制。若由人民地位的逐漸凸顯、成為要角的趨勢往前回溯，則可看出，庚子事變及其之前，人民實不在當政者的視野範圍之內，亦即當政者對於政治歷史以民為本的思想是嚴重滑失的。

　　中國最遲在春秋戰國時代，便已指出政治的核心在人民，《尚書‧夏書‧五子之歌》說：「民惟邦本，本固邦寧」[67]，《孟子‧盡心篇》也說：「民為貴，社稷次之，君為輕」[68]，意即統治者務須考量人民的需求、好惡，以作為施政的方針；為政者尤要注意愛民、富民、教民、保民，所謂仁政愛民、民安則國泰是也。但庚子事變期間，當政者所有作為，都是圖一己之私，絲毫未見將人民的幸福生活納入考慮；尤其放任義和團屠殺人民而默不制止。

　　義和團之殺教民與平民，無論男女老幼；入京後橫行都中，又殺死十數萬人。官吏還先後上書，建議給予拳民按戶搜殺的權力[69]，甚至可以「專殺自如」，特別是針對談洋務、獻洋策者皆可殺。而民居

---

[67] 屈萬里著：《尚書釋義》（台北：中華文化出版社，1966，四版），頁174。有疑〈五子之歌〉為偽，然民本思想與孟子民為貴之說相近，故列之。

[68] 朱熹：《孟子集註》，收於《四書集註》（台北：世界書局，無出版年月），頁111。

[69] 同註9，頁444上：「（群臣）先後上書言義民所過，秋毫無犯，請令按戶搜殺，以絕亂源」。

市廛，被其焚掠一空；童稚亦不能免，常被驅為先卒，擋死於前。[70]當使館攻不下，則於城外抄掠村民充數，斬棄於市。京師居民本近四百萬，自此一亂，所過如掃，無一倖免。[71]當此之時，統治階層與義和團上下交相合流共謀，何曾嚴以法紀禁制之、罪罰之？民命如草芥，任其蹂躪踐踏，生殺予奪，仁民愛民的思想觀念無存，更別說保民護民之舉措了！

而慈禧太后及其一班掌政者，在詳論對不對外國使館開戰時，所著重的，皆在拳民可被利用、被驅使、有神術護身的工具性考量上著眼，彷彿拳民不為天子子民，是另類異物。開戰的目的，也不在為國家社會人民而戰，只因為外國庇護異議份子、維新黨人；出師毫無堂皇正大的理由作為號召，更別說民力剛處於甲午敗後，元氣大傷，財政匱乏，正宜恤民惜力，不可妄動干戈之時。凡此皆可看出，掌權者為穩握權柄，圖謀大位，遂任意驅民而戰，絲毫未以生民為慮。光緒帝雖再三以生靈為念：「不知宗社生靈置之何地」「奈何以民命為戲」「如天下生靈何」[72]；然只更加鮮明或反諷的呈顯出掌權者的不顧人民生死存亡、或對「民命」這種觀念的漠然無動於衷。即如太后逃西安再返京時，仍未能有所徹悟，依然「啟蹕儀衛甚盛」「發卒數萬人」將各省所貢獻的民脂民膏，悉數運回宮中。[73]

這種以民為本觀念思想的嚴重墜失，或故意漠視，其實更增加了上下君臣間嚴重的隔閡與撕裂，人民可以載舟亦可以覆舟，革命就是在十一年後，由人民所湧出掀起的澎湃狂潮完成的，這寧不是冷酷無血的統治階層所激起的。

---

[70] 同註9，頁443下：「嬰兒生未匝月者亦殺之」。

[71] 同註9，頁449下～450上：「京師盛時居人殆四百萬，自拳匪暴軍之亂，劫盜乘之，鹵掠一空，無得免者」。

[72] 同註9，頁442下、443上、443下。

[73] 同註9，頁462上。

（二）主權意識的匱乏

晚清在列強交相侵吞的情勢下，國家的主權意識當也被逼顯得相當敏感突出。慈禧太后集團連戰爭的手段都祭出了，是否就表示其國家主權意識相當分明？其實慈禧集團，對內，罔顧政治主體的人民，無法確保人民的基本生存權與身家性命的安全；對外，執政的正當性合法性同遭否定，則政治主權亦飽受質疑。慈禧於此雖感十分憤怒，卻無任何有效作為以宣示自己及國家的主權位置；此因其只了解佔住國內發號施令的位置，對於國際的承認，並無主權獨立乃是國家存在的重要表徵，在列強交相侵吞下，主政者尤須費盡心思擘劃籌謀，強力論述，始克奏其功的自覺意識。易言之，其維護國家主權的意識極其貧乏薄弱。這可由下列事實証明之：

甲：維新黨人及其異議份子受外國庇護，無法透過任何外交手段著其歸來接受審判；立皇位繼承人大阿哥，各國公使獲知亦不肯入賀；則其行政主權實不受各國承認，故其所汲汲努力措意的亦在此，自不急旁騖構述國家主權。

乙：對洋人宣戰，雖表明了自己對內政的實權，但合法性、正當性仍尚待論述建構，文內不見慈禧集團於此有所體認；更別說對外的國家主權。

丙：戰敗求和時，慈禧等人將罪名推給義和團，說是被其脅迫而下令宣戰[74]，這是藉口，而洋人接受，透露出洋人亦認為執政者並沒有絕對行使國家權力的實際能力；則連一群不法之徒都可脅制其獨立自主性，更何能在國際間維護住國家主權或爭取國際承認？

丁：義和團亂起，李鴻章、張之洞、劉坤一等人與洋人簽約，

---

[74] 同註9，頁453上：「朝廷方以國書致俄及英法德美日，皆藉口亂民，非國家之意，欲以甘言緩夷兵」。

劃東南自保，不應慈禧之徵召[75]，更加證明慈禧權力不穩，號令不達全國，主權有限。後李鴻章應詔作為議和的全權大臣，慈禧見合約並未列自己為禍首，竟歡喜過望，馬上下令成約。[76]則太后集團顯然沒有任何國家的主權意識，只要不傷己身，傷國又何妨？

（三）宗教的質變、信仰的喪失

當義和拳遇到船堅砲利，東方神秘感性遇到西方工具理性，似乎馬上烟銷火滅，潰敗瓦解，《庚子國變記》也諦視了這一潰散過程。

宗教之義，本指對神靈或祖先的崇拜信仰，及其一套表達敬意的相關儀式；約包涵三個層面：觀念體驗（即教義）、儀禮規範（即教儀）、組織型態（即教團）。這三個層面的內涵與型態常隨歷史社會的不同情境，呈現出不同的變化發展，宗教的神聖性不斷在世俗化當中。且社會愈往多元發展，宗教也愈多元化，宗教間的融通匯注也更見頻繁。同時，再怎麼變化、多元，核心觀念仍是人對神靈的崇拜，對超自然神秘力量的敬畏，人存在問題的啟迪，人精神與靈性的洗滌等。[77]

清末義和團本是流行山東、河北一帶的民間秘密組織，利用設壇、畫符、請神等神秘方法聚眾，教導信眾一種刀槍不入的拳法，稱

---

[75] 同註9，頁444下、454下：「李鴻章……合奏言亂民不可用，邪術不可信，兵端不可開」「李鴻章首倡不奉詔之議，……與各國領事議互保長江，各不相犯」。

[76] 同註9，頁456下：「（太后）方以首禍當議己，常惴慄不自安，及見約無之，喜過望，詔報奕匡、鴻章盡如約」。

[77] 瞿海源著：〈我國宗教變遷的社會學分析〉，收於朱岑樓編：《我國社會的變遷與發展》（台北：東大圖書公司，1981），頁357～396。又可見方永泉：〈宗教哲學與教育〉，Online, Yahoo奇摩。

為義和拳；一開始顯然是宗教與武術結合的一種強調武力的組織，因有排滿意識，故不容於當政者，被稱為匪類。《庚子國變記》將義和拳之興起推至嘉慶時[78]，可能當時人即視之為白蓮教的餘孽，是朝廷剿滅的對象。而隨著清末外人入侵愈急，洋教傳入愈盛，人民為求保身衛鄉護文，加入者也愈多，後受山東巡撫毓賢的招安入團，稱為義和團。因此義和團之興，先天帶有甚濃的民族矛盾與文化衝突的因素在內，是有其複雜的歷史社會條件和社會心理背景。[79]

義和團以其宗教加上武力的神異本領，受到慈禧太后等人的青睞，和其攜手合作，遂被正名為「義民」，成為帶有政治色彩的宗教團體，但同時彷彿又獨立於當時政治體制外，可以「專殺自如」[80]、不受節制。而打著「扶清滅洋」的旗幟，與政治展開微妙曖昧的離合關係，也使其神秘的宗教儀式，轉成政治華麗幻象的演出，異化了宗教啟迪靈性的本質，消解了信仰的真誠。

例如剛被太后准許入京，為展其神力，懾服天下，先在城中普設神壇，然後在夜裡焚火祠禱，黑烟罩城，顛跳比劃，以降神靈，自稱能役鬼神、止鎗砲、燒海船、斬首百里外而刀槊不能傷，氣氛極為神秘詭異，因此喝令全城居民一起跪拜，人莫敢不從者。[81]以如此神秘恐怖的暴力，控制撼懾人心，宗教變成一種令人發悚的意識型態，魅惑禁制錮蔽了人的心志，使之不得自由伸展，虔誠與寧靜也因之皆被抹消。

義和拳又常自誇有神術，如一老人謊稱自己有「禁方」[82]，臨去，

---

[78] 同註 40，頁 441 下。

[79] 李文海、劉仰東著：〈義和團運動時期社會心理分析〉，收於郭雙林、王續添編：《中國近代史讀本》（北京：北京大學出版社，2006），頁 409。

[80] 同註 46，頁 444 下。

[81] 同註 9，頁 442 上：「出則呼市人向東南而拜，人無敢不從者」。

[82] 同註 9，頁 447 上。

告訴載漪等王公大臣，倘若事急，可向東邊呼喊三次，則至；試之，果然應驗。其實幻術而已，卻引得滿朝文武大臣神魂顛倒，膜拜不已。如此宗教似又變成欺詐騙術矣。

同時各種鈎魂攝魄的奇特武器甚多，舉凡引魂幡、混天旗、雷火扇、陰陽瓶、九連套、如意鈎、火牌、飛劍等，無不配備，一出巡，彷彿天兵神將下凡，爆發出宇宙自然無邊的魔力，狂力的魅惑著民眾相信這支軍隊勢必攻無不克，敵無不掃，洋人無不死竄；攪掇得當時無論是僕隸廝圉、車夫小工，鄰里無賴，無不加入，成為北京城的全民運動。這種嘉年華式的宗教政治浮誇運動，一遇到洋人的船堅砲利、真槍實彈，馬上瓦解，不但政治的正當性被消弭了，宗教神聖的一面也質變為妖魔鬼怪齊被消滅。

再者，義和拳本帶有民族文化的矛盾衝突和憤怒仇外的心理情結背景，使其對洋人、洋教、洋物都加以殺害攻擊破壞；教士、教徒、教堂、鐵路、電線、洋書、洋畫外，連嬰兒生未匝月者也不例外。[83]平民百姓、大小官吏，若看不順眼，亦被誣指為洋人教徒，全被殺害。[84]攻不下大使館，則擄掠村民充數論斬。被聯軍打敗後，則四處逃竄，滿佈黃河以北，鑄錢、掘塚、劫掠行人，殺人不可勝數。[85]如此波及無辜者甚眾，動不動就是幾萬、十幾萬，而且殺人方式極為殘忍，刀矛並下，肌體裂分[86]，直是恐怖份子的作為。其實仇外仇教的心理可解：自鴉片戰爭以來，受辱蒙恥甚深，對於侵略者自應奮力反抗；而異教間的容忍、對話，在當時的歷史條件下，雙方尚待學習，可無議；但虐殺孩童及數十萬無辜同胞，豈是宗教之義？更別說滌淨大地所有

---

[83] 同註 9，頁 443 下：「夙所不快者，即指為教民，全家皆盡，死者十數萬人。其殺人則刀茅並下，肌體分裂，嬰兒生未匝月者亦殺之，慘酷無復人理」。

[84] 同上註

[85] 同註 48。

[86] 同註 83。

人類的穢德惡念的宗教情操了。故《庚子國變記》慨嘆其為「慘酷無復人理」[87]，直以匪類而不以人類視之。義和拳之為正義使者的宗教形象，至此亦完全被自己的所作所為摧毀，喪失了廣大民眾的信仰，而從歷史舞台消失。

五、結　論

清・王式通在為李希聖《雁影齋詩》寫的序文說道：「君博極群書，尤深史學，以詩寓史，悱惻纏綿，諷諭之遺，歸於忠愛」[88]，這段話說李希聖之詩忠愛纏綿，多寓史事；這段話也提到李希聖不但博極群書，尤其深於史學；證以其用散文所寫的這本歷史性質的書《庚子國變記》，則堪稱以史寓詩，其中對於人、事、物的記載，正寓有史一般的通觀深識和詩一般的深情關懷在，不只是大事記而已。這份深識深情是對於當時政軍體系的諦視凝想，和對道德價值、思想觀念的繫念與批判思索。

關於中西的接觸衝突與中國的對應變革之道，一般都認為是由器物、制度到文化精神的一系列演進，以此為框架背景，則具體的分期是：（一）從鴉片戰爭至甲午戰爭失敗，是從器物上承認不如西洋文明，而覺得有必要于此舍己從人的時期。（二）從甲午戰爭失敗至1911年辛亥革命成功，是懷疑一切成法，從制度上勇于建立的時期。（三）從辛亥革命到五四新文化運動，是從文化根本上認真進行反思的時期。[89]深究《庚子國變記》可看出其實不止是對政軍體系——第二期制度層面——有所批判反省，如本文第二節所敘述的；更兼有道德價值、思想觀念等第三期文化層面的反思，如本文第三、四節所敘述的；則其思力之深刻、超越，可見一斑。

---

[87] 同註83。

[88] 《叢書集成續編・143 冊・集部》（上海：上海書店，1994），頁497。

[89] 龐樸著：〈文化結構與近代中國〉，同註78，頁182。

　　對應於辛丑合約後，慈禧太后主動頒布的新政——立憲政體及教育、行政、財經、軍事各方面的改革[90]，進一步可以看出李希聖《庚子國變記》所觀照到的政軍解體、道德價值解體、思想觀念解體，確屬清廷敗亡的癥結所在；故陳衍評為「能盡情變」[91]——即能全盤掌握國家世情存亡變化的關鍵所在，而狄平子譽為「言成軌則，為世鑒誡」[92]，則見其已深刻的探觸到政治與歷史消息變化的規律——如其批判權臣載漪等一干人之引進義和團為帶給國家「必亡」的災難；批判官寇結合屠殺人民的荒謬為歷史所不容的極惡；批判慈禧等權貴的政以賄成、貪狠交加、置哀哀生民於不顧的必自絕於人民。而這些穿梭於事事物物的深層，清理事事物物的根源，所展示出的，即是本文所謂的深度書寫。

---

[90] 張習孔、田珏主編：《中國歷史大事編年・5》（北京：北京出版社，1987），頁 729。

[91] 同註 5。

[92] 同註 5。

Gazing at Disintegration:

A Systematic Interpretation of Li Xisheng's

Turbulent Empire during Gengzi Year

Tsai-Er Wu

Professor

Department of Chinese

National Changhua University of Education

Abstract

For Qing Dynasty's authorities, Genzi Incident, happened in the early periods of the 20st century, was like a big earthshaking event and almost disintegrated all of the governmental organization. According to relevant documents, the narrations about Genzi Incident represent three dimensions of writing: (1) to denounce the invaders; (2) to criticize the corruption of authorities; (3) to condemn Boxers' rebels and its violent conducts. The famous work *Turbulent Empire during Gengzi Year*, written by Li Xisheng in the form of diary and obtained strong approval in his time, is a realist solid work. It thickly described the above three dimensions, especially focused on the second and third dimension. In Li's writing, the descriptions of the second and third dimension were often woven together into one story: the officers are bandits sometimes, the bandits become officers sometimes; the status of the officer and bandit was surprisingly interchangeable. The degree of corruption of the ruling class is so strong and morbid that makes the whole nation involved in a fatal and disintegrated swirl. In order to sort out Li's thick descriptions, this article seeks to present a systematic interpretation by examining three themes: 'disintegration of army and government', 'disintegration of moral value', and 'disintegration of ideology'.

Keywords：Qing Dynasty, Li Xisheng, Boxers, *Turbulent Empire during Gengzi Year*

「花邊文學」事件與現代中國的
兩種民族主義

張　寧

廣東外語外貿大學中國語言文化學院

摘　要

「花邊文學」事件發生在 1934 年，魯迅將其理解為來自左翼內部的故意的「暗箭」，當事人廖沫沙在「文革」和晚年時均解釋為不知內情的「誤傷」。從一個角度看，廖的解釋雖具權威性，卻也不免留下疑竇；從另一個角度看，「誤傷」說本身就是通過曲折的途徑企圖還原歷史「真實」的努力。而如果將其置放在 20 世紀中國現代複雜悖謬的歷史和精神史背景中觀察，就會進一步跳出對個人責任的無謂歸咎，而將其視為兩種不同的民族主義的衝突和中國現代性內部的一種緊張狀態的結果。有意無意的，這也是左翼文化內部兩種不同的發展脈絡在民族主義問題上的交鋒。

關鍵詞：「花邊文學」事件、魯迅、廖沫沙、民族主義

一、事件的經過

1934 年，「左聯」年輕的盟員、共產黨員廖沫沙在 7 月 4 號《大晚報・火炬》上以筆名「林默」發表《論「花邊文學」》，諷刺《申報・自由談》經常刊登一種他稱之為「花邊文學」的文體，並重點批評了幾天前一篇署名「公汗」的雜感《倒提》的。

一年半以後，魯迅在編自己雜文集的時候，把刊發于 1934 年《申報・自由談》、《中華日報・動向》等的短評結集為《花邊文學》，其中收錄了《倒提》，並在《序言》中交代取名「花邊文學」的原因：

> 這一個名稱，是和我在同一營壘裏的青年戰友，換掉姓名挂在暗箭上射給我的。那立意非常巧妙：一，因為這類短評，在報上登出來的時候往往圍繞一圈花邊以示重要，使我的戰友看得頭疼；二，因為「花邊」也是銀元的別名，以見我的這些文章是為了稿費，其實並無足取。至于我們的意見不同之處，是我以為我們無須希望外國人待我們比雞鴨優，他卻以為應該待我們比雞鴨優，我在替西洋人辯護，所以是「買辦」。[1]

而《倒提》的文後，魯迅還附上了那篇《論「花邊文學」》。其實，在《論「花邊文學」》發表後不久，魯迅就已經知道「林默」是自己的「戰友」了。他在翌年給曹靖華信中寫道：

> 去年春天，有人在《大晚報》上作文，說我的短評是買辦意識，後來知道這文章其實是朋友做的，經許多人的質問，他答說已寄信給我解釋，但這信我至今沒有收到。[2]

---

[1] 魯迅：〈花邊文學・序言〉，《魯迅全集》第 5 卷，北京：人民文學出版社，1981。
[2] 魯迅：〈350207 致曹靖華〉，《魯迅全集》第 13 卷，北京：人民文學出版社，

1936 年初，他在給徐懋庸的信中又說：

> 年底編舊雜文，重讀野容，田漢的兩篇化名文章，真有些「百
> 感交集」[3]

這就是「花邊文學」事件的原始概貌。假如不是魯迅在日後大陸被神
聖化為偶像，這個事件也許不過是左翼文學運動中的一個小小插曲。
但正如人們所知，32 年後的 1966 年 4 月，作為「文革」的前奏，中
共北京市委統戰部長廖沫沙與市委書記處書記、前《人民日報》總編
輯鄧拓，北京市副市長、歷史學家吳晗一起遭到清洗，「花邊文學」
事件也被當作歷史舊帳翻出來，作為廖的「反動」罪證之一。鄧拓、
吳晗先後自殺，廖沫沙則作為「三家村」唯一幸存者活過了那個動蕩
的歲月。出獄之後，他曾以書信形式回答過研究者的詢問[4]，1984 年，
77 歲高齡的他又在《新文學史料》第 2 期發表了《我在三十年代寫
的兩篇雜文》，對「花邊文學」事件做了較為詳細的交代，也使這個
歷史小插曲，穿越時空，延宕著意義。

二、是否屬于誤會？

廖在文中把「花邊文學」事件解釋成一場「誤會」。他寫道：

> ……一九三四年的五、六月，我從左聯的同志中聽到一個傳
> 言，說時《申報》館老板受到國民黨的壓力，撤掉《自由談》
> 主編黎烈文先生的職務，換了《申報》館的一個老人當主編，
> 並且嚴禁左翼作家、包括魯迅先生在內再在《自由談》發表文

1981 年，頁 47。

[3] 魯迅：〈360107 致徐懋庸〉，《魯迅全集》第 13 卷，頁 393。

[4] 司徒偉智：〈「花邊文學」事件的真相需要澄清——關于魯迅與廖沫沙的"花邊文學"的爭端〉，《複旦學報》（社會科學版） 1980 年第 2 期。

章。

我一聽到這個消息，立刻火冒三丈。原因之一，黎烈文是我的同鄉、熟人，我在《自由談》發表文章，都是經過他的手；二、撤了他，不准左翼的人再投稿，失去我們左聯發表文章的一塊地盤；三、我自己不能再向《自由談》投稿還是小事，從此再也看不到魯迅先生的雜文，卻是大事。因為我一向愛看他的雜文，並且以之為範文，向他學習寫作，他是我最崇拜的前輩之一。

我懷著這股氣憤，從此就天天仔細看《自由談》，想找到它的岔子，寫文章出氣，沒等幾天，就碰上那篇提名《倒提》的文章，覺得它「有懈可擊」，而沒有看出它的曲筆背後的深意。我毫不遲疑地立即提起筆來寫了一篇《論〈花邊文學〉》，而且偏偏投寄給《自由談》編者黎烈文先生收訖，試探他是不是還在。

隔幾天，我的文章果然被退回來了，並且用編輯室的名義附給我一封簡短的信，大意是說，那篇《倒提》是一位老先生寫的，不便批評。我看完這樣一封簡複，便心裏捉摸：黎烈文如果還在報館，這次不用我的文章，他是會親筆或親自向我打招呼，說明那篇《倒提》是誰寫的。現在不這麼辦，就證明他已經離開。那篇《倒提》的作者是一個什麼「老先生」，我猜想，甚至可能就是新接任的《申報》館的「老人」。所以我更加發火，把我寫的文章改投《大晚報》，署名「林默」……[5]

對于魯迅致曹靖華信中所說「寄信解釋」一事，廖文則予以否認。他解釋說：

---

[5] 廖沫沙：〈我在三十年代寫的兩篇雜文〉，《新文學史料》1984 年第 2 期。

在我發表那篇文章後不久，我被黨組織調去做秘密工作。我不但搬離了原住所，而且同一切熟悉的人斷絕往來。這是秘密工作的紀律要求，我從那以後就再沒有同左聯的任何人見面。……冬天，我正在法租界捕房和上海公安局挨打受苦，又怎麼能同那位好心的第三者見面，並且給魯迅先生寫解釋信呢？[6]

廖沫沙先生的這些說明和解釋，與他「文革」中被逼所做的檢查以及為自己被強加罪名所做的申訴基本上吻合。這些檢查和申訴日後收入《甕中雜俎》，于 1994 年由中國社會科學出版社出版。有了廖沫沙這個事隔幾十年後的詳細交代，「花邊文學」事件作為左翼文化界內部的一場小誤會應該是澄清了，因為這個事件的幾個構成要素似乎都得到了圓滿的解釋。這些要素包括：

一、寫《論「花邊文學」》只是為了報複《申報》，如果知道「公汗」的真實身份，對魯迅敬愛有加的年輕作者，怎麼可能還會執意批判呢？

二、雖然廖沫沙和田漢是好友，但在紹伯（田漢）那篇《調和》在《大晚報‧火炬》上發表時（1934 年 8 月 31 日），他已經調離左聯，改做與舊友切斷一切聯系的秘密工作，所以「花邊文學」事件不可能像魯迅以為的那樣是與《調和》事件相關聯的。而仔細閱讀《論「花邊文學」》和《調和》也會發現，前者的基調是嚴肅的，與後者毫無根據的捉弄人顯然不可同日而語。

三、可能有「好心的第三者」出面調停魯迅與「野容」（廖在《自由談》發文時的筆名）的糾葛，但這個調停者根本沒有機會與完全轉入地下、隨後又坐牢受刑的廖沫沙見面。

四、廖沫沙知道《倒提》作者為魯迅時，已經「是在一九三六年

---

[6] 廖沫沙：〈我在三十年代寫的兩篇雜文〉。

夏秋出獄以後或在抗戰以後看到《魯迅全集》之後的事」，自然也無從向已去世的魯迅做出解釋。

但這個看起來無懈可擊的解釋鏈條，卻也留下了一個不小的疑竇。這疑竇不是出現在第二至四項中，而恰恰出現在他解釋最為詳盡的第一項上。這個疑竇是：他真的不知道《倒提》一文是魯迅寫的嗎？

《倒提》發表時間是 6 月 28 日，署名「公汗」。在此之前，「公汗」已經在《自由談》發表過《偶感》（5.25）和《論秦理齋夫人事》（6.1），如果廖沫沙如他所說在「1934 年的 5、6 月」間，「天天仔細看《自由談》，想找到它的岔子」，就不會看不到這兩篇短評。而問題恰恰在于，《偶感》、《論秦理齋夫人事》和《倒提》這三篇署名「公汗」的短評，又最能體現出魯迅雜文的特征。比如《偶感》中對中國文化積弊的激烈批判及「染缸」的特有用法，《論秦理齋夫人事》裏在「黑暗的吞噬之力，往往勝于孤軍」的特有現實感中所表達的對改革的熱望，還有《倒提》中從「熱風」時期就一以貫之的以「別國」為參照而對國民性的批判，以及「廚房」的「人肉筵席」式的隱喻。這些魯迅典型的意識和意象，絕非「新接任的《申報》館的『老人』」所能為之。

自從黎烈文 1932 年底留學歸來接手《申報‧自由談》後，包括魯迅在內的一批左翼作家便活躍在這個副刊上。魯迅在《自由談》上雖然用的是化名，但往往用上幾次，便會被辨認出來，所以他不得不頻繁地變換筆名。一些仿他文體的年輕作者的文章，反而經常被誤認為出自他的手筆。廖沫沙身兼《自由談》讀者和作者雙重身份，又「一向愛看他（魯迅）的雜文，並且以之為範文，向他學習寫作」，並且特別強調他是從《自由談》上閱讀魯迅雜文的（「我自己不能再向《自由談》投稿還是小事，從此再也看不到魯迅先生的雜文，卻是大事」），也就是說，他自己也是從文體和文意上來辨認魯迅雜文的，並且達到了熟稔有加的程度。在此情況下，對三篇最能體現魯迅雜文特征的短

評，不僅沒有辨認得出，反而以為是那位為「嚴禁左翼作家」而取代黎烈文的「《申報》館的『老人』」所作，這就不免使人生疑。

疑竇還來自于《論「花邊文學」》刊發時的「作者附識」：

> 這篇文章投了好幾個地方，都被拒絕。莫非這文章又犯了要報私仇的嫌疑麼？但這「授意」卻沒有的。就事論事，我覺得實有一吐的必要。文中過火之處，或者有之，但說我完全錯了，卻不能承認。倘使得罪的是我的先輩或友人，那就請諒解這一點。

其中一個疑竇是，魯迅《倒提》發表于 6 月 28 日，廖沫沙《論「花邊文學」》發表于 7 月 3 日，其間僅僅隔了五天。從閱讀、寫作、寄稿《自由談》、退稿，到再寄稿《大晚報・火炬》、編輯、發排，五天時間已是最快的速度，廖文「作者附識」中說「投了好幾個地方」，顯然與實際不合。這當然可被視為作者的某種修辭性。

疑竇之二是，既然《論「花邊文學」》是為報複《自由談》的「轉向」，《倒提》作者也被誤認為「嚴禁左翼作家」的「新接任的報館的『老人』」，那麼廖作為階級陣線意識明確的左聯評論家，怎麼還會以如此客氣的口吻，而使用「那就請原諒」的綴語？而他之聲明「就事論事」、無有「授意」不也顯得多此一舉？

更恰切的解釋可能是，廖至少在寫《論「花邊文學」》時已經意識到作為《倒提》作者的「老先生」，屬于同一陣營（而這一陣營裏的「老先生」只有魯迅），是極有可能被「得罪的……先輩或友人」。

必須承認，以上這些仍然是推論，雖然是有根據的推論，並且早在 20 多年前學術界在為廖沫沙「平反」之際就有人質疑「誤傷」之說[7]。但作為事實的認定上，我們仍然需要尊重當事人的自述。如果

---

[7] 徐允明：〈「花邊文學」的爭端及其質變〉，《魯迅研究月刊》1982 年第 2 期。

繼續按常規推論下去，就有可能走向道德歸罪，即晚年的廖沫沙先生仍然在回避事實。然而，尚有一種非常規性的推論會讓我們看到另一種可能，即廖沫沙先生並非回避事實，他只是在一種時代的困境之下自然地展現了某種修辭性。這種時代的困境在他《我在三十年代寫的兩篇雜文》最後一段話中被呈現出來，他是在交代他寫此文的動機：

> 「因為事實錯誤在我，我本來不想辯解什麼，但三十多年之後，竟被林彪、『四人幫』利用來誣陷我，而今天的年輕同志對我這段歷史感興趣，還發生了爭論，因此我寫了以上這些來『自白』一番。」[8]

從純粹的角度看，為什麼「事實錯誤」非得在「我」呢？廖沫沙先生「不想辯解」的苦惱究竟是什麼呢？

他所提到的兩件事的象徵性也許可以幫助解答。一是魯迅自逝世以後，尤其是 1949 年後，日益被神聖化和偶像化，以致「今天的年輕同志」對與魯迅爭論有關的歷史事件仍然「感興趣」，而是否用「暗箭」射向過魯迅也仍然構成了時代的道德壓力。

二是與之相伴隨，政治勢力則在一段時間裏把批評魯迅作為清洗和迫害的一個「罪證」。事情原本的意義，在轉換一個時空後，完全變成了另外一種意義，而對歷史事件加以敘述的空間，也只能在兩個固定的點上徘徊，具體到「花邊文學」事件上，則是：究竟是「誤傷」（輕罪或無罪），還是有意射「暗箭」（重罪或道德汙點）？而另一個維度上的討論則根本無從進行，即廖沫沙無論預先知道不知道《倒提》作者是魯迅，他原本都是無罪的，也不該承擔任何道德壓力，即便魯迅當時需要他的解釋，並使用了「暗箭」這樣特定的修辭，那也是在雙雙無罪的歷史情景下的人際糾葛和觀點分歧。然而，在新的歷史敘

---

[8] 廖沫沙：〈我在三十年代寫的兩篇雜文〉。

述空間中，廖沫沙辯護自己「無罪」或「輕罪」的途徑，只剩下自願選擇「誤傷」說，因為只有這樣，才能通過這個曲折的途徑多少還原一下歷史的「真實」。即便廖沫沙艱難「自白」了這一番，我們仍能傾聽出其中隱忍的、難以宣泄的苦惱。

三、他們爭什麼？

那麼，在這個事件中，廖沫沙與魯迅究竟在爭執什麼？魯迅為何一直期待著廖沫沙的解釋，並在解釋不到時把事情公之于眾？讓我們先來看看「公汗」和「林默」的觀點分歧。

《倒提》是一篇不足 700 字的短文，評說的是租界的一種日常小事：租界有法律禁止虐待動物，而國人習慣的倒提雞鴨被認為屬于虐待，因而遭到當局罰款。「有幾位華人便大鳴不平，以為西洋人優待動物，虐待華人，至于比不上雞鴨」[9]。這個事情抽象出來就是：法律禁止虐待動物，凡虐待動物者處罰，任何種族概莫能外。但問題在于，「洋人」沒有倒提雞鴨的習慣，受處罰的均是「華人」。問題還在于，這是殖民地——租界的法律，如果沒有租界，而是在中國自己的司法管轄下，也就可能沒有這條法律。

但法律的殖民性質在《倒提》中並沒有被提及，不管是「大鳴不平」的「幾位華人」，還是分析這件事的作者本身，都是把租界當作一個既成事實接受下來，把「倒提」受罰作為一個純粹的法律事件而予以靜態的分析和評論。但即使如此，殖民地「焦慮」也沒有從這種靜態的分析結構中徹底逃離。比如，「大鳴不平」的「幾位華人」並不說立法和執法者優待動物而虐待人，而是說「西洋人優待動物，虐待華人，至于比不上雞鴨」。作者也沒有失去被殖民者的身份感，特

---

[9] 魯迅：〈花邊文學•倒提〉，《魯迅全集》第 5 卷，北京：人民文學出版社，1981。

別指出「他們鄙視我們，是的確的」[10]，並也使用「西洋人」的稱謂，但卻堅持在雙方無意中約定的那種靜態分析結構中就事說事兒。正是這種靜態分析結構，使對問題的討論暫時擺脫了殖民關系，而進入到「洋人」和「古人」的對比，以及「我們」今天狀況的分析。「公汗」認為，「洋人」雖然「鄙夷我們」，但立法保護動物、禁止「倒提」雞鴨，卻並非為了把我們「放在動物之下」，而只是表明人和動物的一種關系，並顯現了某種文化和歷史中人的仁慈之可能性。其實這正是在近代中國一代先覺們身上體現的一個最為痛苦的悖論：一方面感同身受著被侵略、被壓迫的苦痛，另一方面又不得不在苦痛中從侵略和壓迫者那裏學習自強乃至自我提升的真谛，從而賦予侵略壓迫者以雙重身份：敵人和老師。

　　但在《倒提》中，「公汗」在辨析這種關系時，卻也面臨著一些潛在的邏輯和歷史困境，比如，雞鴨最終還要「做成大菜」，對倒提與否的關注是否虛偽？還有，近代以來，「洋人」入侵，強設租界，踐踏中國主權和尊嚴，反而在租界立法優待動物，這是否也是虛偽？這種困境使關于「倒提」的討論又不可能囿于一種靜態分析結構，于是，分析者就需要在就事論事的靜態分析與基于廣闊背景下的動態分析之間，既界限分明而又適度、有效地遊移。「公汗」提示，禁止倒提動物，僅僅是因為動物「不能言語，不會抵抗」，雖是送它們死，可人「又何必加以無益的虐待呢」？這是一種人對異類的體恤，不僅「西洋人」具有，「我們的古人」也有，比如古人對「『生挫驢肉』『活烤鵝掌』這些無聊的殘虐」的「攻擊」。不過細微區別還是有的，即古人還沒有細致到「察出雞鴨的倒提之災來」，這就使得我們至今仍對倒提雞鴨視若無睹。至于中國古代，連人也遭遇「倒提之災」，這從」倒懸」一詞的發明就能看出來。

---

[10]　魯迅：〈花邊文學‧倒提〉，《魯迅全集》第 5 卷。

　　那麼，「幾位華人」對「倒提受罰」的「大平不鳴」，是否有益于人們從受「洋人」奴役的狀態中走出呢？正是在這個焦點上，「公汗」犀利地觸及到了「大平不鳴」者不易覺察的奴性心態：不是從人的尊嚴，從人所應有的狀態（這狀態既包括「人能組織，能反抗」，能「自由解放」，「獲得彼此的平等」，也包括對動物的體恤）提出問題，而僅僅把自己放在與動物的比較上而「大平不鳴」。

　　「公汗」看出，這種「大平不鳴」雖然表面上有反抗之意，實則還是祖傳的家方，等待著「從天上或什麼高處遠處掉下一點恩典來」。這種潛在意識的極端表現，就是「莫作亂離人，甯為太平犬」，甯願「變狗，而合群改革是不肯的」。[11]這顯然是魯迅十幾年來的一貫立場，也把「倒提受罰」這個簡單事件帶入到反壓迫、求解放的民族主義背景中[12]。只不過，這種民族主義是內傾性的，自我反省式的，並把民族解放和人類自由平等的普遍意義帶到一起。這是魯迅青年時期在日本留學時就有的思想。

　　讓我們看看「林默」是怎樣反駁的。

　　「林默」首先點出了《倒提》中一個雖圍繞其言說、但卻沒有明確出示的語義背景，即「幾個華人」的「大平不鳴」，起自于租界有禁止苛待動物的立法，卻無「禁止苛待華人的規律」。接著把「公汗」的意思歸結為四項：

　　第一是西洋人並未把華人放在雞鴨之下，自歎不如雞鴨的人，是誤解了西洋人。

　　第二是受了西洋人這種優待，不應該再鳴不平。

---

[11] 魯迅：〈花邊文學・倒提〉，《魯迅全集》第5卷。

[12] 魯迅此前（1933年）也曾將中國人在租界受虐待和中國人自己虐待動物這兩個意象並列在一起，如〈准風雲談・黃禍〉：「有一個人在德國治下的青島所見的現實，卻是一個苦孩子弄髒了電柱，就被白色巡捕提著腳，像中國人的對付鴨子一樣，倒提而去了。」（《魯迅全集》第5卷，頁354）

第三是他雖也正面的承認人是能反抗的，叫人反抗，但他實在是說明西洋人為尊重華人起見，這虐待倒不可少，而且大可進一步。

第四，倘有人要不平，他能從「古典」來證明這是華人沒有出息。

這四項中除了第一項符合原文之意，第二項顯然是曲解；為了緩和這明顯的曲解，第三項承認了作者「叫人反抗」，卻又引向作者語義中根本沒有的一個方向——「他實在是說明西洋人為尊重華人起見，這虐待倒不可少，而且大可進一步」；第四項則沿著第三項中的邏輯，繼續導向一個極端的方向——終究是「華人沒有出息」。

「公汗」表達的意思和「林默」接受的意思之間，為什麼會相去如此之遠？這恐怕很難說如廖沫沙自己所說是故意「找岔子」的有意為之；「沒有看懂《倒提》的『深意』」倒是真的，這是一個非常有意思的語義不對接現象，也是一種心靈和價值的不對接現象，而後者則深深縈根于中國現代史中的兩種民族主義的衝突。

從《論「花邊文學」》的後半部分可以看出，「林默」所依據的民族主義意識具有鮮明的絕對主義和唯我主義的排他性特徵，因而根本不把魯迅式內傾性的、自省的、尊重「別國文明」的民族主義看作是民族主義的。它將所有民族主義的自我批評和正面的「他者」影像皆簡化和漫畫為一種單一現象，即華人「幫洋人經營生意」的「買辦」行為。這是一種非邏輯性的「轉化」，即先將一種歷史現象（如「買辦」）「汙名化」，接著便通過一種「為我所用」的形象化或抽象化方式，粘合更多更豐富更複雜的現象，使之更大面積地被「汙名」。「林默」文章便不自覺地、也是自然而然地使用了這一方法，顯然，「買辦」是其中的中心意象。它首先形象化地出示了一種令人厭惡的現象，即「有一種幫洋人經營生意的華人，……他們和同胞做起生意來，除開誇說洋貨如何比國貨好，外國人如何講禮節信用，中國人是豬玀，該被淘汰以外，還有一個特點，是口稱洋人曰：『我們的東家』」。接著便將這種栩栩如生的買辦行為，抽象化為如下特徵：

1. 誇「洋人」好；
2. 罵中國人壞（「中國人都是豬玀」）；
3. 「反對中國人懷恨西洋人」。

經過這種融合了形象性和抽象化（惟獨缺少的是貫穿到底的邏輯性）的意象轉化機制，另一種民族主義中的任何良好動機、深邃洞見和對民族命運的憂戚，均如聲言「我們的東家」的醜惡嘴臉一樣，在劫難逃。「林默」顯然沒有故意醜化誰，一切在他那裏都是單純正當、自然而然的，但這種本能般的反應方式，卻深深紮根于古老民族被災受難的歷史和恒久的深層意識中。

四、歷史和精神史視野中的「花邊文學」事件

可以說，「買辦」（「洋奴」）意象不僅在「林默」文章中處于中心地位，也是整個中國現代精神史上一個經久不衰的重要意象。它采取的是典型的意識形態修辭法，讓令人厭惡的「部分」，吸納異質多樣的「整體」，用于滿足人的某種至深的怨恨情緒，並以這種情緒（而不是辨析）確立自己永恒的敵人。

順便提及的是，這種意象在中國 20 世紀六七十年代（「文革」期間），曾經作為成功阻礙國家對外貿易的一個合法藉口[13]。而「林默」所依據的民族主義，也可以概括為拒絕任何誇贊「別國文明」（除了與本己相一致者）、並將任何對「別國」的不平，組織進「愛國主義」的民族本位主義。這種民族主義在現代中國有著深厚的土壤，同時也總是不乏存在的根據，因為它在成為內傾性的、自省的民族主義的殺手的同時，也始終是喪失自我的崇洋媚外主義的強勁對手，並且在任

---

[13] 如發生在 1974 年的「鳳慶輪事件」。見魏敬民：〈「風慶輪」事件及其發生的內幕〉，《黨史天地》 2002 年第 3 期；何立波：〈「風慶輪事件」的前前後後〉，《湘潮》2006 年第 8 期。

何時候都可能成為民族自保願望（但不一定是現實）的一個強大動力。它所本有的絕對主義邏輯，也使它一開始就成為一種強固的意識形態。

廖沬沙晚年回憶說他寫《論「花邊文學」》之前，就心存「找岔子」之念，而《倒提》的出現，正好撞到「槍口」之上。但通過上述分析可以看出，廖寫《論「花邊文學」》並非僅僅有意「找岔」，還包含著基于義憤的真情實感。而是否包含著左聯內部的宗派情緒，反而並不重要（有不同的價值觀就會有不同的派別）。他說他聽到《自由談》撤換編輯時「大怒」[14]，「火冒三丈」，非常「氣憤」[15]，而我傾向于把這種「火冒三丈」的「氣憤」同時理解為是作者看到《倒提》誇「洋人」、貶「華人」、「反對中國人懷恨西洋人」時的自然反應，甚至是廖沬沙先生情感記憶的某種疊加或些微錯位也說不定。

寫《論「花邊文學」》的一個目的，自然是為了張揚他正在參與提倡的「大眾語」，對抗「雜感」、「格言」式的「花邊體」，但從文章的布局來看，那種「火冒三丈」的「氣憤」顯然處于喧賓奪主的地位。誇「洋人」、貶「華人」、「反對中國人懷恨西洋人」，在這種令人「火冒三丈」的文字面前，不管是「我的先輩或友人」，還是「新接任的《申報》館的『老人』」，統統予以有力的回擊，這在一個左翼青年的單一民族主義邏輯裏面，又有什麼不自然呢？

其實，早在 30 年代，魯迅就曾因與內山完造的密切關系，而被捕風捉影者指責為與日本軍國主義有曖昧關系。拋開其中惡意陷害的成分不說，其捕捉的「風」和「影」，主要是魯迅當時的文字（如「文公直」致「康伯度」的信）。這種觀點 1949 年後在大陸銷聲匿迹，但在台灣、香港則一直持續不衰，直到 70 年代香港報人胡菊人在《魯

---

[14] 廖沬沙：〈再談《論〈花邊文學〉》那篇文章第 6 期，《魯迅研究月刊》1995 年。

[15] 廖沬沙：〈我在三十年代寫的兩篇雜文〉。

迅在三〇年代的一段生活》中，仍把魯迅在 30 年代缺少正面強烈抗
議日本帝國主義的文字，反而更多是對本國內部的批評，作為「漢奸
嫌疑」的根據之一。[16]這裏面自然不乏政治立場分歧的因素，但也無
不裹攜著單一意識形態民族主義的成分。

　　有意的是，類似觀點在互聯網普及的今天，又被國內一些網友花
樣翻新地拿來，作為魯迅「賣國」，甚至「漢奸」的證據，在受到不
少網友的質疑或不屑的同時，也得到眾多網友的支持與喝彩[17]。而據
馮雪峰回憶，當他 1936 年再回上海時，魯迅曾悲憤地告訴他，他被
「戰友們」指責為「破壞統一戰線」，還「曾經幾次被人指為『漢奸』」
[18]。早在一兩年前，魯迅似乎就影影綽綽地感到，左聯內部有個關于
他的輿論場，一些「謠诼」由此而生，並輾轉流布于社會。甚至，這
個輿論場還會不時「惡意的」拿他「作玩具」。[19]

　　但從今天得到的材料看，很難說《論「花邊文學」》的作者也參
與了這種輿論場（盡管魯迅認為是這樣的），但認為左翼文化界和右
翼文化界在對立的政治立場之下，共享同一種向外的單一民族主義意
識，並對魯迅式內向自省的民族主義不能接受或難以理解，甚至在邏
輯上（有時也在事實上）視之為「漢奸」、「賣國」，應該是沒有問題

16　參見竹內實：〈中國的三十年代與魯迅〉，樂黛雲編《國外魯迅研究論集
　　（1960-1981）》，頁 152-178，北京大學出版社，1981 年。竹內實在文中討論
　　了胡菊人〈魯迅在三〇年代的一段生活〉中的若幹問題，並注明胡文刊載于
　　《東風窗》1973 年第 3 期。

17　關于魯迅是否「漢奸」、「賣國」的問題，在「凱迪網絡」、「天涯社區」等論
　　壇不止一次地成為焦點問題，而為網友反複辯解。有的文章標題就駭人聽聞，
　　如〈魯迅是中國第一漢奸〉。

18　馮雪峰：〈一九二八至一九三六年間上海左翼文藝運動兩條路線鬥爭的一些零
　　碎參考材料〉，《雪峰文集》第 4 卷，北京：人民文學出版社，1985 年。

19　魯迅：〈350207 致曹靖華〉，《魯迅全集》第 13 卷，頁 47-48。

的。這種邏輯發展成一種歷史觀，便是諸如義和團運動是絕對的愛國主義這種歷史理解；顯現為一種現實意識形態，便是魯迅那種「敵人兼老師」意識的永恒的「買辦」、「賣國」和「漢奸」嫌疑，雖然魯迅本人在一定的時空中曾被作為不許觸動的偶像而暫時豁免了這種質疑。

　　當然，《論「花邊文學」》在表達一種外向的、單一的民族主義意識形態的同時，也觸及到民族主義複雜的一面，即民族歷史固然存在消極的因素，但作為民族主義，尤其是在民族危亡的關頭，則應從積極的一面汲取資源。這也是世界許多國家民族主義普遍遵循的一條原理。「林默」便這麼質問：「我們的古典裏，不是有九年前的五卅運動，兩年前的一二八戰爭，至今還在艱苦支持的東北義勇軍麼？誰能說這些不是由于華人的不平之氣聚集而成的勇敢的戰鬥和反抗呢？」但魯迅也從來沒有無視這些，他甚至在另一處從古代傳統中而不是像「林默」僅僅從現代傳統中汲取民族精神資源[20]，他只是不願受制于某種時代潮流，哪怕這是誰也不敢違逆的「政治正確」。他堅持在歷史循環中看出歷史的「沈渣的泛起」，看出高昂著的民族精神中隱藏的致命缺陷。他所堅持的民族主義是、並始終是決不放棄對「原罪」追究的、基于民族自省的民族自覺，哪怕他在「向左轉」之後，哪怕在日本軍國主義已經侵入中國之際。

　　而從一個更寬泛的角度觀察，這兩種民族主義的衝突還有一個學術上的更精致的形態，那就是對「五四反傳統」深切體味和對「五四

---

[20] 在同年的 10 月 20 日《太白》半月刊第一卷第三期，魯迅又以「公汗」的筆名發表了〈中國人失掉自信力了嗎〉。其中的「我們從古以來，就有埋頭苦幹的人，有拚命硬幹的人，有為民請命的人，有舍身求法的人，……雖是等于為帝王將相作家譜的所謂『正史』，也往往掩不住他們的光耀，這就是中國的脊梁」（《魯迅全集》第 6 卷，人民文學出版社，1981 年，頁 118），日後成為人們經常引用的名言。

反傳統」的不理解，甚至是看似有理、言之鑿鑿的批評。這一批評在大陸起始于 1980 年代上半期，其中有的研究盡管精細有加，但在由論據走向推論的關節點上，卻下意識地脫離了「五四」發生的歷史語境及問題域和問題針對性，更缺少對 1949 年之後大陸歷史運行過程中的血肉感和悖論性把握，甚至沒有在專注于毛時代瓦解傳統文化根基的同時，也看到那個時代也同時瓦解了外來文化傳播的可能，沒有看到構成這個時代的群眾主體，乃至知識分子主體的恰恰是難以計數的「林默」們。此外，1990 年代以降，一種利用西方后殖民理論直接解構「國民性」的努力[21]，不但主動抽離中國自身的問題脈絡，凸顯了「自我東方化」的典型特徵[22]，而且也流露著明顯可被觀察到的精致的「林默情結」。學術界如此之多地不願意理解並保留「五四反傳統」的特殊意義，不願意理解並保留「國民性」命題，正如沒有耐心體味魯迅《倒提》中的「深意」一樣，內中貫穿的其實是一種特殊的「文化鄉愁」，及作為它的初始形態的反射性衝動，而非對民族真實處境的真切體驗和悖論性把握。

如果在這樣的歷史及精神史背景中來看待「花邊文學」事件，我們就會跳出對個人責任的無謂歸咎——無論是魯迅的「多疑」，還是廖沫沙的「有意」，而將其視為在複雜悖謬的歷史情景裏中國現代性內部的一種緊張狀態的結果。有意或無意的，這也是左翼文化內部兩種不同的發展脈絡在民族主義問題上的最初交鋒。

---

[21] 劉禾:〈一個現代性神話的由來：國民性話語質〉，《文學史》1993 年第 1 輯；
另收劉禾《語際書寫》，上海：上海三聯書店，1999 年。

[22] 張蔚:〈后殖民批評與世紀之交的「國民性」討論〉，《鄭州大學學報》2007 年第 2 期。

參考文獻

魯迅：1981，《魯迅全集》第 5 卷，北京：人民文學出版社。

魯迅：1981，《魯迅全集》第 6 卷，北京：人民文學出版社。

魯迅：1981，《魯迅全集》第 13 卷，北京：人民文學出版社。

司徒偉智，1980，〈「花邊文學」事件的真相需要澄清——關于魯迅與
　　廖沫沙的「花邊文學」的爭端〉，《複旦學報》（社會科學版）1980
　　年第 2 期。

廖沫沙：1984，〈我在三十年代寫的兩篇雜文〉，《新文學史料》1984
　　年第 2 期。

廖沫沙：1984，〈再談《論〈花邊文學〉》那篇文章〉，《魯迅研究月刊》
　　1995 年第 6 期。

廖沫沙：1994，《甕中雜俎》，北京：中國社會科學出版社。

樂黛雲編，1981，《國外魯迅研究論集（1960-1981）》，北京大學出版
　　社。

馮雪峰：1985，《雪峰文集》第 4 卷，北京：人民文學出版社。

徐允明：1982，〈「花邊文學」的爭端及其質變〉，《魯迅研究月刊》1982
　　年第 2 期。

魏敬民：2002，〈「風慶輪」事件及其發生的內幕〉，《黨史天地》2002
　　年第 3 期。

何立波：2006，〈「風慶輪事件」的前前後後〉，《湘潮》第 8 期（2006
　　年 8 月）。

"Snappy Newspaper Articles" and Two Types of Nationalism in modern China

Zhang ning

Professor

Faculty of Chinese Language and Culture

Guangdong University of Foreign Studies

Abstract

In 1934 , the young write Liao Mosha denounced an article lay Lu Xun as「花邊文學」(Snappy newspaper article set off in fancy borders) . The event signified a conflict between two types of nationalism among the leftist Writers.

Keywords : "Snapy Newspaper Articleincident" ,Lu Xun , Liao Mosha , Nationalism

周氏兄弟與辛亥革命的挫敗

彭 明 偉

交通大學社會與文化研究所助理教授

摘 要

關於五四之前的魯迅研究與周作人研究向來較為薄弱，而周氏兄弟在辛亥革命前後的思想變化是一個至關重要而尚待深入探究的環節，本文希望能特別就此加以探討。魯迅（1881-1936）、周作人（1885-1967）兄弟於辛亥革命爆發前先後結束多年的留日生活，返回故鄉紹興任教或蟄居。辛亥革命與紹興光復驟然降臨，頗讓周氏兄弟感到意外，他們對於新時代來臨卻也充滿期待。辛亥革命推翻滿清，結束中國兩千多年來的帝制，建立中華民國，周氏兄弟親身經歷這一政治與社會的巨變，起初興奮迎接新時代的到臨，關心社會文化改革方針，希望能實踐改造社會人心的理想，後來發覺辛亥革命僅僅是一場徒具形式的政治革命，並未產生根本實質的文化變革，整個社會仍受到新的守舊反動勢力的籠罩。辛亥革命的失敗，對他們打擊之大，莫過於范愛農（1883-1912）與陶成章（1878-1912）之死。魯迅的友人范愛農受到同事和青年學生排擠而抑鬱自沉，光復會領袖陶成章則因革命派系的內部紛爭而被刺身亡。本文將勾勒周氏兄弟在辛亥革命之前後的思想與感受的變化，分析他們如何從抑鬱苦悶、興奮期待以至悲憤失望。相較於魯迅積極介入革命，周作人則是冷靜旁觀，兩人對革命爆發的反應一動一靜迥然不同。經歷辛亥革命的挫敗後，

周氏兄弟對中國社會停滯不前的狀態有了更深刻的體會，日後
不僅促使他們積極投身五四新文化運動，挫敗的陰影也左右
1920、30 年代他們對中國左翼革命運動的看法。

關鍵詞：魯迅、周作人、辛亥革命、陶成章、范愛農、負疚感

一、前　言

　　魯迅和周作人先後在 1909 年和 1911 年結束留日生涯回到故鄉。
魯迅回國後先後在杭州、紹興兩地任教，學校生活和家中經濟狀況都
不甚令人如意，魯迅當時致好友許壽裳信中頻頻提到他想離開故里到
異地另謀他就的念頭。周作人返國歸鄉不久後，1911 年 10 月武昌起
義爆發，革命情勢迅速發展擴及全國各省，11 月初紹興光復，魯迅
和周作人此時都在紹興親身迎接推翻滿清革命的勝利。在紹興光復前
後，魯迅和周作人兩人的心境變化起伏甚大，兩人歸國後原本都是寂
寥落寞，革命的爆發帶給他們一時興奮與期待，但他們旋即看穿這場
革命鬧劇的真相：革命並未帶來新的氣象，整個社會實際是一切如
舊、停滯不前。由於他們兩人在此時期留下的相關資料很少，我們對
這時期的魯迅和周作人所知有限，但無可否認的這麼劇烈的政治變動
勢必對他們思想造成強烈衝擊。

　　我們現在所見魯迅最早、最完整的自敘傳和自我剖析當屬《吶喊》
自序（1922 年 12 月 3 日作）。在這篇序言裡，已屆不惑之年的魯迅
將自己漫長曲折的心路歷程娓娓道來，文中特別談及留日時期自己何
以棄醫從文，之後又何以因緣際會半推半就參與五四新文化運動，而
貫穿全文的是備嘗理想幻滅後揮之不去的寂寞感。魯迅對於自己在留
日時期和五四前後這兩個階段的敘述較為詳盡，然而對於辛亥革命前
後的經歷則是寥寥幾筆帶過，我認為魯迅之所以著墨不多正印證他所
言的刻意「忘卻」。魯迅敘述他們幾個留學生在東京創辦文藝刊物失
敗後，再度嚐到受挫的苦味，隨後便說：

這寂寞又一天一天的長大起來，如大毒蛇，纏住了我的靈魂了。
然而我雖然自有無端的悲哀，卻也並不憤懣，因為這經驗使我
反省，看見自己了：就是我決不是一個振臂一呼應者雲集的英
雄。

只是我自己的寂寞是不可不驅除的，因為這于我太痛苦。我于
是用了種種法，來麻醉自己的靈魂，使我沉入於國民中，使我
回到古代去，後來也親歷或旁觀過幾樣更寂寞更悲哀的事，都
為我所不願追懷，甘心使他們和我的腦一同消滅在泥土裡的，
但我的麻醉法卻也似乎已經奏了功，再沒有青年時候的慷慨激
昂的意思了。[1]

從辛亥革命前夕回國在故鄉教書、民國成立後到北京教育部工作到新
文化運動前夕，大約十年的光景濃縮在這短短的幾個段落。我們可以
追問魯迅何以備感寂寞而沉默不言，或者讓魯迅所不願追懷的究竟是
哪些更寂寞更悲哀的事，我想最好還回到他當年所作的材料去，或許
能更容易看出曾以精神界戰士自許、曾想用文藝喚醒昏睡的國人的魯
迅當年寂寞的心境。

　　稍後在 1926 年魯迅遭北洋政府通緝後匆匆南下，在廈門大學撰
寫「舊事重提」系列最後一篇〈范愛農〉，他才較為完整地總結自己
在辛亥革命前後的經驗；〈范愛農〉這篇也成為自傳性散文集《朝華
夕拾》的壓卷之作，彷彿早年的記憶就此暫停，以後的事情又是魯迅
所不願追憶的。此後魯迅再也沒有專文談論辛亥期間這段早年的經
歷。儘管如此，辛亥革命挫敗的陰影從魯迅參加新文化運動開始便反
覆在他的小說、雜文裡呈現。如同陳旭麓所說：「魯迅早年對辛亥革

---

[1] 魯迅：〈《吶喊》自序〉，《魯迅全集》第一卷（北京：人民文學出版社，1981
　　年），頁 417-418。

命的觀察和思考，是他後來分析中國社會和堅持戰鬥的重要依據。[2]」
相較之下，同樣親身經歷辛亥革命的周作人在新文化運動時期總是以
正面提倡新思想、新主義的宣傳家面貌亮相，而很少提及自己當年的
痛苦經驗。魯迅背負著辛亥革命龐大的陰影進入了五四時期，挫敗經
驗讓他重新投入另一場思想文化的革命運動，如魯迅在《吶喊》自序
末尾所說：

> 在我自己，本以為現在是已經並非一個切迫而不能已于言的人
> 了，但或者也還未能忘懷于當日自己的寂寞的悲哀罷，所以有
> 時仍不免吶喊幾聲，聊以慰藉那在寂寞裡奔馳的猛士，使他不
> 憚於前驅。[3]

往日的悲哀這沉重的包袱是魯迅所無法拋棄，如影隨形苦苦糾纏，逼
得自己不能「已于言」，終於讓他想起了往日寂寞的猛士，為眼前寂
寞的猛士而吶喊幾聲，投身新文化運動。我們在五四時期的周作人身
上看不到這種悲哀的重壓，一切彷彿是全新的開始，新文化運動是個
嶄新的階段，周作人帶了新希望、新福音降臨了五四文壇。魯迅不斷
反顧，讓自己與過去的清末革命經驗有著千絲萬縷的糾纏，而無法用
忘卻斬斷自己與過往政治經驗的關聯，與此同時則周作人努力向前
看，帶著希望放眼未來。

　　以下，我主要將談論魯迅、周作人在辛亥革命前後的經驗，具體
說來就是他們先後從日本回國後到民國建立之初以紹興光復為縮影
的中國現實觀。[4]我想儘量從他們當年留下的材料具體分析他們對于

---

[2] 陳旭麓：〈孫中山與魯迅〉，《中國近代史十五講》（北京：中華書局，2008 年），
　　頁 153-154。

[3] 魯迅：〈《吶喊》自序〉，《魯迅全集》第一卷，頁 419。

[4] 林辰、朱正兩位研究者曾仔細梳理辛亥革命前後魯迅的遭遇與心境，請見林辰
　　《魯迅傳》（福州：福建人民出版社，2004 年）、朱正《一個人的吶喊——魯

辛亥革命的觀察，以及這次革命經驗當下給與他們的刺激與教訓——
這當下的經驗與五四以後他們所提煉出的經驗教訓仍是有所差別
的，在此不及展開詳談。儘管周氏兄弟有諸多共通的思想主張，但從
這次他們各別對于辛亥革命感知方式，可以較為明顯看出兩人思想的
根本差別，而他們日後對這次革命經驗的回憶與反應也有明顯不同。

二、紹興光復前後魯迅、周作人的心境變化

　　魯迅和周作人先後在 1909 年和 1911 年夏秋之季結束留日生涯回
到故鄉，兩個歸國的遊子起初對於闊別多年的故鄉印象都不佳，甚至
可說是深感失望，辛亥革命驟然到來看似個轉機改變他們的人生，但
也讓他們在後續發展的過程中清楚看見中國社會文化的病灶。

　　紹興光復之前，1909 年 8 月魯迅從日本歸來，先在杭州浙江兩
級師範學堂擔任生理學和化學教員，翌年 7 月辭去教職返回紹興，9
月擔任紹興府中學堂博物學教員。魯迅回國後眼見社會風氣閉塞、人
心墮落深感絕望，不免感到更加寂寥落寞，如 1911 年 1 月 2 日致許
壽裳信中，魯迅頗為憤慨地說：「近讀史書數冊，見會稽往往出奇士，
今何不然？甚可悼嘆！上自士大夫，下至台隸，居心卑險，不可施
救，神赫斯怒，湮以洪水可也。……吾鄉書肆，幾于絕無古書，中國
文章，其將殞落。[5]」他對紹興社會風氣之敗壞異常失望，憤而詛咒
天降洪水，毀滅眼前令人厭惡的一切。1911 年 7 月 31 日信中，魯迅
向許壽裳表達從重返日本歸來的感觸說：「閉居越中，與新顆氣久不
相接，未二載邃成村人，不足自卑悼耶。[6]」這幾句話概括了魯迅回
國兩年期間的苦悶心境。

　　迅 1881～1936》（北京：北京出版社，2007 年）

[5]　魯迅著，王世家、止庵編：《魯迅著譯編年全集（1910-1917）‧卷貳》（北京：
　　人民出版社，2009 年），頁 9。

[6]　魯迅著，王世家、止庵編：《魯迅著譯編年全集（1910-1917）‧卷貳》，頁 18。

　　在這樣閉塞的環境中，魯迅不斷向許壽裳透露自己的意志之消沉，亟欲離開紹興另謀出路——這與我們所熟悉的戰士、鬥士形象的魯迅恰成兩極。1910 年 8 月 15 日致許壽裳信中，魯迅表示：「手畢自杭州來，始知北行，令僕益寂。……（中略）他處有可容足者不？僕不願居越中也，留以年杪為度。」1910 年 11 月 15 日致許壽裳信中，魯迅又說：「頗擬決去府校，而尚無可之之地也。……僕荒落殆盡，手不觸書，惟搜采植物，不殊曩日，又翻類書，薈集古逸書數種，此非求學，以代醇酒婦人者也。」既不滿於現狀，又無出路可尋，魯迅陷入進退兩難之境，萎靡不振。又如 1911 年 7 月 31 日致許壽裳信中，魯迅說再度表示希望到他處另謀高就的想法：「而家食既難，它處又無可設法，京華人才多于鯽魚，自不可入，僕頗欲在它處得一地位，雖遠無害，有機會時，尚希代為圖之。[7]」他不諱言身陷孤立無依的處境，亟待摯友許壽裳伸出援手。綜觀魯迅一生，很少看到這樣魯迅失意落魄，頻頻向人「示弱」發出求援的警訊。辛亥革命後，魯迅有幸應蔡元培之邀到教育部工作才得以逃離紹興，情況更為艱難的范愛農頻頻向他求援，魯迅沒能幫上什麼忙，而失意落魄的范愛農卻早一步落水而死了。

　　由於家中經濟日益困難，變賣家產後仍不見改善，經由魯迅再三催促後，周作人在 1911 年 7 月底帶著新婚妻子羽太信子返回紹興。周作人驟然結束留學生活回鄉蟄居頗感不適，深感寂寥。周作人 1911 年 10 月所說：「居東京六年，今夏返越，雖歸故土，彌益寂寥，追念昔游，時有根觸。宗邦為疏而異鄉為親，豈人情乎？」又如他當時詩中所言：「遠遊不思歸，久客戀異鄉。寂寂三田道，衰柳徒蒼黃。舊夢不可追，但令心暗傷。[8]」雖身居故鄉猶如異地，當他仍感傷地懷

---

[7] 魯迅著，王世家、止庵編：《魯迅著譯編年全集（1910-1917）‧卷貳》，頁 18。

[8] 周作人著，鍾叔河編訂：〈Souvenir du Edo〉，《周作人散文全集》第一卷（桂林：

想在日本留學的美夢時，傳來了武昌起義的消息。

紹興光復後，魯迅和周作人兩人如久旱逢甘霖，一時頗感興奮與期待，這場政治變革也成了他們個人生命的轉機。魯迅組織學生隊伍上街宣傳，安定人心，維持社會秩序。光復會黨人王金發所主持的紹興軍政分府成立後，魯迅受委任為山會初等師範學堂校長的職務，他便舉薦范愛農為學監，兩人攜手合作治理校務。同時魯迅也支持的進步青年團體「越社」創辦《越鐸日報》，發揮輿論監督政府的職責。不久，魯迅受教育總長蔡元培的延攬，於 1912 年 2 月中旬辭去校長職務，離開紹興赴南京教育部任職，五月初又隨政府北遷，轉往北京教育部工作。紹興光復之初，周作人並未積極上街參與革命運動，他蟄居家中讀書撰稿，接連在《越鐸日報》上發表言論，仍是相當關心時勢變化。周作人之後在杭州、紹興等地中學任教，並擔任紹興教育會會長。

紹興光復之初，魯迅、周作人為了迎接新社會到來，最為關切的便是地方的基礎教育建設工作。如 1911 年 11 月由周作人起草，魯迅、周建人兩人聯名致紹興縣議會議長張琴孫的公開信（載 1912 年 1 月 19 日《越鐸日報》)，此文亦收入《周作人散文全集》，題為〈維持小學之意見〉）開頭寫道：

> 逕啟者，比者華土光復，共和之治可致，地方自治為之首途。……
> 側惟共和之事，重在自治，而治之良否，則以公民程度為差，故國民教育實其本柢。上論學術，為可求全于凡眾，今之所急，唯在能造成人民，為國柱石，即小學及通俗之教育是也。[9]

廣西師範大學出版社，2009 年)，頁 221。

[9] 魯迅著，王世家、止庵編：〈致張琴孫〉，《魯迅著譯編年全集（1910-1917）・

他們充滿期待談到專制時代結束、共和時代來臨要如何實踐地方自治的理想，必須以良好的公民素養根本。他們極力呼籲地方仕紳為了落實地方自治，當務之急要維持小學教育，以健全一般公民的素養。

　　魯迅和周作人對於紹興光復乍然到來反應不一。周作人在《知堂回想錄》中回憶紹興光復之際他待在家中沒有出去看過，並未親身參與實際的革命運動[10]，而魯迅則是受到眾人推派組織學生隊伍上街活動。從〈慶賀獨立〉（載 1911 年 11 月 6 日《紹興公報》）一文來看，革命成功推翻滿清統治讓周作人極為激動，興奮之情溢於言表，他說：「美哉洋洋星旗飄揚！今日何日，非我紹興之新紀元耶？」「昨日之紹興，人心驚悸，猶為奴隸之紹興；今日之紹興，熙熙攘攘，已為自由之紹興。」他在文末並且再三高呼萬歲，「紹興萬歲！獨立萬歲！漢族同胞萬歲！」其實周作人也坦言勝利來得實在突然，與閩粵等地波折不斷的革命局勢相較，紹興光復得之毫不費力，漢族獨立的夢想彷彿從天而降，在一夕之間實現。周作人說：

> ……今日何日，非我紹興之新紀元耶？獨立獨立，我紹人何修而得汝，汝亦何幸而為吾紹人所得。彼夫八閩之地，幾成而不遂；百粵之間，屢議而不就，而吾紹人不煩一矢而不折一兵，指揮談笑，得之於俄頃之際，頓使禹域文明，嶄然露頭角于共和世界。英雄舉事，迥不猶人，此非吾紹興人之足以自豪者耶？[11]

不經波折而順利光復紹興，周作人甚表欣悅自豪，但同時也感慨說：「我欲歌功，不知功之何自而歌；我欲頌德，不知德之何自而頌」。

卷貳》，頁 20。

[10] 這或許周作人之妻信子懷孕有關，其時信子已懷有約四個月身孕（從翌年五月中旬周作人長子豐一出生推斷）。

[11] 周作人著，鍾叔河編訂：〈慶賀獨立〉，《周作人散文全集》第一卷，頁 222。

果然勝利的果實得之容易，失之也容易，之後情勢便迅速敗壞。魯迅、周作人所期盼的辛亥革命不僅是民族主義的，更是民主主義的，期盼一般民眾從專制主義掙脫開來產生政治覺悟。

　　相較之下，魯迅實際參與光復後維持社會秩序安的事務、親身觀察這場政治變革後，不似周作人這般興奮激動，反倒是冷靜許多。紹興光復後約兩個月民國成立，魯迅在《越鐸日報》創刊號上發表〈《越鐸》出世辭〉（載 1912 年 1 月 3 日《越鐸日報》創刊號，署名黃棘）一文，呼籲紹興鄉親人人都應當盡公民之責任，以求國家進步。魯迅表示：

> ……繼自今而天下之興亡，庶人有責，使更不同力合作，為華土謀，復見瘠弱槁枯，一如往日，則番番良士，其又將誰咎耶？……紓自由之言議，盡個人之天權，促共和之進行，尺政治之得失，發社會之蒙覆，振勇毅之精神。灌輸真知，揚表方物，凡有知是，貢其頗愚，力小願宏，企于改進。[12]

魯迅認為民國建立後國民為民國的主體，「天下之興亡，庶人有責」，人人應該貢獻一己之力，不論能力大小，齊心合作建設新中國。雖然如此殷切期盼，但魯迅在文末語鋒一轉又說：「唯專制永長，昭蘇非易，況復神馳白水，孰眷舊鄉，返顧高丘，正哀無女。嗚呼，此《越鐸》之所由作也！」他引用〈離騷〉對紹興之風氣敗壞、人才零落深表憂心，這與他先前致許壽裳信中所激切批評革命前的紹興是一樣的。

　　稍後不久，魯迅發表〈軍界痛言〉一文（載 1912 年 1 月 16 日《越鐸日報》），嚴詞批評紹興革命軍人之墮落，矛頭直指王金發主持的軍

---

[12] 魯迅著，王世家、止庵編：〈《越鐸》出世辭〉，《魯迅著譯編年全集（1910-1917）·卷貳》，頁 31-32。

政分府。魯迅描述：

> 今也吾紹之軍人，其自待為何如乎？成群閒遊者有之，互相鬥
> 毆者有之，宿娼尋歡者有之，捉賭私罰者有之。身膺軍國民之
> 重責，而演無聊賴之惡劇，其因紀律不肅訓練不善之故乎？抑
> 以莽奴根性教誨難施之故乎？以此資格而充北伐，吾為中華民
> 國之前途危！[13]

親身參加革命鬥爭、推動革命進展的軍人尚且如此，整個辛亥革命的
前途不得不令人憂慮。至於一般百姓和仕紳，則如魯迅在辛亥年末所
作的小說〈懷舊〉所描述的：辛亥革命或所謂的革命，在百姓和仕紳
眼中不過是長毛造反、土匪劫掠，不免引起社會騷動恐慌，老百姓首
要之務是趕緊收拾細軟逃難，至於革命的意義他們是全然不明瞭的。

　　魯迅〈軍界痛言〉發表兩天後，周作人緊接著發表〈望越篇〉（載
1912 年 1 月 18 日《越鐸日報》），據周作人說這篇曾由魯迅修改潤飾。
周作人總結全篇時，不禁提問：

> 今者千載一時，會更始之際，予不知華土之民，其能洗心滌慮
> 以趣新生乎？抑乃將伈伈俔俔以求祿位乎？于彼于此，孰為決
> 之？

在文末周作人表露自己深切的憂慮，他說：「今瞻禹域，乃亦唯種業
因陳為之蔽耳。雖有斧柯，其能伐自然之律而夷之乎？吾為此懼。[14]」
華土之民深受到傳統束縛，受制於舊有的思想觀念的蒙蔽，而不知覺
悟以趨新生。又如周作人在〈民國之徵何在〉（載 1912 年 2 月 2 日《越
鐸日報》，署名獨）一文嚴厲批評新政府的墮落敗壞。他描述：

13　魯迅著，王世家、止庵編：〈軍界痛言〉，《魯迅著譯編年全集・卷貳》，頁 32。
14　周作人著，鍾叔河編訂：〈望越篇〉，《周作人散文全集》第一卷，頁 224。

……更統觀全局，則官威如故，民瘼未蘇。翠輿朝出，荷戈警
蹕；高樓夜宴，倚戟衛門；兩曹登堂，桎梏加足；雄師捉人，
提耳流血。保費計以百金，酒資少亦十角。此皆彰彰在人耳目，
其他更何論耶！[15]

革命後成立的新政府儼然是個小朝廷，居上位者作威作福，魚肉百姓
依然如故。

　　從以上這些接連發表在《越鐸日報》上的言論，我們看到魯迅和
周作人對于革命情勢的發展至為失望痛心，這次革命雖推翻了滿清政
府，但換上了新興的權貴和投機分子，從官府、軍人到一般民眾，整
個社會看不見蛻變的氣象。光復後的紹興社會狀況與周氏兄弟追求的
政治理想——地方自治的境界相距甚遠，這場革命尚未改變人心，未
能「造成人民，為國柱石」。如日本學者丸山昇所說：「魯迅從未在政
治革命之外思考人的革命，對他而言，政治革命從一開始就與人的革
命作為一體而存在。他說「滅滿興漢」之時，不單意味著要將滿人的
政府變為漢人的政府，而意味著要將甘願忍受滿人統治的漢民族變為
奮起反抗的人種。[16]」對于魯迅和周作人而言，辛亥革命在民族主義
革命方面或許成功的，但在人的革命方面卻是徹底失敗的，中國未來
需要國民思想的改造。

三、革命先驅的殞落：陶成章和范愛農之教訓

　　紹興光復後，魯迅和周作人對世局發展是相當失望的，但更令他
們痛惜的是陶成章和范愛農之死，對于魯迅、周作人打擊之大莫過於

---

[15] 周作人著，鍾叔河編訂：〈民國之徵何在〉，《周作人散文全集》第一卷，頁
　　227-228。

[16] 丸山昇著，王俊文譯：〈辛亥革命與其挫敗〉，《魯迅‧革命‧歷史》（北京：
　　北京大學出版社，2005 年），頁 37。

此。眼看在革命獲得初步勝利之際，這兩位和周氏兄弟有過密切交往的革命黨人卻遭橫死，更證明了革命的失敗。辛亥革命成功推翻滿清，卻帶來了兩人死亡的命運，這是何其諷刺又是何其不幸。陶成章和范愛農都不是死于異族滿人之手，而是死于革命後革命派系的爭權奪利或進步份子的內部紛爭。

辛亥革命後，同盟會和光復會兩派的分歧便浮出檯面，兩派勢力的衝突日益加劇，進而光復會員遭暗殺的消息頻傳。如蔡元培當時人在歐洲，特地回國調停兩派的紛爭，他自述：「辛亥，武昌起義，子民受柏林同學之招，赴柏林，助為鼓吹。未幾，回國，于同盟光復兩會間，頗盡調停之力。[17]」謝一彪表示：「辛亥革命取得初步勝利，資產階級兩大革命團體同盟會和光復會就圍繞著政權問題，產生了嚴重的分歧意見。……（中略）同盟會與光復會的矛盾日益尖銳，最終激化到同盟會大動干戈，製造了一系列屠殺光復會員的血案。[18]」「辛亥革命後，各地不斷發生同盟會屠殺光復會和保皇黨人事件。[19]」為此，光復會領袖章太炎特別要求孫中山制止同盟會員，但仍無法有效阻止血腥屠殺的暴行，光復會重要黨人陶成章遭暗殺便是其中一例。

上海光復後，同盟會與光復會為了爭奪上海都督的權位起了內鬨[20]，陶成章受到牽連，於 1912 年 1 月 14 日在上海醫院內遭同盟會黨人蔣介石（由陳其美唆使）暗殺身亡。周作人晚年曾說明陶成章遭暗殺的原因，他表示：「陶煥卿與章太炎本是光復會的人，加入同盟會

---

[17] 蔡元培：〈蔡孑民傳略〉，《蔡孑民先生言行錄》（桂林：廣西師範大學出版社，2005 年），頁 10。

[18] 謝一彪：《光復會史稿》（北京：人民出版社，2009 年），頁 377。

[19] 謝一彪、陶侃：《陶成章傳》（北京：人民出版社，2009 年），頁 414。

[20] 關於同盟會、光復會爭上海都督風波，可參考饒懷民：〈辛亥革命時期發生在上海的都督風波──李燮和與陳其美爭都督辨〉，《辛亥革命與清末民初社會》（北京：中華書局，2006 年），頁 238-252。

中，與孫中山手下有些人是不大融合得來的。辛亥革命成功，國民黨
分子設法取得了杭滬政權，可是覺得陶在上海終是障礙，于是他就在
法租界醫院裡被人暗殺了。[21]」

　　陶成章遇刺身亡的消息傳到紹興，周作人悲憤異常，很快撰文發
表〈望華國篇〉（載 1912 年 1 月 22 日《越鐸日報》，署名獨應），痛快
淋漓地批判國人之不覺悟，表達他對革命發展至此的悲憤與絕望。其
時魯迅尚在紹興不可能不知道這一大政治風波，況且他與陶成章也是
熟識，可惜未見他當時對陶君之死所留下的文字感想。按照當時為周
作人修改稿件的習慣，〈望華國篇〉這篇應當也曾由魯迅經眼後發表。
周作人在〈望華國篇〉開篇便引用《新約聖經‧馬太福音》：「吾以水
沃汝，使汝悔改。」他說：

> ……罪辱如斯，而悲哀則安在，悔改者又誰歟？頑迷之民，不
> 知自覺，坐令覆轍屢踐，長其罪惡而重其恥辱，可哀也夫！……
> 而今陶君復隕于私劍矣，車過腹痛之感，如何可言！使君輩
> 存，令此人死，華土之人，其永劫不悟者矣。
> 嗚呼！陶君經營偉業，福被吾族，今不死于異族，而死于同種
> 之手，豈命也夫！[22]

他以極為激切的口氣痛斥整個社會不知覺悟，以為陶成章之死和「頑
迷之民」實有密切關聯。文末，他再度沉痛地說：「來日方艱，天怒
將赫。余欲登高丘，呼國人而囑之曰：『如其悔改！汝倘自覺，戴其
夙業，號泣于曠野以自怨艾，悲哀之聲發于中，汝乃昭蘇。』」陶成
章之死給與周作人的刺激之深，他在三年後又作〈懷陶煥卿〉一文予

---

[21]　周作人著，鍾叔河編：〈煥強盜與蔣二禿子〉，《周作人文類編‧八十心情》（長
　　沙：湖南文藝出版社，1998 年），頁 349。

[22]　周作人著，鍾叔河編訂：〈望華國篇〉，《周作人散文全集》第一卷，頁 227-228。

以悼念，文中又說：「煥卿死三年矣，見陶社通告又將以重九日舉行秋祭，感念今昔，可勝車過腹痛之感。[23]」清末革命運動打著民族主義的旗幟，終於推翻滿清政府，但革命志士卻死於內訌，不外是為了私人恩怨、利益衝突而死於同種的革命黨人手上，如何不令人深感悲哀。

周作人晚年在《知堂回想錄》中曾說：「辛亥革命的前景不見得佳妙，其實這並不是後來才看出來，在一起頭時實在就已有的了。……同盟會人那樣的爭權奪利，自相殘殺，不必等二次革命的失敗，就可知民軍方面的不成了。[24]」如周作人〈爾越人毋忘先民之訓〉（載 1912 年 2 月 1 日《越鐸日報》，署名獨），對革命黨人內部的分裂衝突感到憂心，他表示：「東南半壁，方脫虜繫，而內訌頻傳，形同割據。近傳台紹諸郡，亦謀分立，雖曰流言，慮非佳兆。[25]」陶成章和范愛農便是在革命後所產生的新的矛盾紛爭中遭到迫害和排擠，以致身亡。

范愛農是徐錫麟的學生，平日特立獨行不拘一格，他和魯迅兩人 1905 年在日本認識。辛亥革命前夕，兩人返國回鄉任教後又聚首成為同事，彼此相濡以沫；辛亥革命後，魯迅出任山會初級師範學堂的校長，他便拉范愛農當學監（教務長）一起合作。魯迅辭去校長的職務到教育部任職後，范愛農在學校的處境便很艱難，之後被同事和學生驅趕，丟了飯碗。1912 年 7 月 19 日魯迅在北京接到周作人的信知道范愛濃淹死的消息，深受震撼，哀慟莫名。當夜，他在日記中寫下：「晨得二弟信，十二日紹興發，云范愛農以十日水死。悲夫悲夫，君

---

[23] 周作人著，鍾叔河編：〈懷陶煥卿〉，《周作人文類編‧八十心情》，頁 347。

[24] 周作人：〈望越篇〉，《知堂回想錄（上）》（石家庄：河北教育出版社，2002 年），頁 306。

[25] 周作人著，鍾叔河編訂：〈爾越人毋忘先民之訓〉，《周作人散文全集》第一卷，頁 229。

子無終，越之不幸，于是何幾仲輩為群大蠹。[26]」22 日夜裡，魯迅作成哀范君三章，後來與周作人的悼詩一同發表在《民興日報》。

范愛農的死給予魯迅的打擊是極為沉重的。相較于主張暴力暗殺、激進的革命黨人陶成章，孤傲耿介的范愛農與魯迅更為相似，更像是魯迅的 counterpart。如范愛農的同學、魯迅的堂叔周冠五所述，范愛農「光復後有點神經錯亂，他志氣高傲，想發達上去，但舊社會想發達非鑽營不可，而他是不願鑽營的，因此一直失意。所以有些憤世嫉俗，頭帶氈帽，在上等社會裡故意戴下等社會所用的帽子，講話也瘋瘋癲癲。[27]」魯迅從范愛農身上看到自己身影。周作人從陶成章之死看到「頑迷之民」的愚昧麻木，魯迅從范愛農之死則是看到自己的苟且怯懦，在後來所寫成的散文〈范愛農〉（1926）裡通篇瀰漫濃厚的自責與懺悔之情。

范愛農之死帶給魯迅胸中莫大的悲慟，他不能「已于言」的感受便流露在他寄給周作人〈哀范君三章〉手稿及附信。魯迅在附信中提到：

> 我于愛農之死為之不怡累日，至今未能釋然。昨日忽成詩三章，隨手寫之，而忽將雞蟲做入，真是奇絕妙絕，霹靂一聲……天下雖未必仰望已久，然我亦豈能已于言乎。[28]

〈哀范君三章〉：

其一

---

[26] 魯迅：《日記》，《魯迅全集》第十四卷（北京：人民文學出版社，1981 年），頁 10。

[27] 周冠五：《魯迅家庭家族和當年紹興民俗‧魯迅堂叔周冠五回憶魯迅全編》（上海：上海文化出版社，2006 年），頁 247。

[28] 周作人著，鍾叔河編：〈關于范愛農〉，《周作人文類編‧八十心情》，頁 437。

風雨飄搖日，余懷范愛農。華顛萎寥落，白眼看雞蟲。
世味秋荼苦，人間直道窮。奈何三月別，遽爾失畸躬。

其二

海草國門碧，多年老異鄉。狐狸方去穴，桃偶盡登場。
故里彤雲惡，炎天凜夜長。獨沉清冽水，能否洗愁腸。

其三

把酒論當世，先生小酒人。大圜猶酩酊，微醉自沉淪。
此別成終古，從茲絕緒言。故人雲散盡，我亦等輕塵。

從這三首悼亡詩中，我們看到辛亥革命之後整個社會黑暗依然如故
（「世味秋荼苦，人間直道窮。」、「故里彤雲惡，炎天凜夜長。」），
范愛農性格耿介正直，落落寡合，革命之前他和魯迅受到舊派的排擠
和壓迫，革命之後他和魯迅又受到「新派」的排擠和壓迫（「狐狸方
去穴，桃偶盡登場。」）魯迅極力凸顯范愛農孤獨的先驅者形象，范
愛農身處風雨飄搖的世局，卻不願跟隨流俗、與世沉淪，保持一種獨
自對抗的姿態（「獨沉清冽水」、「大圜猶酩酊，微醉自沉淪。」）。這
其實也是魯迅的自況，在自況之中感到自己一事無成、苟且偷生（「故
人雲散盡，我亦等輕塵。」）。

　　魯迅日後在〈范愛農〉一文中敘述他與范愛農闊別多年在故鄉重
逢，描述兩人在辛亥革命前夕同病相憐的景況：

　　　　不知怎地我們便都笑了起來，是相互的嘲笑和悲哀。他眼睛還
　　　　是那樣，然而奇怪，只這幾年，頭上卻有了白髮了，……。他
　　　　穿著很舊的布馬褂，破布鞋，顯得很寒素。談起自己的經歷來，
　　　　他說他後來沒有了學費，不能再留學，便回來了。回到故鄉之

後，又受著輕蔑，排斥，迫害，幾乎無地可容。……[29]

受輕蔑受迫害的處境，不單是范愛農所有，而是當年魯迅自己乃至所有的革命先驅的共同遭遇。他與范愛農久別重逢相視一會後便「是相互的嘲笑和悲哀。」這是他們對于彼此共有的悲哀命運的深刻理解。

在此之前，1907 年 5 月徐錫麟發動安慶起義，刺殺滿清大官恩銘後被捕，秋瑾也一同受到牽連而殉難。徐錫麟和秋瑾奔走革命事業，抱著不惜犧牲一切的殉道決心，視死如歸。如 1906 年 9 月 14 日徐錫麟曾贈言秋瑾說：「法國革命八十年始成，其間不知流過多少熱血，我國在初創的革命階段，亦當不惜流血，以灌溉革命的花實。[30]」秋瑾在〈致徐小淑絕命詞〉說：「痛同胞之醉夢猶昏，悲祖國之陸沉誰挽。日暮窮途，徒下新亭之淚；殘山剩水，誰招志士之魂？不須三尺孤墳，中國已無乾淨土；好持一杯魯酒，他年共唱擺侖歌。雖死猶生，犧牲盡我責任；即此永別，風潮取彼頭顱。[31]」魯迅與兩位革命先烈都曾有過直接或間接的交往，秋瑾更是近鄰，魯迅熟知他們慷慨激昂、壯烈犧牲的革命事跡，如大家所熟知的，魯迅在小說〈藥〉中的革命者夏瑜即影射秋瑾。

魯迅想起圍繞徐錫麟身旁的幾位光復會革命志士的身影時，在平靜的語調中流露出了強烈的愧疚感。他說：

　　……說起來也慚愧，這一群裡，還有後來在安徽戰死的陳伯平烈士，被害的馬宗漢烈士；被囚在黑獄裡，到革命後才見天日

---

[29] 魯迅：〈范愛農〉，《魯迅全集》第二卷（北京：人民文學出版社，1981 年），頁 312。

[30] 徐錫麟著，徐乃常編撰：〈在白雲庵與秋瑾、呂占鰲臨別時的贈言〉，《徐錫麟集》（北京：中國文史出版社，1993 年），頁 79-80。

[31] 秋瑾著，郭延禮選注：〈致徐小淑絕命詞〉，《秋瑾選集》（北京：人民文學出版社，2004 年），頁 23。

而身上永帶著匪刑的傷痕的也還有一兩人。而我都茫無所
知，……[32]

如同在小說〈頭髮的故事〉（載 1920 年 10 月 10 日上海《時事新報·學
燈》）中，主人公 N 先生在紀念雙十節這一天所說：「多少故人的臉，
都浮在我眼前，……連屍首也不知哪裡去了。——」[33]雖然如此，當
年許多革命者的犧牲無論如何慘烈，後來往往被後人所忘卻，連雙十
節也被忘卻了。

　　關于范愛農的死因，魯迅懷疑是自殺，但像范愛農這樣耿介的君
子遭逢民國之初的亂局，必難見容於俗世。如 1912 年 3 月 27 日范愛
農自杭州致魯迅信中便說：「聽說南京一切措施與杭紹魯衛，如此世
界，實何生為。蓋吾輩生成傲骨，未能隨逐波流，惟死而已，端無生
理。弟……動身來杭，自知不善趨承，斷無謀生機會，……[34]」范愛
農 1912 年 5 月 13 日自杭州所發的信中又說：「省中人浮于事，弟生
成傲骨，不肯鑽營，又不善鑽營。[35]」在此之際，范愛農頻頻向魯迅
尋求援助，期盼從魯迅那得到什麼好消息，但一次次落空。魯迅看出
耿介不阿的范愛農決不願委屈自己隨波逐流，終究不免一死。

　　范愛農但求痛快一死的重要因素應是受到革命後的新的壓迫，尤
其是遭到青年學生的排擠讓他更感失望。魯迅在〈范愛農〉中說得很
隱晦，雖然他深切著知，但不願直接了當挑明說了，倒是周作人和周
建人都曾點破這其中奧秘。如在 1912 年 3 月 27 日致魯迅信末，范愛
農特別提及：「《越鐸》事變化至此，恨恨，前言調和，光景絕望矣。」

---

[32] 魯迅：〈范愛農〉，《魯迅全集》第二卷，頁 313。

[33] 魯迅：〈頭髮的故事〉，《魯迅全集》第一卷，頁 313。

[34] 周作人著，鍾叔河編：〈關于范愛農〉，《周作人文類編·八十心情》，頁 438-439。

[35] 周作人：〈魯迅與范愛農〉，收錄在周作人、周建人著：《年少滄桑——兄弟憶
　　魯迅（一）》（石家庄：河北教育出版社，2002 年），頁 211。

周作人在《知堂回想錄》中說明:「《越鐸》變化不是說被軍人搗毀,乃是說內部分裂,李霞卿宋紫佩等人分出來,另辦《民興報》,後來魯迅的《哀范君》的詩便是登在這報上的。[36]」我們不清楚《越鐸》日報社內部分裂的詳情,但魯迅在〈范愛農〉中特別描述《越鐸》日報社中進步青年的世故與墮落。為了收取王金發的錢,魯迅和辦報的青年學生起了爭執,魯迅敘述:「我就不再說下去了,這一點世故是早已知道的,倘我再說出連累我們的話來,他就會面斥我太愛惜不值錢的生命,不肯為社會犧牲,……」報社分裂之後,與魯迅周作人親近的學生李霞卿、宋紫佩主編《民興日報》,范愛農亦與《民興日報》同仁較親近,他落水溺死時便是同他們出遊的。另外根據周建人回憶,范愛農孤傲寡合的性格讓他在勢利的社會上謀生不免四處碰壁吃虧。魯迅離開紹興後,范愛農終於受到師範學堂同事的排擠,也被部分受反對他的同事利用的學生反對,把他趕出學校。周建人說:「這是第一次魯迅知道青年之中並不一律都頭腦清楚,有一部分也實在糊塗的,這自然指受人利用而驅逐范愛農的一部分。[37]」老人的保守固執情猶可原,青年的世故腐化則是讓人備感痛心。

　　陶成章和范愛農的死與革命黨人的內部分裂或青年墮落有密切關聯,這可說是辛亥革命給魯迅、周作人最大的教訓。後來,魯迅在親身經歷 1927 年清黨的血腥屠殺之後,他再度感到震驚與幻滅,他深深感到了恐怖。為了這種新的恐怖感,魯迅深刻自我分析,他得出結論說:

　　　　我的一種妄想破滅了。我至今為止,時時有一種樂觀,以為壓

<hr>

36　周作人:〈辛亥革命三——范愛農〉,《知堂回想錄(上)》(石家庄:河北教育出版社,2002 年),頁 301。

37　周建人:〈魯迅任紹興師範學校校長的一年〉,收錄在周作人、周建人著:《年少滄桑——兄弟憶魯迅(一)》(石家庄:河北教育出版社,2002 年),頁 266。

迫，殺戮青年的，大概是老人。這種老人漸漸死去，中國總可
比較地有生氣。現在我知道不然了，殺戮青年的，似乎倒大概
是青年，而且對于別個的不能再造的生命和青春，更無顧惜。
[38]

陶成章和范愛農在辛亥革命後卻遭橫死，具體而微地將魯迅、周
作人的挫敗感與幻滅感展現出來。這個由死亡產生的教訓也成為他們
對于辛亥革命的經驗總結，往後他們格外關注革命黨或新派內部的保
守與墮落。對他們而言，辛亥革命的教訓不會是最後一次，有一天還
會重來。

四、結語：「革命」之於魯迅與周作人的區別

從紹興光復這一次的經驗來看，魯迅和周作人於對革命運動的態
度有根本的區別，即革命是內在于自身或是外在于自己。粗略而言，
革命是內在于魯迅自身，外在於周作人自己的，這是兩人在感受革命
局勢和思考革命教訓時的根本區別。這種差別或許與他們早年在留日
時期與革命黨人的交往或參與革命運動的深淺有所關聯，儘管目前學
界對於魯迅是否加入光復會一事仍有爭議，但他涉入光復會活動、與
革命黨人交往的程度肯定較周作人深得許多，魯迅對於革命黨人的活
動有更密切的觀察，同時又與他們保持某種觀照的距離。「革命」這
種非常時期、劇烈社會變動的歷史階段反倒成為一種常態，魯迅藉此
新舊交替的變動狀態，置身於艱苦困頓的情境，從而更為深刻認識歷
史、更為準確論斷人物，或如他在〈吶喊·自序〉所說：「看見世人
的真面目」，同時也更清楚認識自我、看見自己：「就是我決不是一個
振臂一呼應者雲集的英雄」。周作人在經歷清末革命、紹興光復過程

---

[38] 魯迅：〈答有恆先生〉，《魯迅全集》第三卷（北京：人民文學出版社，1981年），
頁453-454。

中，難得見到他展現出魯迅一般觀照自我，近乎嚴酷的自省精神。

　　丸山昇在 1960 年代的論著修正竹內好的論述，特別關注魯迅與政治革命的關聯，他在〈辛亥革命與其挫折〉一文有精彩的解說：

> ……中國革命這一問題始終在魯迅的根源之處，而且這一「革命」不是對他身外的組織、政治勢力的距離、忠誠問題，而正是他自身的問題。一言以蔽之，魯迅原本就處於政治的場中，所有問題都與政治課題相聯結；或者可以進一步說，所有問題的存在方式本身都處于政治的場中，「革命」問題作為一條經線貫穿魯迅的全部。[39]

辛亥革命的風潮傳到紹興後，魯迅被眾人推舉實際參與革命運動，而回國不久的周作人則蟄居家中。我們不能就此輕易論斷周作人不關心革命運動的發展，從他當時接連在報上公開發表言論顯見他對世局變化的關切，但周作人仍有意與政治活動保持距離，他深知政治的改革並不能帶來人的改革，他只能在政治場域之外尋求另一種寄託——周作人傾向于越過現實，直接追求理想。魯迅也不認為政治革命能直接帶來人的革命，但他不否定這兩者之間存在某種聯繫，因為政治革命的起點和目標都是一致的——人的改造，魯迅一時之間還未能找到這種聯繫，他始終也未能忘懷這場革命運動的經驗，不斷回到這段歷史當中尋找教訓意義，讓自己保持與現實抗衡的緊張狀態。

　　革命是內在或外在于自身的這一點，不光是一種概念而是具體感受，特別是革命先驅之犧牲，對魯迅而言更是深切的痛楚。魯迅與周作人兩人的革命經驗最明顯的區別可從「負疚感」看出。如魯迅面對范愛農的死亡和其他革命烈士的犧牲所產生的強烈的負疚感，因為魯迅將他們視為真正的革命者，真正的猛士，是自己的同志，與自己是

---

[39] 丸山昇著，王俊文譯：〈辛亥革命與其挫敗〉，《魯迅・革命・歷史》，頁 29。

同類的人，但自己卻無法和他們一樣殉道。魯迅因自省至此而深感慚愧。從周作人面對陶成章死亡的反應，我們幾乎看不到這種負疚感，幾乎是沒有的，周作人的反應不是自省的，而是對于「君輩」而非「吾輩」的頑迷之民或庸眾的批判和詛咒。他在 1912 年陶成章死後發表的諸篇如〈爾越人毋忘先民之訓〉、〈庸眾之責任〉、〈國民之自覺〉，在在清楚呈現將自己與庸眾、頑迷之民區隔開來的基本心態。周作人將陶成章的死歸咎於華土之民的不覺悟，而魯迅不忘自己對於庸眾負有責任，他從范愛農的死更進一步看到自身的怯懦，發覺自己並非是一個堅定的革命者。

　　由此說開，往後兩人對於進化論中間物的意識亦有根本差別：魯迅的理想是肩起黑暗的閘門的悲劇英雄，周作人的理想是人類文明火炬的傳遞者。魯迅的悲劇英雄有強烈鮮明的自我犧牲感，與舊勢力緊張衝突，激烈抵抗，決心以自我的消滅換取未來的新的生命。周作人的文明傳遞者沒有這般強烈的自我犧牲意識，看似順其自然發展，一派和諧而沒有衝突掙扎地完成人生的使命，延續了人類文明。

　　魯迅處在革命運動之中，革命也內在他自身，在烈士之前，他為同志之殉道，為自己的苟活而深感愧疚。而周作人是革命運動之同情者而非同志，歷史發展過程中的旁觀者和評論者，他自身可以不必在其中。這或許可以解釋魯迅最早一篇寫於辛亥革命時期的小說〈懷舊〉，以及五四時期的小說許多是根據清末革命經驗所寫成的故事，如〈藥〉、〈頭髮的故事〉、〈阿 Q 正傳〉或相關延伸的〈風波〉。在魯迅的雜文裡，清末革命經驗更為常見。相較之下，周作人在五四時期鮮少提及過往辛亥革命的事跡，而是正面宣揚新文化運動的理想，積極投入具有烏托邦色彩的新村運動。在周作人為數不多談論到革命者或與革命運動相關的篇章，如在〈宣傳〉一文中翻譯屠格涅夫散文詩〈工人與白手的人〉（諷諭革命者不被一般群眾所理解），或翻譯安特萊夫的小說〈齒痛〉（藉耶穌受難的故事諷喻一般民眾的冷漠），藉由

俄國革命故事歸結出一般革命的教訓，或是在自己的新詩〈夢想者的
悲哀〉、〈歧路〉等流露出對於自己在革命運動中的角色扮演感到疑惑
徬徨，這些並沒有和辛亥革命的具體經驗聯結起來。由此，我們可以
看出辛亥革命經驗在魯迅和周作人之內心的分量是相當不同的。

　　辛亥革命與紹興光復頗讓周氏兄弟感到意外，不久他們對於這新
時代深感失望。辛亥革命推翻滿清，結束中國兩千多年來的帝制，建
立中華民國，周氏兄弟親身經歷這一政治與社會的巨變，起初興奮迎
接新時代的到臨，參與著手擘畫社會文化改革方針，希望能實踐早年
留日時期便萌生的改造社會人心的理想，但後來發覺辛亥革命僅僅是
一場徒具形式的政治革命，並未產生根本實質的文化變革，整個社會
仍受到新的守舊反動勢力所籠罩。如〈阿 Q 正傳〉第七章「革命」
所描寫的：

> ……趙秀才消息靈，一知道革命黨已在夜間進城，便將辮子盤
> 在頂上，一早去拜訪那歷來也不相能的錢洋鬼子。這是「咸與
> 維新」的時候了，所以他們便談得很投機，立刻成了情投意合
> 的同志，也相約去革命。[40]

魯迅嘲諷紹興仕紳的投機主義，在革命來臨時從反對革命搖身一變成
為革命黨，混入革命的隊伍。辛亥革命的前途當然不見得樂觀了。

　　袁世凱後來奪取辛亥革命的果實，這件事彰顯了一種半新不舊、
兩面討好的時代精神。陳旭麓談袁世凱「既取代了清朝也取代了革
命。」秘訣正在於他是半新不舊的，這因如此才能兩面不討好同時又
兩面討好。陳旭麓分析說：「因為革命黨人不信任他，所以他可以得
到反對革命的人們的信任；因為清朝不信任他，所以他可以得到反清
的人們的信任，對立面的不信任正是自己可以信任的，本來兩面不討

---

[40] 魯迅：〈阿 Q 正傳〉，《魯迅全集》第一卷，頁516。

好的袁世凱結果卻是兩面都討好，所以他在南京臨時參議院上以 17 票（全票）當上了臨時政府大總統，既取代了清朝也取代了革命。[41]」周氏兄弟在辛亥革命之前後所面對的就是這種普遍的狀態，他們的思想因而急劇變化，從抑鬱苦悶、興奮期待，以至悲憤失望。在辛亥革命的經驗中，對他們打擊之大，莫過於范愛農與陶成章之死。魯迅的友人范愛農受到同事和青年學生的排擠而抑鬱自沉，光復會重要領袖陶成章則因革命派系的內部紛爭而被刺身亡。他們都死在這剛剛要告別過去的半新不舊的時代。後來在五四時期，魯迅周作人所面對的現實已經不是清末的現實而是袁世凱當政的民國，他們所要要批判的已非滿清全然的舊，而是民國的半新不舊——如同袁世凱這種半新不舊的典型。周氏兄弟期盼的革命是與舊社會徹底決裂，毫不妥協地迎向嶄新的時代。

　　關於五四之前的魯迅研究與周作人研究向來較為薄弱，而周氏兄弟在辛亥革命前後的思想變化即是一個至關重要而尚待深入探究的環節，以上我特別就此從歷史材料來具體分析周氏兄弟的辛亥革命經驗。辛亥革命的挫敗經驗讓周氏兄弟對中國的社會現實與文化傳統有了更深刻的認識，對傳統倫理產生為嚴厲的批判，不僅促使周氏兄弟往後積極投身五四新文化運動，挫敗的陰影也左右他們對於往後 1920、30 年代中國革命運動的看法。

---

[41] 陳旭麓：《近代中國社會的新陳代謝》，收錄在《陳旭麓文集（第一卷）》（上海：華東師範大學出版社，1996 年），頁 506。

The Zhou Brothers and the Defeat of Xin Hai Revolution

Ming-Wei Peng

Assistant Professor,

Graduate Institute for Social Research and Cultural Studies,

National Chiao Tung University, Taiwan.

Abstract

The early life and thought of The Zhou Brothers, Lu Xun and Zhou Zuo-Ren, before May Forth Movement in 1918 were hardly studied because of the lackness of document. It is, however, crucial for the understanding of the proto-thought of the zhou Brothers if we want approach to the core of their literary spirits in and after 1918. In the paper, I would like to explore how the Zhou Brothers observed the change of Chinese society around the sudden coming Xin Hai Revolution in 1911. The death of Fan Ai-Nung and Tao Cheng-Zhang, the Zhou Brothers' close friends and revolutionary comrades, and the corruption of the brand new revolutionary government foreshadowed the defeat of Xin Hai Revolution. The defeat told the Zhou Brothers a cruel lesson that a cultural revolution in the future is more urgent than political revolution for Chinese society. Besides, by analyzing their responses to revolution, it will help us to tell the difference between Lu

Xun and Zhou Zuo-Ren.

Keywords: Lu Xun, Zhou Zuo-Ren, Xin Hai Revolution, Fan Ai-Nung,
Tao Cheng-Zhang, sense of guilty

竹內好與《魯迅》

鈴木將久

日本明治大學

摘　要

本報告通過分析日本著名的中國學家竹內好在中日戰爭期間撰寫的《魯迅》，初步探討中日戰爭中日本人的文藝表現。作為一個中國學專家，竹內好眼見日本侵略中國，心情尤其沈重，為了尋找解決自己心裏矛盾的出路，開始一系列的自我反省，最後寫成了《魯迅》。因此這本著作不僅顯示了竹內好對魯迅的深刻理解，同時表達了戰爭期間竹內好的心情。

本報告首先討論《魯迅》的內容，試圖把竹內在閱讀魯迅文本之後發現的魯迅的「原點」定位于魯迅研究的脈絡裏。然後討論《魯迅》的表現方法，因為《魯迅》的表現方法實在特殊，我們可以看出竹內好用盡的苦心。

中日戰爭情況下日本人幾乎不可能正面抵抗國家意識形態。竹內好寫過《魯迅》開闢了不是正面抵抗國家但也不被完全控制的小小的可能性。他的嘗試給戰後日本思想的發展打好了一個基礎。

關鍵詞：竹內好、魯迅、中日戰爭、中國研究、翻譯、文化政治

一、前　言

　　中日戰爭不僅極大影響著中國文化界，也嚴重打擊了日本文化界。戰時體制與氛圍，使日本文化人幾乎消失了自主活動的空間。在這種令人絕望的環境下，如果一群人仍然努力研究同時代的中國文化，我們可以想象他們會遇到怎樣的困難。以竹內好為核心組織的中國文學研究會，便是這樣一個在中日戰時仍致力對同時代中國作出建設性研究的團體。即使在戰時，以竹內為核心的中國文學研究會仍在開拓著日本的中國文學研究，並為戰後日本的中國研究奠定著重要基礎。竹內好在戰爭末期 1944 年出版的他的代表作之一《魯迅》，便是戰時中國文學研究會這種努力的最代表性作品。這本著作不僅刻印著中日兩國進行戰爭的情況下日本人研究現代中國的曲折，在戰後也被公認為日本人魯迅研究的經典。竹內好寫完《魯迅》不久就應征去當兵。對當時竹內好來說，這本書有著特別的意義，他說：「我竭盡全力地把自己想要留在這個世界上的話寫在這本書裏。雖還不至于擴大其辭地說像寫遺書，但也和寫遺書的心情很相近。」[1]這句話突出表達著竹內好既強烈又充滿矛盾的心情；他無疑有不久被征兵的預感，但還掙紮寫出自己對現代中國的理解和感情。對此，他後來又寫道：

> 對我來說，與魯迅相遇，並不是幸福的事情。這個事情本來就不幸福，而且結果又不會幸福。如果當時我不是不幸福，或許根本不會與魯迅相遇。我的不幸使得我發現魯迅。我與魯迅相遇後，雖然還不能擺脫不幸狀態，但也能「理解」我自己的不幸。這種結果比幸福更讓我得到安慰。[2]

---

[1] 竹內好《魯迅》〈創元文庫版後記〉，引文見孫歌編《近代的超克》，北京：生活讀書新知三聯書店，2005 年，頁 157。

[2] 竹內好《魯迅入門》〈致讀者〉，《竹內好全集》2，東京：築摩書房，1980 年，

值得注意的是，竹內好用「相遇」說明自己與魯迅的關系。可見，對他來說，魯迅並不是客觀的存在，不像一般意義上的研究對象，而是推動他、影響他的活人。竹內好在戰爭情況下與魯迅「相遇」，換言之，他是在戰爭的不幸當中發現魯迅，被魯迅推動、影響，然後去正視自己的不幸。更重要的是，竹內認為他不可能擺脫自己的不幸。因為他的不幸不是他一個人的問題，還涉及到當時日本的時代。所以，便需既考慮竹內好自己的主體問題，又思考戰爭下特定兩國關系所帶來的一系列問題，才能清理、把握竹內感到的「不幸」。也就是，魯迅給竹內好提供的不是現成的解決方案，反是讓竹內好充分意識、體會此複雜性的媒介。竹內好的難得在于，他認清「不幸」的複雜性，才感到安慰。竹內好為了寫出「不幸」的複雜性，撰寫出版了《魯迅》。不過，對竹內來說，寫作這本書本身也相當艱難。竹內好的好友武田泰淳當時親見竹內好撰寫《魯迅》的整個過程，竹內入伍後武田還校對了《魯迅》的原稿，去交給出版社。武田為《魯迅》寫的跋文讓我們知道，竹內好的這次寫作多麼費盡心力，既試圖徹底地思考問題，又反複琢磨怎麼寫。[3]這樣，我們解讀竹內《魯迅》，便也應該特別注意竹內好的寫作苦心以及他寫這種曲折文本的用意。

　　本報告便企圖初步探討竹內好在中日戰爭情況下怎樣與魯迅相遇、怎樣表現這些經驗等問題，以此思考竹內好《魯迅》在日本的中國文學研究上所占有的特別位置。這幾年，竹內好《魯迅》被從日本思想史的角度作了有成效的探討。本人很重視這些日本思想史視野的研究成果，但我這次報告則試圖在日本的中國文學研究脈絡裏思考竹內《魯迅》。目標是想通過厘清中日戰爭中研究作為敵人的中國所帶

頁4。

[3] 武田泰淳〈竹內好《魯迅》跋〉，《武田泰淳全集》11，東京：築摩書房，1971年。

給竹內的困難和他如何面對這些困難，從中開掘能幫助今天整理與思考日本人研究當代中國的難度和意義的思想資源。

二、中國文學研究會

竹內好 1934 年畢業于東京帝國大學，同年跟武田泰淳、岡崎俊夫等人一起建立中國文學研究會，第二年創刊《中國文學月報》（後來改稱為《中國文學》）。中國文學研究會的宗旨是，否定官方化的日本漢學和支那學，從內部獲得學問的自由。當時日本的中國研究幾乎都是中國古典典籍的研究。他們幾個年輕人卻勇敢地挑戰整個日本的中國研究界，聲稱與現實的活的中國接觸的特別意義。當時學界普遍稱中國文學為「支那文學」，他們卻號稱「中國文學」，這個細節充分表明他們的態度。我們縱觀《中國文學月報》不難發現，竹內好參與的論爭特別多。他們團體的態度本來就容易引起論爭，而竹內好的態度尤其鮮明。竹內好好像非常焦躁好戰，不斷地發現論敵，反復開展論爭，不過，正是在這些論爭中，我們看到著他思想的形成。

他參與的多次論爭中，和本文議題特別相關的是有關翻譯問題的爭論。《中國文學月報》很早就重視語言的問題，曾經組織過〈語言問題特輯〉和〈詞典特輯〉。1940 年《中國文學》開設了一個欄目〈翻譯時評〉，幾個人輪流評論在日本出版的中國文學翻譯作品。輪到竹內好的時候，他集中討論翻譯者的思想態度。他激烈批評日本傳統的「漢文訓讀」式的直譯。日本知識界接受中國文化，原來有一個「漢文訓讀法」；在中國文言上加幾個標記，以此幫助日本人了解原文的意思。這種半翻譯、半原文的接受方法，雖然對日本人了解中國古典典籍有所幫助，但也帶來問題，就是這種方法很容易妨礙日本人對中國典籍獲得全面正確的理解。竹內好認為這種理解中國文化的傳統方式恰恰導致日本人對中國文化發生許多誤解，日本知識界只有取消「漢文訓讀法」才能接近真實的中國。竹內好因此批評帶有「漢文訓

讀法」色彩的一切翻譯作品，主張：「我相信，好的翻譯是從深刻的理解以及對自己理解的邊界意識寫出來的。」[4]可見，竹內好討論的翻譯問題不僅是技術上的問題，更是日本人對中國文化的態度問題，而且更重要的是，他在文章中強調了邊界意識，換言之，他通過翻譯討論日本人的思想態度，並進一步思考接受者的主體問題。竹內好的這種觀點相當獨特，而且他的寫作方式非常尖銳，因此他的文章引起很多爭論。比如吉川幸次郎便和竹內好就翻譯問題展開過論爭。[5]其實吉川也對「漢文訓讀法」具批評態度，一定意義上，竹內好和吉川幸次郎的論爭是在反對日本傳統漢學的共同前提上進行的。但也恰恰因為如此，竹內好見解的獨特性才更突出可見。竹內好在這場論爭的結論部分寫道：

> 文學的領域裏，語言是絕對的「存在」。談到這點，可能出現立場的分歧；是主體性地把握，還是站在旁觀者立場上。……這絕不僅僅是翻譯的問題。對我來說，讓支那文學存在起來的根源是我自己，對吉川先生來說，盡量努力接近支那文學就是他的學問的態度。[6]

竹內好首先肯定文學語言的絕對性，然後主張文學語言的絕對性是由接受者主體的活動培養出來的。竹內不曾承認文學語言的客觀性，強調要通過讀者的主體活動才能抵達文學語言的絕對性。因此每個讀者有責任主動面對文字，通過讀解活動讓枯燥的文字變成文學語言。翻譯者又有責任主動面對原文文字，把自己的主體放進原文文字裏，使得原文成為作為文學語言的譯文。我們可以看出竹內好強調翻譯者應

---

[4] 竹內好〈翻譯時評〉，《中國文學》70，1940 年。

[5] 有關這場論爭，請參見孫歌《竹內好的悖論》，北京：北京大學出版社，2005 年。

[6] 吉川幸次郎、竹內好〈翻譯論的問題〉，《中國文學》72，1941 年。

有的主體活動和否定日本傳統漢學有密切的聯繫。他為了接近真實的中國，一方面嚴厲批判日本傳統漢學的一知半解，另方面提出主動接觸中國、反思自己主體性的思想態度。

有關翻譯的論爭發生不久，一九四一年末日本便對美國發動「大東亞戰爭」。這時竹內好寫了一篇宣言性的文章《大東亞戰爭與吾等的決意》。文章開頭這樣寫道：「歷史被創造出來了！世界在一夜之間改變了面貌！我們親眼目睹了這一切。我們因感動而戰慄著，我們在戰慄中用目光追隨著那如同彩虹般劃破天空的光芒，追隨著那光芒的走向」[7]，繼而赤裸裸地支持「大東亞戰爭」。從今天的觀點來看，他的政治態度完全錯誤，怎樣解釋他的這篇文章是極為棘手的問題[8]。本報告不準備深入探討《大東亞戰爭與吾等的決意》，卻想請大家注意文章的語氣。這篇文章顯得特別激動，與同時代其他文章迥然不同。這篇太激動的文章顯示著竹內好強烈的情緒波動。那麼，如何理解「大東亞戰爭」前後竹內好的心理狀態呢？在這一意義上，跟《大東亞戰爭與吾等的決意》發表于同一期《中國文學》的另一篇文章《書寫支那》便很值得討論。據說《書寫支那》寫于「大東亞戰爭」前夕，對照這兩篇文章，我們可以清楚看到竹內好一九四一年前後劇烈不定的心神狀態。《書寫支那》通過批評日本文學家書寫中國的小說作品，清楚地顯示著竹內好當時煩悶在有關同時代中國理解問題上的現實指向：

> 文學家把訪問支那以前早知道的事情，回國以後寫成作品，這能原諒嗎？事事都自己斷定，一點也沒有感到驚奇，都懂得很透徹，只是說明而已。……前幾天，我喝得大醉，說出蠻不講理的話。我並不後悔自己說出罵人話，但是，沒站在說得出罵

---

[7] 竹內好〈大東亞戰爭與吾等的決意〉引文見《近代的超克》，頁165。

[8] 請參見拙稿〈竹內好的中國觀〉，《二十一世紀》83，2004年。

人話的有決意的位置上，而說出蠻不講理的話，使我增添了苦惱，感到慘痛[9]。

前半部分理性地批判日本文學家書寫中國的態度，後半部分卻暴露了竹內好煩悶，卻一時找不到合適工作賦形方式所帶給他的苦惱。憤懣指向環境，苦惱則也主要指向自身。因為，竹內好繼續保持通過主體介入思考真實中國的態度，在翻譯討論中所持有的思想態度，但這篇文章裏他卻交代著他自己的失敗。他想追求的課題無疑是在中日戰爭的情況下書寫真實的中國，一九四一年初他還通過討論翻譯問題探討能夠書寫中國的理想語言問題，但接下來他卻因沒找到有效的回應、介入方式，而感到絕望，幾近自暴自棄。《大東亞戰爭與吾等的決意》的過于激動的語氣的另一面其實是《書寫支那》的絕望感，一九四一年「大東亞戰爭」前後的竹內好在絕望和激動之間動搖不定。重要的是，雖然竹內好曾幻想過迎面「大東亞戰爭」擺脫自己的困境，實際上「大東亞戰爭」使得竹內更加困擾。就在這樣的關頭，他埋頭閱讀魯迅全集，與魯迅相遇了。心神不定的竹內好與魯迅相遇後，終于寫出使他戰爭期間心情掙紮得到某種慰安的結晶作品《魯迅》。

三、魯迅研究的脈絡

竹內好撰寫《魯迅》時，比較完整地搜集中國和日本的魯迅研究著作。他對這些研究著作的評價反應著竹內好魯迅研究的基本態度。他在《魯迅》中積極提到李長之《魯迅批判》。戰後的魯迅研究無論在中國大陸還是在日本都對《魯迅批判》評價不高，因此，竹內好如此高度評價李長之便頗讓一些人深感費解。據李長之的說法，《魯迅批判》是一本作家論著作，他說：「我的用意是簡單的，只在盡力之所能，寫出我一點自信的負責的觀察，像科學上的研究似的，報告一

[9] 竹內好〈書寫支那〉，《中國文學》80，1942 年。

個求真的結果而已，我信這是批評者的唯一的態度。」他又說：「自從讀了宏保耳特（Wilhelm Von Humboldt）的《論席勒及其精神進展之過程》，提醒我對一個作家當抓住他的本質，並且須看他的進展過程來了，⋯⋯現在批評魯迅，當然仍是承了批評茅盾的方法，注意本質和進展，力避政治、經濟論文式的枯燥。」[10]可見，李長之企圖抓住魯迅精神的核心，盡量避開意識形態式的寫法，站在科學的立場，把魯迅的本質和進展過程表現出來。竹內好在《魯迅》中用了很長篇幅介紹《魯迅批判》，然後評價道：「李長之研究魯迅頗為精心仔細。所謂精心仔細，是說他沒像很多魯迅研究那樣立足在觀念上。面對魯迅，不失測驗自己的那種誠實。在這一點上，我買他的帳。就是說，他是從文學上來看待魯迅的。他理論雖然講得笨嘴拙舌，但這笨拙卻是與魯迅同步起伏的笨拙，並非在政治上加以利用的態度，所以我樂于接受。」[11]竹內好認為李長之的理論很笨拙，而且沒有同意李長之對魯迅的看法，再說竹內好不太可能認同李長之主張的「科學性」。雖然如此，竹內好還「樂于接受」李長之的著作，是因為李長之很誠實地面對魯迅，保持著文學看待魯迅的態度。也就是李長之采用主體介入的方式思考魯迅，合乎竹內好所追求的思想態度。反過來講，在竹內好看來，其他人的研究成果，哪怕思想多麼深刻，但都沒有具備這一思想態度，不值得認真對待。

另方面，竹內好批判最嚴厲的是兩位日本人的文章；增田涉〈魯迅傳〉和小田嶽夫《魯迅的生涯》。增田涉曾經接受魯迅的親自教導，而〈魯迅傳〉是一九三二年經過魯迅自己的過目後出版發行的。小田嶽夫是小說家，《魯迅的生涯》是日本第一本比較完整的魯迅傳記，

---

[10] 李長之《魯迅批判》，《李長之文集》第 2 卷，石家莊：河北教育出版社，2006年，頁 5 和頁 109。

[11] 竹內好《魯迅》〈關于傳記的疑問〉，引文見《近代的超克》，3 頁 8-39。

在日本魯迅研究上影響廣泛。《魯迅的生涯》一九四一年出版，提出
「愛國者」魯迅的形象。雖然「愛國者」的形象有不少問題，但考慮
到一九四一年日本的時代背景，小田的這本著作也算是戰爭情況下接
近真實中國的一種嘗試。總之，無論增田涉〈魯迅傳〉還是小田嶽夫
《魯迅的生涯》，在當時日本的情況下含有不小意義，而且他們倆都
是中國文學研究會的同人。不過竹內好毫不客氣地批判這兩者，因為
增田和小田都把魯迅作品中的表現看作魯迅的現實經驗。竹內寫道：

> 我執拗地抗議把他的傳記傳說化，絕非是想跟誰過不去，而是
> 因為這關系到魯迅文學解釋中最根本的問題。不能為了把話說
> 得有趣而扭曲真實。在本質上，我並不把魯迅的文學看作功利
> 主義，看作是為人生，為民族或是為愛國的。魯迅是誠實的生
> 活者，熱烈的民族主義者和愛國者，但他並不以此來支撐他的
> 文學，倒是把這些都撥淨了以後，才有他的文學。[12]

竹內好精心地劃分魯迅文學的表現和魯迅的現實生活，因為他認為魯
迅的文學和魯迅的現實生活之間沒有直接必然的聯系，換言之，魯迅
的作品不一定全面地反映現實生活。一定意義上，這種竹內好的觀點
是從他有關語言的思想發展出來的；他相信文學語言的絕對性通過主
體活動才得以出現。對竹內來說，最重要的問題在于支撐魯迅寫作的
魯迅獨特的主體方式，因此他要探索魯迅「以此來支撐他的文學」的
根源。竹內好對李長之的高度評價和對增田涉小田嶽夫的批判態度展
示了竹內好的獨特觀念；他反複強調雙重意義上的主體活動，研究者
自身必須發揮主體作用，而且要探索魯迅的主體性。

　　不過值得注意的是，竹內好並不全面否定對魯迅現實生活的考
證，恰恰相反，竹內很細致地考證魯迅的生涯，然後以此看清魯迅的

---

[12] 竹內好《魯迅》〈思想的形成〉，引文見《近代的超克》，頁 57-58。

現實生活和文本之間的間際，以由此進入魯迅文學的根源。他本來批判增田涉和小田嶽夫時，也同意「魯迅是誠實的生活者，熱烈的民族主義者和愛國者」。竹內好或許實際上把增田涉和小田嶽夫當作基礎，但突破他們的限制，進一步接近魯迅精神的核心[13]。但是竹內好沒有公開表明如何受益于增田涉和小田嶽夫，不僅如此，他其實也沒有明確表明如何受益于李長之。是以，他對魯迅研究著作的評價只表現他的基本態度。因為在根本處，竹內好沒有依靠任何人，而完全得自他是獨立探索。

四、探索魯迅文學的本源

　　竹內好《魯迅》一共由六章構成；〈序章—關于死與生〉〈關于傳記的疑問〉〈思想的形成〉〈關于作品〉〈政治與文學〉〈結束語—啓蒙者魯迅〉。表面看來很像一般的啓蒙著作，但是「我只把我的努力集中指向一個問題，那就是力圖以我自己的語言，去為他那惟一的時機，去為在這時機當中魯迅之所以成為魯迅的原理，去為使啓蒙者魯迅在現在的意義上得以成立的某種本源的東西，做一個造型。」[14]竹內好顯然探索魯迅文學的根源，企圖用竹內好自己的語言表現出來。下面我們順著《魯迅》的敘述，追尋竹內好「造型」的過程。

　　《魯迅》〈序章〉准備了這本著作的起點。「我想像，在魯迅的根柢當中，是否有一種要對什麼人贖罪的心情呢？要對什麼人去贖罪，恐怕魯迅自己也不會清晰地意識到，他只是在夜深人靜時分，對坐在這個什麼人的影子的面前（散文詩《野草》及其他）。」[15]竹內好認為

---

[13] 丸山升〈魯迅在日本〉，《魯迅‧文學‧歷史》，東京：汲古書院，2004年和伊藤虎丸〈小田嶽夫先生與中國文學〉，《小田嶽夫著作目錄》，東京：青英社，1985年，都指出這點。

[14] 竹內好《魯迅》〈結束語—啟蒙者魯迅〉，引文見《近代的超克》，頁144。

[15] 竹內好《魯迅》〈序章—關于死與生〉，引文見《近代的超克》，頁8。

魯迅文學的根源裏有一種贖罪意思,同時強調魯迅並不對某些具體人贖罪,而對什麼人的影子贖罪。于是,用竹內好自己的語言說明「贖罪意識」的更明確的含義、洞察「什麼人的影子」對魯迅具有的意義,成為這本著作的基本問題。值得注意的是,竹內好所用的「我想像」,好像在自己承認這種看法缺少根據。一定意義上,當然可以說竹內好《魯迅》是從他的想像出發進行的探索,因此有人批評它不是學術著作,但如果考慮到竹內好寫作這本書的問題意識,這句話與其說表示了他的隨意性,不如說顯示了竹內好充分主體調動面對魯迅的方法原則。也就是,他的「我想像」,更可能是他清醒地意識到自己的思想態度,傳達著自己的基本原則。〈序章〉裏還有一句話也很值得討論:「他尋求的,只有一個,而且恐怕和元祿詩人的情形一樣,也許只是一個話語,然而他最後傾吐出來的卻是千言萬語,以說明這個話語的非存在。」[16]竹內好理解魯迅為了說明無法講清的話,竟不斷地說出一大堆話語,換言之,魯迅一方面懷疑語言的能力,但另方面卻專心地產生無數話語。這種魯迅理解無疑反映著當時竹內好的心理狀態以及思想觀念。我們可以看出,與魯迅相遇後的竹內好在魯迅文學裏看到自己的影子,從魯迅文學裏尋求擺脫自己困境的出路。于是,竹內好精心地讀解魯迅的文本,避開過于考慮文本的表面上的意思,去探索魯迅文學的本源,去接近魯迅無法談論的核心,去研究魯迅實際以此支撐他的文學的根本原理。

　　《魯迅》〈關于傳記的疑問〉裏,竹內好提出了幾點有關魯迅現實生活的疑問,像魯迅少年時代祖父下獄的事、留學時代跟朱安結婚的事、北京時代跟周作人失和的事等等。這些事隨著魯迅研究的深化,現在基本上得到了解決,不過,在當時沒有充分材料的情況下發起這些問題,可算竹內好的慧眼。當然竹內好提出這些問題絕不是為了考

---

[16] 竹內好《魯迅》〈序章—關于死與生〉,引文見《近代的超克》,頁 12。

證的考證，而且他在《魯迅》裏也只是發起疑問卻沒有論證下去。竹內所以說出這些問題，是因為這些「讓我感覺到它們似乎給魯迅的一生，因此也給他的文學帶來了濃重的陰影。」[17]竹內好試圖以這些點為突破口，進入魯迅的本源。下一章〈思想的形成〉裏，他集中地提出有關魯迅生活中的一個問題去探索魯迅文學的本源。那就是發表《狂人日記》以前在北京的沈默生活。「我想像，魯迅是否在這沈默中抓到了對他的一生來說都具有決定意義，可以叫做回心的那種東西。……任何人在他的一生當中，都會以某種方式遇到某個決定性時機，這個時機形成在他終生都繞不出去的一根回歸軸上，各種要素不再以作為要素的形式發揮機能，而且一般來說，也總有對別人講不清的地方。」[18]竹內此處的「我想像」，一方面再次表明著他自己的基本方法原則，另一方面也藉此繞開繁瑣，迅速展開對魯迅文學本源的探討。不過，竹內又反複強調魯迅的本源是講不清的。因此繼而他開始敘述圍繞這一時機的各種要素，以努力捕捉、呈現魯迅的「回歸軸」。

　　竹內好探索的無疑是作為文學家的魯迅的本源，但他卻注意到魯迅還沒正式開始文學生涯的前夕。這個細節清楚地展示了他對文學很獨特的理解。竹內好認為魯迅的文學活動是通過與啟蒙活動的對比浮現出來的，換言之，要認真思考文學活動和啟蒙活動的關系，才能清楚看出魯迅文學活動之所以成為文學活動的原點。如上所述，竹內好同意魯迅是「誠實的生活者，熱烈的民族主義者和愛國者」，但絕不同意魯迅僅僅是一個啟蒙者，竹內從魯迅裏看出啟蒙活動和文學活動的張力，因此他最後把論述的焦點集中于啟蒙和文學的關系上。重要的是，竹內好眼裏的魯迅對啟蒙活動早就放棄幻想。酷似當時竹內好的心情，魯迅看到了啟蒙中的黑暗。竹內寫道：「對他來說，只有絕

---

[17]　竹內好《魯迅》〈關于傳記的疑問〉，引文見《近代的超克》，頁44。

[18]　竹內好《魯迅》〈思想的形成〉，引文見《近代的超克》，頁45-46。

望才是真實。但不久絕望也不是真實了。絕望也是虛妄。'絕望之為
虛妄,正與希望相同。'如果絕望也是虛妄,那麼人該做什麼才好呢?
對絕望感到絕望的人,只能成為文學者。」[19]竹內引用了魯迅喜愛的詩
人裴多菲的話,說明魯迅文學的本源。先對啓蒙活動感到絕望,然後
對絕望感到絕望的徹底絕望的人,去形成獨特的文學,這就是竹內好
掌握的魯迅文學。因此對竹內來說,魯迅文學的核心問題無非是政治
與文學的既緊密又糾葛的關系:

> 文學對政治的無力,是由于文學自身異化了政治,並通過與政
> 治的交鋒才如此的。遊離政治的,不是文學。文學在政治中找
> 見自己的影子,又把這影子破卻在政治裏,換句話說,就是自
> 覺到無力,—文學走完這一過程,才成為文學。政治是行動。
> 因此與之交鋒的也應該是行動。文學是行動,不是觀念。但這
> 種行動,是通過對行動的異化才能成立的行動。文學不在行動
> 之外,而在行動之中,就像一個旋轉的球的軸心,是集動于一
> 身的極致的靜。[20]

竹內好認為文學對政治無力,但是自覺到自己的無力,與政治交鋒後,
換言之,對絕望感到絕望後,文學變成一個行動。對于這個原理,他
更借用了西田幾多郎的哲學話語說明:「政治與文學的關系,是矛盾
的自我同一關系。」戰爭時期日本西田哲學的意義格外複雜,本報告
不准備深入探討,但不管怎樣,它曾經風靡一時,竹內好也受到一定
的影響。竹內好或許只是在西田哲學中發現了方便表達自己思維的適
當的話語。當時,竹內的思想裏,我們還可以發現其他思潮的影響;
像日本流行的舍斯托夫體驗、日本浪漫派致力研究的政治的美學化、

---

[19] 竹內好《魯迅》〈政治與文學〉,引文見《近代的超克》,頁107。
[20] 竹內好《魯迅》〈政治與文學〉,引文見《近代的超克》,頁134。

中國文學研究會的好友武田泰淳的寫作等等。但最重要的無疑是竹內好自己的精神掙紮體驗。中日戰爭情況下，渴望書寫真實的中國，卻感到徹底的絕望，而且有被征兵的預感，這種重重困難下，竹內好還是一直思考下去，最後產生了他對文學與政治的特別理解。而這不就是竹內好與魯迅相遇的結晶嗎。

五、翻譯的問題

還有一個問題值得探討；竹內好把自己與魯迅的相遇體驗表現為日語。考慮到戰爭末期日本知識界的情況，這個舉動不簡單。而且這也是廣義的翻譯問題，而竹內好對翻譯問題有著他很獨特的理解。因此，他的這一舉動，其自覺不自覺的用意便極值得討論。

《魯迅》最後一章《政治與文學》裏幾乎一半是魯迅的文章。竹內試圖引用魯迅的文章來表現他要討論的問題。重要的是，當竹內好引用魯迅文章時，他把它翻譯成日語。換言之，《政治與文學》一章裏收入了大量的竹內好的魯迅翻譯。而竹內好這麼做是有意的。後來他解釋說：「我在本書中大量引用了魯迅的文章，但那只是出于對舊有翻譯的不滿，而有意讓讀者去讀自己翻譯的魯迅的文章。」[21]我們不清楚他所說的「舊有翻譯」究竟指什麼，不過參看當時有代表性的魯迅翻譯，不難發現竹內好翻譯的特點；他格外注重文章的節奏感，尤其注意文筆的簡練。他早在 1940 年代初討論翻譯問題時強調譯文的節奏感，晚年他提到重新翻譯魯迅文集時也提及譯文的節奏感。他寫道：「我最感到不滿的不僅是語法上的錯誤（錯誤並不少），更大的問題是文章過于冗長。而魯迅原文的特征（雖然不是唯一的特征）是文章很簡練。」[22]他認為魯迅文章具有簡練的節奏，翻譯魯迅時必須表現

---

[21] 竹內好《魯迅》〈未來社版後記〉，引文見《近代的超克》，頁 159。

[22] 竹內好〈有關新譯《魯迅文集》〉，《竹內好全集》3，頁 409。

好這種簡練的節奏才能表達魯迅的思想。

　　竹內好強調譯文應該表現原文的節奏感，其背景是他獨特的**翻譯**思想。他一直批判日本傳統的「漢文訓讀法」不能表現活生生的中文，同時主張**翻譯**應該提供譯者建構主體的契機。由此看來，竹內好認為重現原文的節奏感有助于譯者形成新的主體。值得注意的是，竹內好希望把中文的節奏變換為日文的節奏，這種態度會產生既有別于中文也有別于以往日文的新的語言。如果我們注意到竹內寫作《魯迅》的時代背景，中日戰爭情況下的思想狀況，他的這一舉動就更有意味。因為這表示竹內好在戰爭情況下仍希望保持日文跟敵國語言中文的有機關聯。

　　當然竹內好決不是要求統一這兩種語言。而且他希望產生新的語言時，很可能也清楚意識到戰爭時代裏兩種語言現實間的不平等關系。戰後他寫過一篇短文〈致中國的一位朋友〉，回憶 1937 年中日戰爭剛爆發不久在北京認識的一位中國朋友。[23]當時竹內與這位中國朋友非常談得來，不過好像有默契一樣，兩個人從不談政治與時事問題。兩個人清楚地懂得一旦談起政治，就會浮現兩個人之間的不平等關系。換言之，竹內好 1937 年在北京找到了一位知音，但也同時認識到兩個人交往背後所隱藏的不平等。竹內好翻譯魯迅時可能沒想起這位朋友，不過卻肯定意識到中日兩國之間的不平等關系。因此他翻譯的文章裏一定也有一種「默契」。也就是，竹內好把中文的節奏感翻譯為日文，這一努力過程中實際掩埋著對公開場合無法談的中日兩國之間不平等的回應。竹內好也許意識到自己譯文掩埋著對兩國這種不平等的批判，也許只是無意識地回應著「默契」所暗示的中日兩國這一現實關系。但不管他是明確意識或無意識，對讀者來說，《魯迅》

---

[23] 參見竹內好〈致中國的一位朋友〉，《竹內好全集》13。鶴見俊輔《竹內好：一個方法的傳記》，東京：Libroport，1995 年，對竹內好的這篇文章很留心。

都充滿著不易把握的豐富。這豐富在以挑戰我們通常理解習慣的方式，既讓我們困擾，又提供著有力契機，幫助我們從現成認知與理解狀態中向外突圍。

歷來日本研究者都很關注竹內好文本的難讀。比如日本文學研究者紅野謙介寫道：「竹內好是一位中國文學研究者、翻譯者，但絕不把中國文學或魯迅當作已理解好的東西。它們總是作為不能成為一個整體的異物，被納入于話語當中。」[24]鵜飼哲也寫道：「我們可以看出‘抵抗’這個語詞、圍繞這個語詞的思考以及實踐總是在翻譯的運動當中出現。竹內好尋求的課題很可能是，如何翻譯他者的抵抗、如何翻譯‘抵抗’這個語詞也不一定能正確表現的他者的面貌。」[25]這些評論都重視討論竹內好的翻譯活動，重視討論他的文本難讀所具有的特別意義。也就是，在竹內好的文本難讀和他的翻譯思考之間存在著深刻關聯。

實際上，魯迅也充分關注翻譯的作用。魯迅一生都從事翻譯工作，而且通過多次討論，表現著他的翻譯的思想：魯迅認為翻譯能夠產生新的語言，同時注意到翻譯所具備的文化政治作用。竹內好對翻譯的理解有意無意符合著魯迅的思路，雖然魯迅主張直譯而竹內好反對「漢文訓讀法」式的直譯，但在最根本的原則感覺上反而相當一致。很可能竹內好在了解了魯迅的翻譯觀後，更堅定了自己的翻譯理解。

因此，竹內《魯迅》中的魯迅文本翻譯和竹內自己艱困而獨特的表達，實際承擔著雙重任務。它一方面試圖重現魯迅中文的節奏和這節奏下所反映的活生生中國脈動，讓讀者感受真實的中國，另方面也以此回應著在公開場合無法討論的中日不平等關系。也就是，竹內好在戰爭中摸索表達真實中國的話語，結果他的探索創造出具備著雙重

---

[24] 紅野謙介〈竹內好《魯迅》的修辭學〉，《未來》429，2002 年，頁 3-4。

[25] 鵜飼哲〈新版《魯迅》解說〉，《新版魯迅》，東京：未來社，2002 年，頁 233。

承擔的文本《魯迅》。對于竹內好來說，研究魯迅不僅需要深刻了解魯迅文學的思想，更需要設法尋找表現魯迅思想的方法。這就是竹內好閱讀魯迅整理出來的思想態度，同時，在這樣摸索中所浮現出的魯迅，也給竹內好以安慰，以啟示。

六、結束語

在中日戰爭的情況下，竹內好通過堅持研究同時代中國、表現真實中國，經過深刻的精神掙紮後，最後完成了一個奇特的文本：直面自己的絕望，同情並摸索對方的深層心理，致力抵達感到卻講不清的核心，同時通過自己的敘述與翻譯回應著中日關系的現實情況。這就是後來成為竹內代表作，也成為魯迅研究經典的竹內《魯迅》。

戰後日本遇到了一個思想課題，如何反省戰爭、如何反省自己所犯下的歷史錯誤。就在這個時候，竹內好以啟蒙者的面貌出現，運用他在戰爭當中獲得的對魯迅文學的理解，展開了多方面的言論活動。竹內好說過：「為了從戰爭的體驗中重構自己，戰爭回來後，我有意識地重讀一遍魯迅。……從那個時候起，我開始把通過魯迅思考的問題應用于別的對象或領域，就寫了一些評論。」[26]由于竹內好的介紹，日本文化界出現了「魯迅熱」。這本來是好事，但隨著魯迅成為文化偶像、竹內好變成啟蒙知識分子，魯迅給予日本思想的實際衝擊力，反而大大地減少了。現在中日兩國表面上保持和平關系，日本的中國研究者已經很難理解竹內好當年遭遇的困境，魯迅的重要性也好像降低了。不過仔細思考不難發現，中日兩國的關系其實並不平靜，冷戰時代被意識形態的對立壓下來的諸多問題，到了現在卻浮現上來。面對這些複雜糾葛，日本的中國研究者幾乎無能為力。因此，竹內好當時的精神掙紮以及他的結晶作品《魯迅》，實際上在現在日本反有著

---

[26] 《現代中國論》〈後記〉，《竹內好全集》4，頁173。

實質的示範、啟發意義。如何面對同時代的中國、如何思考包括兩岸問題在內的東亞的格局，這些竹內好當年深思過的問題，今天仍然是必需面對的既急迫又緊要的問題。

　　而今天這樣的現實。使我不由會想：如果竹內還在，他會怎樣？

＊修改和整理這篇文章承中國社科院文學所賀照田先生有力幫助，在此特
　別表示感謝。

TAKEUCHI Yoshimi and the *"Lu Xun"*

SUZUKI Masahisa

Professor, Meiji University, JAPAN

Abstract

This paper focuses on the academic essay "Lu Xun" that was written by a Japanese famous scholar in Chinese studies TAKEUCI Yoshimi during the Sino-Japanese War and questions about Japanese literary expression during the War. When TAKEUCHI who was studying modern china, faced Japanese invasion of China, he had been in difficult situation and tried to resolve his crisis in self-consciousness. After self struggle, he finally finished the excellent work "Lu Xun". The "Lu Xun" not only shows TAKEUCHI's deep reading in Lu Xun, but also reveals his state of mind during the War.

This paper presents a studies on contents of "Lu Xun" at first, and then consider the position of "Lu Xun" on the history of Lu Xun studies, and surveys TAKEUCHI's specific approach to express at last.

Japanese intellectuals had been almost hopeless trying to resist National ideology under the War. TAKEUCHI's "Lu Xun" could not deserve consideration as resistance works, but would be a attempt to explore a possibility that break through oppressive situation under the War. The "Lu Xun" also became a monumental work that gave Post-War Japan a prospect of thoughts.

Keyword: TAKEUCHI Yoshimi, Lu Xun, Sino-Japanese War, Chinese studies, Translation, Cultural studies

日據末期台韓文壇的「東洋」論述
——「近代超克論」的殖民地接受樣貌

崔　末　順

國立政治大學台灣文學研究所

摘　要

「近代超克論」乃日據末期日本挑起中日戰爭後，企圖擴大其帝國版圖所建構「新體制」的文化論述，也是建設「大東亞共榮圈」的後方意識形態。不過，由於「近代超克論」本身具備對西方現代的強烈批判和否定意識，以及它追求東洋精神和強力的國家主義內容，因而在殖民地朝鮮和台灣的文學界引起了巨大的迴響，影響所及，它甚且激使兩國知識分子自發性扮演起協助侵略戰爭的角色。「近代超克論」，是以對抗西方的邏輯而形塑的「東洋」論述，它以日本的歷史、文化、思想傳統，作為其建構基礎。1940 年代前後，在台韓殖民地文壇中開始被提及，後來更發展成為支撐戰爭的背後意識形態。殖民地台韓接受「東洋」論述的原因及背景，除了戰爭所需強制傳播的文化論述性格之外，也受到兩地原先討論傳統文化及反省西方現代的脈絡影響，出現較為複雜的面貌。此外，文學上的呈現，似乎也具有多種解釋可能。本文將探究日據末期台韓殖民地的文壇，面對日本霸權主義性質的「東洋」論述時，究竟係採取何種立場和認知。

關鍵詞：殖民地時期台灣文學、殖民地時期韓國文學、東洋論述、
　　　　近代超克論、戰爭意識形態、戰爭時期文化論述

一、前　言

　　19 世紀的東亞各國，在其與西方帝國主義國家碰撞與衝突之後，先後的走入現代。東亞各國依照自我的歷史條件，有其不同的現代化進程：日本經過從上而下的改革–明治維新，具備了現代國民國家的面貌，對外並發展成帝國主義國家；中國對內壓抑少數民族，對外重新整備前現代的中華秩序–朝貢體制，摸索帝國可能性之際，因內部改革–辛亥革命的成功，而轉換為現代國家形態；在此過程當中，台灣和韓國卻不幸成為中日兩國勢力的衝突點，他們都因清日戰爭（1894-95）、俄日戰爭（1904-05）過後，隨著日本的佔上優勢，而被先後納編為其殖民地。可見從現代初期開始，東亞的台韓中日各國的歷史發展，是在非常緊密的連動關係中所進行。

　　編入殖民地後的台韓兩國，強力受到日本國內政治變動的直接影響，特別是從三〇年代初為了侵略中國而建立滿洲國（1932）開始，直到戰敗（1945）的十多年期間，殖民地台灣和韓國分別成為其南進和大陸兵站基地，扮演起日本帝國擴張版圖的橋頭堡角色。此一期間，可說是殖民母國日本和殖民地台韓之間，建立起最為緊密的同時性和同質性的時期。中日戰爭（1937）爆發後，強化軍國主義路線的日本軍府逐漸成為日本政治的主流勢力，且在 1940 年策劃與德國、義大利締結三國同盟（Tripartite Pact）之後，更提出「新體制」和「新秩序」乃未來歷史趨勢和方向的論述。[1] 所謂新體制和新秩序，指的是企圖擺脫歐洲中心的現代世界史進展，建立起以日本為中心的亞細亞共同體的論說，亦即「大東亞共榮圈」的建設說法。不過，要建設「大東亞共榮圈」並付諸實踐，必須挑起與英美國家之間的戰爭始能達成，[2] 此意味著必須動員包括殖民地在內的全體國民，更且，在戰

---

[1]　「新體制」指 1940 年 7 月成立的第二次近衛內閣所主導的法西斯體制。

[2]　從 1930 年代後期開始，日本勢力進一步向中國內陸擴張，於 1937 年挑起全面

爭後期總力戰（total war）的要求之下，不僅須全力動員包括人力和物資的所有資源在內，還須塑造出訴說戰爭正當性的意識形態，因此，「近代超克論」就在此一時代要求和氛圍之下，應運而生。

　　作為新體制的文化論述、戰爭意識形態性格的「近代超克論」，其核心內容可以「全體主義」和「日本主義」來加以概括：「全體主義」乃日本所稱「世界的新秩序」，其主要內容是以歐洲的德國納粹主義和義大利的法西斯主義，以及東方的日本法西斯主義為主軸，所建立起反資本主義、反自由主義、反個人主義的新世界秩序；而「日本主義」則不同於「全體主義」的一般性，它主要強調「日本式全體主義」的獨特性，也就是說，與西方的國民國家截然不同的，它是以天皇中心的國體精神，以及其歷史、文化、思想的傳統為其論述基礎，可說也是一種對抗西方的邏輯。此兩種性格其實有其一體兩面的表裡關係：「日本主義」成為支撐「大東亞共榮圈」的理論機制，在高豎「東洋主義=日本主義」的旗幟之下，主張只有各亞洲國家彼此團結，才能戰勝西方資本主義的侵略，也才能共同謳歌亞洲的繁榮和平；「全體主義」則以透過「大東亞共榮圈」的實踐，超越及克服西方現代，創造出新的世界秩序為目標。[3]

　　從「近代超克論」中，屬於「日本主義」內容並加以擴大延伸所建構的「東洋」論述，1940 年代前後，在台韓殖民地文壇中開始被提及，進而成為支撐戰爭的背後意識形態。不過，殖民地台韓兩地接受「東洋」論述的原因及背景，除了戰爭所需強制傳播的文化論述性格之外，也受到兩地原先討論傳統文化及反省西方現代的脈絡影響，出現較為複雜的面貌，且其文學上的呈現，似乎也具有多種解釋可能。

　　有鑑於此，本文將探究日據末期台韓殖民地文壇，是以何種立場和認知，來面對日本霸權主義性質的「東洋」論述。此研究根基於東

侵華戰爭，日本與英美之間的矛盾越來越為激化。

[3] 室伏高信，《新體制講話》（東京：青年書房，1940），頁 124。

亞國家的連動關係及現代性批判，希望在建立台灣文學研究的東亞視角上能帶來一些助益。

二、「東洋」論述的產生背景與內涵

「東洋」論述為「近代超克論」的主要內容，因此有必要先了解其形成過程及背景。一般所謂「近代超克論」，乃是 1942 年《文學界》雜誌以特輯形態舉辦「近代的超克」座談會（1942.7.23-24）之後，[4] 風靡一時的主題；不過，當時日本思想氣流的形成，除「近代的超克」以外，另外《中央公論》以京都學派為主力所舉辦的「世界史立場與日本」（1941.11.26）、「東亞共榮圈的倫理性與歷史性」（1942.3.4）及「總力戰的哲學」（1942.11.24）[5] 等三次座談會，也與此有所關聯。參加「近代的超克」座談會的京都學派鈴木成高（1907-88）和西谷啟治（1900-90），也參加了「世界史的立場與日本」座談會，由此，當時知識分子的動向及普遍亟欲追認戰爭合理性的現象，可見一斑。其中被命名為「知識合作會議」的「近代的超克」座談會，後來成為太平洋戰爭時期日本知識階層的流行話語，並扮演起與戰爭相關的象徵角色。[6] 按照竹內好（1910-77）的說法，「近代的超克」思想系譜，係由《文學界》同仁、日本浪曼派及京都學派所構成的統一戰線。[7] 但仔細閱讀座談會內容，卻未能發現存在類似統一戰線綱領之類的宣言，或任何綜合性結論的導出，從個人發言的內容中也很難找出有系

---

[4] 座談會的內容，在《文學界》九月、十月號連載之後，隔年又由創元社發行單行本問世。

[5] 這三次座談會的內容，中央公論社於 1943 年結集發行單行本，題為《世界史的立場與日本》。

[6] 在《文學界》刊載時，係命名為「文化綜合會議」，但單行本上則標示為「知識合作會議–近代的超克」。

[7] 竹內好，李冬木等譯，《近代的超克》（北京：三聯書店，2005），頁 305。

統的論述，有的只是相當零亂的各說各話狀態。因此，只能概觀每個
人的發言內容，藉以粗略地整理出座談會的焦點。

　　主持人河上徹太郎（1902-80）提出「何謂西方近代和近代思想」、
「西方近代文化對日本帶來的功罪」，以及「現代日本人如何可能」
的三個問題，可見座談會所討論的核心事項為近代、西方和日本。鈴
木成高在座談會之前提出的稿子當中，提到「所謂近代的超克，是指
在政治上超克民主主義、在經濟上超克資本主義、在思想上超克自由
主義」，並認為自進入近代，學問（知識）得到獨立地位，開始支配
整個文明之後，中古以來的秩序即遭到破壞。中村光郎（1911-88）也
同意此一看法，並在〈近代的疑惑〉論文中批判日本近代的問題，認
為明治時期西方文明的移入，只不過是機械的輸入或者開車技術的學
習層次而已，也就是說，日本接受西方文化時的安逸態度，才是日本
近代的實際問題所在，因此，唯有太平洋戰爭，才是能矯正日本接受
西方文明時造成文化昏亂的機會。下村寅太郎（1902-95）進一步主張，
超克近代所需要的不僅是近代科學，更須重視新的精神和魂的自覺，
因而必須建立與心身有關的新形而上學。吉滿義彥（1904-95）則把「近
代人」規定為失去信仰的「悲劇人」，因此認為近代的超克是透過「魂
的開化」，從近代自我當中得到解放，並建立新的知性和靈性的秩序。
龜井勝一郎（1907-66）也談到信仰，認為近代的脆弱來自無信仰狀態，
主張神的再生為現代思想的中心問題，並且在論文〈有關現代精神的
覺書〉中，提出太平洋戰爭不僅是英美勢力的覆滅，同時也是治癒近
代文明招來人的精神疾病的根本方式。

　　代表京都學派的哲學者西谷啟治，認為西方文明破壞了日本原有
的統一世界觀，以致陷入自我昏亂危機，因此提出「主體性無的立場」
以重建倫理，[8] 他進一步指出，宗教性為國家倫理和國家動力的所

---

[8] 所謂「主體性無」的倫理，係將世界和個人貫串為一的「真正的主體性」。

在，全世界中只有日本保有此宗教–日本固有的神道–「主體性無的根源」，進而認為此神道能夠貫通個人、國家和世界，此即所謂「八紘一宇」的代表性理念。而代表《文學界》的小林秀雄（1902-83）則提出「明治以來的日本文學史為西方近代文學的誤解史」命題，以批判實證主義或科學主義文學研究方法，他認為歷史當中有亙久不變的東西–古典的美，不過他也指出，以近代人身分超越近代的方法，只有走到近代的盡頭，才能開啟通往古典之路。對此，轉向作家林房雄（1903-75）則持不同看法，他認為明治中期以來，日本已變成西方的「半殖民地」，日本國民也成了「租界人」，而且自然主義文學含有人的獸化、神的否定、合理主義、個人主義等「猛毒」，由此，近代文學變成否定神國日本、危害青年、奪取日本人自信的「亡國文學」，因此必須回歸到日本本身、回歸到國體精神。

綜合這些發言，可以推知「近代的超克」座談會所討論的內容，基本上是否定日本的文明開化進程，它一方面對西方現代性提出批判，另方面提出要以日本傳統和國體精神為主體，建立新的世界歷史和秩序。至於《中央公論》舉辦的三場座談會，參加的都是京都學派學者，因此會議集中討論的也是他們的歷史哲學和總力戰的性質和意義，以及建立「大東亞共榮圈」的歷史、哲學根據等，此外則是「家的倫理」等日本固有精神方面的內容。[9]

不過，此「近代的超克」一詞，按照柄谷行人的說法，它並非四〇年代才突然出現，事實上 1935 年前後，代表《文學界》、日本浪曼派和京都學派的代表性人物–小林秀雄、保田與重郎（1910-81）和西田幾多郎（1870-1945）等人的思想當中早已形成，它代表的是戰爭時期日本的時代精神。[10]

其實，所謂「近代的超克」說法，以世界文化史觀點來看，可說

---

[9] 主要可從高山岩男（1905-88）的發言中看出。

[10] 廣松涉，金恒（音譯）譯，《近代超克論》（首爾：民音社，2003），頁 241。

是一個普遍性課題。三〇年代歐洲開始討論近代工具理性的問題，主要是為了批判法西斯主義的發展，在這過程當中，西洋沒落或東洋興起的說法漸漸抬頭。[11]但在戰爭時期日本所提出的「近代的超克」，不僅是理念上的近代批判而已，它是相應於以日本為盟主的東亞細亞對抗歐美並戰勝之後，成為世界霸權的構想，也就是說，它指的是日本超越英美所主導的資本主義社會體制和政治理念，以及蘇聯所主導的社會主義經濟組織和革命理念，進而建立的新的世界體制和理念。其中，站在與西方對立面，強調回歸日本傳統和東洋倫理的「東洋」論述，成為近代超克論的核心內容。

「東洋」論述為確認「東洋性」（或亞細亞性）、「日本性」的一連串文化方案的一部分，[12]也是日本在現實中想要達成「東洋統一」的軍事–經濟企劃的反映。[13]武漢淪陷（1938）之後，中國戰場進入膠著狀態，日本以與中國之間的合作為基礎，試圖在東亞建設民族–國家間協同體，在此過程中，有關「東洋」的文化同質性問題，曾進行過許多討論。[14] 特別是超越包括資本主義和社會主義體制的西方近代實驗，創造出日本式近代時，最先受到注目的是具有「原日本性」的天皇制國家形態。他們認為以天皇象徵的國家體制的存在方式，就是

---

[11] 如 1930 年代歐洲法蘭克福學派的近代理性的批判；1935 年在巴黎召開的「國際作家會議」所提倡的人本主義，以及第七次共產國際裁定的反法西斯主義人民戰線等傾向。

[12] 從岡倉天心（1862-1913）、三木清（1897-1945）、北一輝（1883-1937）、大川周明（1886-1957）等人的說法中，看得到日本亞洲主義的形成。參考竹內好，徐光德等譯，《日本與亞細亞》（首爾：昭明出版，2004）。

[13] 從三木清的「東亞協同體」概念，到戰爭時期所提出的「大東亞共榮圈」構想等日本帝國主義邏輯。

[14] 參考白永瑞、崔元植編，《東亞細亞人的「東洋」認識》（首爾：文學與知性社，1997）。

日本的國家本質，也是理想的國家形態。京都學派的核心人物西田幾多郎在《世界新秩序的原理》（1943）中說：「各國家民族以各自的個性和歷史生命生活下去，同時各國家民族具有世界史使命，要結合為一個世界性世界」，他說的世界性世界就是指「大東亞共榮圈」，也就是以日本皇室為中心的「八紘一宇」。[15]

加上，該時期日本浪曼派主導探究的「日本性」傾向，成了文壇的主流。日本浪曼派追求日本主義、復古傾向、嚮往共同體、對合理主義的懷疑等，而這些傾向與國體思想結合之後，成為思想戰的背後理念，並行使其影響力。[16]日本浪曼派的代表性人物保田與重郎，就提出以思想戰的必要性來檢討國學；《文學界》也不顧同仁們的反彈，逐漸傾斜於日本浪曼派；京都學派也從初始的批判轉變為贊成國體思想，[17]該時期日本的知識界，遂而共同生產出國體–日本古典–東洋的文化論述。

再回到座談會，林房雄提出「在日本還留著沒有受西方影響的部分」、「從記紀萬葉[18]和其他古文獻的探究、訓詁、釋義中發現的日本精神」；河上徹太郎也說：「日本人的本然面貌，也就是現代和今後的日本全人性」；其他發言者中亦也將「道義」、「主體性」、「柔軟性」、「物心一如」、「八紘一宇」、「無私無我」、「無我的主體性」等從日本傳統和古典中抽出的概念，擴大解釋為東洋精神的特質者。

如此，以日本傳統為核心內容發展出來的「東洋」，形成有必要推動戰爭以對抗西方的邏輯，不過，其本質卻是帝國主義日本為侵略

---

[15] 許祐誠（音譯），《近代日本的兩種面孔：西田幾多郎哲學》（首爾：文學與知性社，2000），頁448。

[16] 竹內好，徐光德等譯，《日本與亞細亞》，頁125。

[17] 廣松涉，金恒譯，《近代超克論》，頁201。

[18] 《古事記》、《日本書紀》、《萬葉集》的合稱。

其他東亞國家所形塑的新地區秩序。此新地區秩序代替了亞洲既有的中華秩序，並且依賴「大東亞共榮圈」的邏輯，更形鞏固。「大東亞共榮圈」本是日本為了正當化其侵略中國而發明出來的說法，正式被提出當是 1940 年 8 月 1 日近衛內閣外相松岡洋右（1880-1946）的發言，但從 1938 年 11 月開始，有關「東亞新秩序」的建設即陸續被拿出來討論，不同的是，「東亞新秩序」理想主義性格較濃，但「大東亞共榮圈」構想，除了標榜理想主義以外，還以實際政策向前推動。這些「亞洲主義」和近代沒落的說法，帶給長久以來受到差別待遇的殖民地知識分子相當大的鼓舞。回顧「亞洲主義」，從 19 世紀後期受到西勢東漸影響，東亞國際秩序就進入急速再編過程，各國面對此新的情勢，開始重新思考傳統的中華秩序–華夷觀，從而形成替代它的新的對外觀。[19]華夷思想以文明/野蠻為基準，長久以來規範著東亞地區，但清朝的支配中國（1616-1911），卻動搖了東亞的中華體制[20]；清日戰爭中被日本打敗之後，華夷觀開始瓦解，到了 1911 年辛亥革命成功，中國成為共和國家之後，就完全消失在歷史洪流之中。

　　在亞洲，日本經過明治維新（1868）的改革，開始追求天皇制國家主義，其後歷經兩次對外戰爭，從三〇年代開始，採取「民族第一」和「國家膨脹」政策，逐漸成為法西斯主義國家。日本的法西斯主義與西方不同，它具有以天皇作為家長的家族主義傾向，此外，它還依據大亞細亞主義，提出亞洲諸民族解放的口號。因此，太平洋戰爭被賦予對抗西方帝國主義侵略的聖戰使命，面對殖民地知識分子，更宣稱戰爭是為對抗西方近代性，同時也是建立東洋近代的必要作法。具

[19] 有關 19 世紀後期東亞秩序的再編過程，參考白永瑞，《思想東亞–韓半島視角的歷史與實踐》（台北：台社，2009），第三章。

[20] 滿洲族進入中原建立清朝後，朝鮮、日本、越南等國開始出現自己才是真正繼承中華文明的意識認知，參考崔元植，《非西歐殖民地經驗與亞洲主義亡靈》，《創作與批評》（1996·冬）。

有此性格的「東洋」論述，對殖民地知識分子來說，不僅成為對抗西方的邏輯，同時也能夠賴以建立東洋精神和文化的理念，確保普遍世界史觀點的正當性，由此，日本對東洋國家的帝國主義侵略本質，也就容易被隱蔽忽視。

三、東洋論述的殖民地傳播

（一）四〇年代台灣文壇的「東洋」論述及其脈絡

台灣文壇出現「東洋」論述，即主張以東洋精神和日本傳統為當時台灣文化和文學依歸的主張，是從 1940 年左右開始，其後，亦受到戰爭的推移和國家政策的直接影響。例如，中日戰爭開戰之後，台灣文壇出現「熱愛鄉土」、「本島人立場」、「地方色彩」、「台灣特色」、「台灣研究」、「母土文化」、「民俗風的鄉土文學」等[21] 鼓吹地方文學、地方文化的主張，即是受到「大政翼贊會」成立（1940）後強調文化戰爭效用的影響，反映出新體制下日本的文化政策。有關地方文化或外地文學的主張，主要指具有台灣特色的文化及文學的創造，對其內涵和意義，雖然各個文人主張不盡相同；台灣作家們大致著眼於台灣的現實；西川滿（1908-1999）注重台灣歷史和民俗[22]；島田謹二（1901-1993）強調在台日本人作家外地文學的異國情調等，但背後都受到官方文化意識形態，即提高東亞圈民族之間的相互了解，並排除英美等西方國家在東亞的影響，但更具體的目標，是為泯除台

---

[21] 主要出處為 1940 年前後文學雜誌的文藝時評等文章及《台灣文學》創刊辭，黃英哲主編，《日治時期台灣文藝評論集》二、三冊（台南：國家台灣文學館籌備處，2006）。

[22] 有關西川滿對台灣歷史故事的好奇和對台灣民俗風情的興致，陳芳明以台灣歷史的虛構化和台灣民俗的耽美化來概括整理。《台灣新文學史》第八章，《聯合文學》191 期（2000.9），頁 128。

灣和日本的文化差異，建立起東洋文化的單一性格。[23]

　　1941 年底日本挑起太平洋戰爭，並命名為「大東亞戰爭」，提出從西方帝國主義國家手中解放十億東亞人的口號。隨著戰爭動員體制的建立[24]，文壇也整備為皇民文學體制：文人團體和文學雜誌的集散離合，以及「台灣文學奉公會」和「日本文學報國會台灣支部」（1943）的設立、派遣作家參加大東亞文學者大會（1942-1944）、舉行「台灣文學決戰會議」（1943），以及派送作家分赴各地農場、工廠、兵團、鐵道、礦區參觀，撰寫報告文學（1944）等。文學也成為宣傳國策的一種手段，在東亞人團結的名義之下，進行包括風土、民俗、傳統在內的東洋文化探索和形象化工作。張星建提到：「說到東洋文化，自然是以日中兩國文化為主流，而文章則以國文和漢文為主幹。本島正好介於兩大文化交匯處，在不知不覺間早已為兩文化所薰陶。」[25]，他特別重視台灣的中日橋梁角色，主張文壇有尋找東洋文化的必要。[26]

　　另外，從 1942 年 3 月 1 日召開的「大東亞戰爭與文藝家的使命」座談會中，可以看出太平洋戰爭開戰以來的文壇氣氛。在座談會中，黃得時重申日本的宣傳內容：「大東亞共榮圈」的重要性及東亞十億

---

[23] 王碧蕉在《台灣文學》（2:1，1942.2）刊載〈台灣文學考〉，認為「台灣文學真正的價值，就在泯除內台之分」。黃英哲主編，《日治時期台灣文藝評論集》三冊，頁 238。

[24] 日本戰爭體制的建立和運作，依照戰爭的推移和對外關係的變化，分為兩個階段：1937 年中日戰爭爆發之後不久實施的國民精神總動員運動，以及 1940 年新體制運動之後建立的更為強化的戰時動員體制，如日本的「大政翼贊會」、台灣的「皇民奉公會」、韓國的「國民總力運動」等。

[25] 〈論翻譯文學〉，《台灣文學》（2:1，1942.2），黃英哲主編，《日治時期台灣文藝評論集》三冊，頁 229。

[26] 《風月報》也是早就提出「日華親善」的說法：夢痕，〈讀風月報有感〉，第 115 號（1940.8.15），頁 17。

人口的解放；為了建構世界新秩序，有必要強調對抗英美的國策文學。對日本侵略中國一事，他認為「支那事變，就某種意義而言，乃是兄弟鬩牆，遲早會解決。然而大東亞戰爭的本質卻有所不同：它是一場東亞確立東亞共榮圈的戰爭，是一場東亞十億人民的解放戰，建設世界新秩序的戰爭。」他還說道：「今天，正義的日本，正是為了使大和魂遍植於大東亞的新天地而奮起的。在赤道之下，南十字星升起之處，日本民族正以沛然莫之能禦的勢道，晉身成為大東亞的新盟主。東亞的黎明、民族的解放—唯有日本才能夠完成此一雄圖偉業。…對於這場大東亞戰爭結束之後，必將來臨的文化工作，我們必須抱持著身為大東亞盟主的胸襟與自信，不可輕忽研究與調查的重要性。我們必須一方面尊重各民族的固有文化，另一方面正確掌握其源流所在。大東亞共榮圈，並不只是資源上共榮，更需伴隨著精神上的共榮。假如一味抹煞各民族的固有文化，只知『定於一』、『尊於一』，就失卻泱泱大國的風度了。海水不擇細流，故能得其深。同樣的，我們也必須以此態度來看待各民族文化。」他所強調的不分彼此、渾然一體的東亞文學和固有文化及民族文化，實屬於「東亞」論述。

　　另外，龍瑛宗認為大東亞戰爭的目的在於嶄新現實的創造，透過戰爭必須粉碎英美，確立「東洋道義」，為此，台灣文學要成為建立世界新秩序，以及南方文化交流的進展基地。[27]如此，不區分東洋文化和台灣固有民族文化差異的言論之外，也出現直接言及日本的美和精神的論調：「如今，我們正逢必須大力向南方躍進的時期，我希望台灣的文藝家不要光是舞文弄墨，過風花雪月的生活；要努力找出日本文藝中的美感、柔情、溫馨、高雅、清心—所謂日本美。」[28]；「代

---

[27] 座談會內容，刊在《台灣藝術》（3:3，1942.3），黃英哲主編，《日治時期台灣文藝評論集》三冊，頁 254-259。

[28] 林恭平，〈文藝家未來的使命〉，《台灣文學》（3:7，1942.7），黃英哲主編，《日治時期台灣文藝評論集》三冊，頁 321。

替以往的文化而逐漸抬頭的新日本文化，當然必須是站在代代相傳的日本精神的再認知上。誠然，沒有日本精神的再認知、再覺醒，就無法真正把握好舉國一致、為國做好本崗位工作，擴充生產力也無法充分地得到所期待的效果。」[29] 可見台灣固有文化的討論，已被日本的精神和日本的美所代替。

不僅如此，「大東亞文學者大會」的舉行，在日本和殖民地，成為提高所謂大東亞文學，或者興亞文學理念的重要機會。這個會議是由『日本文學報國會』所主辦，『情報局』和『陸軍軍報道部』後援，從 1942 年開始每年舉行一次，其目標為大東亞的文藝復興，邀請了大東亞共榮圈內各國的文學者參加。第一屆在東京舉辦，與會文人分別為來自日、滿、蒙疆、朝鮮[30]、台灣的文學者，他們除了參加本會議之外，也前往近畿地方訪察旅行，還被特別安排認識日本民俗文學──俳句、短歌，以及戰線報導等文學現況的機會。1942 年 2 月 4 日在丸內大東亞會館舉行的本會議，主要討論議題為「大東亞精神的樹立」，「為了讓大東亞共榮圈的文人手攜手向前行，必須積極找出建立共榮圈文化的方法。」「為謀求各地區的民族和國家的結合，文學作品必須扮演積極角色。」等，此外，還熱烈討論有關日滿華的古典講座、支那劇的保存及強化方法，以及透過文化達到東亞民族的融合方法[31] 等等，可見各民族的古典和民俗文學，概以東洋文化名目被廣泛討論。

第一屆大東亞文學者大會的台灣代表為有張文環、龍瑛宗、西川滿、濱田隼雄等人，他們的大會發言後來刊載於《台灣文學》（1943.1）；

[29] 〈關於在台北州下青年演劇挺身隊的根本理念〉，《台灣文學》（2:3，1942.7），黃英哲主編，《日治時期台灣文藝評論集》三冊，頁 362。

[30] 本文中的朝鮮是指與日帝殖民地處境相關的特定用語，而韓國乃指一般意義上的稱號。

[31] 林鍾國，《親日文學論》（首爾：平和出版社，1963），頁 136-148。

回台灣後，他們也透過座談會或雜誌，發表參加大會感言。

> 根據奧村情報局次長的說法，全人格的直觀主義就是「一眼看透事物本質的力量」。這和村光太郎所說的「單刀直入萬物核心的精神，對事物的關係追根究底，蒐羅挑剔它們的真相，反而能產生更新的精神」是一樣的精神。也就是說，亞洲原本的「全人格的直觀」終究是詩精神，是藝術。橫光利一高喊「向科學宣戰」，真是一語道破。把亞洲寶貴的詩精神奪走的，正是以知性主義、理性主義、唯物主義作為根基的科學。…這就是東洋式的血盟。民族與民族之間的真誠誓約。這是英美文化強調運用一切謀略而造成持續對立的民族與民族，在大東亞名下團結一致，想要「向我們光輝的東洋傳統敞開胸懷，接續祖先靈魂的吶喊，自漫長之忍從與昏迷之境地」重生的誓言。[32]

> 原本是直觀民族的東洋民族，長久以來受制於英美的謀略而喪失直觀力，滿腦子都是合理主義、理性主義的思想，所以我一想到所謂「直觀」是多麼重要，就覺得遺憾之至。失落多時的直觀力，如今不是好像就要一口氣失而復得了嗎？ 這必須要民眾有更多的文學修養才能實現。[33]

> 大東亞戰爭的爆發，促使全東洋的文學人從根源奮起，帶來重建東洋的堅毅決心。這正是日本所謂乾坤一擲的勇猛決心有以致之。希望我們向光輝的東洋傳統敞開胸懷，接續祖先

---

[32] 濱田隼雄，〈「大東亞文學者大會」的成果〉，《台灣文學》（3:1，1943.1），黃英哲主編，《日治時期台灣文藝評論集》四冊，頁60。

[33] 西川滿，〈自「文學者大會」歸來〉，出處與前註同，頁63。

靈魂的吶喊，誓言自漫長之忍從與昏迷之境地重生。[34]；如果可以說「近代終焉」，我想，這是指科學文化走到盡頭或出現破綻。我們必須說，這次的戰爭也不外乎是要超越科學文化，確立東洋原來的道義文化。東洋文化確實曾經是道義文化，卻受到近世的科學文化迫害，陷入深沈的昏睡之中，成為廢墟，差一點就化為烏有。這時，正好東亞唯一的東亞文化保存國家–吾國日本，產生了以復興東亞為目標的自覺；它帶來了大無畏的精神，摧毀了以英美為主體的科學文化，不斷構築著東亞的本來面貌。[35]

日本的軍人精神，不在意對手的人數，只憑著一股龐大的意志力擊毀目標。我想，在文化方面也不要拘泥小節，而應該磨鍊文武之道。也許是我才疏學淺，我在東洋史和日本古典文學裡，都沒看過「民族」一詞，這個複合詞可能隨著西洋文化傳進來的吧。東洋的政治道德應該不曾用一個民族作為思想的單位，因此，不只是這位客人帶來的複合詞，連東洋道德也被這個小心眼的客人的語言侵犯了。西洋人是不是不懂日本的「八紘一宇」？ 還有，中國的拜天思想，看在西洋政治家眼裡，也許就像抓空氣一般虛幻。[36]

日本人作家濱田隼雄和西川滿，強調日本傳統文化和精神，相對的張文環和龍瑛宗把焦點放在東洋文化，但是他們所共同強調的是，以東洋固有文化和日本精神為依歸的文學建設。非常明顯，這些東洋論

---

[34] 龍瑛宗，〈豐碩的成果〉，《台灣藝術》（4:1，1943.1），黃英哲主編，《日治時期台灣文藝評論集》四冊，頁 21。

[35] 龍瑛宗，〈道義文化的優勢〉，《台灣文學》（3:1，1943.1），出處與前註，頁 67。

[36] 張文環，〈自內地歸來〉，出處與前註同，頁 71。

述，建立在對抗西方文化的前提上：對於理性主義，主張感性和直觀主義；對於科學文明，提出道義文化等，成為東洋論述的主要內容。由於強調推動戰爭的必要性，精神層面更加受到重視。

此外，1943 年 11 月 13 日，島內也由『台灣文學奉公會』舉辦「台灣決戰文學會議」，提出「本島文學決戰態勢的確立、文學人的戰爭協助–其理念與實踐方法」議題。來自台灣各地的日本和台灣人作家共有 58 位參加，他們的發言包括：「文學人的直觀能力之培養」（張文環）；「為了對抗敵方英美文化的壓力，也就不得不增強從日本的文學傳統中產生出來的壓力。」（中島源次）；「主張全民歌詠提高日本精神的自主自律性」（島邊義孝）；「維護民族三千年的傳統，作為傳統的尖兵以偉大的時代之詩作為戰爭的武器，高揚盤石必勝的信念。」「吸取古典精神的道統，以及在淨琉璃等所展現出來的義理認定的感性中傳承下來的日本文學，要將其活用在現代就是我等的工作。」「強調依據日本歷史的磨鍊」；「提議發行繪圖古典讀本」；「古典研究機關的設置」；「臺灣文學史的編纂，作為大東亞文學史的一環」等東洋論述相關的討論，並決議；「在本會中凝聚，撲滅以兇惡殘酷之行徑多年來汙染東亞之天地的仇敵英美，期待再建道義東洋，是吾等盟友共同的宿願，吾等乃是為了大東亞戰爭的全勝，以筆為劍而崛起的戰士，吾等血盟同志立足於皇道精神之精髓，奉行文學治國之大志，打破所有的障礙，集結全力來建設台灣文學。」[37] 從日本的傳統和古典中抽出的精神，作為皇道文學，可見文學已邁進鼓吹戰爭之路。以文學的戰鬥配置惡名昭彰的決戰會議之後，文學如何服務戰爭的推動，成為文壇的主要話題；由於文學具有思想的承載可能，以及有效傳播的功能，因此，透過文學皇民鍊成的主張當中，以日本傳統為核心內容的「東洋」論述，受到空前的重視。

---

[37] 會議上的發言內容，刊在《文藝台灣》終刊號（1944.1）。

　　國體的理念、國家的意志、國家的歷史傳統，加上國家的命
　　運，擔負這些的現實的力量，只有在國民的生活中才會具體
　　顯現出來。生活本來有生命力，綜合的生活是縱橫相關而不
　　斷向前流的具體姿態。根據以上各點，全面思考台灣文化時，
　　不禁令人感到指導者是如何缺乏高邁的思想與哲學的教養。
　　而這種高邁的思想都必須從流貫古典文學，如《古事記》、
　　《萬葉集》等我國文學思想根柢的「無的意趣」之中體會。
　　因此，推行皇民鍊性運動時，恕我僭越，我懷疑指導者－特別
　　是知識分子，即使擁有外國歐洲的教養，可是他們是否會親
　　身體驗國文教養，體驗相當深奧的國文教養呢？[38]

到了戰爭末期，「東洋」論述中，地方文化說法已不復見，只有日本
的傳統精神反復地被加以強調，不僅用在作家派遣等實際目的外，且
以思想和理念的根本，持續被討論及強調到戰敗。原本是為自我反省
及批判追隨西方近代的文明開化而提出的回歸東洋說法，隨著戰況及
國策的改變，在台灣文壇也以戰爭和皇民文學的理念來接受，因此，
原是為了反省及克服西方近代而找出的日本古典的直觀的、感性的、
精神和心理層面的價值，遂而變成了為戰爭直接服務、為天皇欣然獻
出生命的精神。

　　不過，「東洋」論述對台灣文壇的傳播，不全然一開始就以皇民
文學來理解，那是因為「東洋」論述中的傳統乃至固有文化的問題，
一直是台灣文人作家所關注的議題，特別是與「近代」的關係上面，
「傳統」問題一直是台灣文壇的注目焦點：例如，在二〇年代初新文
化運動時期，新興知識分子將傳統與封建性等同看待，認為必須改

---

[38] 長崎浩、西川滿、濱田隼雄、齋藤勇等人，〈吾輩的主張〉，黃英哲主編，
　　《日治時期台灣文藝評論集》四冊，頁435。

革，該時期「傳統」與「現代」成為對立關係[39]；二〇年代中期開始，社會主義思潮流入以及左翼文壇形成之後，傳統仍然是要破除的對象，[40] 但另一方面，三〇年代初在討論文藝的大眾化方向時，所謂「階級內容」和「民族形式」相當受到重視[41]，民間文學的採集成為緊要的工作，台灣話文的整理問題，也在《南音》等文學雜誌中被熱烈討論。與台灣民間文學相關的台灣傳統文化和語言，一時不再與現代對立，反而成為互補關係。在當時的台灣話文論爭和鄉土文學論爭的背景下，民間文學的採集，主要被認為是文字上的台灣話文和內容上的鄉土兼顧的樣式，同時也是具有民眾內容和民族情緒的文學。這個時期以民間文學的採集所引起的傳統熱，依照參與論爭文人的階級、思想位置，多元的被用以解釋及接受。

另外，三〇年代國際性近代理性批判氛圍形成之後，在亞洲各國也產生了以東洋傳統來試圖牽制西方近代的聲音。日本普羅文壇和文化界對甘地（1869-1948）、泰戈爾（1861-1941）的思想有所討論，這也影響到旅日文人王白淵的思考。該時期王白淵撰文討論印度和中國等東方思想，對現代理性主義和科學文明表示懷疑，並且針對接受野蠻歐洲文明，進行脫亞入歐路線的日本，提出應該有所悔悟的主張。[42]王白淵認為東方文明為「人道的文明」、「與自然和諧的文明」，相對的，歐洲文明為「建築在屍骸之上」，「壓抑正義的暴力」。不過，王白淵的反現代論述，具有反殖民的民族主義觀點，他把「日本

---

[39] 主張新文化的近代啟蒙論述中，不乏此類內容。

[40] 有關左翼文壇的形成與其文學理論，參考崔末順，〈日據時期台灣左翼文學運動的形成與發展〉，《台灣文學學報》第七期（2005.12），頁149-172。

[41] 吳坤煌以「民族的動向，地方的色彩」來說明此問題，參考〈台灣の鄉土文學わ論す〉，《福爾摩莎》二號（1933.12）。

[42] 〈詩聖タゴール〉；〈ガンヂーと印度の獨立運動〉，《蕀の道》（盛岡：久保庄書局，1931），頁74-152。

/其他亞洲民族」（或國家）等於「西方/東方」的換喻，企圖生產出對自許「亞洲白人」的日本人加以貶抑並排除的論述，以使東洋盟主論的日本帝國主義理論失去其合理性。他雖然沒有提出台灣的傳統和文化，不過以印度和中國的東洋文明來批判日本的走向，很顯然此時東方的思想或傳統，成為他對抗現代日本的一種論據。[43]

　　傳統和現代的關係，自三〇年代後期建立戰爭動員體制後，進入了新的局面。中日戰爭時期，被置於地方文化和外地文學的架構中進行討論的傳統-民俗問題，到了太平洋戰爭開戰後，被全面登場的「東洋」論述所攝取，進而被冠以大東亞文學、興亞文學、皇民文學、決戰文學之名，走上協助戰爭之路。因此，考察如何理解及運用既有的傳統論述架構，將是分析四〇年代台灣文壇所探討「東洋」論述的關鍵。

（二）朝鮮的東洋論述及其歷史脈絡

　　在韓國近代文學的發展過程中，1930 年代後期一般被稱為轉換期。「卡普」[44] 的解散（1935）和中日戰爭開打（1937）之後，社會上體認到時代已進入轉換期的氣氛逐漸蔓延，特別是對卡普的解體，不僅認為是殖民勢力思想控制的結果，更看成是現代性沒落的徵兆事件。[45] 發生中日戰爭後，東亞國家之間的秩序有了巨大變化，主導此變化再編東亞的日本，對西方近代化方案做出批判，進行著將東亞各個不同民族結合為一個勢力圈的實驗。在此過程當中，「西洋的沒落

---

[43] 有關王白淵的反現代思想，參考柳書琴，《荊棘之道–台灣旅日青年的文學活動與文化抗爭》（台北：聯經，2009），頁 91-115。

[44] 成立於 1925 年的『朝鮮無產階級藝術家同盟』（Korea Artista Proleta Federtio）的簡稱。

[45] 黃鍾淵，《韓國文學的近代和反近代》（首爾：東國大學博士論文，1992），頁 4。

和東洋的抬頭」說法，剛好與當時歐洲的危機性徵候結合，帶來了超越戰爭體制意識形態以上的影響力。由於法西斯主義正以猛烈氣勢擴散，壓倒合理性和理性，極端工具化了的理性的否定面也已日見嚴重，當時歐洲知性界提出了兩個方向：一是全面否定理性，強調感性的重要性見解；二是與此相反，克服現代的負面特徵，以新的理性來整頓當今的混亂，以形成新世界秩序的見解。受此氣流影響的韓國文壇，也提出兩種克服西方現代的方案：否定西方現代而提出的「古典–傳統」論，以及更加強調理性力量的「知性論」和「人文主義」論述。[46] 其中，「古典–傳統」論述，主要是提出傳統的創造、古典的復興、民族文化的樹立等議題，探討朝鮮之所以朝鮮的特徵–朝鮮性，成為三〇年代後期韓國文壇的熱門話題，而且到了四〇年代，由於其追求的內容相似，從而形成與日本建構的「東洋」論述互相結合的趨向。

　　不過，與台灣及其他東亞國家一樣，被迫進入現代接觸西方文化的韓國，「傳統」問題一直是文壇和知識界討論的焦點。韓國雖然是以日本殖民地的處境，進入資本主義近代化過程，但是在進入殖民階段之前，已進行過一段自主性近代化的努力，加上，朝鮮本身是個具有悠久歷史的文明國，對自我傳統意識頗為堅強，因此，在整個現代化過程中，從來沒有中斷過有關民族傳統的討論。例如，開港[47] 後知識分子認知的「近代」，是在封建傳統的破除下才有可能，因此傳統

---

[46] 金榮敏，《韓國近代文學批評史》（首爾：昭明出版，1999），頁 453-501。

[47] 19 世紀後期由於歐美資本的進出東方，朝鮮屢次被迫要求開港：1832 年 6 月東印度公司所屬的英國商船來到夢金浦要求通商；1861 年俄羅斯艦隊和德國商船到達元山要求通商；1866 年美國商船 General Sherman 號要求通商；同年法國軍艦兩次入侵，引發了「丙寅洋擾」；1871 年美國的通商要求，引起「辛未洋擾」，但都因強力鎖國政策受阻。及至 1876 年，始與日本簽訂「江華島條約」，因而於 1880 年開放元山，1883 年再開放仁川和釜山，朝鮮乃正式進入開港及近代化過程。

成為近代的對立概念，他們為了因應西勢東漸的空前情勢，不得已提出「東道西器」的主張。[48] 進入二〇年代之後，包括傳統在內有關朝鮮的研究，大體上被官學所掌握，[49] 對此，朝鮮學界提出了「朝鮮人的朝鮮研究」主張，以安廓（1886-1946）的國學研究和崔南善（1890-1957）的朝鮮學運動為始，到 1930 年代中期，以《朝鮮日報》和《東亞日報》等媒體企劃的「古典復興論」、京城帝大推出的朝鮮學運動、左派文學理論所展開的「朝鮮特性論」等，反而進一步形成更具組織的、有體系的研究朝鮮性的「朝鮮學運動」。[50]

　　朝鮮學運動的終極目標，係放在有體系的研究朝鮮固有傳統，並建立相關學問和知識體系，以期在文化和思想層面建構朝鮮獨特性，同時也建立新的世界性民族主體。為了達到此一目標，首先要「回顧朝鮮、認識朝鮮」，並要求在「歷史的、傳統的、文化的特殊方面」中，找出「朝鮮素」和「朝鮮色」。[51] 討論古典復興問題的「傳統–古典」論爭，從 1935 年左右開始，到 1937、8 年中日戰爭時期達到顛峰。這裡，不妨考察《朝鮮日報》上所進行的論爭，以把握論爭的焦點：參與論爭的有李熙昇（1896-1989）、李秉岐（1891-1968）、李泰俊（1904-？）、朴鍾鴻（1903-76）、朴致祐（1909-？）、崔載瑞（1908-64）、李孝石（1907-42）、朴英熙（1896-1930）等不同傾向

---

[48] 1880 年代初，開化派學者金允植（1835-1922）所提出的開化思想，是指在東方道理的基礎上，學習西方技術之意，與中國的「中體西用」、日本的「和魂洋才」論類似。

[49] 主要是日本為了統治上的需要而進行的調查和研究。

[50] 主要民族主義知識分子所主導的思想文化運動，他們對朝鮮史編修會、青丘學會、京城帝國大學朝鮮經濟研究所等官學組織所進行的朝鮮研究，保持對立的立場。參考全允瑄（音譯），《1930 年代「朝鮮學」振興運動研究》（延世大學碩士論文，1998），頁 14-32。

[51] 槺生，〈朝鮮學的問題〉，《新朝鮮》（1934.12），頁 1。

的文人；按照他們對文化所持的普遍或特殊觀點，概可分為兩個立場[52]：一是站在普遍世界史立場的論者，對他們來講，所謂「古典」是指西方的，尤其是西方的哲學和文學，主要有朴鍾鴻、朴致祐、崔載瑞等人持此看法，他們認為古典為人類透過多樣表現方式而留下來的所有東西，因此，要採納古典中的資產，而不是負債。[53] 他們主要依據艾略特（T.S Eliot 1888-1965）的「傳統」概念[54]，主張繼承有用的傳統，不過，並沒有明確指出傳統的具體內容，只是留下相當抽象的概念而已，因此，他們的傳統論述，之後很容易被「東洋」論述所替代。

　　二是對文化持特殊立場的論者，主要在李熙昇、李秉岐、李泰俊的文章中呈現，他們認為古典屬於中國或東方的傳統文化，以及過去朝鮮的文化。他們認為當今朝鮮的創作，幾乎都是根據外國文學，與古典的關係完全切斷，因此，他們對朝鮮近代文學拒絕過去傳統或古典，無條件推崇西方的現象提出批判。[55] 不過，他們對傳統的態度，僅止於哀惜即將消失不見的東西，或執著於與現在甚少關聯的「漠然的過去東西」上面。此種態度，在他們發行的《文章》雜誌上，也處處可見：探究過去的美好古典，介紹及解釋說話[56]、詩等古典作品，

---

[52] 蘇榮炫，〈1940 年前後東洋論述分析〉，《1930 年代後期文學的近代性與自我省察》（首爾：深泉，1998），頁 151-172。

[53] 朴致祐，〈古典規範–真正的傳承及有個性的創造力〉，（朝鮮日報，1938.6.14）；〈古文化再吟味的現代意義〉（朝鮮日報，1937.1.1-4）。

[54] 艾略特並非完全揚棄傳統與古典的文學特質，認為一個好的現代文學作品，是要能和傳統連結的，一個作家要對以往的作家有所了解，才能在描寫現代環境的文學作品中，傳承傳統古典文學的精神。

[55] 李熙昇，〈古典文學中所得感想〉（朝鮮日報，1938.6.5）；李泰俊，〈歸依大自然的東方人〉（朝鮮日報，1938.8.3-4）。

[56] 以神話、傳說和民譚為情節的故事，主要是口傳的散文文學。

並以文學化方式進行古典的創造，表現出對過去東西充滿鄉愁和愛戀情緒。

　　《文章》的這些態度，不同作家之間雖有些許差異存在，但整體來說，他們無非是想要找回朝鮮特有的傳統文化，以反復確認民族認同。當時日本帝國主義正生產近代＝西方的超克和東洋的復權論述，在此時代氛圍之下，《文章》同仁顛覆近代價值的努力，固然有其時代意義，但此努力並未能成功找回歷史中被遺忘作為「他者」的朝鮮，也沒能成功探究出不被帝國的東洋意識形態涵蓋的傳統內容，因此他們所強調的朝鮮固有性，終究被整合在更大範疇的東洋文化論述框架中。例如，趙愚植在討論中國和日本的陶瓷和繪畫時，即令因西方前衛藝術給予靈感，但他很自然的仍把東洋藝術定位在朝鮮的傳統中；李泰俊也設定西洋／東洋的對立關係，並輕易的在東洋文化中，找出朝鮮的主體位置。[57] 如此，《文章》中所討論的傳統，逐漸被收編進帝國的地方文化固有性論述之中。

　　其次，接著我們藉由考察現代主義（Modernism）文人金起林（1908-？）的傳統思考，窺探韓國知識分子主張近代到傳統的歷程。金起林認為雖然西方近代已走到盡頭，到處暴露負面效果，但朝鮮也並未到達真正的近代；例如，在京城的街頭找不到高度發達的生產技術等西方近代的核心內容，有的只是「消費都市和消費生活方面，與櫥窗般斷片的被陳列而已。」[58]；而朝鮮的三十年新文學史，可說是從文藝復興至今，經過五、六世紀發展而來的西方近代文學的壓縮過程而已，真正的朝鮮近代還沒有展現其中。如此，他認為朝鮮的近代化是不健全的、朝鮮文學尚未獲得近代精神，而更大的問題是，朝鮮熱切盼望的西方近代，已經走到盡頭，顯露疲態。由此他提出可以內

---

[57] 車承棋，〈東洋世界和「朝鮮」時間〉，《再閱讀近代 2》（首爾：歷史批評社，2006），頁 255。

[58] 〈朝鮮文學的反省〉，《人文評論》（1940.10）。

包民族，同時又可超越民族的「新秩序」，用來解決此一困境；他強調東西方應以互相接觸、包容、尊敬文化作為手段，以追求民族之間的融合，其中他也提到為了突破近代文化的局限，有必要進一步考察東洋。[59] 金起林高度注意到西方近代所顯露的局限，而他對朝鮮近代化路程的反思，也與日本「近代的超克」內容相當類似，[60] 不過，從戰爭時期他在文壇的活動情況來看，金起林雖然沒有掉入日本建構的「東洋」論述中，[61] 但他所主張的創造力旺盛的東洋古代和中世的文學和藝術，也沒有指出具體對象，以致成為非常抽象的東洋文化論述。另外，他所提到的東西方差異性，完全是根基於文化層次，並沒有涉及到民族或國家的問題。我們知道，排除國家或民族概念談論的普遍文化，通常會被以漠然的抽象性來認知東西方差異，進而產生其傳統本質被稀釋的結果。有關「東洋」的討論，換到「東洋文化」的領域，且以抽象的、普遍的文化概念來討論，會導致迴避質問「東洋」本質的下場。換句話說，討論「東洋文化」時，東洋中所佔的朝鮮位置就將留下空白，此時外來的邏輯，容易填補其空白位置。

　　日據末戰爭時期，韓國文壇出現過為數不少的親日文學，這就證明是把東洋文化代入空白朝鮮傳統的一種結果。[62] 實際上，汪精衛的新國民政府成立和巴黎淪陷（1940），曾經成為象徵性事件，繼而形成東洋抬頭和西方沒落的氛圍。日本提出新體制口號之後，朴泰遠（1909-86）在〈亞細亞的黎明〉[63]中，開始討論東洋或亞細亞的獨自

---

[59] 〈有關東洋的斷章〉，《文章》（1941.4）。

[60] 特別與小林秀雄的見解相當類似。

[61] 戰爭時期不再寫作是主要原因。

[62] 根據既有研究，在 1940 年代從事親日文學的朝鮮文人有 40 多人，其文章和作品多達上百篇。

[63] 《朝光》7 卷 2 號（1941.2）。

性路線；崔載瑞主張透過日本，建立自主性的東洋。[64] 就如日本宣傳的一樣，他們認為不以西洋為中心的新世界史敘述已變為可能，因而接受「近代的超克」思想，跟隨主張以日本為中心的「東洋」論述。此外，一直以來即透過小說控訴資本主義矛盾的蔡萬植（1902-50），也開始批判西方近代的個人主義，贊成「滅私奉公」，相信新的時代來臨；徐廷柱（1915-2000）也認為西方近代已顯露窘態，主張脫離西洋精神世界，尋找屬於東洋原境地，建立東方美學；李石勳（1908-？）也在小說《安靜的暴風》中，刻畫太平洋戰爭和徵兵制公布之後，走上戰爭協力、認同日本的人物的心路歷程。[65] 凡此種種，都讓我們知道，近代超克的東洋論述和太平洋戰爭，確實帶來東/西方對立和東洋為一體的意識，對殖民地朝鮮文壇帶來強大的影響。

再者，我們試舉一個更為具體的例子，考察「東洋」論述浸透傳統文學的狀況：李光洙（1892-1950）、金億（1893-？）、朱耀翰（1900-79）、金東煥（1901-？）等人，可說是從二〇年代開始即以主張「朝鮮心」、「朝鮮魂」的時調[66] 和民謠詩著名的文人。到了日據末期，他們雖然仍然主張時調和民謠詩的創作，但很意外的，他們也是熱衷親日協助的代表性詩人。時調為傳統文類，內容中不乏對國家效忠的思想；而民謠原本是被壓抑的民眾之歌，屬於代言少數人心情和聲音的文類，容易被想像為體現被壓抑的朝鮮民眾對抗日本所發出的心聲，不過，日據末期的時調和民謠詩，走向卻與此完全相反，反而扮演起普及日本精神的媒介角色。

　　如千年之夢，即或見不到舊時的都邑

---

[64] 〈新體制和文學〉，《轉換期的朝鮮文學》（京城：人文社，1943），頁 28-29。

[65] 參考金在勇（音譯），《親日文學的內在邏輯》（首爾：亦樂，2003）。

[66] 時調為高麗王朝末期形成的韓國固有詩文類，其形式為三章六句四十五字左右。

　　刻記在瓦片的蓮花，技藝依舊宛然

　　那文化開在日本，而今再度得見呀[67]

　　作為「內鮮一體」[68] 事業的一環，總督府在扶餘建造神宮[69]，邀請了朝鮮文人共襄盛舉。1941 年 2 月，『朝鮮文人協會』[70] 組織了奉仕隊前去慶賀，李光洙即在參加奉仕隊回來之後寫了這首時調，他認定百濟和日本的文化屬性相同，由此找出朝鮮人的皇民化之路。他使用傳統文類的時調形式，表現的卻是天皇臣民的心聲。另外，金億和朱耀翰的民謠詩也從早期的濃厚民族情緒，變質為適合表現日本情緒的音律；金東煥也留下不少親日民謠詩。如此發展趨勢，主要是日本有意識地將東洋設定為英美帝國主義踐踏之所，而日本反卻能賦予這些被迫害的少數人某種地位，進而創造出東洋人的共同意識之故。日本透過如此操作，將原本分屬列國體制的東洋各個民族和國家，成功地塑造成共同受到侵略的大東亞共同體形象，並把大東亞民眾作為日本的下位主體，賦予他們經濟功能，進而在政治上將他們改造成天皇制位階結構下的臣民。經過如此一連串的過程，尋找民族傳統的文人，面對「共榮圈」的國家形成，自然急速傾斜於日本–東洋精神；原本作為表現民族情緒和代言少數聲音的民謠，也轉變成傳播日本精神–東洋精神的重要媒介，對以日本為中心的大東亞體制的存續做出貢獻。

---

[67] 李光洙，〈扶餘行〉第二聯，《新時代》（1941.7）。

[68] 1937 年侵略中國之後，總督南次郎為了順利動員朝鮮人協助戰爭，建構出來的統治方針。日本早在 1931 年引發「滿洲事變」時，也曾喊出「日滿一體」口號。

[69] 扶餘為百濟（BC18-660）首都，被認為與古代日本有密切的關係。

[70] 1939 年 10 月成立的親日文人團體，其成員包含朝鮮人及日本人，朝鮮文人共有 250 多位參加。

四、論述與文學的距離－代結語

以上我們概觀了日據末期日本建構的「東洋」論述性格，以及其對殖民地台灣和朝鮮文壇的傳播狀況。如上所述，中日戰爭爆發之後，所謂「東洋的自覺」成為殖民地台韓文壇的熱門話題之一，特別是日本佔領中國主要城市之後，東亞版圖開始進入再編過程，隨著新體制口號的提出，主導此過程的日本角色的相關討論，也開始多了起來，加上，日本挑起太平洋戰爭之後，東亞和日本角色結合建構的「東洋」論述更加受到注目，「東洋」遂而成為對抗英美的符碼，也進而影響到殖民地知識界和文壇。可見日本帝國主義侵略邏輯的正當化，乃是「東洋」論述的本質所在，不過，在東洋的團結和東洋人的解放、新的東洋誕生等口號之下，「東洋」論述得到殖民地文壇相當的呼應，也是不可否認的事實。固然，戰爭體制對文學的控制，以及文人被強制動員的因素也應該考慮進去，不過，從兩國文人一再重複及再生產「東洋」話語，以及發表戰爭旁助言論來看，雖有程度上的差異，但彼此都接受「東洋」論述所傳播的理念，則是無庸置疑。

「東洋」的具體內容，是以日本的傳統為主，它屬於精神的、審美的、團體的、道義的文化層面，此與西方物質的、實用的、個人的、理性的文化，形成對應。在此背景下，台韓文人依著各自的審美旨趣和文化觀點，分別有其不同程度的接受及呼應，譬如：在東洋範疇下進行自我傳統論述；視日本傳統等同自我傳統；唯以日本傳統為依歸的主張等等。不過，台韓兩國文壇會對「東洋」熱烈呼應，與「東洋」論述具備反近代性格，以及兩國都對傳統問題持續辯證討論，有著很大的關係，也就是說，傳統與近代關係的思考，才是「東洋」論述在殖民地發酵的主要原因。

在與傳統的關係上面考察台韓文壇的東洋「論述」，將可發現若干差異：1910 年日本強制合併朝鮮以前開始，韓國文壇即未曾間歇

地討論並生產自我傳統和民族文化的論述，尤其在 1930 年代中期，朝鮮學運動中形成的「傳統–古典」論述中，有探究傳統的具體內容者，有透過文學創作尋找古典者，但經歷中日戰爭–新體制和大東亞共榮圈–太平洋戰爭的變遷後，大多被日本中心的「東洋」論述收編；此變化過程，基本上與台灣文壇大同小異，只是相較於對傳統或古典的討論，民間文學和地方文化的問題更受到台灣文人的重視。[71]其後，隨著戰事的擴大，兩國文壇受到更嚴密的控制和文學的戰鬥配置要求，「東洋」論述更成為作品中必須表現的內容。

　　不過，論述的文學化，並未如實相應呈現[72]，例如，戰爭時期活躍文壇的呂赫若，在其小說中雖然也出現「東洋」論述內容的傳統–民俗問題，但它並非日本之美或日本人的愛，抑或《古事記》之類日本的審美傳統，而是台灣特有的傳統生活方式、價值觀、民俗儀式或活動，與「東洋」論述中的帝國邏輯保持著一定程度的距離。他的《清秋》（1944）主要描述在「南方行」的時代潮流和作為大家族一員應盡孝道之間，感到苦悶彷徨的青年故事：小說中能安定主人公耀勳驛動之心的並非周遭人士的南方之行，而是在於身邊有充滿愛情、信賴、尊敬、依賴、學問、藝術的家人存在，以及作為兒子應盡孝道的家傳精神之影響所致。特別是，小說裡技巧地讓耀勳流露出對農村生活、藝術、大自然的嚮往，足夠說明他決定留在故鄉開業的正當性。[73]呂赫若透過小說強調的這些價值，譬如傳統情緒、家族主義情感等

---

[71] 朝鮮也有討論地方文學相關議題，但其主要焦點放在語言問題上面。

[72] 當然也有表現「東方」論述中的日本傳統者：例如，龍瑛宗《蓮霧的庭院》、《歌》的「日本人的愛」；楊逵《增產的背後》的「美麗的日本精神」；王昶雄《奔流》的「日本精神和古典美」；周金波《志願兵》的「神人一致的境界」；陳火泉《道》的「道道地地的日本精神」等等。

[73] 崔末順，《現代性與台灣文學的發展（1920-1949）》（政治大學中文系博士論文，2004.1），頁 337。

呼籲感性的層面，乍看之下，有與當時東洋論述相當類似的一面。比起其他作家，呂赫若雖然對戰爭協助，或鼓吹皇民文學的文章不算多[74]，但是他也知道當時文壇的「東洋」論述，似乎有回歸傳統的傾向。[75] 因此，《清秋》中所呈現的祖父的絕對權威、欣然順從的父親孝行，以及目睹此景而感激不已的耀勳情緒等，確實可解釋為隱喻日本國體精神的家族主義架構。不過，將美好的民族傳統價值觀和生活方式、待人處事種種，拿來與「東洋」論述完全等同看待，也有問題，其理由在於這些家族情感和傳統生活的認同，反卻成為耀勳從軍或南方行的挽留機制。

另外，比《清秋》早一年創作的《石榴》，係在「糞寫實主義論爭」[76] 之後所作，它可說是有意識地一改過去描繪黑暗面，轉而「描寫美的事物」[77] 努力下的成果。這篇透過漫長的合爐與過房儀式等，描寫手足之情的作品，充斥著台灣事物，呈現的是傳宗接代、認祖歸宗的傳統價值和民間習俗[78]，幾乎完全看不到代表日本的傳統。像這樣，我們從而可以了解，呂赫若對當時文壇的「東洋」論述，雖然有所回應且也將它寫進小說，但無法斷言小說中的台灣傳統，就是日本

---

[74] 在《台灣文藝》上發表的〈能夠成為一協和音的話〉，算是戰爭協力的文章。

[75] 1942 年 6 月 7 日的日記寫到「今天買了《詩經》、《楚辭》、《支那史研究》三本書。研究中國非為學問而是我的義務，是要知道自己。想寫回歸東洋、立足於東洋的自覺的作品。」鍾瑞芳譯，《呂赫若日記》（台南：國家台灣文學館，2004），頁 358。

[76] 1943 年台灣文壇發生的糞寫實主義論爭，與日本的「日本浪曼派」和《人民文庫》之間的論爭有關，不過在台灣的展開，主要焦點在於有無具備日本文學傳統，以及皇民意識與否，此兩者都是「東洋」論述所討論的內容。

[77] 1943 年 5 月 30 日的日記中，提到工藤好美建議他未來應朝向追求美的事物或者有建設性的方向去發展。

[78] 陳芳明認為是以家族史來對抗國族史。《台灣新文學史》第七章（聯合文學，2000.5）。

有意傳播殖民地的「東洋」論述。這種模糊曖昧的情況，除了呂赫若以外，張文環和龍瑛宗的一些小說中也同樣可以看到。[79]

　　至於韓國文壇情況，透過《文章》（1939-1941）雜誌性格的考察，即可約略窺知東洋論述的文學化樣態。《文章》在 30 年代後期「東洋的抬頭和東洋的自覺」文化氛圍中登場，出刊時即標榜反近代日常生活，且傳統指向和以創作為主的性格非常明顯。主導《文章》的李秉岐、鄭芝溶（1903-？）、李泰俊等人，在批判近代的方式上雖然有些差異，但在否定近代文明上卻表現一致，他們從舊的–東洋（朝鮮）–過去中重新發掘意義；李泰俊在〈文房雜記〉中，拿便利的現代工具–萬年筆和傳統筆墨做比較，認為萬年筆奪走筆墨的韻致和香氣，缺乏吹入紙張生命的力量；[80] 詩人鄭芝溶將詩作與自然的生命活動類比，追求自然–詩–傳統成為親族關係的境地，他以對立關係，將自然與技術視作東方和西方，主張應克服技術人工性，恢復傳統詩一般自由自在的境界；李秉岐則力倡必須繼承古典詩歌時調，重視詩人情感的自然流露，並強調作者唯有體會到傳統時才有可能達此境界。[81] 在此創作觀之下，《文章》所刊作品，幾乎完全呈現朝鮮固有性和古典味道，明顯並未掉入日本的「東洋」論述陷阱，與帝國主義侵略邏輯確保一定的距離。可見「東洋」概念若非以論述形態，而是經過文學化過程具體呈現時，反而可以保留不被帝國主義邏輯侵陷的空間。

　　綜觀以上所述，作為戰爭意識形態「近代超克論」的一環，亦即以日本傳統文化和國體精神為核心內容的「東洋」論述，在東洋的包裝下，成為對抗西方的邏輯，且從三〇年代後期開始，以振興地方文化和外地文學的框架，傳播到殖民地台韓文壇。由於它具備反近代性

---

[79] 例如，張文環《論語與雞》、《夜猿》、《閹雞》的故鄉–民俗書寫，以及龍瑛宗《黃昏月》、《村姑娘逝矣》、《貘》的浪漫民俗風格。

[80] 《文章》（1939.9），頁 154-155。

[81] 車承棋，〈東洋世界和「朝鮮」時間〉，《再閱讀近代 2》，頁 219-256。

格，以及兩地原本即有的傳統–民間文化脈絡，頗能受到殖民地文壇的異常關注，其後甚且隨著文學的戰爭動員，「東洋」填充兩國的傳統–民間空白，原本的傳統／近代的對立架構，乃轉換為東洋／近代的另一種對決結構。因此可以說，日據末期「東洋」論述的殖民地傳播及其接受，在「東洋」此一能指（signifier）上面，遂而重複漆上各自不同內容的所指（signified）。

The Oriental Discourse in the Literature of Taiwan and Korea during the Final Years of Japanese Occupation: The Acceptance of Overcoming Modernity in Colonies

Choi, Mal-Soon

Graduate Institute of Taiwanese Literature, National ChengChi University

Abstract:

"Overcoming Modernity" was a cultural discourse on the "New System" constructed to serve the scheme of imperial expansion after Japan provoked the Sino-Japan War during the final years of Japanese occupation, as well as an ideology behind the Greater East Asia Co-Prosperity Sphere. However, because overcoming modernity possessed an intensely critical and denial ideology against the modern West and pursued the Japanese spirit and powerful nationalism, it triggered immense response among literature circles in both colonial Korea and Taiwan, and to such a degree that it inspired the intellectuals of the two countries to spontaneously assume supportive roles in the invasion campaign.

As an Oriental discourse formed against the West, overcoming modernity was constructed on the basis of the history, culture, thoughts and tradition of Japan. This discourse emerged in the literature circles of colonial Korea and Taiwan around the 1940s, and was further developed into an ideology that offers support for the war. The causes and background of the acceptance of Oriental discourse in Taiwan and Korea have something to do with the demand for forced propagation in time of war and were more complicated due to the contextual influence of traditional culture and previous reflections on the modern West in both countries. Several explanations are also likely to be found with respect to the literary presentations. This study aims to explore the stance and perception taken in the literature circles of Taiwan and Korea during the final years of Japanese occupation in regard to the Oriental discourse full of Japanese imperialism.

Keywords: Taiwanese literature during the colonial period, Korean literature during the colonial period, Oriental discourse, overcoming modernity, ideology of war, cultural discourse in time of war

帝國在滿洲

──論「滿洲國」的大東亞文藝與翻譯

李　文　卿

名古屋大學國際言語文化科訪問研究員

摘　要

就政治上而言，作為日本大東亞共榮圈樣版的滿洲國，在日本帝國的建構中具有重要的意義。另一方面，此多民族共存的空間中也孕育了多元的文學創作之展現，「建國大綱」中所提出的「民族協和」雖為政治口號，但透過滿洲文壇的創作活動也可從中窺見滿洲文壇中特殊的「多語」現象。同時「滿洲國」的多國語狀況也提供了各種語言的文藝表現空間，如以「協和語」的使用成功的強化民族間的對應張力，豐富了滿洲文藝。進入大東亞戰爭期後，受到當局推動文藝體制的影響，「滿洲文學」又面臨新的發展，可以說，在大東亞戰爭下的滿洲文壇正從「無方向」轉向了文學報國的國家方向。作為日本一種實驗性的新殖民樣式之「滿洲國」，在戰爭期，特別是進入大東亞戰爭之後，以東亞民族的「共生」訴求所營造出的民族融合態勢，為其所提倡的大東亞共榮圈構想提供了支撐效果，日本究竟想透過何種機制進行對滿洲複雜的民族性之轉換？「東亞」認同能否形成？抑僅是帝國型塑的表象，必須進一步探究。筆者在本文試圖透過「滿洲國」交錯的文藝活動探究滿洲文學所呈現的樣貌，從早期各自發展的日、滿系文學脈絡中所各自書寫的「滿洲」呈現，乃至於大東亞時期的文藝新展現都揭示

了不同的東亞風景。此外，日本帝國透過文學翻譯企圖型塑的
大東亞文化交流網絡，其中所涉及的文化跨界流動也是本文關
注的視野，究竟日本帝國透過翻譯工作所建構的大東亞視野的
有效性如何，有待釐清。本文擬以滿洲國的文藝活動與翻譯為
中心，討論「民族協和」與「王道樂土」之「融合」視野下的
各自表述與文學面貌，以及大東亞文學圈中的滿洲像。

關鍵詞：大東亞文學圈、大東亞共榮、東亞文藝、滿洲文學、
　　　　文本翻譯

一、前　言

1932 年 3 月，在日本策劃下溥儀的「滿洲國」於新京（長春）
建國。[1]對日本而言，「滿洲國」的建國可說是一種具有實驗性質的新
殖民樣式，不像台灣與朝鮮直接以殖民地形式隸屬於日本，並受到當
地總督府之管轄，而是另外形塑了一套統轄框架支配「滿洲」，結合
其在「滿洲」既有之關東州（大連・旅順）及滿鐵之勢力，藉以滿足
其實踐東亞帝國的欲望。[2]就政治上而論，被日本視為大東亞共榮圈
樣版的「滿洲國」，是日本建構東亞帝國不可或缺的支撐框架之一，
在「大東亞」的組成中具有重要的意義。就文化思想上，1938 年近
衛內閣發表的「東亞新秩序」聲明中，從其將日、滿、支的文化建設
作為「興亞」思想的機軸，並提倡東亞新文化的推動，可以看出其「東
亞」視野。至於文藝方面，此原本即為多種族共存的空間中早已展現

---

[1] 筆者按，1932 年 3 月 9 日「滿洲國」正式宣告成立，任命溥儀為大總統。1934
　年 3 月 1 日恢復帝制，溥儀為皇帝，改國號為「康德」。
[2] 磯田一雄指出：滿洲對日本而言，是日本的「社會實驗室」，包括了資源開發
　到戰略要求，以及對異民族之支配、日本的社會改造、技術開發的工作實驗場。
　參見氏著：《「皇國の姿」追って》（東京：皓星社，1999 年 3 月初版），頁 84。

了多元的文學創作樣貌，後在日本勢力的日漸擴張下，日、滿、朝、俄、蒙的文學者們各自表述的「滿洲文學」，在想像與現實的交錯下呈現更為豐富的內涵，其中也包含多重語境間的交流與影響。

日本在東亞新秩序之聲明中，強調了日、滿、支一體的東亞圖像，此東亞圖像隨著大東亞戰爭的爆發更為明確。本文主要探討作為日本「東亞共榮」模型的「滿洲國」其大東亞文藝活動之展開，以及日本如何在戰爭期間透過文化政策推動東亞民族的「共存・共榮」，並形塑跨越種族、語言的「東亞民族」[3]。從滿洲文學轉向大東亞文學的過程中，存在於此大東亞文藝運動中的重層語境，如何透過文本的翻譯建立日・滿・支一體的大東亞圖像。此外，筆者欲透過戰爭期的滿洲文壇之考察，檢視日本帝國藉由文學翻譯所企圖型塑的大東亞文化交流網絡的展開，從文藝政策、文學社團以及文學者大會三者間的「協和」互動中探究滿洲文學的東亞共榮之路。

二、共榮烏托邦：滿洲的「大東亞」

欲理解「滿洲國」的大東亞文藝活動之展開，不能忽略日本在「滿洲國」的政治配置，以及透過政治的體制化過程所帶動的文化變動。1938 年日本近衛內閣發表的「東亞新秩序」之聲明為：

> 日滿支三國相互提攜建設新秩序，樹立以政治、經濟、文化各層面的相互相助之互動關係為根幹，期待在東亞確立國際之正義、共同防共之達成、創造新文化、經濟結合之實現。[4]

---

[3] 見兒玉譽士夫：〈支那事變は如何に解決さるべきか〉《東亞聯盟》第 2 期（1940年 2 月），頁 45。

[4] 「國民政府と雖ども拒否せざる旨の政府聲明」（不得不拒絕國民政府存在原因之聲明），外務省編《日本外交年表竝主要文書（1840-1945）（下卷）》（東京：原書房，1966 年 1 月），頁 401。

　　此項聲明可視為日本在中日戰爭爆發之後，正式朝向東亞統合建設的濫觴，也就是說，「東亞新秩序」的推動，表面雖意在組織東亞「盟友」的團結，然而其中也隱含了其欲掌控東亞的欲望。大東亞戰爭尚未爆發前，日本為了有效處理在中國的戰事，因而想將日、滿、支三個地域結合為一個文化圈，以東亞文化建設作為此文化建構理念，進行文化的收編以及順利完成戰事的勝利。然而，隨著日本在中國戰事的長期化，日本內閣為了因應日漸擴大的戰區，就在大東亞戰爭爆發的前夕，第二次近衛內閣為了推動日本的南進政策，提出了大東亞共榮圈的構想。1940 年 8 月公佈的「基本國策要綱」便以大東亞的新秩序建設為基本方針，同時外相松崗洋右在外交方針上也表明：

> 所謂確立大東亞共榮圈是和以前所稱的東亞新秩序與東亞安定圈是相同的。它廣泛的包含了荷屬印度尼西亞與法屬印度尼西亞，而日滿支三國也是其中的一環。[5]

　　松崗此處從地域性來概括大東亞共榮圈的定義，意即，大東亞共榮圈的提出是將原本提倡的「東亞新建設秩序」加以擴大而成的亞洲政策。日本之所以提出大東亞共榮圈的架構，最直接的考量乃是出自於政治、經濟層面。松崗外相首先考量的是在推動東亞各國成為政治經濟共同體之際，日本首先必須擴大日常物資取得的地域，也就是必須確保戰爭期經濟物資層面的充足。當經濟物資層面得到解決以後，松崗進而提出了「解放」東亞境內各民族的構想，也就是號召東亞各地域必須從舊勢力（英美勢力）的桎梏之下解放境內的諸民族，換言之，讓這些東亞地域的民族恢復原本固有面貌，以實現合作協力，共

---

[5] 見〈大東亞共榮圈確立　同調友邦と提攜　松崗外相外交方針闡明〉，《東京朝日》（夕刊）（1940 年 8 月 2 日）。

存共榮、睦鄰互助為目標,讓亞細亞的民族遵從八紘一宇的大精神,使萬邦各得其所。[6]此說法的提出也昭示了日本帝國急欲統合東亞之野心,進而塑造大東亞共榮圈的欲望。

「滿洲國」從建國之際便受到日本的宰制,其建國宣言以「民族協和」與「王道主義」為理念,日本欲透過「滿洲國」的建立,形構其東亞理念的實驗場,並鼓勵內地與朝鮮的移民前往滿洲開墾藉以擴展其勢力範圍,同時透過在「滿洲國」推動的民族統合之實踐以備將來大東亞帝國所借鏡。從「滿洲國」的「民族協和」口號中可以窺見日本將滿洲經營視為建設大東亞共榮圈的前哨站。[7]日本官方透過影片的宣傳將滿洲予以浪漫化、象徵化,形塑了理想的滿洲像,藉由畫報、雜誌、影片的宣傳,美麗、浪漫、豐饒的滿洲烏托邦形象也深植於二十世紀初期的日本,包括朝鮮、台灣的大眾心中。[8]對急速朝向帝國主義發展的日本而言,滿洲的經營不僅涉及了自己本國的國防、政治、經濟以及人口問題等重要議題,同時「滿洲國」的成立也提供前進中國的重要據點,使其得以進一步落實大亞洲主義之計劃。整個東北地區除了日本所佔有的關東州租界區外,包括「滿洲國」之管轄範圍也都在其掌控之下,可以說,透過扶持「滿洲國」的建國運動使帝國的「北進」勢力得以順利拓展完成。

「滿洲國」的建國思想為「王道思想」與「民族協和」,日本帝

---

[6] 見松崗洋右《松崗外相演說集》,日本國際協會,1941 年,頁 13-14。

[7] 所謂「五族」為:漢、滿、蒙、日、朝。依照當時滿洲國駐日大使李招庚於〈我等は斯く建設せり〉(我們就是要這樣的建設)中表示:我國思想之根基是將日本神道的生成發展歸一,我國為了顯揚日本之八紘一宇的建國精神,成為了大東亞共榮圈的長子。原刊於《創造》,筆者未見原文,此轉引自山本有造〈滿洲國〉,前揭,頁 78。

[8] 見西原和海:〈寫真に見る「滿洲」イメージ〉,收入《環:歷史・環境・文明》季刊(夏季號),前揭,頁 268-276。

國對滿洲的建設工作也是以此兩項為重要的目標，建國大綱中提出：

> 進而言教育之普及，則當惟禮教是崇，實行王道主義，必使境
> 內一切民族熙熙皞皞，如登春台，保東亞永久之光榮，為世界
> 政治之模型。[9]

從中可窺見「王道」、「東亞」、「民族協和」等政治理念與日本在興亞
主義中的「大東合邦論」的亞洲一體之構想有相通之處，皆可視為「大
亞洲主義」的一環。日本在滿洲提出「民族協和」企圖以此形構出「想
像的共同體」，透過「東亞」、「興亞」意識的灌輸藉以淡化「民族」
間的矛盾，並意圖推動日本語的教育型塑日滿一體的東亞建構。究竟
日本如何在「滿洲國」展開其「大東亞」的建構呢？筆者擬從皇道思
想的建構與推動兩方面來檢視。

就思想層面而言，「滿洲國」成立後，雖任命鄭孝胥擔任國務院
總理並大量採用漢族與滿族官僚，但僅是表面上的編制不具有實權。
國家政策的制定是由總務廳所掌控，總務長官為駒井德三，這方面，
日本仿造了之前託管朝鮮的管理經驗，以「內面指導」的策略介入政
府的運作實際掌握了「國家政務」之統籌工作，此種操作模式與朝鮮
統監時期的統治體制相似。從「滿洲國」的政策運作上可以清楚的看
出總務廳在政府結構的重要性，它是日本操控「滿洲國」的內部單位，
以集權的方式進行對滿洲的統治。[10]至於外部團體方面，1932 年 7 月
25 日設立的政治團體：「協和會」，被賦予守護國政之基礎，並負責
國家根本國策之決定任務，其創建宗旨為：實踐王道的目的，掃除軍
閥專制的餘毒。此外，更進一步提出：重視禮教與樂於天命，謀求民

9　見〈滿洲國建國宣言〉，收於《東北淪陷十四年教育史料》第一輯（吉林教育
　　出版社，1989 年 1 月出版），頁 19。

10　見古屋哲夫：〈滿洲國の創出〉，收入山本有造編：《「滿洲國」の研究》（京都
　　大學人文科學研究所，1993 年 3 月初版），頁 56。

族之協和與國際之敦睦的國民思想養成。[11]由上述可知，日本人透過總務廳的內面指導以及協和會的外部活動操縱「滿洲國」，並以這兩個系統的運作推動日本帝國在滿洲的大東亞政策。

　　「滿洲國」的建國大綱中雖然借用了儒家的王道禮教思想企圖以王道主義建造東亞的「理想國」，具有濃厚的復古色彩，但從其在「滿洲國」推動的東洋精神之養成中卻可明顯的窺見日本的皇道思想色彩，例如康德七年（1940）公佈的國本奠定詔書中即可明顯的看出其對日本皇道思想之遵循，詔書中提到三個重點，即：天照大神、惟神之道、建國神廟的創建，三者全都是日本的皇道精神養成中最重要的元素。[12]從其對於「王道」與「皇道」的混融運用過程，可看出「滿洲國」所提出以王道思想為中心的「民族協和」口號，其目的在於集結滿洲各民族之力量，以支撐各種建設工作，特別在進入戰爭期後，日本明顯的想以滿洲為據點建造系聯中國各地傀儡政權的網絡，藉此達成「大東亞共榮圈」的建構理想。為了在滿洲順利的推動政策的落實，日本以「王道」作為統合東洋文化的工具，然而，此王道並非中國儒家之王道思想，而是雜揉了日本近代儒學的「王道」，具有明顯的工具性質，甚至以「儒教」為名使用於教育之上，即日本漢學者所稱的「儒教主義的德育」[13]。儒學被工具化以實學的方式與西洋的洋學、蘭學成為近代教育系統中一種方法論，脫離了原本重視自我修養

---

[11] 協和會於 1934 年 9 月進行改組 會內負責的幹部改由滿洲國的日本官僚兼任，以一體化的形式施行政策，至 1936 年 7 月協和會更名為「滿洲帝國協和會」，為推行王道思想、五族協和重要的機構。參見《滿洲建國の夢と現實》（東京：國際善鄰協會，1975 年 11 月初版），頁 244。

[12] 見「國本奠定詔書」，收於《東北淪陷十四年教育史料》（第一輯），頁 6-7。

[13] 參見澤井啟一著，廖肇亨譯：〈近代日本儒學的展開〉，收入《現代儒家與東亞文明：地域與發展》（中央研究院中國文哲研究所，2002 年 12 月初版），頁 344-352。

的內在層面而朝向一種落實於社會體制的學習過程，所謂的忠、孝、
仁、義等道德之實踐是服務於天皇體制下的社會結構。

　　這種日本化的儒教思想實際上是融合了「國學」（皇道）概念，
日本將儒學轉化為國學的過程中其內涵也產生極大的變化，從純形而
上的精神世界轉而為落實為培養國民道德的方法論述，「國體論」中
融合了神道、武士道、儒教的思想並且重新配置了君臣、忠孝的順序，
強調對天皇絕對的忠誠之心以及忠孝不能兩立時必須移孝作忠的精
神。「滿洲國」所提出的「王道論」是承繼明治維新以後的近代儒教
思想而來，可視為日本「皇道論」的滿洲版，目的在於建構以日本為
中心的亞洲一體論。井上哲次郎提出王道與皇道的「道」作為東亞的
指導原理上是一組相通的概念，他並指出王道主義為一種德治主義，
而日本的皇道主義也含括在德治主義之內，因此兩者在德治主義的思
想上有其一致性，可以相互提攜前進完成興亞的理想。[14]井上的說法
合理化了日本稱霸亞洲之野心，在「亞洲一體」的表象下持續以日本
為主導的大東亞之建構工作。關東軍司令部曾於 1936 年 9 月發佈「滿
洲國的根本理念與協和會的本質」，其中明白表示「滿洲國」的皇帝
必須從屬於天皇・皇道體制，將王道主義置於天皇制・國體之下來施
行。[15]1940 年以後在政府的主導下更大興土木建造「建國神廟」並祭
拜天照大神，徹底將「滿洲國」的政體導向皇道體制，至此，「滿洲
國」徹底成為日本帝國建構的一環，以「盟邦」的身份完遂大東亞戰
爭，幫助達成大東亞共榮圈的建造。[16]中日戰爭爆發後，為了與中國

---

[14] 見井上哲次郎：〈東亞に於ける指導原理としての道〉，收於氏著《東洋文化
　　と支那の將來》（東京：理想社出版部，1939 年 2 月出版），頁 257-260。

[15] 見關東軍司令部：〈滿州國の根本理念と協和會の本質〉，收入《現代史資料
　　11 續・滿洲事變》みすず書房（1965 年 7 月）。

[16] 見「國民訓」，收於《東北淪陷十四年教育史料》第一輯（1942 年 12 月 8 日），
　　頁 24-25。

民族主義相抗衡，日本在滿洲提倡的新東亞構築以王道作為興亞運動中的重要思想，這個王道的主體是要行日本之「道」也就是「皇道」，而此皇道的實現也就是王道的實踐。在混融王道與皇道的思考邏輯下，王道思想也被納入東洋精神之中，也就是以天皇為中心之八紘一宇精神的展現，日本欲以此混融的王道精神對抗中國興起的民族主義。

除了對王道與皇道精神的統合之努力外，日本更重視實踐機構的運作，屬於政府外圍團體的協和會在落實東洋精神建構的層面上可說是相當重要的組織。協和會是日本推動八紘一宇的重要思想中心，它的中心理念是反共、反三民主義進而以儒教、東洋道德作為民眾教化的唯一思想，協和會的中心人物小山貞知論及協和會之設立意義中便說道：

> 協和會是和滿洲建國一同誕生，它是被定為一國家機構的團體。它是要永遠的守護滿洲國之建國精神，訓練國民實現其理想，是唯一思想的、教化的、政治的實踐組織團體。[17]

從中可以看出協和會承擔了「滿洲國」關於思想與教化的重要推動工作，是一個實踐的組織團體。小山並解釋兩者之間互為表裡之關係，他認為「滿洲國」政府是建國精神的政治展現，而協和會則是進行思想、教化、政治的實踐過程，兩者之間不是從屬關係也不是對立的關係，可以說協和會是政府的精神母體，也就是以政府的建國協和精神所構成之團體，換句話說，政府是王道政治的象徵，而具體的推行工作則透過協和會來運作實行。

協和會的成立是為了順利推行以日本為核心的新東亞概念，重新制定東亞的秩序，1933 年 3 月 9 日協和會發表聲明：

---

[17] 《協和會とは何ぞうや》前揭，頁23。

滿洲國協和會以王道主義為基礎，徹底要求國民推廣建國精
神，集合國民堅持信念，排除反國家思想和反國家運動，期待
完成民族協和之理想國，其最終目標是冀望呈混沌狀態的支那
全土能普行民族協和運動，並進一步擴及全東亞，實現東亞聯
盟之結成，確保東洋文化的重建與東亞的永久和平。[18]

有鑑於滿洲的複雜民族問題以及統合上的困難，協和會提出了建構新
秩序的具體工作方向，分別為精神工作、協和工作、經濟工作、宣德
達情之工作、組織工作以及興亞工作，透過電影、戲劇、演講、講習
所、協議會的召開對人民進行思想的統合與教化工作，特別是對「民
族協和」以及東亞一體的實踐活動之努力。透過王道與皇道的融合，
以及協和會居中的實際運作，可以看出日本為了要合理化對滿洲的思
想統治政策從各層面巧妙的融入皇道思想，王道作為東洋文明精神的
骨髓有效的統合了日滿文化建構，並在「興亞」的前提下相互提攜，
提供大東亞共榮想像的可能。

三、「藝文指導要綱」與文學者統合

　　「滿洲國」的成立對中國東北地方帶來的影響不僅是政治上的
「改朝換代」，滿洲文壇上的文學者們與文藝創作也隨著政權的轉換
有了變化。就日系文學者而言，原本以關東州（大連）為主的文學活
動隨著「滿洲國」的建立也逐漸擴大文學場域北移至「新京」（長春），
而滿系文學者在新政權中也面臨了作家群的重組工作，蕭紅、蕭軍等
一群領導東北文學的作家之出走造成滿洲中文文壇的重編，以古丁、
山丁為首加以小松、秋螢、疑遲、爵青、梅娘等文學者支撐了「滿洲
國」成立以後的文壇。關於「滿洲國」建國初期的官方文化工作之展

---

[18] 參見《石原莞爾選集 6 東亞連盟運動》（東京：たまいらぼ，1986 年 6 月初版），
　　頁 64。

開，筆者先概略的說明，「建國」之後，1933 年 2 月「滿洲國」總務廳設立了「情報處」，掌管滿洲國的文化言論事業，包括新聞、出版、通訊、廣播等方面的管理，1935 年 10 月「情報處」又成立「弘報協會」，負責言論、報導、經營等官方統合工作監督建國初期的文藝事業。此外，1933 年 12 月成立的「滿日文化協會」（日本稱為「日滿文化協會」）也是「滿洲國」與日本雙方之間重要的文化合作之展示管道，此協會以溥儀為總裁，會長由鄭肖胥擔任，副會長為岡部長景，成立之目的為：透過滿日學界協力東方文化，以保存振興滿洲之文化為目的，具體的工作為援助古蹟之保存事業、介紹日滿文化以及各種文化工作，進行編纂、出版等事業，可視為日、滿間初步的文化交流，初期尚能維持純學術性的色彩，至 1937 年溥儀訪日以後逐漸強化其國策性之色彩。[19]

　　1937 年中日戰爭爆發後，「滿洲國」當局為了強化文化思想之統治，廢除情報處改設「弘報處」，除了繼續情報處的統轄宣傳與情報工作外還承擔了對外的宣傳業務，可以說統攬了「滿洲國」相關的通訊、新聞、出版、電影以及文藝等文化事業。中日戰爭爆發後，滿洲文壇在政治力的介入以及戰爭的氛圍下與建國初期有了不同的樣貌，文學者們擺盪在文藝、民族與協力之間，特別是進入大東亞戰爭之後，文學在大東亞共榮圈之建設中被納入為「文化協力政策」的一環，在日本強勢的「八紘一宇」號召下，滿洲文壇開始了大東亞文學的書寫，為大東亞各地域的結合而服務。1940 年 10 月日本「大政翼贊會」的成立對於大東亞共榮圈的建構有了明確的政策，「興亞政策」與「東亞聯盟」成為主導大東亞建設的兩大基準，外相松岡洋右呼籲建立日、滿、支一體的大東亞共榮圈，欲透過文學動員大東亞。滿洲

---

[19] 見滿洲國史編纂刊行會編《滿洲國史各論》（東京：滿蒙同胞援護會，1971 年 1 月出版），頁 1135-1136。

文壇的日、滿系文學者在此新的政局中也面臨新的「協力」議題，文學者們透過「文話會」、「座談會」、「現地視察」、「大東亞文學者大會」等會議的召開被賦予了翼贊「聖戰」的使命，在國策文學的施行下以及文藝統合機關的設立，滿系作家無法自外於政局，隨著山丁等人出走華北以及增產、國策文學的盛行，滿系文學的創作也由極盛轉向衰微。有別於戰爭初期的文學者間的團體性質之交流，到了大東亞戰爭時期，無論是寫實派的秋螢等人或是倡導「無方向的方向」的古丁一派，在當局的文藝政策下與日系文學者們也都被納入「大東亞文學圈」中成為大東亞文學者的一員。

　　1937 年 1 月山口慎一（大內隆雄）於《滿洲評論》上討論了關於滿洲的「文化國策」議題，提出了以「滿洲映畫協會」與「滿洲學藝協會」兩個團體具體落實文化國策的推動。其中與文藝政策相關的「滿洲學藝協會」雖然後來因故未順利組成，但從中可以得知當局對於文化層面的逐漸重視，此統合滿洲各民族的官制文化構想也由後來改組的「滿洲文話會」與「藝文聯盟」所繼承落實。[20]關於「滿洲國」的戰爭協力，除了蘆溝橋事變爆發後，總理大臣張景惠馬上發表聲明：

　　　　滿洲國基於日滿共同防衛之大義，官民必須團結一致支援日本。[21]

此外，同年的 9 月 18 日的「時局詔書」中又重申：

　　　　茲為發揚與盟邦大日本帝國一德一心之真意，貫徹共同防衛之精神，以期東亞全局之安定，告爾三千萬民眾。（中略）以發

---

[20]　見矢間（山口慎一）：〈「文化國策」の開業〉，《滿洲評論》12：4（1937 年 1 月），頁 28。

[21]　見滿州國史編纂刊行會編：《滿洲國史總論》（東京：滿蒙同胞援護會，1970 年 6 月出版），頁 510。

揚一德一心之真義，舉其全力，以貫徹共同防衛之精神。

同時，「滿洲協和會」也因蘆溝橋事變而開始著手「國民精神總動員運動」，在政治層面上，落實戰爭體制的「日滿一體」之協和工作，持續透過各種座談、教育進行翼贊工作，將「滿洲國」型塑為「大東亞共榮圈」的前哨站。在文藝方面落實「文化國策」，但由於戰爭初期的動員活動中尚處於「建構」的階段，意即，統合文化人的文藝一言堂機構尚未產生，因此也給了文學者們創作的空間。

「滿洲國」建國之後，日系、滿系文學者們是以文藝社團方式進行文學活動，並以此推動滿洲文壇的發展，可以說，在「滿洲文話會」成立之前，滿洲文學者的文藝活動主要是依附於同人性質的文藝團體來進行。隨著政局的漸趨安定，日系文學者有鑑於滿洲文壇缺乏可以促進彼此的文化、文藝交流的文藝團體，因此 1937 年 6 月在日系文學者們的共識下，於大連創立了「滿洲文話會」。文話會最初的設定是要建設一個具有親睦性的文藝組織，成立的本意是為了促進滿洲文化的發展，特別是聯繫文學者之間的互動以達成交流之目的。[22]文話會成立之後另在奉天、齊齊哈爾、哈爾濱、北京、東京設有支部，主要工作除了文學者之間的交流座談外，並出版《滿洲文藝年鑑》（共發行 3 輯）、發刊日語版《滿洲文話會通訊》（月刊）（1937.9.15 創刊），同時設立了「滿洲文話會賞」對於促進滿洲文壇的文藝工作有極大的助益。

此單純的文藝親睦性質伴隨著「大連意識」、「新京意識」的爭論也突顯了文學與政治的議題，隨著文話會遷往新京，青木實等人所提出的文學獨立性之自由主義思逐漸傾向了木崎龍所提倡的為政治服務的「建設文學」。自中日戰爭爆發以後，日本對於「滿洲國」的後

---

[22] 參見吉野治夫：〈文話會について〉，《滿洲浪曼》第 3 輯（1939 年 7 月），頁 208。

援位置日漸重視，作為日本「大東亞共榮圈」的模型以及東亞建構的重要據點，滿洲文學的建設也逐步朝向「國策」的方向發展。1939年4月號的《新潮》刊登一篇無名氏的〈滿洲文学へ意欲〉，文中提出：

> 伴隨著事變的發展，在東亞新建設的目標上，從今以後，滿洲、支那也都必須跟日本內地具有相同的感情不可，這當然是一種理想的表現。但是日本人創作的滿洲文學，從這個指導方針來看必須被納入東亞協同體的一環。所謂的「滿洲獨自」這種「獨自性」也必須是這一環中的「獨自性」不可。因此必須要往更大的方向，也就是必須朝向東亞文學的發展。因此，新的滿洲文學，比起對內地作家的對抗意識，更要進一層強化跟內地的文學者、內地文學的提攜意識。

此篇文章中將青木實等人提出的「文學獨自性」納入了日本的東亞協同體的國策之中，強調了文學與政治的結合。德永直也支持了這個說法，他認為滿洲文學無法離開日本人的滿洲文學的思考，因此滿洲文學是日本文壇的延長這件事是宿命，日本人的責任是要幫助滿、蒙、露、鮮的文學作品，使其在世界上也能為人所知，作為先導者的日本有協助的義務，透過日本與其他諸民族的交流才能建造所謂的「亞洲文學」的基礎。[23]從德永直的說法中可以看出日本文壇將滿洲文學的發展置放在「大陸文學」之視野，從而展現其建構「亞洲文學」之目標。對此，擔任滿洲日日新聞學藝部記者的橫田一路也提出：「再怎麼說，滿洲文學都必須是日本文學的延長與擴大，滿洲並未產生獨自的文學理論與文學形式、文學內容，如果要說有所不同的話只有取材

---

[23] 見德永直：〈大陸文學について─民族交流の文學へ〉，《新潮》5月號（1939年5月），頁96-99。

而已吧。」[24]從日本的文化人對於滿洲文學的看法可以得知其將滿洲文學視為日本文學延長的見解，同樣的，在建設東亞文學的路線上，政治與文學的相互提攜也被認為是落實此東亞文學的最佳途徑。

　　1939 年 8 月「滿洲文話會」將本部遷往新京的「滿日文化協會」中，會務也在滿日文化協會、協和會的支持下逐漸擴張，並從同年開始向滿洲各地派遣會員，此外，「滿洲文話會」也派遣會員前往日本內地參加「大陸開拓文藝懇話會」、「農民文學懇話會」與日本文壇保持了密切的互動聯繫。[25]1940 年 6 月 30 日「滿洲文話會」在新京召開了總會，進行了組織的改革，其中包括了「關於各地勸說滿系文化人入會，使支部活動能促進日滿兩系的合作。」[26]之提案，由此項提案可以看出逐漸向政治靠攏的「文話會」想動員滿系文學者的企圖。古川哲次郎對於此次總會的改革提出總結，他認為現在的文話會活動已經不是啟蒙活動，意即，作為「促進會員間相互聯絡親睦的滿洲文化活動」之第一期任務已經達成，這回的改組，首先要將文藝中心主義轉換為綜合文化，不再具有第一期的「聯絡親睦」之意涵，而是站在謀求文化的普及發展之積極立場，文話會已脫離原本的面貌而有一新的面目。[27]除了將原本以文藝為主的親睦色彩朝向囊括美術、電影、演劇、音樂的綜合文化方向發展外，必須注意的是其在「文話會綱領」中所明言的具體方向：

---

[24] 見橫田一路：〈滿洲文學瞥見〉，《新潮》8 月號（1939 年 8 月），頁 65。

[25] 1939 年前往滿洲的日本文學家計有：加藤武雄、大佛次郎、石黑敬七、荒目巍、小林秀雄、林房雄、打木村治、田村泰次郎、島木健作、阿部知二、久米正雄、寺崎浩等人。見橫田一路：〈滿洲文學瞥見〉，同前揭，頁 63。

[26] 見山崎末治郎〈「文話會」總會の收獲〉，《滿洲日日新聞》（1940 年 7 月 7 日）。

[27] 見古川哲次郎：〈滿洲文話會の動向と批判〉，《北窗》2：5（1940 年 9 月），頁 88-89。

> 滿洲文話會對於文化各部門所展開的活動，秉持貫徹建國精神
> 之昂揚、民族協和之實踐、國民精神之向上、宣德達情之徹底、
> 國民動員之完成，以期實現建國之理想和道義世界之建設。[28]

與會的人員包含了關東軍的報導班班長、民生部的文化科長、協和會
黨輔導科長、總務廳弘報處以及滿鐵的相關人員。從與會相關人士的
出席可得知此為受到日本第二次近衛內閣發表「建設大東亞的新秩
序」與「國防國家體制的完成」兩大國策要綱的影響，「文話會」在
當局的介入之下，原本的民間性質正逐漸向當局靠攏，成為國策的執
行單位，此也可以視為「新京意識」凌駕於「大連意識」的轉換過程。

　　如上所述，1940 年「文話會」的改組綱要中將滿系文化人的入
會工作視為要件，在此氛圍下，1940 年加入「文話會」的滿人作家
會員約有 40 名，本部的會員有古丁、小松、外文等三人，皆為「藝
文志派」的文學者，除了滿系作家外，另有朝鮮系、白系等會員的加
入，在當局的操作下形成一個文化的協同體。[29]有鑑於此，孟素等「文
選派」同人也因而提出「藝文志派」接受日本資金而有被政治操弄的
危險性。就在滿系文學者加入「文話會」的同時，4 月號的《滿洲文
學通信》也開始出版了中文版，初步的日滿文學者的協力體制可以說
透過文話會的改組宣告完成。吉野治夫在論及 1940 年以後的滿洲文
壇也說到：

> 最近滿洲文藝界最值得注目的現象應該是日、滿兩系作家的協
> 力親和吧。意即，以前滿系作家的文學活動與日系作家的文學
> 活動，由於不同的國語之故，因此彼此之間是獨立的成長。透
> 過從日系、滿系作品的相互交換翻譯，以及兩民族間熱心的語

---

[28] 見《康得八年　年刊滿洲》（滿洲新聞社，1940 年 12 月），頁 289。

[29] 見《文學界》7：5（1940 年 5 月），頁 173。

言學習，最近兩系作家更進一步親睦交友，在文化開拓線上逐步前進，開始了協力工作，此形成了新興滿洲文化的特色。[30]

吉野所提到的「文化開拓線」所指涉的正是日本所提出的「大東亞共榮圈」的新建設體制。「滿洲文話會」在當局的操縱下轉向成了政治的文藝落實機關，1940 年 5 月華文「大阪每日」在新京舉行了「滿洲文化漫談會」，出席的日、滿文化人有佐藤膽齋、王光列、陳承瀚、姚任、古丁（徐長吉）、山口慎一（大內隆雄）、富彭年、顧承運、小澤柳之助、小松（趙孟原）、夷馳、弓文才、冷歌、杉村勇造、秋螢、王則等人，可說是包含了滿洲國的官方、民間文化工作者的聚會，擔任司儀的柳龍光在會議開始便表明滿洲文化是中國文化與日本文化結合之新產物，中、日、滿因有這種密切的關係因此更應該促進三方文化界相互之間積極溝通，相輔前進。[31]從「文話會」的改組到「滿洲文化漫談會」的舉辦，明顯的可以看出政治對文藝的介入，特別是透過文藝工作所進行的日、滿、支的親善互動，以及對於王道、皇道思想的討論，實際上是呼籲了日本提出的「東亞同盟」以及「八紘一宇」的大東亞思想。為了能夠更加強對滿洲的管控，1940 年 12 月「滿洲弘報協會」的解散，「弘報處」結合了協會的功能形成了「大弘報處」時期，新的「弘報處」集結了多種管轄功能，包括對電影、報紙、出版物、廣播、新聞通信、文藝、美術、音樂等方面的審查，以及對外的宣傳工作。大東亞戰爭爆發的翌年 1 月，滿洲的報社又進行統合，將中文報社全部合併為「康德新聞社」（新京），日文報紙整頓為「滿洲新聞社」（新京）、「滿洲日日新聞社」（奉天）兩社，1944 年 5 月更將此兩社又合為「滿洲日報社」一社。由此可知，為了因應大東亞戰爭，日本對滿洲國所推動的總動員體制，不僅是號召了滿洲的日

---

[30]　見吉野治夫：〈滿洲文藝現況〉，《中國文學》第 69 號（1941 年 2 月），頁 575。

[31]　見〈滿洲文化漫談會〉，《華文大阪每日》4：10（1940 年 5 月），頁 32。

系人員，同時更將全滿洲各族的人力、物力納入此動員體系中。

　　1940 年 10 月底日本的文藝家協會與其他文藝團體進行統合，成立「日本文藝中央會」，此一元化的文藝組織的基本方針便是動員作家使其從文化層面進行「八紘一宇」的大東亞共榮圈之協力。1941年 2 月 21 日滿洲當局發表了「關於最近禁止事項的檢查」，嚴禁文學創作中具有對時局逆反傾向、批判國策、激發民族對立情緒、專寫黑暗宣揚頹廢思想等傾向，即所謂的「八不主義」，特別對於滿系作家的作品中的灰暗描寫提出了批判。受到此內地文藝整合的影響，1941 年 3 月 23 日「弘報處」發表了「藝文指導要綱」，以官民一致協助藝文之發展為要旨，同時要求日系、滿系共同致力於藝文的育成建設工作，依照各部門成立協會，由政府進行指導。「要綱」中特別強調「滿洲國」之藝文特徵為：

> 我國藝文以建國精神為基調，從而顯現八紘一宇的巨大精神之美，並以移植於此國土的日本文藝為經，以現住各民族的固有藝文為緯，吸取世界藝文的精華，組成渾然獨特的藝文。

此外，更提出

> 我國藝文是為國家建設而進行的精神。……同時，因藝文的發展滲透而鞏固國民的團結，創造優秀的國民性，藉以鞏固國基，推動國家建設的成長，對東亞新秩序作出貢獻，進而對世界文化的發展作出貢獻。[32]

「要綱」中所提出的以藝文活動達成國家建設的目標與日本在內地文壇、台灣、朝鮮的文學動員工作可視為同一大東亞共榮思想脈絡下的

---

[32] 見〈藝文指導要綱〉，《文藝》9：6（1941 年 6 月），頁 86。又見《滿洲國史 各論》，前揭，頁 66。

進程，透過此動員協力戰爭建構出以日本為主導的亞洲共同體，此東方勢力的確立也使其能與西方各帝國相互抗衡。在團體組織確立方面，「要綱」明言為求藝文的綜合發展，要統合各團體的成員成立「滿洲藝文聯盟」，並提出了國務總理大臣獎的設立方案，以及創辦綜合雜誌，使其成為發表文藝作品的機關誌等構想，此外為輔助「大陸開拓政策」之故鼓勵開拓地文藝的創作。就在「要綱」發表後的同年7月27日「滿洲文藝家協會」於新京成立，此文藝家協會的任務不同於文話會的文藝交流性質，完全是在政府的主導下統合文藝家的組織，意即，作家們被納入了宣傳國策的協力網絡。文藝家協會在新京、奉天、哈爾濱、齊齊哈爾、關東洲及其他各地皆有會員，此文藝家協會的委員長為山田清三郎，委員有：古丁、吳郎、爵青、大內隆雄、宮川靖、穆儒丐、野川隆等人可說是網羅了滿洲的文學者的文藝動員組織，包括了青木實等作文派的同人、山丁、秋螢等對政治保持疏離的文學者也都被納入此組織中，從事文藝奉公的工作。[33]

　　8月25日「滿洲文話會」總會宣告解散（地方支部保留），當局統合了「滿洲樂團協會」、「滿洲劇團協會」、「滿洲美術家協會」、「滿洲文藝家協會」等四個團體宣告成立「滿洲藝文聯盟」，此後更併入書法家協會、攝影家協會、工藝家協會、作曲家協會等團體成為一元化的文化機構。「滿洲藝文聯盟綱要」中清楚的交代了藝文聯盟的目的：

> 本聯盟本著藝文指導綱要之精神，以進行藝文諮議會、加盟各藝文協會以及各地文話會之間的聯繫事宜為目的。[34]

---

[33] 「文藝家協會」的會員名單參見《滿洲國現勢》康德9年版（1941年9月），頁498。

[34] 見《滿洲國現勢》康德10年版（1942年12月），頁594。

藝文聯盟成立後，出版了《藝文通訊》、《藝文年鑑》，1943 年 10 月
藝文聯盟出刊了中文的機關誌《藝文志》，從弘報處處長市川敏對於
《藝文志》的發刊祝詞，能夠明顯的看出此《藝文志》與古丁等滿系
文學者當初以「藝文志事務會」出版的《藝文志》之性質的迥異，古
丁當初提出「寫印主義」、「無方向的方向」從事〈藝文志〉之編輯工
作，其仍秉持為藝術而文學的態度最終目的在於提升滿洲文學的表
現，儘管遭受秋螢、古丁等寫實主義的批評，但雜誌的出版仍是以文
藝創作為主。至於「藝文聯盟」出刊的《藝文志》，如同市川敏所言：

> 時值聖戰完遂之期，我國以先驅據點之地位，舉總力奉翼天業
> 之際，藝文家之使命，更有重且大者。撮其顯著者，約有二端：
> 一為舉藝文之總力，協力聖戰，即昂揚戰爭意識，潤澤戰時生
> 活，俾國民得以竭誠奉公，增強戰力而寄與於親邦之完遂聖戰
> 是也。一為創造東亞藝文，即驅逐英美頹敗藝文，從新創造基
> 於東洋道義而能象徵東亞復興，顯現肇國精神之藝文是也。[35]

此《藝文志》純然是服膺於政治的產物，將文學成為完遂東亞聖戰的
工具，其所提出的東洋要義，如前所述，是以日本文化為主的東洋要
義，意即符合其皇道精神之國體思想的精神。對當局而言，創作明朗
有朝氣能夠符合東洋精神的文藝作品是作家的責任，這種文學的種類
為「增產文學」、「職場文學」、「報導文學」等能夠展現大東亞開拓精
神的文學，特別是在大東亞戰爭的總動員政策之下，從事文化指導者
的文學者們也被賦予此亞洲建構的精神傳遞角色。除了發刊中文的機
關誌外，一方面也於 1943 年 11 月滿洲文藝春秋社發刊日文的聯盟機
關誌《藝文》，由山田清三郎任編輯，配合國策翼贊國家的文藝「聖
戰」之路，1944 年 11 月滿洲當局為了推動五族文化陣營之體制的確

---

[35] 見《藝文志》創刊號（1943 年 10 月），頁 2。

立，將藝文聯盟解散改設立「滿洲藝文協會」，由山田清三郎擔任文
學部長，將文藝全面導向對戰爭的總動員體制之協力。

　　進入大東亞戰爭時期，日本內地文壇的文藝活動伴隨著大東亞共
榮圈的建構思維形成了一元化的翼贊組織。1942 年文學報國會成立
後，確立了「文學報國」之路線，同時積極的進行系聯大東亞文學者
的相關活動，如菊池寬、久米正雄等人在殖民地所舉行的「銃後演講
會」等相關活動，即是文學報國會的策劃。滿洲文壇在 1941 年「藝
文指導要綱」發表之後文化界也被體制化加入對日的協力工作，1942
年 11 月在文學報國會的籌備下召開的「大東亞文學者大會」具有展
示此東亞共同體的象徵意義。此項由文學報國會主導的三次文學者大
會，第一回大東亞文學者大會出席的滿洲國代表為：滿系：古丁、爵
青、小松、吳瑛，白系俄羅斯代表有：バイコフ（巴伊科夫），日系
有：山田清三郎（滿洲新聞文化部長）、吉野治夫（興亞奉公聯盟理
事）。古丁在會議開幕式上，以滿洲國代表的身分致辭，先是提出此
次會議所討論的東亞文藝復興議題對整個東亞文學者而言可說是曠
古盛事。接著提到滿洲國不僅是在國防上擔任北邊的鎮護任務，滿洲
文學也具有鎮護北邊的任務，此外，也提出滿洲國所施行的王道精神
與日本的八紘一宇之精神實為相通的理念，強調了大東亞的臍帶相連
的共同感。[36]在論及「大東亞精神の樹立」議題時，古丁又提出此大
東亞精神即為亞洲精神，同時也是滿洲建國精神的歸屬。バイコフ（巴
伊科夫）則著眼於青少年的教育，為了新制序的建設有必要好好訓練
青少年，完成大東亞之民族的團結偉業。爵青則於「大東亞精神の強
化普及」議題中發言：「即將到來的近代東洋精神的樣貌可以說是一
種渾然一體的精神，具有它的中心思想，我認為要追求近代東洋精神
的核心，除了日本之外別無他處。（中略）文學之外的事我不清楚，

---

[36] 見〈大東亞文學者大會〉，《日本學藝新聞》143 號（1942 年 11 月 15 日）。

就像過去英美文學文化風靡一世一樣，日本的悠久文學與文化也將會風靡於共榮圈，我們必須以此來普及強化大東亞的新精神。」[37]吳瑛從女性的立場對於此議題進行發言，他提出東洋女性具有兩樣美德，即貞節與孝行，這是西洋文明所無，這次大東亞戰爭不能忘記後方的女性的努力，此所展現出的即為東洋獨有之婦德，因此大東亞文學者們必須提倡此精神不可。山田清三郎在「通過日本語的民族融合」議題上呼應了中華民國代表周毓英的提議，認為大東亞的建設必須研究東亞各地的文化綜合實狀，為了謀求文學作品的緊密聯繫應綜合各方意見，這也是此大東亞文學者大會上最有意義之事。小松對於日滿華的南方派遣提出：我深深確信作為滿洲國文學戰士的我們，應當擔負起南方的戰爭與北邊鎮護之重任，南方的戰爭和建設是處於何種情況呢？這是我們滿洲國文學者必須了解的問題，同時南方的文學者也需要認識保衛北邊的重要性。大東亞的建設必須由大東亞諸民族和各國家的努力才能完成，我相信文學者都擁有建設各民族各國家之熱情。[38]從上述滿洲代表對大東亞文學者大會的發言中，可看出文學者對於文學翼贊及國策的擁護，從而也可窺見滿洲文壇被政治統合的痕跡，可以說 1940 年以後滿系文學者們在政治的介入下，原本對於政治保持的疏離感被打破，除了加入文話會成為文學戰士一員外，更成為日本的大東亞範本之展示。

　　第二回大東亞文學者決戰會議（1943.8）的滿洲國代表為：山田清三郎、大內隆雄、古丁、吳郎、田兵。此大會中古丁重複了滿洲的北方鎮守大任，提出文學應考慮如何發揮此北方鎮守之作用，文學者們應以日本的肇國精神八紘一宇，為最後的勝利而鞠躬盡瘁。[39]另外，

---

[37] 同前註。

[38] 同前註。

[39] 古丁「第三分科會　翻譯委員會の設置」，見《文學報國》第 3 號第 8 面，1943 年 9 月 10 日。

山田清三郎、吳郎、田兵也都不離強調八紘一宇的日本精神與滿洲國的建國精神互為一體的論點，強調了日本與滿洲國的親善，以及滿洲國作為大東亞共榮圈一員對於日本的大東亞戰爭之支持。在此會議中，滿洲代表提出了幾個提案，大內隆雄提出「締結日滿文化協定」、山田清三郎提出出版期刊「大東亞文學」、古丁提出「設立大東亞翻譯館」等對於大東亞之文化建設。古丁認為：「應在大東亞的中心東京設立國家性的常置機關「大東亞翻譯館」，並於新京、南京、北京各設立分館，期待其能成為大東亞文學乃至文化的傳導體。」[40]此「大東亞翻譯館」之提議得到了與會的東亞文學者們的贊成，並決定於予以施行。作為「文化傳導體」的翻譯館之設置，其涉及的不僅是大東亞意識的傳播問題，此也顯示了透過此項東亞傳譯工作可能完成的東亞文本彼此跨界之可能。

　　本次會議並頒發第一屆大東亞文學賞，滿洲國方面由：石軍《沃土》、爵青《黃金的窄門》獲獎，日本召開大東亞文學者大會主要的視野為日、滿、華三個區域，透過文學者大會的召開也向西方諸國展示「大東亞共榮」的榮景，從而凝縮對此「聖戰」的亞洲協力。《藝文志》對於此大會策劃了「第二回大東亞文學者大會特輯」鉅細靡遺的報導了大會細節，再度向滿洲國民眾展示「日滿一體」的造像。[41]第三回的南京大會（1944.11.12-14）召開前夕《藝文志》的「思無邪」欄中刊載了〈第三次大東亞文學者大會〉的召開文章，期待此次南京大會能夠在大東亞的文藝戰線上，建構統一大東亞的文藝陣地。[42]此次代表有：山田清三郎、古丁、爵青、田魯、疑遲、石軍、竹內正一、小松，由於日本以宣告進入「總決戰期」，在戰爭逐漸失利的現狀下

---

[40] 同前注。

[41] 見《文藝志》創刊號，同前揭，頁51-62。

[42] 見《文藝志》第10號（1944年8月），頁3-4。

強調文藝戰必勝的決心，此次會議有三大重點，一是提倡在大東亞新
文化中尊重古典，重申東洋古典道義精神的重要。一是大東亞文藝院
設立的提案，此外，土屋久泰主張建立以漢詩為中心的文化聯盟之具
體化。並頒發第二回大東亞文學賞，滿洲國方面由古丁的《新生》獲
獎。[43]從參與「大東亞文學者大會」出席的日、滿系人員的安排上，
可以知道日本刻意突顯「獨立國滿洲」的形象以完善其大東亞的圖
像。大東亞戰爭時期，滿洲文學者除了參與文學者大會之外，為了呼
應增產政策，滿洲文藝家協會與協和會動員日、滿系之作家編成弘報
班，前往各增產前線，視察產業戰士之狀況，並寫作報導文學傳遞生
產戰士的英勇明朗的姿態，此外，「南京大會」代表團返滿之後又與
華北作家協會、華北新報社舉行「大東亞文學者之聯繫在於「文學報
國」之座談。同年年底，文學者們於新京舉辦「決戰藝文大會」宣告
將集結總力，以盡報國之誠，對內謀求建國之精神與必勝信念，對外
則求對大東亞文化有所貢獻。自「藝文指導要綱」頒布後，滿洲文壇
可以說以此為分界，以往熱鬧的浪漫、寫實、自由等文學精神在此「要
綱」的侷限之下被濃縮為「國策文學」，文藝社團的多元性被文藝體
制的一元化所取代，滿洲文學的發展也步入了制式化。

四、翻譯・帝國：文本傳譯

　　就在古丁提出「大東亞翻譯館」的提案之前，不僅是「滿洲國」，
包括日本內地、朝鮮、台灣、華北等地，也多有關於「翻譯」的討論，
可見得翻譯在當時作為帝國傳譯「大東亞」意識之效用。本文僅就「滿
洲國」內的文本傳譯進行探討。

　　滿系文學受到注目的最大契機在於日文翻譯本的出現，因大內隆
雄的譯介下，滿系作家的作品得以進入日本文壇，在滿的日系文學者

---

[43] 見《文學報國》第 43 號（1945 年 1 月 1 日）。

也因為《原野》的出版而開始關心滿系文學的書寫視域，進而有了文學上的交流契機。1940 年左右，滿洲文學與朝鮮的殖民地文學在大東亞共榮圈的氛圍下受到日本文壇的注目，形成了新的文藝風景，其特殊的「暗」之文學表述也成為評論者討論的焦點。

大內隆雄的滿系文學譯作主要有《原野─滿人作家小說集》（東京：三和書房，1939.9）、《蒲公英─滿人作家小說集》（東京：三和書房，1940.7）[44]，此外，對個人的小說作品之翻譯有古丁的《平沙》（東京：中央公論社，1940.8）、山丁《綠色的谷》（奉天：吐風書房，1943.7）、石軍《沃土》（新京：滿洲雜誌社，1944.3）、爵青的短篇小說集《歐陽家的人們》（新京：國民畫報社，1945.5）、爵青《黃金的窄門》（新京：滿洲公論社，1945.7），可以說滿系文學作品正是透過了譯介宣示了其獨特的文學風格，與日系文學者以日本人的視野創作的滿洲文學有不同的表現主題。除了大內的滿系文學的翻譯工作外，滿系文學者也著手進行日文作品的翻譯，如馮雪笠翻譯了火野葦平的《麥與士兵》、《土與士兵》，古丁翻譯夏目漱石的《心》、大川周明的《米英東亞侵略史》、吉川英治的《宮本武藏》，外文翻譯張赫宙的《春香傳》，莫迦翻譯芥川龍之介《侏儒的話》，穆儒丐翻譯谷崎潤一郎的《春琴抄》，梅娘翻譯久米正雄的《白蘭之歌》等，透過對日、滿、朝的文本譯介工作，滿洲文壇也呈現了多音交響的文學概況。

透過以大內隆雄為主的滿系文學之譯介，其特殊的表述方式也被注目，特別是在戰爭膠著之際，滿系文學對「暗」的描摹受到當局的

---

[44] 《原野》中翻譯了古丁〈原野〉、〈小巷〉，小松〈洪流的陰影〉、〈人絲〉，夷馳〈黃昏後〉，田兵〈阿了式〉，遠犀〈鄰三人〉，何醴徵〈他的積蓄〉、〈嫁〉，今明〈三種雷同的人物〉，盤古〈老劉的年〉，遼丁（爵青）〈哈爾濱〉等 12 篇。另，《蒲公英》翻譯了小松〈蒲公英〉、〈施忠〉，古丁〈又一年〉，石軍〈窗〉、〈擺脫〉，疑遲〈北荒〉、〈梨花落〉、〈雁南飛〉，夷馳〈鄉愁〉，田兵〈砂金夫〉，巴寧〈馬〉，吳瑛〈翠紅〉等 12 篇。

注意。1941 年 2 月 21 日《滿洲日日新聞》上刊登了〈最近の禁止事項─檢閱について（上）〉總務廳參事官別府誠之在採訪中提到：「去年發表的事項，列舉了發表於報刊雜誌的文藝作品中應特別注意的幾點問題，在表明限制和禁止的同時，希望能讓大家知道此方針。」[45]從中可以知道，隨著戰爭的泥沼化，當局需要文學展現明朗的積極意識以支撐戰事的進行，就日系文學的發展而言，滿洲文話會由文學親善性質轉向政治的文藝組織也代表了新京意識的勝利，此也昭告了日系文學為政治的服務之路，在此氛圍下，滿系文學在戰爭期間所呈現的「頹廢意識」、「社會黑暗」的書寫傾向可說是有悖當局所需求的「明朗性」。然而，就滿系作家而言，中日戰爭爆發後更加突顯了滿系人員複雜的認同，對於建國尚短的「滿洲國」政府未能產生向心力以及對其背後的日本勢力的無力抗拒都潛藏於文學中，在此社會氛圍下成長的滿系文學作品因而顯得消極、曖昧與灰澀，也就形成日系文學者所言的「陰暗的寫實」之文學風格。實際上，滿系文學中對於「暗」的描寫正可視為對當局提倡的「王道樂土」之反論，特別是在政治主導文藝的現實上刻意展現的「暗」正可對照當局致力呼籲的「明朗」，形成文本與現實的反差。

此外，1940 年 12 月山田清三郎編輯的《日滿露在滿作家短篇選集》由東京的春陽堂書店出版，在「編者序」中山田提到：「這裡所輯錄的各篇小說，在最近滿洲新聞的晚報上依序連載，分別都博得了

---

[45] 此「八不主義」為：1、對時局有逆行性傾向的。2、對國策的批判缺乏誠實且非建設性意見的。3、刺激民族意識對立的。4、專以描寫建國前後黑暗面為目的的。5、以頹廢思想為主題的。6、寫戀愛風及風流韻事時，描寫逢場作戲、三角關係、輕視貞操等戀愛遊戲及情慾、變態性慾以及殉情、亂倫、通姦的主題。7、描寫犯罪事實殘暴行為或過於露骨的。8、以媒婆、女招待為主題，誇張描寫紅燈區特有的世態人情。總務廳公布的此八條限制牽涉範圍廣泛，也因而影響文學的表現。

好評。」[46]由上可得知此短篇選集是先在《滿洲新聞》上刊出然後集結出版，藉著此結合日滿露的作品之刊登展現了「協和文藝」的嘗試。山田又提到：

> 被稱為複合民族國家的這個國家，透過新聞將各民族的作家們廣泛的向世上介紹的同時，為了這個國家的文學，這些身上流著不同血液的作家們也彼此互相鼓勵、互相競爭，應當能夠對產生與這個國家相符的豐富文學成果有一些貢獻吧，我是這樣想的。[47]

山田期待透過此小說集的發行將滿洲文藝收容於「一體」國家視野之下，意即非各族群的文學作品，而是總括於「滿洲文學」之下完成「民族協和」的文藝表象[48]。1942 年 6 月由川端康成、岸田國士、島木健作、山田清三郎、北村謙次郎、古丁等日本與滿洲的文學者擔任編纂的《滿洲國各民族創作選集（1）》由東京創元社出版，身為編者之一的岸田國士在「編者的話」中提到：

> 這些以各種不同語言寫作而成的作品，其中也許有日本文學、中國文學、俄羅斯文學，然而無論作家們是否有意識到培養文學的環境與時代的影響，都會反映在思考與感性之上。因為滿

---

[46] 見山田清三郎編：《日滿露在滿作家短篇選集》（東京：春陽堂書店，1940 年 12 月出版），後由ゆまに書房復刻，收入「日本植民地文學精選集：滿洲編 9」（2001 年 9 月出版）。本文引用復刻版。

[47] 同前註，頁 2。

[48] 《日滿露作家短篇選集》中收錄了：（日）北村謙次郎〈砧〉、（露）ヤンコーフスカヤ（上脇進譯）〈神もなく掟もなし〉、（滿）爵青（安東敏譯）〈大觀園〉、（日）鈴木啟佐吉〈いなづま〉、（日）竹內正一〈故鄉〉、（露）ネスメエロフ（上脇進譯）〈赤毛のレンカ〉、（日）牛島春子〈祝といふ男〉、（滿）吳瑛（森谷祐二譯）〈白骨〉等 8 篇。

洲文學的年輕我對它就更抱持著希望[49]

強調各民族文學與滿洲的環境與時代的連結感，進而揭示了觀看滿洲
文學的融和的可塑視野。川端康成認為透過此選集所透顯出的協和文
化象徵了美好的理想，同時也是對於遠大的未來的呼喚：

> （對日本而言）滿洲是第一個由日本和其它民族共同建造並且
> 振興文化的國家，大東亞的理想可說是先在滿洲獲得實踐。[50]

在日本的大東亞藍圖上佔有重要位置的滿洲國，不論是政治方面或文
藝方面都可視為日本對大東亞的實驗場，換言之，日本想利用對滿洲
國的統制經驗將之實踐於大東亞共榮圈之上，因此，複雜多元的滿洲
國可以說是大東亞共榮圈的縮影，就文藝而言，滿洲文學的統合可視
為其對大東亞文學的統合實驗，如同山田清三郎所言，滿洲文學應該
是大東亞新秩序的前驅與據點同時也是新興複合民族國家的文學，從
其對滿洲文學的定義也可窺見日本的「東亞文學」觀。選集中收錄了：
木崎龍〈ある少年の記録〉、富田壽〈幾山河〉、橫田文子〈美しき挽
歌〉、長谷川濬〈烏爾順河〉、山丁（大內隆雄譯）〈狹街〉、疑遲（藤
田菱花譯）〈塞上行〉、吉野治夫〈手記〉、石軍（藤田菱花譯）〈黃昏
の江湖〉、ボリス・ユーリスキー（上脇進譯）〈斷崖〉、野川隆〈屯
子へ行く人々〉、秋原勝二〈膚〉、高木恭造〈風塵〉、吳瑛（岡本隆
三譯）〈望鄉〉、日向伸夫〈窗口〉、晶埜ふみ〈綠の歌〉、鈴木啟佐吉
〈土龍〉、牛島春子〈雪空〉、アルセニイ・ネスメエロフ（上脇進譯）
〈雪の上の血痕〉、三宅豐子〈亂菊〉、筒井俊一〈林檎園〉，可說囊
括了活躍於滿洲文壇的文學者之作品，有日系的「作文派」、「滿洲浪

---

[49] 本文參見ゆまに書房復刻：《滿洲國各民族創作選集（1）》（2000 年 9 月出版），
頁 2。

[50] 同前註，頁 5。

漫派」、滿系「文選派」、「藝文志派」以及白系露人作家，就形式而言是展現了「融和」的文藝之姿，但細究文本可以發現各民族的文藝主題與視野的落差，雖然統合於「滿洲文學」的名目之中，但如同尾崎秀樹所提示的：（各民族）「在各自的傳統、各自的時間裏塑造著自己的文學。」[51]山田清三郎自己也陳述，所選擇的作品多受到舊來文學與教養所影響，尚未能完全體現滿洲建國精神。所選的文學作品雖未能符合官准的東亞文學觀，內容也各有觀照，但透過這些譯作的中介，滿洲文學得以於大東亞戰爭時期進行跨界的流動，從而也向日本文壇展示了滿洲文學的豐富內涵。此融和呈現的滿洲文學選集在決戰期的 1944 年 3 月出版了《滿洲國各民族創作選集（2）》，川端康成在第二卷的「序」中明言了：

> 滿洲國的文學所背負的宿命的意義與使命是透過大東亞戰爭更加的高壯遠大，不僅是與日本更加緊密的系聯，為了大東亞全體的文學更應切實的推廣。[52]

在大東亞文學者大會舉行了多次後，此選集更被視為大東亞文化建設的成果之一，對於日本的大東亞文學的倡導具有象徵的意義。

---

51 見尾崎秀樹《近代文學の傷痕-舊植民地文學論》，同前揭，頁 265。

52 原由東京創元社於 1944 年 3 月出版，本文參見まゆに書房復刻：《滿洲國各民族創作選集（2）》（2000 年 9 月出版），本選集收錄：牛島春子〈女〉、山丁（大內隆雄譯）〈城性地帶〉、北村謙次郎〈砧〉、天穆（大內隆雄譯）〈獻げる〉、吳瑛（石田達系雄譯）〈旅〉、青木實〈鐵警日記〉、爵青（大內隆雄譯）〈賭博〉、上野凌容〈嫩江祭〉、高木恭造〈晚年〉、中村秀男〈鵜越分隊〉、小松（大內隆雄譯）〈佛語教師とその愛人〉、ウルトムト〈呼倫貝爾紀行〉、檀一雄〈魔笛〉、ユーリスキー（高田憲吉譯）〈ミロン・シャバノフの最期〉、山田清三郎〈老宋〉、バイコフ（高田憲吉譯）〈老嶺山にて〉、疑遲（大內隆雄譯）〈渡し〉。

　　戰爭期間，在大東亞語境下透過文本的傳譯工作，滿洲文學得以透過進入大東亞文學之脈絡，同時透過文本的翻譯，滿洲文壇自身的各種語境的文學者們得以進入彼此的文脈，在翻譯的同時也展現了文藝的「民族協和」之圖像。

五、小　結

　　「滿洲國」是日本在帝國主義發展下對中國大陸進行侵略的產物，透過日本的主導，以日、滿、華三國為骨架的大東亞共榮圈也成為大東亞戰爭時期對抗英美勢力的最佳盟友，日本透過關東州的殖民地經營以及滿鐵對滿洲的經濟操縱，順利取得在滿洲的優勢，進而也推動日本語的教育進行對滿洲的日本化工作。以溥儀為傀儡的「滿洲國」成立後，日本的關東軍勢力得以進入「滿洲國」並取得政治上的操縱，藉由總務廳與協和會形成了官民一體的實施政體，提倡「王道樂土」、「五族融和」的建國方針，也從而將「滿洲國」塑造成大東亞的模型，成為大東亞共榮圈的前哨，並以「滿洲國」為據點從事大陸政策的拓展與大東亞的建設。在這種背景下成長的滿洲文學，其複雜的民族性也成為滿洲文學的創作養分，日系、滿系、白系、朝鮮系等民族在滿洲創作了文學，這種文學既是自身民族的文學，同時也是滿洲的文學，此也展現了滿洲文學的豐富性。文學家在此文學場域中展現了多音的創作活動，並且透過大東亞共榮圈的建構，文學者們也開始了跨界的文學交流，如文本翻譯、各民族作家的滿洲書寫，以及滿洲作家的華北移動。「藝文指導要綱」與「八不主義」的頒布雖將文藝統合於大東亞文學之下，但從作家的發言與文學作品的相互考察中可以發現此型塑的「融和之姿」僅為一種帝國表象的展示，實際上滿洲文學呈現了國策以外的多元表述，正如尾崎秀樹在評論日本文藝家們刻意集結展示東亞文學一體性的《滿洲國各民族創作選集》時所提出的：

我曾試著找尋各民族作家共存共榮的統一姿態。但是我的嘗試
完全的失敗了。因為各民族所特有的文化傳統已經在那裏扎
根，我只能看到那些執著的表情。[53]

尾崎秀樹的滿洲文學觀察也揭露「五族協和」的表面性，正如「王道
樂士」的烏托邦幻想一般，滿洲文學的八紘一宇也僅是當局者在建設
大東亞之際的想像堆砌，唯一真實的部分是其在大東亞文學圈所留下
的豐富與多元的文學創作。

---

[53]　見尾崎秀樹：《近代文學の傷痕》，前揭，頁248。

The Empire in Manchuria :

A study on the Greater East Asian literature and

translation in "Manchukuo"

Wen-Qing Li

Nagoya Univeristy

Japan

Visiting Research Fellow

Comparative Studies of Language and Culture

Abstract

From a purely political standpoint, "Manchukuo," as a model for the Greater East Asian Co-prosperity Sphere, occupied a significant place in the construction of the Japanese Empire. The political slogans promoted in the "Outline for the Establishment of the Nation" (*jianguodagang* 建國大綱) such as "ethnic harmony" aside, this multi-ethnic space did foster a multicultural literary creativity and reveals a "multi-lingual" phenomenon that is uniquely Manchurian. This multi-lingual condition not only provided an arena for literary expression, successful utilization of "Harmonious language" (*xieheyu* 協和語) reinforced the interaction between ethnic groups and, as a consequence, enriched the literature of Manchuria. Manchurian literature entered a new phase as the authorities promoted literary institutions during the Greater East Asian War. In a sense, Manchurian literature transformed from a literature of "aimlessness" (*wufangxiang* 無方向) to a literature that served the interests of the nation-state. Manchurian literature provided an articulation of an East Asian ethnic symbiosis that stood for a new and experimental modality of colonialism and served to support the ideology of the Greater East Asian Co-prosperity Sphere. This article asks the following questions: what kind of institutions did Japan seek to establish in order to transform the complicated ethnic structure of Manuchuria? Was an "East Asian ethnic identity" feasible? Or was it just a willful representation on the part of the Empire?

This article examines the many facets of Manchurian literature through various creative processes: from the independently developed inscriptions of "Manchuria" in the originally independents courses of Japanese and Manchurian-language literature during the early stage to the new literature in the Great East Asian Era, each presents a different landscape of East Asian literature. As for the attempt by Japan to construct a great East Asian cultural network through translation, the cultural interflows generated by this project are also within the scope of this paper. I will discusses the literature created under the assimilation promoted by sayings like "Ethnic harmony of the five ethnicities" and "Paradise of the King's way" and the representation of Manchuria in the Greater East Asian literary sphere.

Keywords: Greater East Asian Literary Sphere, Greater East Asian Co-prosperity, East Asian literature, Manchurian literature, translation

張愛玲小說的政治敘事

張　文　東

東北師範大學文學院

摘　要

任何寫作都是體制下的寫作，都必須依從于某種現實體制，都不能脫離一定社會意識形態的影響甚至左右，張愛玲的小說創作也不例外，只不過她是以一種特殊的「委曲」和「智慧」，以及一種承襲于傳統的「傳奇」敘事，在那些特定的政治語境之中，完成了一種僅僅屬于她自己的「私人化」的政治敘事。

關鍵詞：張愛玲、政治、敘事、傳奇

可能，關于張愛玲小說的「政治敘事」並不是一個全新的話題，尤其近年來隨著《秧歌》和《赤地之戀》等作品解讀語境的日漸「寬鬆」，對這類公認具有「政治情緒」的作品，已經有了許多針對性的閱讀和評說[1]。不過，一方面在已有諸多對張愛玲小說政治敘事的指認和解讀當中，好像都忽略了《傳奇》，或以為《傳奇》不是政治敘

---

[1] 這主要是從大陸研究的方面來說的。隨著相關政策的調整，近幾年來大陸學界亦對《秧歌》、《赤地之戀》等文本關注較多，其中袁良駿的《論〈秧歌〉》（載《汕頭大學學報》2007 年第 6 期）、《張愛玲的藝術敗筆：〈秧歌〉和〈赤地之戀〉》（載《華文文學》2008 第 4 期），張豔豔的《也談〈秧歌〉與〈赤地之戀〉》（載《華文文學》2008 年第 3 期）等可為代表。

事，或以為此時的張愛玲的確「遠離」政治；而另一方面，近幾年來張愛玲後期的一些小說如《小團圓》（2009）等，也同「當年的她」一樣陸續被發掘「出土」，故使關于其政治敘事的話題已經有可能在更「新」或「完整」的層面上延續。這就給了我空間，可以再來談談張愛玲小說的政治敘事。

　　一直以來，我讀張愛玲，關注的都是她的《傳奇》——讀它的敘事背景與傳統，讀它的敘事模式與創新，等等[2]，總是試圖從韋勒克所謂的「內部研究」入手，和別人一樣幾乎不做「政治敘事」的解讀，甚至簡單地以為張愛玲起碼在《傳奇》中沒有「政治敘事」。後來讀到《秧歌》和《赤地之戀》，讀到《色·戒》，再讀到《小團圓》，才仿佛稍微有點模糊而又深切地感受到了，其實張愛玲對政治可能一直都並不「隔膜」，而是「敏感」，並始終有著自己的特殊政治話語和深刻的政治記憶。所以我想，通過對張愛玲小說創作之政治敘事的個案分析，也許真的可以體會到一個「大」的時代裏的政治記憶和歷史敘事罷。

　　寫作是張愛玲生存的主要方式，甚至是唯一的方式。而在現實的意義上，我以為，任何寫作都是「體制」下的寫作，都必須依從于某種現實政治結構及其話語機制，都不能脫離一定社會意識形態的影響甚至左右，張愛玲的小說創作也不例外。盡管張愛玲一直都在為自己辯護，稱自己的寫作是完全脫離政治的[3]，甚至也一直有人在為她聲

---

[2] 筆者曾有多篇文章討論張愛玲的《傳奇》敘事，但多僅限于「敘事」而已，如：《論張愛玲之〈傳奇〉敘事模式》（載《社會科學戰線》2009 年第 10 期）、《「滾滾紅塵」中的「新傳奇」——論張愛玲的「傳奇」理念》（載《社會科學戰 線》2007 年第 1 期）、《常與非常——張愛玲〈傳奇〉敘事之結構模式》（載《吉林大學社會科學學報》2005 年第 6 期）、《論張愛玲〈傳奇〉敘事之心理時間模式》（載《東北師大學報》2005 年第 2 期）等。

[3] 張愛玲在《自己的文章》（1944）中說：「我的作品裏沒有戰爭，也沒有革命。」

援，但實際上並非如此。故本文想要說明的基本觀點就是：與所有人一樣，張愛玲的小說創作是一種政治敘事，其政治話語雖「樣式」不同，但卻始終貫穿在她各個時期的小說創作當中。試圖闡明的基本問題是：一、為什麼說張愛玲的小說是一種政治敘事？二、張愛玲小說政治敘事的基本話語，三、張愛玲小說政治敘事的整體模式。當然，這並不是結論，而只是個話題，同時也想借此說明，唯因其是一種政治敘事，所以才會有了不同思想背景下的不同解讀。

一、「自己的文章」的背後

所謂文學，就是將自己與世界聯繫起來，並以「寫作」為方式從自己的利害關系出發來解讀人生、參與人生[4]。簡單點說，讀張愛玲，我的感覺主要有兩個，一是她的「自私」，一是她的「智慧」。這兩點既是對她的人而言，也是對她的文本而言，是我對其生存和寫作「本質」的整體印象。「自私」是說張愛玲一直活在「自己的世界」裏，而「智慧」則是說她自有自己的「活法」，即以一種特殊的寫作作為自己的「活法」。「知人論世」，論張愛玲的小說，也可先從張愛玲的「人」說起。大家都知道，她說要寫出「人生的底子」。那麼，她自己「人生的底子」是什麼呢？我以為，「自私」而已。

張愛玲是一個自私的人，這樣說毫不為過。胡蘭成當年就曾說張愛玲「不過是個人主義者罷了」：「有一次，張愛玲和我說『我是個自私的人』，言下又是歉然，又是倔強。停了一停，又思索著說：『我在

在《有幾句話同讀者說》（1947）中也說：「我寫的文章從來沒有涉及政治，也沒有拿過任何津貼。」見《張愛玲文集》第四卷，安徽文藝出版社 1992 年版，頁 174、258。另，文中所引同一版本或出處的文獻，只在第一次引用時標注版本或出處，後引者不再贅標。

[4] 參見[英]特雷伊格爾頓著，伍曉明譯：《二十世紀西方文藝理論》（陝西：陝西師範大學出版社，1986 年），頁 247。

小處是不自私的，但在大處是非常的自私。」她甚至懷疑自己的感情，貧乏到沒有責任心。」[5]。兩情相悅中的對白也許是最真實的，張愛玲是自私的，而且是一種「人生的底子」上的自私。從一開始，她就是個「古怪的女孩」，「從小被視為天才」，除了「發展自己的天才」以外「別無生存的目標」。但是生逢亂世，一無倚靠，她便只有在自己的世界裏，在「沒有人與人交接的場合」，才「充滿了生命的歡悅」[6]。所以「天才」一路走來，「向來很少有正義感。不願意看見什麼，就有本事看不見」[7]，能夠不理會的，便「一概不理會」，當年戰地醫院裏那個叫她「姑娘」的人「終于」死去了，她「歡欣鼓舞」亦「若無其事」[8]，甚至連「自然」的「造人」（生孩子）都覺得是一種「浪費」[9]……其後半生裏，也只有那些拔不掉的「神經死了的蛀牙」般的「個人記憶」[10]，在她幾乎把自己幽閉起來的日子裏時時刻刻磨折著她。她的這種「自私」是骨子裏的，就像「人本來就是動物」一樣[11]，成為她人生關照以及自我生存的起點和終點，始終是她「活著」

---

[5] 胡蘭成：《評張愛玲》，載 1944 年《雜志》6 月號。後來胡蘭成在其《山河歲月》中還曾明確談及張愛玲的自私：「她從來不悲天憫人，不同情誰，慈悲布施她全無，她的世界裏是一個沒有誇張，亦沒有一個委曲的。她非常自私，臨事心狠手辣。她的自私是一個人在佳節良辰上了大場面，自己的存在分外分明。」從《小團圓》的角度看，胡蘭成的確是了解並懂張愛玲的。參見胡蘭成：《山河歲月》北京：（中國社會科學出版社 2003 年），頁 148。

[6] 張愛玲：《天才夢》，見《張愛玲文集》第四卷，頁 16。

[7] 張愛玲：《打人》，見《張愛玲文集》第四卷，頁 96。

[8] 張愛玲：《燼余錄》，見《張愛玲文集》第四卷，頁 54。

[9] 張愛玲：《造人》，見《張愛玲文集》第四卷，頁 95。

[10] 張愛玲：《憶西風》，見《重訪邊城》北京：（北京十月文藝出版社 2009 年），頁 250。

[11] 張愛玲：《自己的文章》，見《張愛玲文集》第四卷，頁 176。

以及「人生觀」的「底子」，並使她一直都「活在自己的世界」裏[12]。

　　「生在現在，要繼續活下去而且活得稱心，真是難，就像『雙手掰開生死路』那樣的艱難巨大的事」[13]，對張愛玲來說，「活著」本身就是一種無奈，更何況她的身世經歷又是終此一生的顛沛流離，所以「自私」于她、甚至于任何人本無可非議。「受過教育的中國人認為人一年年地活下去，並不走到哪裏去；人類一代一代下去，也並不走到哪裏去。那麼，活著有什麼意義呢？不管有意義沒有，反正是活著的。我們怎麼處置自己，並沒有多大關系，但是活得好一點是快樂的，所以為了自己的享受，還是守規矩的好。」[14]有意味的是，「自私」的本能以及人生態度雖可能並不是一種政治，但無論怎樣的「活著」卻都離不開時代的背景，而當這種「自私」轉成一種「活著」的方式並希望可以借「守規矩」來「活得好一點」時，在「寫作」的層面上便生成了一種具有政治意味的「智慧」。也就是說，生在亂世，張愛玲首先是要「自私」的「活著」，然後才是活出「自己的享受」來，而寫作作為她「活著」的甚至唯一的方式，便只能以一種特殊的「智慧」來進入這個特殊的時代，僅僅做「自己的文章」——這不僅是她小說創作的發生，其實也是她整個寫作的思想背景。因此我不承認張愛玲對政治是不敏感的，而是相反以為她對政治有著特殊的吸嗅和感悟，不然，便會低估了她的「智慧」以及她「智慧的寫作」。回望當年「淪陷」中的上海灘，眾所周知，那是怎樣的一個「低氣壓的時代」和「水土不相宜」的地方啊[15]！可就在這麼特殊的「政治文化」[16]背景下，

---

12 李渝：《跋扈的自戀》，載台灣《中國時報》1995 年 9 月 14 日。

13 張愛玲：《我看蘇青》，見《張愛玲文集》第四卷，頁 228。

14 張愛玲：《中國人的宗教》，見《張愛玲文集》第四卷，頁 111-112。

15 迅雨（傅雷）：《論張愛玲的小說》，載《萬象》第 3 卷第 11 期 1944 年 5 月。

16 這裏所謂的「政治文化」，是借用阿爾蒙德、鮑威爾的觀點，指「在特定時期流行的一套政治態度、信仰和感情」，本文中的所謂「政治」也時常是在

張愛玲的寫作竟「太突兀」、「太像奇迹」般地出現了，其中的「大智慧」實不得不讓人仔細琢磨。「小說，無論如何，都處身于政治的變遷當中，有意識也好，無意識也好，總是以敘事的方式闡釋著政治，參與著政治，成為政治美學形式的表達。」[17]。因此，時代的、必然的「政治」在張愛玲這裏轉成一種「智慧」的生存和敘事，不僅是必需，也是必然。由此，張愛玲「人生的底子」上的「自私」與「自己的文章」裏的「智慧」便形成了一種完美的「共構」，用「自己的文章」，為現實政治文本以及文本的政治書寫創造了一種特殊的敘事方式。

其實，當年傅雷對張愛玲的評價中最意味深長的並不是所謂「好評」或「惡評」，而是具有「政治文化」意味的「深刻的人生觀」的強調：「倘沒有深刻的人生觀，真實的生活體驗，迅速而犀利的觀察，熟練的文字技巧，活潑豐富的想象，決不能產生一樣像樣的作品。」而實際上，題材也好，技巧也罷，都不僅僅是「寫什麼」與「怎麼寫」的問題，「文學」上最終的「深度」與「實質」都來自于「深刻的人生觀」[18]，而這恰好也是張愛玲所必須面對和思考的。遺憾的是，在「自私」的底子上可能生成的「智慧」卻沒能走進傅雷所強調的「一切都是鬥爭」的「深刻」的人生，而是走進了「最基本的」、「真實而安穩」的、但卻「依舊是庸俗」的人生，所以，在「自己的文章」裏，仿佛一切都是「對立的」一樣，「飛揚」與「安穩」，「鬥爭」與「和諧」，「力」與「美」，「英雄」與「凡人」，「時代」與「記憶」……等等，前者是一般「弄文學的人」所注重的，而後者才是張愛玲自己所追求的。由此，張愛玲自覺而明確地展示出了一種與傅雷、與一般「弄

這個意義上的用法。參見[美]阿爾蒙德、鮑威爾著？曹沛霖等譯《比較政治學：體系、過程、政策》上海：（上海譯文出版社 1987 年），頁 29。

[17] 駱冬青：《敘事智慧與政治意識》，載《小說評論》第 4 期（2008 年）。

[18] 迅雨（傅雷）：《論張愛玲的小說》。

文學的人」當然也就是與某種「主流」完全不同的人生觀與文學觀。[19]當然，這種「自己的」人生與文學並無不可，甚至相反因從「人」的角度重新調整了「五四」以來文學的出發點和落腳點而可能更顯珍貴。但這並不能讓我們對其這種所謂「洞見」中的「自私」與「逃避」可以忽略不計。借用她的說法，如果所謂「神性」是一種「永恒的超越」的話，那麼所謂「婦人性」則差不多就是一種「委屈以求全、妥協以求生、苟且以求安的生存態度」[20]，是一種只想自己能于亂世中「活得好一點」的「自私的逃避」，甚至「委曲的迎合」，因為在這個「淪陷」的時空裏，的確是「有」一種「政治」不需要「反抗的英雄」而只需要「妥協的婦人」的！所以，張愛玲並不是從來都「沒有寫歷史的志願」[21]，而是從來都沒有對于歷史和時代的「責任心」，只是試圖以一種「自私」的現實「智慧」來書寫歷史。因而她在一個戰爭和革命的時代裏面偏不寫戰爭和革命，而只寫那些「沈重的」、「古老的記憶」，「人類在一切時代之中生活過的記憶」[22]，如《傳奇》；然後卻在一個不再充滿革命和戰爭的時代裏切切書寫著自己從那個時代走過來以後的「革命記憶」和「戰爭體驗」，如《色戒》與《小團圓》——這就是張愛玲的「智慧」，當然也是她的「政治」。

　　無論如何，人生中最重要的問題始終還是政治問題，而無論人生觀深刻與否，也都與現實的政治文化與規範密切相聯，沒有任何人是可以逃脫現實政治的本質性制約的，所以「深刻的」人生觀乃至文學觀問題，歸根結底都是政治問題。張愛玲其實很明白這一點，也知道自己根本無從可以逃離現實的時代以及時代的政治，就像她借作品中

---

[19] 張愛玲：《自己的文章》，見《張愛玲文集》第四卷，頁 172-174。

[20] 解志熙：《走向妥協的人與文》，載《文學評論》第 2 期（2009 年）。

[21] 張愛玲：《燼余錄》，見《張愛玲文集》第四卷，頁 53。

[22] 張愛玲：《自己的文章》，見《張愛玲文集》第四卷，頁 174。

人物所感慨的，「政治決定一切。你不管政治，政治要找你」[23]。這並不是她在走進新時代後的一時感悟，其實也是在當年便已經真切感知到了的，所以她可以在現實的感情上毫不回避具有特殊政治身份的胡蘭成，而在文學的寫作當中卻刻意的避免涉及任何政治，就連一些可能來自胡蘭成的「傳奇」如「色戒」一般的故事，她也深深地壓在心底等待政治時代的改變再細細書寫[24]，可以想見當年其「大膽」與「小心」之間，又如何地寄寓著怎樣一種敏感而複雜的「政治智慧」啊！當然，我們盡可以將張、胡之間的關係視作一種絕對單純的「愛戀」，但卻無法將其極力回避現實的文學寫作也看做是一種絕對的「單純」，若果真「單純」，想必我們也早就可以在《傳奇》的任何一個角落都看到時代所「內含」的政治了。因此，如果說張愛玲的「自私」在人生的「底子」上決定著她「活著」的人生觀的話，那麼，她的「智慧」則進一步將其轉變成為一種具有「私人的政治」意味的文學觀。也正因此，逃避也好，迎合也罷，甚至違心而做，張愛玲的小說創作始終都在一種極端個人主義的立場上，在「去政治化」的表面之下，掩藏著一種「自我的政治」，並在不同的政治文化背景下，有了一個不斷「搖擺」而又不斷「走失」的「政治敘事」的整體脈絡。

---

[23] 張愛玲：《十八春》，（江蘇：江蘇文藝出版社，1986 年），頁 356。

[24] 張愛玲曾反複說過《色・戒》、《相見歡》、《浮花浪蕊》等故事是有來歷的，如在《〈惘然記〉・序》中說：「這三個小故事都曾經使我感動，因而甘心一遍廿六遍改寫這麼多年，甚至于想起來只想到最初獲得材料的驚喜，與改寫的過程」；後來在《羊毛出在羊身上》中也說：「拙著短篇小說《色・戒》，這故事的來歷說來話長，有些材料不在手邊，以後再談。」不過說《色・戒》的故事一定來自胡蘭成，當也屬猜測，本文後面還將申說。引文分別見《張愛玲文集》第四卷，頁 339，《重訪邊城》（北京：北京十月文藝出版社，2009 年），頁 111。

二、「參差對照」的政治話語

縱觀張愛玲的小說創作，從 1943 年 5 月的《沈香屑：第一爐香》，到 1975 年寫完卻出版于 2009 年的《小團圓》[25]，斷斷續續幾十年。不過在這段表面漫長的創作歷程裏，真正可以作為她「創作時期」的並不多。受夏志清的影響，人們常願意以《秧歌》和《赤地之戀》為分界線來重新思考張愛玲的創作歷程和文學地位[26]，將張愛玲小說創作分為三個時期：（一）上海時期——《傳奇》，（二）香港時期——《秧歌》、《赤地之戀》，（三）美國時期－《怨女》、《半生緣》，甚至更願意將「上海→香港→上海→香港」看作一個「張愛玲寫作的循環之旅」，以證明「香港時期」的里程碑意義[27]。但實際上，這種具有鮮明「政治意味」並由其導引出的「地域性」劃分，恰因對「香港時期」的「偏重」而成為一個「偽題」。在我看來，張愛玲的「上海時期」如果是以「淪陷時期」來標示的話應大概可以確定，因為《傳奇》是唯一的[28]；「美國時期」也可基本確認，因為期間間或幾部「記憶性」

---

[25] 按出版時間看，《小團圓》可算作張愛玲小說創作的收尾，但要按寫作時間看，可能還是以《同學少年都不賤》為最後。據陳子善考論，《同學少年都不賤》的創作時間當在 1973 至 1978 年間，而據宋以朗隨《小團圓》出版時公開的通信來看，《小團圓》應該在 1976 年 3 月即已完成並寄出了，故不敢將《小團圓》簡單視為張愛玲的最後之作。另，《同學少年都不賤》是于 2004 年初在台灣、大陸相繼出版的，《小團圓》是于 2009 年初在台、港、大陸相繼出版的。分別參見《同學少年都不賤》序（陳子善作）（天津人民出版社 2004 年）。《小團圓》前言（宋以朗作）（北京：北京十月文藝出版社，2009 年）。

[26] 夏志清：《中國現代小說史》，（復旦大學出版社，2005 年），頁 254。

[27] 蘇偉貞：《孤島張愛玲》（台灣：三民書局 2002 年），頁 29。

[28] 《傳奇》于 1944 年 8 月 15 日由上海雜誌社初版，《傳奇》增訂本于 1946 年由上海山河圖書出版公司出版，于此時期內略可以「唯一」概稱。參見陳子

文本的書寫，以及在「惘然的回憶」中不斷改寫的文本，都具有相同或相通的品格。但是唯獨「香港時期」不能單獨劃分出來，因為稍往前一點說，在 1950 年 3 月至 1952 年 1 月間的「上海時期」裏，張愛玲還有兩部小說──《十八春》與《小艾》──盡管和她到香港之後的《秧歌》和《赤地之戀》在「政治情緒」上相左，但卻在「迎合」某種現實政治的「政治敘事」取向上完全相同。按照張愛玲小說創作的政治敘事線索，我建議還是用一種雖流俗但卻更整一的劃分：（一）前期（1943-1949）──《傳奇》，（二）中期（1950-1955）──從《十八春》到《赤地之戀》，（三）後期（1956-1995）──從《五四遺事》到《同學少年都不賤》或《小團圓》。而我所謂「整一」，實際就是其政治敘事的整體取向。

1. 前期創作的「政治隱喻」（1943-1949）：《傳奇》

《傳奇》是張愛玲小說創作的起點也是巔峰，如前所述，其中內含了張愛玲幾乎全部的現實「生存智慧」即「政治智慧」，因此所謂《傳奇》的政治敘事是最不易見、也最有爭議的。表面看來，《傳奇》寫的都是「飲食男女」，尤其作者還反複標榜自己「從來不涉及政治」[29]，更使得《傳奇》仿佛真就只是一種「俗世情戀」中的「人性傳奇」了。但實際不然。我以為，《傳奇》中起碼內含了兩種「政治敘事」，一是其「時間政治」，二是其「空間政治」。

在《傳奇》裏，幾乎所有故事都是一個關于時間的寓言，而寓言的核心即是一種對歷史以及時代的對立、顛覆和重構。從總體上看，《傳奇》的敘事策略是遊離並對立于「五四」以來新文學的「宏大的」時代敘事及歷史敘事的，更多體現為一種個人敘事或私人敘事，因而其「時間」總是私人的、「過去的」甚至「退化的」，與現實的整體、

善作《張愛玲年表》，收入《同學少年都不賤》。

[29] 張愛玲：《有幾句話同讀者說》，見《張愛玲文集》第四卷，頁 258。

「進化」以及「進步的」時代、歷史「時間」完全不同。這種「時間」裏的人事，有著自己相對獨立的一整套政治架構，一切的家庭生活和愛情故事仿佛就是「從來如此」的，從未因時代歷史的變化而發生「底子」上的變化，都只是「時代和社會的背影」，所有的故事和故事裏面的人，都被籠罩在一種遊移于「回憶」與「現實」之間「陳舊而模糊」的時間情境中，「唱歌唱走了板，跟不上生命的胡琴」[30]，在「現在」的意義被昨天的「回憶」消解了的同時，沒有了「明天」。眾所周知，在中國近代以來的新文化以及新文學中，時間的概念本身是具有價值和意義的：「進化論時間意識和歷史意識已經構成為一種主流性的意識形態話語，構成為一種文化上的『集體無意識』深深地積澱在作家的世界觀、思維模式和創作心理中」，並因此使時代的文學敘事體現為「對所謂必然性、進步性的追求」以及「歷史樂觀主義、理想主義的預言與自信」[31]。對張愛玲來說，「自從一九三幾年起看書，就感到左派的壓力，雖然本能的起反感，而且像一切潮流一樣，我永遠是在外面的，但是我知道它的影響不止于像西方的左派只限一九三〇年代。」[32]因此這種主流的「時間意識」便成為她走上文壇時的巨大的「影響的焦慮」和「現實的困惱」[33]：「似乎從『五四』一開始，就讓幾個作家決定了一切，後來的人根本就不被重視。她開始寫作的時候，便感到這層困惱」。因此在《傳奇》中，張愛玲把包含著過去、現在和未來的完整的「時間流」截斷了，具有「集體記憶」性質的歷史時間概念也被她的私人時間所顛覆，在「時代」的作家們力圖把握

---

[30] 張愛玲：《傾城之戀》，見《張愛玲文集》第二卷，頁48。

[31] 逄增玉：《現代性與中國現代文學》（東北師範大學出版社，2001 年），頁171。

[32] 張愛玲：《憶胡適之》，見《重訪邊城》，頁19。

[33] 水晶：《蟬—夜訪張愛玲》，見水晶：《替張愛玲補妝》（山東：山東畫報出版社，2004 年），頁23。

時代腳步和社會變化的時候，她只是從「現代」的意義上發現了「過去」，對立性地解構並重構著社會化的歷史，話語形式中的「時間」在現實的意義上成為一種時代政治意識的「隱喻」。艾曉明說：「看張愛玲的作品，與看那一時代許多作家的作品感覺不同，這種不同的感覺概言之，是時間差。」[34]這種「時間差」實際上恰是張愛玲所重構的一種「時間政治」：「MichaelAngelo 的一個未完工的石像，題名《黎明》的，只是一個粗糙的人形，面目都不清楚，卻正是大氣磅礴的，象徵一個將要到的新時代。倘若現在也有那樣的作品，自然是使人神往的，可是沒有，也不能有，因為人們還不能掙脫時代的夢魘。」[35]這個時代「在影子似的沉沒下去」，書寫這個時代的張愛玲「沒有」，「也不能有」對于「一個將要到的新時代」的「象徵」和「建構」，因為在她的個人主義的「政治智慧」導引下，發現和書寫一個時代的陰暗混沌的「背影」、一個社會的沒有前途的「過去」以及冰山在水面以下的「沒有光的所在」，既是一種現實的無奈，其實也是一種寫作的技巧，當然更是她想塑造的「政治個性」。

與整體的個人或私人敘事策略相一致，《傳奇》的「空間」也是一種從「公共空間」中被「封閉」出來的「個人空間」[36]，並通過「一種情調」的「建立和保持」，使「其情節和人物的塑造都被控制在某種情調和效果之下」[37]。隨著中國現代社會的形成及發展，現實政治

---

[34] 艾曉明：《反傳奇——重讀張愛玲〈傾城之戀〉》，載《學術研究》第 9 期（1996 年）。

[35] 張愛玲：《自己的文章》，見《張愛玲文集》第四卷，頁 174。

[36] 這裏所謂的「公共空間」及「個人空間」或「私人空間」，是我個人的一種理解和用法，主要是指在「公眾」和「個人」的對立意義上所生成的「生存活動空間」，其「政治性」隱含在某種「活動方式」與「活動場域」的關系中，當然也隱含著某種權力結構。

[37] [美]韋勒克、沃倫著：劉象愚等譯《文學理論》（三聯書店，1984 年），頁

實踐的「公共空間」也在大都市的背景下日漸形成,「五四」以來的「主流」作家們,都是以「寫作」作為自己的「政治實踐」來進入這個「公共空間」,並不斷確立自己的政治公共性品格的。對大多數作家而言,「文學創作本身就是一種積極生活、介入與他人共同生活世界的方式」[38],所以他們對都市生活以及現實時代的把握,也都體現在一種積極的「參與」和「承擔」之中。不過,在淪陷時期的極端政治之下,中國人的「政治權利」和「公共性品格」都被徹底取消了,與此相應,極端政治語境下的「文學空間」的「公共性」也被迫變異,成為一種封閉在「私人空間」裏的「私語性」,所謂的「莫談國事」及「飲食男女」,便都是這種政治語境下的無奈體現。在張愛玲的《傳奇》裏,社會和時代的「公共性」的背景是徹底模糊的,取而代之的是「封鎖」著的「個人空間」,無論是具有封閉性的沒落的舊家庭,還是中西雜糅的「怪胎」式的生存環境,都呈現出一種「非理性」的文化氛圍和「空間政治」。傅雷曾描述過張愛玲小說的「空間背景」:「遺老遺少和小資產階級,全部為男女問題這噩夢所苦,噩夢中是淫雨連綿的秋天,潮膩膩、灰暗、骯髒、窒息與腐爛的氣味,像是病人臨終的房間……青春、幻想、熱情、希望,都沒有生存的地方。川嫦的臥室,姚先生的家,封鎖期間的電車車廂裏,擴大起來便是整個的社會,一切之上還有一只瞧不見的巨手張開著,不知從哪兒重重地壓下來,要壓癟每個人的心房。」[39]即如張愛玲自己那個曾飄蕩著「鴉片的雲霧」的「家」一樣[40],這些沒落的舊家庭都曾經擁有過一段也許並不短暫的輝煌時代,但在社會和時代的巨變中,轉瞬都只剩下了

248。

[38] 徐賁:《文學公共性與作家的社會行動》,載《文藝理論研究》第 1 期(2009 年)。

[39] 迅雨(傅雷):《論張愛玲的小說》。

[40] 張愛玲:《私語》,見《張愛玲文集》第四卷,頁 105。

「滿眼的荒涼」。其中的遺老遺少們，與時代相背離地堅守著一種自成體系的封閉與沈淪，掙扎在躲不掉的回憶的「夢魘」中，用一個個「現代的鬼話」，隱喻著與「五四」以來「人的話語」及其「公共性」的疏離和對立。按照阿倫特的觀點來看，文學和藝術作為「積極生活」中的「行動」（Actor），是最有可能在公共生活中顯示「我是誰」的[41]，但是前提是必須具有一個自由說話的環境。而從張愛玲這裏來看，顯然，文學作為一種「行動」是危險的，「我是誰」的確認也十分艱難，因此對于「公共空間」的任何一種「參與」，都只能以一種十分「曖昧」的方式來實現。所以，張愛玲仍然「智慧」的選擇並設計了一個完全遊離于現實「公共空間」之外的「個人空間」，以一種「退避」甚至「退隱」的姿態，在一個「封鎖」著的「自己的世界」裏竊竊「私語」，將「五四」以來具有社會和時代意義的「我是誰」的問題置于社會和時代的「背影」裏，既彰顯了一個消費意義上的「私語者」的「我」，又有效地規避了一個「行動」意義上的「我」的危險，形成了一種十分吊詭的政治色彩。

2.中期創作的「主題政治」（1950-1955）：從《十八春》到《赤地之戀》

可以說，上述這種在張愛玲小說創作「發生」中具有本質意義的政治敘事，並沒有所謂「起點」或「終點」的意義，只要社會與時代的政治本質不能消解，這種政治敘事便同樣不能消解，甚至還會在更加明晰的政治形態之下愈演愈烈。張愛玲的中期創作即是這樣一種鮮明呈現。這一時期張愛玲小說創作最重要的特點是：一改《傳奇》時「委曲的」、「非政治主題」的寫作姿態，也不再只是「個人主義」的「憶往」題材和寫法，而是把目光集中于「現實」的人事，迎合著現

---

[41] 參見徐賁：《文學公共性與作家的社會行動》。

實的政治要求，以一種顯在的搖擺于「左」、「右」之間的政治主題的
敘事，有意識地試圖重新申說「我是誰」。

　　當年《傳奇》一出，張愛玲紅透上海文壇，但「光復」以後，卻
因與胡蘭成的婚姻，以及淪陷時期態度曖昧的寫作等等，遭到來自各
方面的「文化漢奸」一類的指責甚至謾罵[42]，雖然忍不住可以站出來
辯白幾句，但小說創作卻在一時間沈寂下來。「內外交困的精神綜合
症，感情上的悲劇，創作繁榮陡地萎縮，大片的空白忽然出現。」[43]直
到 1950 年 3 月 25 日，她才重操舊業，以筆名「梁京」開始在上海《亦
報》上連載長篇小說《十八春》，至 1951 年 2 月 21 日連載完，引起
關注和轟動，帶著一種異樣的光彩登上了新時代文壇。《十八春》從
1949 年倒溯 18 年開始寫起：平民女子顧曼楨與世家子弟沈世鈞于上
海相戀，中間曲折橫生，致使人事相隔，18 年後兩人于新時代裏偶
然相遇，雖然唏噓不已卻憾難複合，最終「幾位青年男女經過重重感
情波折，最後都投身到『革命的熔爐』去尋找個人的理想」了[44]。可
以顯見的是，這個故事依舊延續了《傳奇》所刻意營造的「情欲」故
事模式，並同樣是「在普通人裏尋找傳奇」的敘事策略，不過在敘事
話語上卻嘗試了與《傳奇》不同的寫實風格，「放棄了以往對意象、
比喻的苦心經營，也放棄了那種隨處可見的機智與辛辣，而用了一種
很溫厚的敘事風格，娓娓道來。」[45]不過，張愛玲將一部自己前所未
有的長篇小說作為在新時代裏「重新」寫作的開端，並以她並不熟悉
的連載形式在新時代到來不久便急匆匆面世，本身是極具政治意味
的。而更有意味的是，與《傳奇》那種幾乎完全「憶寫」「陳舊而模

---

[42] 參見陳子善：《1945-1949 年間的張愛玲》，載《南通大學學報》第 3 期（2007
　　年）。

[43] 柯靈：《遙寄張愛玲》，見《張愛玲文集》第四卷，頁 425。

[44] 張子靜：《我的姐姐張愛玲》（學林出版社，1997 年），頁 132。

[45] 清秋子：《愛恨傾城小團圓》（京華出版社 2009 年），頁 246。

「糊」的滬、港不同，《十八春》寫的是一個「現代上海」的故事，而且作者是站在一個新時代裏，不僅詛咒著那個「不合理的社會制度」[46]，而且有意識地寫到了這個新時代所帶來的變化，雖然從 18 年前寫起，但最後落筆卻在當下，並留下了一個「光明的結尾」。這就更讓人們看到，隨著新時代的到來，張愛玲的政治「敏感」與「智慧」終于可以光明正大「登場」，並以對政治風尚的自覺「追隨」，開闢了一條由日漸鮮明的政治「主題敘事」所鋪就的創作道路。

　　1951 年 11 月 4 日至 1952 年 1 月 20 日，張愛玲在《亦報》連載發表《小艾》，這部在新政治形勢下創作的中篇小說，也是她在大陸時期的最後作品。張愛玲曾說她「非常不喜歡《小艾》」，一是因「缺少故事性」，不夠「傳奇」；二則從她後來的體會看，是覺得寫出的故事與最初的構想變異太大了，尤其是在結尾上，不但沒有像原本設想的旁敲側擊一下共產黨，反倒給了小艾一個「美麗的遠景」[47]。聯想到張愛玲說這句話時已是在 1986、1987 年的美國，而《小艾》又在由台灣《聯合副刊》重新發表，其中的政治寓意也就不言自明了。不過這倒也反證了，當年《小艾》的寫作中應該是有著一種對現實政治的刻意迎合的。故事寫的是女傭小艾的一生，這種題材可謂是張愛玲一向熟悉並擅長的，不過寫來卻與《傳奇》不同，小艾與曼楨一樣，都走進了新時代，雖沒有像曼楨那樣遠赴東北參加建設，但在上海也同樣是為未來「幸福的世界」而工作著，結尾依舊明亮。而且，如果說在《十八春》裏張愛玲還有意無意地盡量不在字面上顯現出直接的政治話語的話，而在《小艾》當中，則已經毫無顧忌地出現了一些諸如「蔣匪幫」等富有刺激性的用語，進而更加鑿實了一種現實政治的主題敘事。由此可見，不管張愛玲在剛剛走進新時代之時還有著哪些忐忑或是猶疑，但「在思維方式、價值評判、社會觀念上已貼近主流

---

[46] 叔紅：《與梁京談〈十八春〉》，見金宏達：《昨夜月色》，頁 215。

[47] 張愛玲：《關于小艾》，見《重訪邊城》，頁 130。

話語」了[48]。

　　《小艾》連載結束不久的 1952 年夏，張愛玲到了香港，開始為美國駐香港總領事館新聞處翻譯美國文學作品[49]，並以英文寫作《秧歌》。1954 年 4 月，《秧歌》中文版先在美新處發行的雜誌《今日世界》上連載，7 月由香港天風出版社再出單行本。不久後的 10 月，《赤地之戀》也由天風出版社刊行。對于張愛玲來說，這兩部作品的寫作原本可能並沒什麼大不了，不過仍然是她以「活著」為欲念的「私人的政治」敘事而已。但沒想到的是，「不過如此」的兩部作品，卻引發了一場跨越世紀之後仍沒完沒了的紛爭。實際在我看來，如果除去評論者站在不同政治立場上的「有色」評判，以及由此所生成的「定性」與「定位」以外，圍繞著《秧歌》和《赤地之戀》的話題並不十分豐富，其中有意味的話題也許只是一個，即張愛玲「為什麼寫？」或「為什麼這樣寫？」。

　　前面我說過，張愛玲的小說創作，始終是其生存的甚至唯一的方式，對她來說，「寫作」不過是手段，「活著」才是目的。因此作為「活著」的前提，任何一種現實政治的「影像」，都會委曲甚至直接地投射在張愛玲的「智慧」寫作當中，形成一種委曲或直接的政治敘事，《十八春》與《小艾》如此，《秧歌》與《赤地之戀》也不過如此，這種已成「定勢」的「政治智慧」與「政治敘事」是完全可以確認並

---

[48] 杜英：《離滬前的張愛玲與她的新上海文化界》，李歐梵等：《重讀張愛玲》（上海書店出版社，2008 年），頁 354。

[49] 1952 年 7 月，張愛玲持香港大學同意復學證明出境抵港，先寄住女青年會，11 月因「獎學金波折」，乘船赴日本尋昔日好友炎櫻謀求工作未果，三個月後返港，開始為美新處工作，參見陳子善作《張愛玲年表》，收入《同學少年都不賤》（天津人民出版社，2004 年）。又，此間經歷後在其小說《浮花浪蕊》及《小團圓》中均有體現，既可見張愛玲初出大陸後生計之艱難，更可見出《秧歌》、《赤地之戀》兩部作品實為其「生存政治」下之產品。

一目了然的。不過，政治的主題並不是一定由政治性的話語寫出來才好，這個道理張愛玲是完全明白的，所以她在《秧歌》和《赤地之戀》的寫作當中都使用了一個富有深意的「導讀」，即《秧歌》的「跋」和《赤地之戀》的「自序」，刻意強調自己「為什麼寫」或「為什麼這樣寫」的材料背景與寫作策略。她說：《秧歌》「裏面人物雖然都是虛構的，事情卻都是有根據的」，並言之鑿鑿地說材料來自于「三反」運動中《人民文學》上刊載過的「一個寫作者的自我檢討」[50]；而《赤地之戀》雖是「把許多小故事疊印在一起」，但「所寫的是真人實事」[51]。有意思的是，依張愛玲的說法，我曾認真查閱自 1950 年 10 月創刊至 1952 年底的《人民文學》，卻根本未發現她說的這份材料[52]。以張愛玲的「記憶」來說，我想當不是「誤記」而是「有意」！而又傳說張愛玲曾在江蘇農村參加過土改，我看恐怕也未必是真，即便是真，也未必有了「真實的生活」[53]。正如她自己強調過的，如果對「背

---

[50] 張愛玲：《秧歌》（台灣皇冠文化出版有限公司，2008 年 7 月），頁 193。

[51] 張愛玲：《赤地之戀》（台灣皇冠文化出版有限公司，2008 年 12 月），頁 3。

[52] 艾曉明不僅查閱了 1950 年至 1954 年間的《人民文學》，而且遍查了 1950-1954 年間當時登載這類檢討最多的《文藝報》，也沒有任何發現。參見艾曉明：《從文本到彼岸》（廣州出版社，1998 年），頁 30。

[53] 據袁良駿說，張愛玲曾隨上海作家組織的土改工作隊去江蘇農村走過幾天，這一材料來自于上海文壇前輩唐弢與袁的談話。不過據張子靜說，他曾就「有人傳說張愛玲曾去蘇北參加土改」一事專門問過上海文藝界前輩龔之方，而龔之方則答曰：「我不清楚這回事，我也沒聽張愛玲提起過。」分析來看，龔之方自 1946 年 7 月與張愛玲相識，至張離開大陸之前一直來往密切，張的《太太萬歲》等影片就是由龔與桑弧共約創作的，《傳奇》增訂本也是兩人合作結果，龔還是當年《亦報》社長，張創作《十八春》，也是龔與當時《亦報》總編唐大郎兩人共約並連載于《亦報》的。由此可見，以龔與張的熟悉程度與密切聯絡，如果張在農村待上一段時間參加土改，既使張不說，龔也應大概知道。故可見此事大致為虛。分別參見袁良駿：《論〈秧歌〉》，張

景」不熟悉，即便有了材料，「有了故事與人物的輪廓，連對白都齊備」，她也「暫時不能寫」，甚至「到那裏去一趟也沒有用」，哪怕去「去住兩三個月」也沒用，所以只能寫她「所能夠寫的」[54]。可是《赤地之戀》中則不僅有土改，在上海之外還有抗美援朝，那其信誓旦旦的「真實」從哪裏來？而她所謂「寫所能夠寫」的信條又在哪裏呢？原來，《赤地之戀》的故事是在」授權（Commis-sioned）的情形下寫成的」，連故事大綱都「已經固定了」[55]，所謂「真實」不過是「為了生計」的「遵命文學」的「真實」而已！當然，評價這兩部作品的是非高下或文學史定位，並不在我的話題當中，所以只要其「政治主題敘事」可以「確認」，言即止此。

3.後期創作的「政治記憶」（1955-1995）——從《色戒》到《小團圓》

1955 年秋，張愛玲到了美國。如果說香港還因當年「求學」而有「家園」之意的話，美國對張愛玲來說，則是一個徹頭徹尾的「他鄉」。所以這時才是張愛玲的人生，以及文學之路的真正轉折。于是，經曆了英文寫作的徹底失敗之後[56]，張愛玲不無遺憾地開始了她漫長

子靜：《我的姐姐張愛玲》頁 120-134。

[54] 張愛玲：《寫什麼》，見《張愛玲文集》第四卷，頁 133-134。

[55] 水晶：《蟬—夜訪張愛玲》，見水晶：《替張愛玲補妝》，頁 20。

[56] 張愛玲最初她寫《秧歌》時，便已有用英文寫作——因《秧歌》的故事不合中國讀者以及東南亞讀者口味——來試圖進入「英語」文學世界的努力（參見張愛玲：《憶胡適之》，見《重訪邊城》，頁 16），不過最後未能如願。雖然 1955 年英文版《秧歌》由美國紐約 Charles Scribner' s Sons 公司出版後得到些許好評（參見余斌《張愛玲傳》（廣西師範大學出版社，2001 年），頁 331，但從 1957 年《赤地之戀》（The Naked Edrth）英文稿不為美國紐約 Dell 公司接受之後，其先後創作或改寫的《粉淚》(Prnk Tears)、《北地胭脂》(The Rouge of the North)也始終命運不濟，雖然最後《北地胭脂》終由英國倫

的「回憶」之旅。不過，如果說當年她是在《傳奇》裏試圖發掘「人類在一切時代之中生活過的記憶」的話[57]，那麼現在卻只是「自己的世界」裏的一種「個人記憶」了。現實的情況是，張愛玲雖身在美國，遠離大陸、香港以及台灣，但實際上並沒有真正遠離依然「對峙」的現實政治文化，尤其在自己忽然成為一種「閱讀」的「政治標本」之後[58]，她的政治意識便在自己和別人的共同記憶中被又一次激發出來，進而使「政治記憶」敘事成為其後期小說創作的「底子」。

「政治記憶」在張愛玲後期小說中的存在樣態主要有兩種：一是以不斷泛起的「政治記憶」作為一種「檢討」來不斷地改寫自己的舊作；二是讓在當年不敢或不能言說的「個人記憶」浮出水面並重新成為歷史與個人政治的「地標」。

張愛玲大概可算是一個改寫自己舊作數量以及次數最多的作家之一，這一方面與她的文學史地位的紛爭與重評有關，同時也是她在「他鄉」的政治文化裏不斷檢討自己「政治記憶」的結果。事實上，早在大陸時期《十八春》連載次年出單行本時，張愛玲即曾有過對作品的大幅修訂，其動因和效果便都是為了確立並修正她與主流話語之間的某種聯系，以及自己政治身份和話語空間的確認，並初步體現了她在「經濟、文化的危機中得以引發和深化」的「自我反省的能力」[59]。這種具有強烈政治背景的「自我反省的能力」在她 1966 年在美國

敦 Cassell & Company 出版社出版，但反應寥寥，「張愛玲從此對英文創作小說不抱任何希望」。（參見蘇偉貞：《孤島張愛玲》，頁 82-84）

[57] 張愛玲：《自己的文章》，見《張愛玲文集》第 4 卷（安徽文藝出版社 1992 年），頁 174。

[58] 可以毫不誇張的說，自夏志清《中國現代小說史》于 1961 年 3 月在美國出版之後，張愛玲便成為與大陸意識形態相對立的「另一極」閱讀中的經典之作，參見夏志清《中國現代小說史》中對張愛玲的有關評價。

[59] 杜英：《離滬前的張愛玲與她的新上海文化界》，見李歐梵等：《重讀張愛

再次改寫《十八春》為《半生緣》時同樣得到了承襲，其中將張慕瑾
（改為張豫瑾）原來被國民黨誣為漢奸遭逮捕、其妻受酷刑而死等情
節改為妻子被日本人所害而張則後來去了重慶；將許叔惠去延安改為
去美國；刪去主人公關于「向往解放區、贊揚新社會」的對話以及世
均、曼楨去東北參加革命等情節；作品結尾只到沈、顧二人重逢即戛
然而止，等等，都是按照作品重新出版的政治要求來完成的，甚至將
之改造成了兩種完全不同的政治傾向。《金鎖記》改寫為《怨女》也
一樣，如果說當年傅雷看重《金鎖記》是因為曹七巧所具有的「深刻
的悲劇性格」的話，而到了《怨女》當中，銀娣卻被改造為一個「小
奸小壞」的平常女性，彷彿又是一次對當年那段官司的遙遠回應。其
它如《秧歌》、《小艾》等也都經過重新發表和多次修潤，即便是新作
發表如《五四遺事》、《色·戒》、《浮花浪蕊》等，也都是「屢經徹底
改寫」，甚至在收入《惘然記》中時還在修改[60]，從這些作品在 1950
年代即已成篇卻在 1970 年代屢經改寫後發表的過程來看，記憶裏的
「政治」也許始終是她難以回避的一種「規範」吧。

　　實際上，《色·戒》、《五四遺事》、《浮花浪蕊》等創作也可視為
後期創作中的另一種「政治記憶」。比如《五四遺事》中仍舊不能釋
懷的對「五四」以及「五四」以來新文化的「反諷式」的記憶描繪，
或如《浮花浪蕊》中對日本人以及日本僑民的「私見」等，尤其是《色·
戒》，簡直就是當年「政治鬥爭」的某種「再現」。關于《色·戒》，
張愛玲曾有兩次自己作出解釋[61]：一次是因有人指責她有同情漢奸的
嫌疑，回應說：「這故事的來歷說來話長，有些材料不在手邊，以後

玲》，頁 366。

[60] 張愛玲：《惘然記》，見《重訪邊城》，頁 121。

[61] 其實張愛玲還有一次也談到《色·戒》的材料，不過不是什麼回應，而是說
　　「故事都曾經使我感動」，「甚至于想起來只想到最初獲得材料的驚喜，與
　　改寫的過程」。參見《〈惘然記〉·序》，《張愛玲文集》第四卷，頁 339。

再談」，暗指《色‧戒》原有「本事」[62]；再一次是因有人指證《色‧戒》確有所本，回應說即便真有此事，但「當年敵偽特務鬥爭的內幕哪裏輪得到我們這種平常百姓知道底細？」又試圖否定「本事」[63]。其中雖自相矛盾，破綻不少，但分析起來還是前者更為真實。現在看來，當年的「鄭蘋如刺丁默邨」一案，應實為《色‧戒》故事之本：一則從胡蘭成角度講，此事他既不會不知，熱戀中亦不會不對張愛玲說；二則從張愛玲角度講，淪陷時期她的身邊並不乏走動於汪偽政權中人，更何況這種「本事」原就十分的具有「傳奇」色彩。事既如此，倒是張愛玲為什麼遲遲未能落筆，落筆後又何以必經反覆修改方使其面世，則更令人費解。我想，恐怕還是其「自私」與「智慧」結晶的政治意識使然吧。試想，小說後來發表時早已事過境遷多年，但還是引發了一場紛爭，欲令當時，則以張愛玲之「婦人性」又何以堪也！所以余斌說：張愛玲有獨特的個人視野，「她『張看』到的一切總是與他人所獲不同，無論何種題材，她總是能在其上留下鮮明的個人印記」[64]。此言雖不虛，但這種「印記」卻因其所內含的一種特殊政治記憶而顯得分外吊詭。

　　如前所論，張愛玲的寫作大概都是某種政治的特殊產物，而實際她的人生也同樣有著根本抹不去的政治色彩，無論其出身、戀愛，還是其漂泊、幽居。所以，雖然她「1950 年代間」的幾部創作都帶有鮮明的個人「政治記憶」，但卻和後來「出土」的《小團圓》完全不能同日而語。2009 年初，《小團圓》掛著「張愛玲最後、最神秘的遺作」以及「長篇自傳體小說」等金字招牌在台灣、香港、大陸三地隆重出版，一時間，「張迷」奔走相告，世人爭睹為快。時至今日，雖評論不多，但在視其為張愛玲最「可信」的「情感傳記」這一點上還

[62] 張愛玲：《羊毛出在羊身上》，見《重訪邊城》，頁 111。

[63] 張愛玲：《續集自序》，見《重訪邊城》，頁 155。

[64] 余斌：《張愛玲傳》，頁 391。

是共識的。同時，在《小團圓》出版前言中，張愛玲文學遺產的執行人宋以朗對《小團圓》寫作以及出版的「一切來龍去脈」也做了大量說明，讓我們終于看到了一個始終矛盾、猶疑在《小團圓》內外的「真實」的張愛玲[65]。

　　用一部小說來為自己的一生做註腳，也許並不是張愛玲《小團圓》創作的初衷，但在現實上卻有了這種客觀效果，所以，如果對照著去讀《小團圓》，張愛玲的人生可能會有更加清晰的影像。不過，與一般小說的虛構和想像不同，自傳體的敘事往往都是一種追憶，故追憶中的「往事」便成為一種特殊的「現實」，被作者所寄寓的心理力量內化為一種寓意豐富的象徵結構，甚至比現實的「事實」來得更加深刻。在《小團圓》裏，張愛玲大概只寫了自己「三十年」的人生歷程，但卻唱出了兩種「成長」的變奏：一個舊的大家庭的沒落、衰變，在追憶中成為一首挽歌；而一份刻骨銘心的愛戀，卻在追憶中「夢境般」地等待著復活。雖然這不是一部「成長小說」，但是其中種種在「退化的」、「失落的」過程中「成長」的生命經驗，卻是張愛玲自己不得不時時撿拾起來的「自我」的碎片，她所生活的這個時代的「外在的」任何「進步」，還是未能帶她逃離那個過于狹小的「自己的世界」。「過三十歲生日那天，夜裏在床上看見陽台上的月光，水泥欄杆像倒塌了的石碑橫臥在那裏，浴在晚唐的藍色的月光中。一千多年前的月色，但是在她三十年已經太多了，墓碑一樣沉重的壓在心上。」[66]張愛玲這樣在《小團圓》的開頭寫來，完全又是一種純粹的「自我」沉浸，盡管表面有著一個「大考」的現實語境，但如果從後面因戰爭爆發而取消大考的隱喻結構來看，時代和個人依舊是完全對立的，《傳奇》裏面「自私」的「自我」不但回來了，而且以更加曖昧的姿態退出了一個原本激揚的歷史時空——唯一不同的是，這時的張愛玲已經可以

---

[65]　參見《小團圓》前言（宋以朗作）。

[66]　張愛玲：《小團圓》，頁15。

不再借助任何的政治智慧，而直接將自己的「記憶」敷衍成一種極端私人的「政治」和敘事。在結尾，張愛玲寫到了一個夢：在一個「青山、藍天、陽光」的背景下，「之雍出現了，微笑著把她往木屋裏拉……二十年前的影片，十年前的人。她醒來快樂了很久很久」[67]。用林幸謙的觀點看，這裏似乎暗示了張愛玲傾向于「小團圓」的懷念和延續[68]，設若果真如此，那麼，張愛玲一生乃至最後的「等待」和「快樂」除了一份「自戀」的「亂世情緣」之外還有什麼呢？在其私人的「政治」裏，一個如此激揚的時代，有時甚至連一場「春夢」的背景都不是。

「個人即政治（personalispolitical）」，任何一個個體的生存及其主體的生成其實都逃不脫政治的透滲、介入和刻畫，所以，再私人的記憶也都會有著政治的印記，再私人的政治也都包含著種種「現實」的政治話語，《小團圓》的「政治記憶」也如此：比如在萬眾一心的抗日戰爭中，九莉卻想著「這又不是我們的戰爭」，雖是遁詞，「但是沒命還講什麼？總要活著才這樣那樣」的心理是真實的[69]；而當戰爭即將結束的時候，她甚至「希望它永遠打下去」，雖有一種矯情在裏面，但她「不覺得良心上過不去」的態度卻難免說不過去[70]；尤其有意味的是，在作品將要結尾的時候，張愛玲還忘不了對現實時空中的「大陸」做一點揶揄甚至諷刺：「現在大陸上他們也沒戲可演了。她在海外在電視上看見大陸上出來的雜技團，能在自行車上倒豎蜻蜓，兩只腳並著頂球，花樣百出，不像海獅只會用嘴頂球，不禁傷感，想到：

---

[67] 張愛玲：《小團圓》，頁283。

[68] 林幸謙：《張愛玲「新作」〈小團圓〉的解讀》，載《中國現代文學研究叢刊》第4期（2009年）。

[69] 張愛玲：《小團圓》，頁56。

[70] 張愛玲：《小團圓》，頁209。

『到底我們中國人聰明，比海獅強。」」[71]當然，更細致地觀察這部作品的主題和細節並不是本文的要點，只不過看到張愛玲第一次不再遮遮掩掩、不怕自曝隱私地將自己的「政治底色」如此「揭發出來」，便覺得許許多多的揣摩終于有了著落，這也是我看《小團圓》裏的政治記憶的感覺。事實上，關于《小團圓》的「政治記憶」的話題還有很多，比如林幸謙所關注的「女性政治」[72]，或者陳遼等人指責的「漢奸政治」[73]，等等，限于本文的視野和思路，還是先暫且留待日後的理解吧。

三、「對立共構」的傳奇敘事模式

幾乎所有人都承認，張愛玲的小說創作是「傳統」與「現代」的結合，但在我看來，這種結合的「底子」並不在「現代」，而是在「傳統」，當年她以「傳奇」命名自己的創作，在敘事策略與模式的意義上，既是起點也是終點，始終是其小說敘事的根本趣旨。

眾所周知，自唐人傳奇以來，在中國小說的的發展演變當中，早已形成了「無奇不傳，無傳不奇」的敘事特色和接受傳統，即便在「五四」以來的新文學中，這一特色傳統也沒有本質上的改變，現代大眾閱讀的「唯一標準」，還是「傳奇化的情節」和「寫實的細節」[74]。因此張愛玲初登文壇，便刻意地以「傳統的中國人」的自我認同為上海人「寫」了一本浪漫的香港傳奇[75]。所謂「在傳奇裏面尋找普通人，

---

[71] 張愛玲：《小團圓》，頁283。

[72] 參見林幸謙：《張愛玲「新作」〈小團圓〉的解讀》。

[73] 參見陳遼：《〈小團圓〉究竟是怎樣的一部作品》，載《華文文學》第 4 期（2009 年）。

[74] 張愛玲：《國語本〈海上花〉譯後記》，見《張愛玲文集》第四卷，頁356。

[75] 張愛玲：《到底是上海人》，見《張愛玲文集》第四卷，頁20。

在普通人裏尋找傳奇」[76]，張愛玲的這種「用意」與其「政治敘事」的整體設計完全一致，就是要在那種屬于「超人的」或「英雄的」的「時代」敘事之外，找尋一種完全屬于自己的「素樸地歌詠人生的安穩」的文學，發掘「普通人」在「影子似地沉沒」的時代裏所感受到的被拋棄的「恐怖」，以及「回憶與現實之間」的種種「荒唐」和「奇異的感覺」[77]。在與現實「主流」相對立的意義上講，這可能是一種特殊的「政治敘事」，但從小說敘事的角度來看，卻是一種獨特的藝術「發現」和「再現」，惟其如此，才使得時代、文明及前途的虛無與絕望，在更加「真實」的物質細節的意義上，成為一種「主題永遠悲觀」的「常」中之「奇」。

張愛玲曾借《傳奇》增訂本的「封面畫」闡釋過她獨特的「傳奇」理念：「封面是請炎櫻設計的，借用了晚清的一張時裝仕女圖，畫著個女人幽幽地在那裏弄骨牌，旁邊坐著奶媽，抱著孩子，仿佛是晚飯後家常的一幕。可是欄杆外，很突兀地，有個比例不對的人形，像鬼魂出現似的，那是現代人，非常好奇地孜孜往裏窺視。如果這畫面有使人感到不安的地方，那也正是我希望造成的氣氛。」[78]——這個特異與本真互視並互動的「張力場」，激活的是「一個畫面內的對于『奇幻』世界的雙重判斷和雙重期冀」，以及一種跨越雙重界限的「新傳奇的想像力」[79]，而當張愛玲以這種雙向否定與重建的獨特方式來把握世界時，其以新見異、以常見奇的想象和發現，便深刻地發掘到了一種常態生活中具有非常態意義的「奇異的感覺」。所謂「對立者可

---

[76] 張愛玲：《傳奇》，《雜志》出版社，（1944 年），扉頁。

[77] 張愛玲：《自己的文章》，見《張愛玲文集》第四卷，頁 173-175。

[78] 張愛玲：《有幾句話同讀者說》，見《張愛玲文集》第四卷，頁 259。

[79] 孟悅：《中國文學 "現代性" 與張愛玲》，見王曉明：《批評空間的開拓—二十世紀中國文學研究》（東方出版中心，1998 年），頁 347。

以共構，互殊者可以相通」[80]，故張愛玲的傳奇敘事即是一種「特異」
與「本真」、「非常態」與「常態」之間雙重否定並重新建構的「對立
共構」的過程——安穩和永恒是常態的，是對特異的否定和重建，體
現為世俗生活原生態、本真的「日常的一切」；特異是非常態的，是
對安穩和永恒的否定和重建，體現為回憶與現實之間時時發生的「奇
異的感覺」。這種常態與非常態之間的「對立共構」，以平凡的人生和
寫實的細節具化著虛無的時空和「無事的悲哀」，使日常的生活在其
本身的「原始」味道出來之後，于宏大的歷史敘事語境之中因之「奇
異的感覺」而成為「傳奇」的可能。

　　從某種意義上說，張愛玲「政治敘事」的「隱喻」或「現實化」，
以及「政治記憶」的重新省視，更多還是她生存和生命感覺的猶疑和
搖擺，並沒有在小說的「敘事」層面上改變或消解其「傳奇」的策略
和模式。

　　首先從敘事時間來看，無論是《傳奇》中被「封鎖」著的日子，
還是《十八春》裏「回頭看過去」的十八載，以及《小團圓》裏模糊
了現實與回憶的「三十年」，都是以回憶與現實兩種時空「視線」的
對立和發現，來引發文本內外「心理鏡像」的錯位與對立的，並把所
有人生的意義置于回憶與現實之間的「尷尬和不和諧」上，讓某種「個
人的」、「凝固的」或者「過去時的」心理時間與時代的、變化以及「進
化」的現實時間「對立共構」成一種特殊的張力，使「陳舊的記憶」
所浮現的不再是一種現實的、時代的故事，而是一種「不能掙脫時代
的夢魘」般的「奇異的感覺」，以及這種感覺中的現實生存心理的悲
劇；再從敘事空間看，無論是現代的都市（如《傳奇》中的滬、港兩
地），還是原始的鄉村（如《秧歌》與《赤地之戀》裏土改中的農村），
哪怕是大洋彼岸的另一個世界（如《同學少年都不賤》和《小團圓》

---

[80] 楊義：《中國敘事學》（人民出版社，1997年），頁21。

中隱約的現實美國），張愛玲幾乎把所有原本廣闊、開放甚至喧囂的
「正常」的大背景，都模糊成具有深刻的心理意味並給人以「非常」
感覺的具體背景，如《傳奇》中的姜公館、白公館，《秧歌》中的小
鎮、武聖廟（區公所），《赤地之戀》中的唐占魁家、戈珊的房間以及
戰俘營，《小團圓》中的港大、九莉的臥室，等等，使之都有著一種
「噩夢」般的「心理處所」意味，而其中人所共有的冷漠、自私與殘
酷的心理特征，便與破敗、荒涼、封閉的環境渾然一體，造成了處處
都是「畸形」、人人充滿矛盾的「日常」但卻「特異」的生活環境，
並由此來深化作品所力圖形成的「奇異」以及「荒涼」的氛圍；另從
敘事結構來看，張愛玲以為，要表現人生的真相，就必須丟掉諸多巧
妙而且有趣的「懸念」和「突轉」等，不用「善與惡，靈與肉的斬釘
截鐵的衝突那種古典的寫法」，而用「參差的對照的寫法」來在日常
的生活中表現小人物的悲劇[81]，因此其小說敘事結構的焦點便往往從
外在的故事情節轉為內在的人物情緒，把人物性格尤其是心理情緒作
為結構中心，形成了一種以生活結構為核心的敘事原則。如《封鎖》：
「封鎖」中斷了以「運行」的電車所展開的上海人日常的原生生活形
態及敘事線索，敘事時間在空間意義上的凝固使敘事轉入人物的內心
世界繼續，呂、吳二人「封閉」的心靈在一剎那間有了「開放」的意
義，但無奈這一開放結構仍然被電車（生活空間）本身的封閉結構所
束縛，所以「封鎖」結束後扭曲或變形的敘事迅即重回原來軌迹，二
人各自「回家」的生活歸宿便成為敘事的終點。《小團圓》也一樣：
追憶本身即是一種敘事，但這種敘事往往是在生活細節的心理意義上
展開的，所以小說以一種「慘淡的心情」開篇，在一連串的彷彿「日
記」般的生活細節敘事之後，又以同樣一種「慘淡的心情」結尾，「三
十年」滄海桑田的敘事時空變幻，最終還是在「完全是等待」的生活

---

[81] 張愛玲：《自己的文章》，見《張愛玲文集》第四卷，頁174。

當中成為一場醒不來的「噩夢」。總之，以上敘事模式種種，雖挂一漏萬，或非咸備于每篇小說之中，但整體的樣態和趣味還是清晰可見的。

必須承認的是，與當年「左翼」小說以及後來種種簡單化的政治敘事相比，張愛玲的「傳奇」敘事作為其政治敘事的承載形態，的確具有十分突出的特色和功效。尤其在現代以來大眾文化市場漸趨成熟的語境當中，當主流作家們時常害怕「流俗」的時候，張愛玲毫無顧忌地以一種不怕「媚俗」的努力，大膽地借用傳統的「傳奇」技巧，不僅為她「私人的」政治敘事尋繹到了一種漂亮的包裝，也真正在大眾化的意義上成為現代中國小說敘事的一個範例。再回到當年淪陷時期的「封鎖」背景下，在張愛玲開始小說創作時，「文字的主要功能從『國家、政治』這一形而上的話語轉移到民生、民食等形而下的話語」，「飲食男女」早已經成為作家們普遍的必然關注[82]。因此，在一種「時代與人生糾纏不清」的特定文學環境中，張愛玲已經幾乎沒有機會再與「五四」以來的「啟蒙精神和政治責任感」形成「共構」，便只好在其「私人的政治」的導引下，走向與「國家、政治」並不直接相連的「普通人的日常生活」，在打破了「五四」話語的「經驗」之後，與「海派」、「新感覺派」以及「鴛鴦蝴蝶派」等達成了一種面向市場和大眾的共識，即選取「傳奇」這一富有「中國特色」的敘事方式，以爭取廣大的讀者並確立自己的文學個性，其中超越政治的文學智慧，不僅可以肯定，而且值得借鑒。或者看到這一點，也才會讓我們從另一個角度更客觀、深刻些地「理解」張愛玲的政治敘事罷。

總的來講，發現並梳理張愛玲小說創作中的政治敘事，並不意味著否認張愛玲本人的文學才華，及其小說創作的藝術成就（當然這也是無法否認的），而是希望可以通過這種發現和整理，尋繹到一個重

---

[82] 邵迎建：《傳奇文學與流言人生》（三聯書店，1998 年），頁 15。

新審視張愛玲的視角，以更加切近地走進張愛玲，並對其文學世界做出符合實際的解讀。一直以來，在張愛玲的評價當中，尤其在《十八春》、《小艾》、《秧歌》和《赤地之戀》等一些具有明顯「政治情緒」的作品上，始終都存在著一些來自不同政治立場的閱讀和評判，並自1960年代以來，漸次形成了規模越來越大的數次論爭[83]。不過總結這些評價及其論爭，我們不難發現，其中討論的問題雖各有側重，但核心問題並不複雜，基本就是張愛玲的文學史定位問題，而且不管怎樣「定位」，最終都回到張愛玲政治文化身份的「確認」上來了。實際上，討論任何一個作家的文學史定位，既不能因「人」而廢「文」，也不能因「文」而斃「人」，「人」「文」既可以「合一」，同時也可以「兩立」，即如我們可以指責張愛玲「自私」的人生觀及其「妥協」的文學觀，但並不能因此而看低她「傳奇」敘事的藝術價值一樣。不僅如此，在我看來，任何一種文學研究，還都不應受研究者自身「藝術先見」尤其是「政治先見」的影響，而應盡量回到研究對象自身「人」和「文」的「現實語境」當中去，不是以一雙「有色的」眼睛來觀察，而是以一種「科學的」態度來解剖，只有這樣，才能真正做出符合對象存在實際的判斷。因此，就張愛玲的評價和定位而言，是否能在確

---

[83] 大概而言：最初的論爭發生在台灣學者與夏志清、王德威（包括台灣的水晶）等人，以及台灣文壇內部朱西甯、王翟與唐文標等人之間，焦點集中在張愛玲的文學史定位、「殖民地作家」身份及其文學價值的判斷等等，這一期間因大陸尚未形成張愛玲的閱讀高峰，故大陸學者多未參與；及至20世紀七八十年代，張愛玲在大陸「浮出歷史地表」，一大批學者開始從不同角度走進張愛玲，在對其藝術成就形成了一致「高評」的同時，也在張愛玲的政治文化身份以及歷史定位上出現了較多分歧；待到張愛玲去世後，「張愛玲熱」在海內外達到新的高峰，而以劉再復和夏志清等為代表，依舊圍繞著張愛玲的文學史定位問題，形成了異常尖銳地交鋒。參見肖進：《舊聞新知張愛玲》（華東師大出版社，2009年），頁79-106。

認其政治敘事的同時擺脫上個世紀兩極化對立的冷戰思維方式在文學研究中的投影，也許才是一個真正的關鍵。

　　我想，《小團圓》的出版，無論在什麼意義上，都將成為張愛玲研究的一個新的起點，尤其當人們日漸體會到一種塵埃落定的感覺後，也許更加深入的研究還在未來呢。

Zhang Ailing novel's political narrative

Zhang Wendong

Northeast Normal University, Professor

Abstract

Writing has to be written undered the"system" , which compies with a real system,and can not be divorced from the impact of certain social ideology. Zhang Ailing 's novel is no exception, but she used a special kind of "perverting" and "wisdom", and a tradition inherited the "Legend" narrative.In that particular political context ,she completed her own "personal" political narrative.

Keywords: Zhang Ailing, political, narrative, legend

文本旅行：「藤野先生」到台灣

黃 英 哲

日本・愛知大學現代中國學部教授

摘 要

1945 年 8 月 15 日，日本戰敗，台灣重歸中國（中華民國）。當時在台灣的日本僑民包括軍人將近有 49 萬人，這批日本僑民從 12 月下旬開始到隔年 1946 年 2 月初，分批被遣返日本。當時等待遣返的日本僑民，得到當時台灣統治的最高機構—台灣省行政長官公署的許可與援助，創刊雜誌《新聲》，主編為戰前雜誌《台灣時報》主編植田富士太郎。

1945 年 12 月 26 日發行的《新聲》創刊號上，譯載了魯迅〈藤野先生〉。〈藤野先生〉一文是魯迅於 1926 年 10 月 12 日於廈門執筆完成，先於同年 12 月 10 日發行的雜誌《莽原》（第 1 卷第 23 期）發表，其後收於 1928 年 9 月由北京未名社出版的《未名新集》之一的《朝花夕拾》中，內容主要是魯迅對留學仙台醫學專門學校時的日本人恩師藤野嚴九郎（1874~1945）之懷念文章。

本文旨在透過〈藤野先生〉這一文本，討論在 1945 年日本敗戰的時間點上，台灣這個儼然已成為「舊」殖民地之特殊場域，由敗戰之民日本人所主編的雜誌，企圖透過〈藤野先生〉表達或展示何種的「文化符碼」與「文化意涵」？

關鍵詞：文本旅行、〈藤野先生〉、《新聲》、戰後初期

一、前　言

　　1926 年 10 月，魯迅於廈門大學短期執教期間，寫下了名文〈藤野先生〉，懷念他留學仙台醫學專門學校時的日本恩師藤野嚴九郎（1874-1945），當時距魯迅告別仙台，告別藤野先生已整整二十年。〈藤野先生〉最初發表於 1926 年 12 月 10 日發行的雜誌《莽原》（第 1 卷第 23 期）上，其後收於 1928 年 9 月由北京未名社所出版的〈未名新集〉之一的《朝花夕拾》。至於〈藤野先生〉第一次在台灣發行的雜誌上刊行，亦即，出現在台灣的公共場域上，並非於殖民地時期，而是在日本戰敗，台灣重歸中國（中華民國）版圖之後，其刊載之語言也不是以中文形式，而是以日文譯介姿態出現在等待遣送的日本僑民雜誌《新聲》創刊號（1945 年 12 月 26 日發行）之上，此雜誌《新聲》的主編，為戰前『台灣時報』的主編植田富士太郎。

　　本文旨在透過〈藤野先生〉這一文本，討論在 1945 年日本敗戰的時間點上，台灣這個儼然已成為「舊」殖民地之特殊場域，由敗戰之民日本人所主編的雜誌，企圖透過〈藤野先生〉表達或展示何種的「文化符碼」與「文化意涵」？

二、魯迅的台灣傳播

　　魯迅在台灣的傳播共有兩次高潮期。第一次高潮期是在殖民地時期的一九二〇年代，而第二次魯迅傳播的高潮期，則在戰後初期的 1946 年到 1948 年。[1]

---

[1] 詳細請參考陳漱渝〈坍塌的堤防—魯迅著作在台灣〉《魯迅研究月刊》1980 年 8 月號，（北京：魯迅博物館）。北岡正子・黃英哲〈《許壽裳日記》解說〉《許壽裳日記》（東京：東大東洋文化研究所，1993 年）。中島利郎編《台灣新文學與魯迅》（台北：前衛出版社，2000 年）。黃英哲《「去日本化」「再中國化」：論戰後台灣文化重建（1945-1947）》（台北：麥田出版，2007 年）。

　　關於殖民地時期到戰後初期的魯迅作品在台灣轉載和出版的情形，茲列表於下。

年	月日	作品名	刊載刊物名	卷·號數	備註
1925	1.1	「鴨的喜劇」	『台灣民報』	3：1	
	4.1	「故鄉」	『台灣民報』	3：10	
	4.11	「故鄉」	『台灣民報』	3：11	
	5.1	「犧牲膜」	『台灣民報』	3：13	
	5.21	「狂人日記」	『台灣民報』	3：15	
	6.1	「狂人日記」	『台灣民報』	3：16	
	6.11	愛羅先珂「魚的悲哀」（譯）	『台灣民報』	3：17	
	9.6	愛羅先珂「狹的籠」（譯）	『台灣民報』	69	
	9.13	愛羅先珂「狹的籠」（續）	『台灣民報』	70	
	9.20	愛羅先珂「狹的籠」（續）	『台灣民報』	71	
	9.27	愛羅先珂「狹的籠」（續）	『台灣民報』	72	
	10.4	愛羅先珂「狹的籠」（續）	『台灣民報』	73	
	11.29	「阿Q正傳」	『台灣民報』	81	
	12.6	「阿Q正傳」（續）	『台灣民報』	82	

年	月日	作品名	刊載刊物名	卷‧號數	備註
	12.13	「阿Q正傳」（續）	『台灣民報』	83	
	12.20	「阿Q正傳」（續）	『台灣民報』	84	
	12.27	「阿Q正傳」（續）	『台灣民報』	85	
1926	1.10	「阿Q正傳」（續）	『台灣民報』	87	
	1.17	「阿Q正傳」（續）	『台灣民報』	88	
	2.7	「阿Q正傳」（續）	『台灣民報』	91	
1929	12.22	「雜感」	『台灣民報』	292	
1930	4.5	「高老夫子」（上）	『台灣新民報』	307	
	4.12	「高老夫子」（中）	『台灣新民報』	308	
	4.19	「高老夫子」（下）	『台灣新民報』	309	
1932	3.14	愛羅先珂「池邊」（譯）	『南音』	1：5	
	9.27	「魯迅自敘傳略」	『南音』	1：11	
1933	12.30	「無題－上海新夜報所載民生疾苦詩選」	『フォルモサ』	2	
	12.7				國民政府遷移台灣
1935	6				佐藤春夫‧

年	月日	作品名	刊載刊物名	卷・號數	備註
					增田涉譯『魯迅選集』（岩波文庫）、岩波書店發行收錄作品「孔乙己」、「風波」、「故鄉」、「阿Q正傳」、「鴨的喜劇」、「肥皂」、「高先生」、「孤獨者」、「藤野先生」、「魏晉風度及文章與藥及酒之關係」（講演）、「上海文藝之一瞥（講演）」
1936	4				『大魯迅全集』全七卷、改造社。第二卷收錄「藤野先生」。台灣人與在台

年	月日	作品名	刊載刊物名	卷・號數	備註
1937	4.1				日本人廣泛閱讀『魯迅選集』和『大魯迅全集』。開始禁止台灣發行的報紙使用漢文
1945	8.15				日本敗戰
	10.25				台灣省行政長官公署正式成立
	12.26	「藤野先生」（節譯）	『新聲』	創刊號	
1946	1.9				上杉一男「文化人の信義」－日文雜誌『新聲』編集者に問ふ」在『新生報』刊載，質疑節譯「藤野先生」的動機。
	6.10	「孔乙己」	香坂順一著『華語自修書』卷四，台北：掬水軒		
	8.7				台灣省編譯館成立，許壽裳就任館長。

年	月日	作品名	刊載刊物名	卷・號數	備註
	10.21	「兒時」	台中『和平日報』副刊「新世紀」第 70 期		
	11.1	「魯迅舊詩錄」（謝似顏輯）	『台灣文化』台北：台灣文化協進會	1：2	
1947	1.15	『狂人日記』（王禹農譯注）	台北：標準國語通訊學會		
	1	『阿 Q 正傳』（楊逵譯）	台北：東華書局		
	6.10	「鴨鴨的叫」（「鴨的喜劇」之節錄）	張我軍編著『國語自修講座』卷一，台中：聯合出版社		
	7.1	「美女蛇」（「從百草園至三味書屋」之節錄）	同上，卷二		
	8.15	「澆花」（「馬上日記」之節錄）	同上，卷三		
	8	『故鄉』（藍明谷譯）	台北：現代文學研究會		
	11.1	「定局」（「祝福」之節錄）	前揭『國語自修講座』卷四		
	11	「鴨的喜劇」	初級中學適用『初級國語文選』台灣省教育廳編輯，台灣書店		
		「看戲」（「社戲」之節錄）	1947 年度台灣省各縣市小學教員暑期講習講義之二『國文』，同上		
1948	1	『孔乙己・	現代國語文學叢書第二		

年	月日	作品名	刊載刊物名	卷・號數	備註
		頭髮的故事』（王禹農譯注）、『藥』（王禹農譯注）	輯，台北：東方出版社 現代國語文學叢書第三輯，同上		
	3.25	「剪辮」（「頭髮的故事」之節錄）	前揭『國語自修講座』卷五		
1949	5.20				台灣宣布戒嚴令（1987年 7 月 15 日解除）

（殖民地時期部份，參考中島利郎〈日本殖民地下の台灣新文學と魯迅(上)(下)
—その受容の概觀—〉《聖德學園岐阜教育大學紀要》第 24 集・第 28 集，1992
年・1994 年。戰後部份是依據筆者的調查，經過確認者）

　　第一次魯迅傳播高潮期的一九二〇年代，台灣因受到中國五四運
動、日本大正民主思潮與世界民族自決風潮影響，政治上有議會設置
請願運動與台灣文化協會的成立；文學上則引發言文一致的白話新文
學運動與台灣話文運動。當時台灣人唯一的言論機關《台灣民報》除
了介紹新文學理論、刊載各種新文學主張之外，亦不時轉載胡適、魯
迅、郭沫若、周作人等中國新文學作家的作品。其中以魯迅的創作（包
括譯作）轉載最多，其理由是因為魯迅的文筆（譯筆）非常老練，可
以作為語体文的模範。[2]

　　一九三七年，日本發動全面侵華戰爭後，日本當局為了加強對台
灣言論、思想之管制，廢止漢文報紙的發行，台灣的白話新文學運動

---

[2] 前揭中島利郎編《台灣新文學與魯迅》，頁 53。

因政治介入而遭到阻礙，當時主要介紹中國新文學的傳媒—報紙，直到日本戰敗前，包括魯迅在內的中國新文學作品之轉載幾乎不可能。同時，當時日本已統治台灣四十餘年，日本語教育也開始顯示出成效，台灣的文化界可以說從原本的漢、和交融情況，逐漸轉由日本語獨佔，日本語的讀書市場開始形成，同時比漢語在當時台灣社會更具有重要影響力，台灣人之日本語文學創作也在此時期日漸成熟，因而對於中國新文學的熱潮已呈減退趨勢。但是，回到日本內地來檢視的話，則可以看到不一樣的光景。一九三五年，岩波書店出版了由佐藤春夫・增田涉合譯的岩波文庫《魯迅選集》，一九三七年，改造社也出版《大魯迅全集》，從中可以看出以魯迅為代表的中國現代文學在日本依然受到矚目，台灣的殖民地社會雖然面臨漢文的萎縮，但是否就此斷絕了與中國現代文學之間的聯繫必須進一步探究。筆者以為日文讀書市場的興起，可能因此將在內地以日文形式出版的魯迅等中國現代文學作品，作為一種文學養分再度回傳殖民地。而從龍瑛宗留下的藏書中有《魯迅選集》[3]與楊逵的回憶中提及接收了日本警官友人入田春彥的遺物《大魯迅全集》[4]，戰後活躍於日本的評論家尾崎秀樹也曾在回憶二戰中台北的學生生活，提及《魯迅選集》是他愛不釋手的寶貝。[5]由此可以得知魯迅之影響不止台灣知識份子，連在台日本人也都在閱讀岩波文庫『魯迅選集』和《大魯迅全集》，而且從當時台灣高等學校的學生幾乎爭相購讀岩波文庫系列的書籍[6]，可以知

---

[3] 龍瑛宗的藏書現存於國立台灣文學館。

[4] 楊逵〈台灣作家の七十七年〉《文藝》第 22 卷第 1 號，1983 年 1 月。（東京：河出書房）

[5] 《迎回尾崎秀樹》，頁 17-18。（台北：人間出版社，2005 年）

[6] 1943 年《台灣藝術》雜誌社曾召開「戰爭下的讀書界諸問題」座談會，出席者有台灣貿易振興會社長貝山好美、總督府情報課情報係長興水武、興南新聞經濟部長陳逢源、評論家黃得時、小說家龍瑛宗等人。座談會上有以下發言。「貝

道岩波文庫《魯迅選集》的流傳、閱讀肯定勝過《大魯迅全集》，透過岩波文庫『魯迅選集』和《大魯迅全集》的傳播也證明了魯迅並沒有完全在台灣消失。至於台灣的第二次魯迅傳播高潮期，則到戰後初期才發生。

　　戰後，台灣復歸中國。當時統治台灣的台灣省行政長官公署所採取的文化政策是由許壽裳主導，並極力稱揚宣傳魯迅精神，意圖透過魯迅的傳播，在台灣掀起一個「新五四運動」，達成戰後台灣「去日本化」「再中國化」的文化重建工作。[7]此外，活躍於戰後初期的台灣本地作家楊雲萍、楊逵、龍瑛宗等人對五四以後的中國新文學之譯介也是不遺餘力。因此，五四時期的中國新文學又再度大量在台灣被翻譯介紹，除了魯迅之外，還有茅盾、郁達夫、沈從文、老舍、豐子愷等人作品，但是上述作家皆止於零星介紹，不像魯迅那樣被盛大的系統介紹。

　　從上述的列表中，我們能夠得知〈藤野先生〉一文，在戰前並未被重視，一直到日本敗戰後才出現在台灣的公共場域—日文雜誌《新聲》上，其被刊載的時間點正是在台灣的第二次魯迅傳播高潮期的前

山：最近的學生不像以前的學生用功。黃：但是也有學生一聽到書店有新的貨物到，馬上奔向書店熱心幫忙卸下貨物。貝山：雖然如此，現在學生確實不如以前學生用功。黃：最近學生似乎有一種信仰，只要是岩波出版的什麼都好。例如只要是岩波文庫一進貨，不論是哲學也好或是科學也好，每一種類馬上訂購一冊。輿水：前天有一書店進貨時，學生們比我先趕到書店，熱烘烘的。陳：大稻埕的書店只要岩波文庫一進貨，馬上賣光。（略）最近岩波文庫賣的很好，經常看到高等學校的學生排隊買。」（原文日文，筆者譯）〈戰時下における読書界の諸問題〉《台湾芸術》第4卷第10号，台湾芸術社，1943年10月，頁4-5。

[7] 詳請參照前揭拙著《「去日本化」「再中國化」：論戰後台灣文化重建（1945-1947）》。

夕，因此出現的時間點相當值得玩味。關於〈藤野先生〉此文之刊載，
戰前台灣即已流傳的岩波文庫之《魯迅選集》和《大魯迅全集》都收
有〈藤野先生〉，二者不同的是，岩波版的〈藤野先生〉是增田涉所
翻譯的，創造社版的〈藤野先生〉則是松枝茂夫所翻譯。因此，早在
日文雜誌《新聲》轉載〈藤野先生〉之前，肯定已有不少台灣知識份
子及在台日本人從岩波文庫《魯迅選集》和《大魯迅全集》中閱讀了
〈藤野先生〉。令人不解的是，在戰前曾掀起熱潮的魯迅文學作品，
根據筆者的調查結果，不論是在戰前或戰後初期台灣的報紙或文藝雜
誌所發表的文藝批評，皆沒有直接言及〈藤野先生〉這篇作品，即使
是戰後初期出版的中日對譯魯迅作品單行本中，也沒有〈藤野先生〉，
甚至於民間編輯或政府編輯的國文教科書中也都沒有採錄「藤野先
生」，反而在日本人編輯之日文雜誌『新聲』上出現了〈藤野先生〉
這個文本，並且在日本人之間引起熱切討論，值得進一步探討。

三、關於日文雜誌《新聲》

　　1945 年 8 月 15，日本戰敗，台灣重歸中國（中華民國），當時
在台灣的日本僑民包括軍人約有 49 萬人，這批日本僑民從 12 月下旬
開始，到隔年 1946 年 2 月初，分批被遣返日本。當時等待遣返的日
本僑民，得到當時統治台灣的最高機構—台灣省行政長官公署的許可
與援助，創刊雜誌《新聲》，主編為戰前雜誌《台灣時報》主編植田
富士太郎。

　　日本戰敗之後，將近 49 萬人的僑民當中，包含普通民眾約有三
十二萬人，軍人約有十七萬人，之後為了戰後重建工作，而留用了一
批技術人員和教育人員，包含家屬在內共約兩萬八千人。台灣省行政
長官公署設立了「日僑管理委員會」，負責傳達國民政府和台灣省行
政長官公署關於日本人管理的命令和訓示、遣送日本人的業務、整理
留用日僑身份關係，以及在台日本人社會的秩序維持等業務，可說是

在新舊政權交替中的重要窗口。其中特別關於「留用日僑管理工作要項」的相關法規中，台灣省行政長官公署指示「日僑管理委員會」，對日僑採取的方針是「倘欲使留用日僑儘量發揮其具有之技術經驗，則須在物質上給予十足薪津以除生活不安；在精神上灌輸其使命之嚴重性以向中華民國國策興奮盡瘁。」此外，更要求其所採取的措施要重視啟發宣傳工作：「俾留用日僑蟬蛻其卑屈感，而切身懷抱中日兩民族互相提攜所以興起東亞之基礎，並覺悟台灣就為其嘗試地區。故受命留用參加新台灣建設工作極為榮譽，凡振起此種精神非淒啟發與宣傳不可，然而此種啟發宣傳情事，如放任由留用各該機關以次要事務辦理之，則不能獲得預期成效，是以則應留用之根本意義，檢討其具體方策，向留用日僑予以指示以期管理日僑之完善與綜合統一整齊。」[8]。並進一步在「日僑管理工作要綱實施要領」中，具體指示日僑管理委員會「本會除了利用雜誌《新聲》作為啟發宣傳機關之外，還努力在其它各新聞雜誌經常刊載日僑的消息。」[9]

因此可知《新聲》的刊行有其政治性的任務，主要是為啟發當時仍滯留台灣等待遣返的日本人和被留用的日本人「蟬蛻其卑屈感」，並宣導戰後中日需互相合作、友好的宣傳刊物，是在台灣省行政長官公署的許可下，接受長官公署宣傳委員會的指導並監督的日文雜誌。《新聲》於 1945 年 12 月創刊。當時台灣雖然已經「回歸」中華民國，但六百萬的台灣人口中，日本語的使用人口至少占百分之七十，因此《新聲》的閱讀人口，除了日本人之外，當然也有一定數量的台灣讀者。[10]

《新聲》的編輯兼發行人是戰前台灣總督府機關誌《台灣時報》

---

[8]「留用日僑管理工作要項」『台灣引揚・留用紀錄』第二卷，頁 22-34（東京：ゆまに書房，1997 年）。（原文中文）

[9]「日僑管理工作要綱實施要領」同上，頁 35-38。（原文日文，筆者譯）

[10] 筆者手上的《新聲》為一位高齡的台灣老前輩所提供。

的編輯長植田富士太郎，雜誌的創辦目的與期待可由其內容窺見，「創刊號」（一九四五年十二月二十六日）的目次如下：

創刊の辭

　　「新聲月刊」發刊に寄せて　　　　　　　　　夏濤聲

　　中國之命運（第一章）　　　　　　　　　　　蔣中正

　　私は中國のお正月が好き（英文譯・大澤）　　林無雙

　　蘇東坡の逸話から　　　　　　　　　　　　　林語堂

　　小說　藤野先生　　　　　　　　　　　　　　魯迅

　　冬二題　▽華北の冬　　　　　　　　　　　　Ｔ・Ｄ

　　　　　　▽華南の冬　　　　　　　　　　　　Ｔ・Ｄ

　　日本の動態—世界の放送と新聞から　　　　　編輯部編

　　世界通信（世界の放送と新聞から）

　　在台日本人に関する輿論とその動向

　　中國語講座（序・國語の窓）　　　　　　　　小田信秀

　　婦人欄・二十三歲の校長先生

　　台灣の文學界

　　フアブルの言葉から

　　讀者文苑募集

　　編輯後記

　　《新聲》共有六十頁，堪稱是一本綜合雜誌，其中有宣導性文章，如〈中國之命運〉，有中國語學習講座，有時事報導，如〈日本の動態〉、〈世界通信〉，也有文藝性文章，如〈蘇東坡の逸話から〉、〈冬二題〉，另外還有〈小說　藤野先生　〉，同時還設有「婦人欄」，內容非常多樣豐富。

　　《新聲》的創刊辭上以感激的口吻說：

　　過去四個月，我們日本人總算在敗戰的現實下生活了下來。

這段期間，因處境與立場的關係，而有了種種不同的感覺和體驗，我們一直感激中國政府的寬大方針與本省人的理解態度，這種感動我們銘刻在內心深處。

今後我們會在被允許的道路上前行，經常反省並自我警惕，點燃些微的希望，繼續努力。

此回得到行政長官公署的溫暖同情，允許刊行日文的月刊雜誌《新聲》，成為我們今天生活中的一線光明。我們將據此學習中國文化的一端，瞭解本省諸多事情和母國的動靜，我們想抱持著新的真正意義進入生活。

我們寄望大家能夠明察行政長官公署的意圖，支援本雜誌。[11]

當時負責監督指導《新聲》的長官公署宣傳委員會的主任委員夏濤聲在〈寄「新聲月刊」發刊〉文中，批評日本軍閥與軍國主義教育及受其影響的日本人民，並譴責日本人民對中國和台灣抱持優越感，缺乏正確的中國認識。文中最後指出：「《新聲月刊》的使命，一方面是在對日本人的再教育，肅正其侵略思想，培養其民主思想，使日本人認清這回戰爭失敗的原因和真相，徹底清算過去的錯誤；另一方面介紹中國的文化思想及一般的進步狀況，更正並增進日本人的中國認識。」[12]

從《新聲》的目次和內容來看，確實如「創刊辭」所言，《新聲》的創刊目的是希望當時還滯留台灣之日本人，透過閱讀《新聲》「學習中國文化的一端，瞭解本省諸多事情和母國的動靜，抱持著新的真正意義進入生活」。此外，也正如夏濤聲在〈寄「新聲月刊」發刊〉中所言，希望「使日本人認清這回戰爭失敗的原因和真相，徹底清算

---

[11] 〈創刊の辞〉《新聲》創刊號，頁1。（台北：新聲月刊社，1945年12月26日。）（原文日文，筆者譯）

[12] 夏濤聲〈《新声月刊》発行に寄せて〉，同上，頁2。（原文日文，筆者譯）

過去的錯誤；另一方面介紹中國的文化思想及一般的進步狀況，更正並增進日本人的中國認識。」，即所謂的啟發日本僑民。但是，筆者認為《新聲》的名稱，顧名思義，其名稱本身就意味深長，在雜誌內容中，最值得注目，意味最深長的文章有二，一是〈台灣の文學界〉，另一即是〈藤野先生〉[13]。

「台灣の文學界」的撰稿人署名「U」，筆者推測極有可能就是《新聲》的編輯 UEDA FUZITAROU（植田富士太郎）。這篇文章可以視為在日本敗戰後，台灣復歸中國後的「時間點」上，一位日本編輯者對五十年間日本殖民統治下的台灣人創作之文學作品的總檢討和看法。在文章的開頭，U 便直接的指出，「日本統治時代的台灣文學界，可以說還沒有出現一位像魯迅的作家就結束了。」文章的最後表述了「衷心期待能夠擔負台灣省建設任務，生氣勃勃的『民族自覺』之創作活動從明年的春天開始展開。」[14]從這篇《新聲》的編輯者所撰寫的短文中，我們可以理解日本編輯者還是認同魯迅為近代中國文學最具代表性的作家的權威地位，同時也能理解其刊載「藤野先生」的理由應是：

1、他認為「日本統治時代的台灣文學界，可以說還沒有出現一位像魯迅的作家就結束了。」因此刊載了〈藤野先生〉，意在呼籲台灣需要再重新好好閱讀魯迅。

2、「藤野先生」可以作為今後台灣需要展開之「生氣勃勃的民族自覺之創作活動」的範本。

3、編輯者一方面似乎想透過〈藤野先生〉一文，對尚滯留台灣的日本人訴說在中日的互動網絡中，還有如同藤野先生這種胸襟開闊的日本老師，對於留學日本的中國學生特別關懷照顧，意在使日本人

---

[13] 〈小說　藤野先生　〉（沒有署名譯者）《新聲》創刊號，頁 47-50。

[14] U〈台湾の文学界〉，同上，頁 13。（原文日文，筆者譯）

「蟬蛻其卑屈感」，作為敗戰之民也不需過度自卑。另一方面，也想以〈藤野先生〉作為中日友好的象徵，將此位〈藤野先生〉轉為中日友好的文化符碼，向中國人（台灣人）昭告中日親善的一面，並期待透過藤野先生的形象，以扭轉日本人身為侵略者的軍國主義形象。但是，如前所述，《新聲》上所刊登的〈藤野先生〉並非是岩波文庫的《魯迅選集》或創造社的《大魯迅全集》譯本，而是不知譯者的節譯版本。

四、「友好的象徵」：節譯版的〈藤野先生〉

關於〈藤野先生〉的節譯版之問題，在此文登出後的隔年，即一九四六年一月九日的《新生報》上，隨即有日本人上杉一男（生平經歷不祥）的讀者投書〈文化人的信義—請問日文雜誌《新聲》編者〉，全文如下：[15]

> 我已經在本報中指出，日文月刊雜誌《新聲》創刊號，在日本報紙的編輯上完全沒有定見，也沒有政治性。此外，我還想針對魯迅先生的小說〈藤野老師〉，請教編者二個問題：（一）為什麼沒有事先說明，就刪除魯迅先生原作的部分文章？（二）編輯是否知道被刪除的部分是原作的重點？在此，先為一般讀者說明問題的開端。首先，《新聲》所刊登的〈藤野老師〉，是從「我就往仙台的醫學專門學校去。從東京出發，」的文章開始的。原作在這段文章之前，還有十幾行文字描述當時住在東京的清國留學生的生活。第二，《新聲》四十九頁下段第十四行和第十五行之間，漏掉了下面這段文章：「中國是弱國，所以中國人當然是低能兒，分數在六十分以上，便不是自己的能

15　上杉一男〈文化人の信義—日文雜誌《新声》編集者に問ふ〉《新生報》1946
　　年1月9日。（原文日文，筆者譯）

力了：也無怪他們疑惑。但我接著便有參觀槍斃中國人的命運了。第二年添教霉菌學，細菌的形狀是全用電影來顯示的，一段落已完而還沒有到下課的時候，便影幾片時事的片子，自然都是日本戰勝俄國的情形。但偏有中國人夾在裡邊：給俄國人做偵探，被日本軍捕獲，要槍斃了，圍著看的也是一群中國人；在講堂裡的還有一個我。〝萬歲〞！他們都拍掌歡呼起來。這種歡呼，是每看一片都有的，但在我，這一聲卻特別聽得刺耳。此後回到中國來，我看見那些閒看槍斃犯人的人們，他們也何嘗不酒醉似的喝彩，──嗚呼，無法可想！但在那時那地，我的意見卻變化了。」（摘自改造社《大魯迅全集》）[16]

問題就出在這裡。標榜「介紹中國文化」是主要任務之一的《新聲》，在刊登中國的世界級作家的作品時，可以擅自去頭挖軀體嗎？而且中間這段被刪除的部分是文章的重點，甚至可以說是「中國對日本」的命運縮圖。刪除了這個部分，這篇作品就完全喪失生命。魯迅先生放棄醫學而離開仙台的理由，根據《新聲》的文章，似乎完全是因為留學生之間無聊的紛爭；可是看看被刪除的部分，就明白完全不是這麼回事。日本的軍國主義令人作嘔，以及領悟到醫學救不了中國，這是促使魯迅先生捨棄醫學的二個理由。一如這篇作品中所寫的，一如未亡人廣平女士所說的，魯迅先生終其一生對藤野老師敬愛有加，但是對於日本的軍國主義，則是極端厭惡，徹底抨擊。中國人和日本人之間，有很多感情融洽的朋友或是有師生關係的人們。然而，中國人總是排斥日本人，最後終於上演這場以今天悲慘的日本大敗戰宣告結束的大衝突。總覺得日本的侵略性軍國主義

---

[16] 作者引用的日譯文出自日文版《大魯迅全集》（鹿地亘等譯。東京：改造社，1937年。共7卷），而這段中文則是筆者引用魯迅的原文。

是唯一的原因，魯迅先生在這篇文章中想說的不外乎這件事。也許編者是因為篇幅的關係而刪除，果真如此，也還有其他很多地方可以刪除吧。（擅自刪除的作法本身並不是好事，）我實在無法想像編者是有心刪除這段文章的，這麼一來，編者的頭到底是朝向哪一邊？民主主義？軍國主義？

《新聲》的編者要求在台日人民主主義化之前，應該先換換自己的腦袋。

上杉一男文中指出《新聲》的〈藤野先生〉被削除的部份為〈藤野先生〉一文開頭的部份：

> 東京也無非是這樣。上野的櫻花爛熳的時節，望去確也像緋紅的輕雲，但花下也缺不了成群結隊的「清國留學生」的速成班，頭頂上盤著大辮子，頂得學生制帽的頂上高高聳起，形成一座富士山。也有解散辮子，盤得平的，除下帽來，油光可鑑，宛如小姑娘的髮髻一般，還要將脖子扭幾扭，實在標緻極了。
> 中國留學生會館的門房裏有幾本書買，有時還值得去一轉；倘在上午，裏面的幾間洋房裏倒也還可以坐坐的。但到傍晚，有一間的地板便常不免要咚咚地響得震天，兼以滿房煙塵斗亂；問問精通時事的人，答道，「那是在學跳舞。」
> 到別的地方去看看，如何呢？

其中最重要的脫落部份，也就是上杉一男在投書中所抗議的，為便於讀者理解，刪除內容在此容我再引用一回：

> 中國是弱國，所以中國人當然是低能兒，分數在六十分以上，便不是自己的能力了：也無怪他們疑惑。但我接著便有參觀槍斃中國人的命運了。第二年添教霉菌學，細菌的形狀是全用電影來顯示的，一段落已完而還沒有到下課的時候，便影幾片時

事的片子，自然都是日本戰勝俄國的情形。但偏有中國人夾在裡邊：給俄國人做偵探，被日本軍捕獲，要槍斃了，圍著看的也是一群中國人；在講堂裡的還有一個我。〝萬歲〞！他們都拍掌歡呼起來。這種歡呼，是每看一片都有的，但在我，這一聲卻特別聽得刺耳。此後回到中國來，我看見那些閒看槍斃犯人的人們，他們也何嘗不酒醉似的喝采，——嗚呼，無法可想！但在那時那地，我的意見卻變化了。

上杉認為被削除與脫落的部份是原作的重點，憤怒的認為是編者有意偏袒軍國主義，或不敢正視日本的軍國主義。上杉的意見讓我們一方面得以理解在台灣面臨新舊政權轉換的時間點上，一位身為敗戰之民的日本知識份子對〈藤野先生〉的解讀，以及〈藤野先生〉作為一個中日友好象徵的文本，日本人方面的接受與回應。上杉除了譴責日本在敗戰結束殖民統治後，還有日本人心中保存著軍國主義思想（即指沒有署名的〈藤野先生〉之譯者與已知的《新聲》之編輯），而且同時譴責編輯對此思想的姑息心態。我們也可藉此理解〈藤野先生〉之文本因角度與立場的迴異，每位讀者各有不同的領悟與解讀，由此也可看出以〈藤野先生〉作為一文化符碼的接受樣貌。此處因〈藤野先生〉的刪節問題所引發的上杉發言，這問題牽涉了過去殖民者一方的意識問題，對脫殖民地後的台灣而言，實有其複雜的現實問題，值得再深思探究。

　　上杉在投書中所指出的脫落部份是引用了收於創造社《大魯迅全集》的〈藤野先生〉之譯文，而《新聲》的〈藤野先生〉之譯文出自何人之手呢？根據筆者的調查，發現它是轉載自岩波文庫《魯迅選集》中所收錄的〈藤野先生〉，但是編者作了小小的更改，例如將帶有鄙視意味的「支那」一詞全部改為「中國」。在歷史轉折的時間點上，《新聲》的編輯（同時也是〈藤野先生〉的轉載者或譯者）將「支那」改

為「中國」，並刻意刪除具有軍國主義象徵的部份，很有可能刻意要將此文本修飾成為符合中日雙方標準之形象的考量。

五、結　語

從《新聲》的轉載〈藤野先生〉與上杉一男的《新生報》投書，更加證明了從戰前到戰後初期，岩波文庫『魯迅選集』與創造社《大魯迅全集》在台灣之流傳與閱讀層的廣大，此對台灣第二次的魯迅傳播高潮期也起了一些作用，台灣第二次魯迅傳播高潮期中，龍瑛宗與楊逵對魯迅的相關論述中即明顯受到《大魯迅全集》「解說」的影響。

隸屬於台灣省行政長官公署管理下的「日僑管理委員會」，在行政長官公署宣傳委員會的監督許可下，為了安撫並啟發這些等待遣返日本的日僑而發行了日文雜誌《新聲》。《新聲》中轉載〈藤野先生〉，其意圖可說是相當明顯，欲以〈藤野先生〉作為戰後中日友好的親善象徵，並「俾留用日僑蟬蛻其卑屈感，而切身懷抱中日兩民族互相提攜所以興起東亞之基礎」。從刪節版的〈藤野先生〉之文本中可以看出為了討好國府當局，因此編輯有意識的將魯迅在文中關於中國人的負面描寫加以刪除，並藉藤野先生的形象，扭轉日本人的侵略者之軍國主義形象。

戰後的台灣，在中日政權的轉換期間，將〈藤野先生〉一文作為戰後中日友好的文化符碼加以使用。但是吊詭的是，卻是由當時在台的日本人所提出，而非由國府來提倡，當然這是得到台灣省行政長官公署的許可，換言之，是經過國民政府的默認才加以刊載，其中與當時國府的戰後對日政策有深刻的關連。當時國府是採所謂「以德報怨」政策，《新聲》封底也清楚的印著「不以怨報怨，而樂與為善。」，《新聲》的發行和〈藤野先生〉的刊載即是某種程度體現了戰後初期中日雙方的思維。

1949 年，建國後的新中國中學語文教科書收入了〈藤野先生〉，

〈藤野先生〉再度被作為中日友好親善的文化符碼來使用，在中國只要是讀過中學的中國人，大家都知道對魯迅，對中國留學生親切友好的「藤野先生」。2003 年，曾有一項對中國的 470 名中學生「知道的日本人」之問卷調查，「藤野先生」和當時的首相小泉純一郎、足球明星中田英壽、歌手濱崎步夾在一起，名列第九。（《朝日新聞》，2007.10.2 報導）建國後普遍存在於中國之日本人形象都是具有負面形象的「日本鬼子」，因有「藤野先生」多少還有一些正面影響吧！反觀台灣，國民政府遷台後，直到 87 年解嚴前，魯迅作品在台灣至少表面上是消失了，因此初、高中教科書中更是不可能收入〈藤野先生〉。學校教導學生的日本形象以負面的「日本鬼子」形象較多，筆者不認為戰後台灣受國民政府教育的世代骨子裡是「親日的」，從這點來看，〈藤野先生〉被作為文化文本的作用是值得深思的。

Traveling text:

"Mr. Fujino" travel to Taiwan

Huang Ying-che

Aichi University

Japan

Professor

Faculty of Modern Chinese Studies

After Japan was defeated on August 15, 1945, Taiwan was returned to China. At the end of the war, there were around forty-nine thousand Japanese remaining in Taiwan, soldiers included. From late December of 1945 to early February of 1946, the Japanese residing in Taiwan were deported to Japan in groups. While awaiting their repatriation, the remaining Japanese established the journal *Shinsei* (New Voice) with the subsidy by the Administrative Office of Taiwan, the highest ruling authority in Taiwan during the early post-war period. Ueta Fujidarou, the former editor of the pre-war newspaper *Taiwan jiho* (Taiwan times), took the job as editor-in-chief.

The first issue was published on December, 26, 1945. This new issue included a translation of Lu Xun's article "Tengye xiansheng" (Mr. Fujino). Lu Xun wrote this article on October 12, 1926 during his residence in Xiamen. He first published the article in the December 10 issue of *Mangyuan* (Wasteland, First Volume, No. 23), and then collected it in *Zhaohuaxishi* (Morning flowers collected in the evening), one volume of the *Weimingxinji* (A new collection of anonymous works), published by Weimin Publishing Company in Beijing in 1928. In this article, Lu Xun wrote about his reminiscences of Fujino Genkuro (1874~1945), a Japanese teacher he met when studying in a medical school in Sendai. Yet, in the Japanese version of "Mr. Fujino" published in *New Voice*, a crucial part of the original text was missing.

In this article, I intend to discuss why the Japanese translated "Mr. Fujino" and published it at the critical moment when they were just defeated. Did they delete the crucial part of the original text on purpose or by accident? If on purpose, why? I attempt to tackle this question within the social and cultural context of early post-war Taiwan.

Keywords: traveling text. "Tengye xiansheng" (Mr. Fujino). *Shinsei* (New Voice). the early post-war period.

革命、犧牲與知識份子的社會實踐
——郭松棻與魯迅文本的互文性

徐　秀　慧

彰化師範大學國文系副教授

摘　要

本文欲以互文性為切入點，探討郭松棻的文本與魯迅的關係。
聚焦在郭松棻小說中的知識份子形象，如何隱喻台灣在國際冷
戰結構下的處境，並藉此探討郭松棻小說中的魯迅符碼與其美
學形式的關係，包括小說中呈現的啟蒙知識份子與社會實踐的
關係，文學與社會改革的議題，以及小說中蘊含了一種內省與
懺悔、革命與頹廢、理想與嘲諷的美學風格等等。藉此思考從
五四運動到冷戰時期關於革命、犧牲與知識份子的社會實踐問
題。梳理戰後台灣左派知識份子郭松棻如何承繼魯迅的文化遺
產，開展出冷戰處境下台灣的左派論述，為分裂的兩岸社會，
提供了珍貴的馬克主義歷史發展的病歷診斷書。

關鍵詞：魯迅、郭松棻、知識份子、實踐哲學

一、前　言

　　中國新文學運動開展後，在兩岸現當代文學的發展過程中，魯迅（1881-1936）的寫作無論是在現代文類的實踐／驗上，例如：小說、散文詩、隨筆、雜文、評論、翻譯文學等等；或是力抗黑暗現實的感時憂國的精神，對於頗受政治力牽引的現當代文學，魯迅的巨大身影，在不同的歷史階段，都發揮著一定的作用力，不斷「重返」文學史。由於「魯迅」此一符碼內容過於龐大，充斥著各種關於國民性、鄉土小說、啟蒙知識份子、文學與革命、感時憂國的文人精神等等議題，首先吸引我關注的是魯迅以知識份子為題材的小說〈狂人日記〉、〈孔乙己〉、〈在酒樓上〉、〈孤獨者〉與〈傷逝〉，面對現實的黑暗而產生的「現代性」與「否定性」，[1]構成一種革命[2]與頹廢的美學形式，

---

* 本文的寫作必須感謝黃錦樹、高嘉謙提供《抖擻》雜誌中的郭松棻的連載之作。並感謝施淑教授與好友黃琪椿提供許多寶貴意見。

[1] 楊澤指出：「魯迅的現代性是一種第三世界國家特有的『他人的現代性』（或「遲到的現代性」）：為了振起『國魂』，喚醒中國人使其不淪為『他人』……他奮不顧身地犧牲自己；在西方強勢文明的壓力底下，只為了追求一個全新的、屬於現代中國人的文化自我，他走上一條否定與自我否定的路。」楊澤：〈邊緣的抵抗──試論魯迅的現代性與否定性〉，中研院文哲所編委會主編《中國現代文學國際研討會論文集──民族國家論述》（台北：中研院文哲所，1995），頁173-205。楊澤只看到魯迅感嘆「惟黑暗與虛無乃是實有」的單面，但魯迅自己也說「我終不能證實：惟黑暗與虛無乃是實有」而依舊在掙扎著。所以這個「否定性」或可理解為魯迅引自匈牙利力詩人斐多菲「絕望之為虛妄，正與希望相同」，否定了希望，但也否定了絕望，而把自我當成是歷史的「過客」，也就是汪暉在《反抗絕望》一書中從「歷史的中間物」的人生哲學談魯迅小說形式的複雜性。（汪暉，1990）。

[2] 本文的有關「革命」的定義，採取美國學者 Hannan Arendt 指陳的「對於革命者來說，更重要的是改變社會結構，而不是政治領域的結構」。Hannan Arendt

對後來的知識份子小說產生了一種隱喻性。舉臺灣的小說為例：日據時代賴和（1894-1943）的〈惹事〉、〈一個同志的批信〉中啟蒙知識份子面臨群眾與同志背叛的失志和挫敗；朱點人（1908-1984）的〈秋信〉中老秀才面對日本殖民主義鋪天蓋地的物質、文化與地景的改造，萌生時不我予的喟嘆；王詩琅（1903-1949）的〈沒落〉中出獄後「轉向」紙醉金迷的酒家麻痹自我的無政府主義者的衰頹；龍瑛宗（1911-1999）的〈植有木瓜樹的小鎮〉中抱持個人主義努力向上終於敗北的陳有三；以及奔赴祖國尋根的鍾理和（1915-1960）的〈柳蔭〉中與封建婚姻、多子陋俗搏鬥的知識青年，以及〈門〉中養不起妻兒，為貧窮所

著，陳周旺譯《論革命》，（南京：譯林，2007），頁 14。但筆者並不同意 Hannan Arendt 的推崇美國共和國以自由、人權立國，而貶抑法國大革命以來的社會革命立論。陳建華追溯中國現代革命話語的起源與翻譯過程，考察二十世紀初日文「かくめい」的尊王改革的維新意義，和西方的英文「revolution」，詞源自拉丁文 revolvere，原本指天體週而復始的時空運動中，卻逐漸與叛亂（revolt）界限模糊，而轉生出政治含意。1688 年的英國光榮革命與 1789 年的法國革命，使「革命」在政治領域裡產生新的含義，亦即霍布斯邦（E.J.Hobsbawn）提出的「雙輪革命」。Hannan Arendt 認為十八世紀後，「revolution」逐漸脫離週而復始的含意，在有關法國大革命的論述中，革命者自認為是歷史必然的推動者的革命意識形態在黑格爾的哲學臻於極致，Hannan Arendt 指出其吊詭的結果是，「必然代替了自由成為政治革命思想的主要概念」而使 revolution 隱含了暴力概念。陳建華指出中國從晚清的改良論與革命論論爭後，最終由革命論推進了中國歷史的現代進程，召喚了中國傳統的「湯武革命」的集體記憶，在與「世界革命」意識的引進和融合後，革命話語和意識形態變得如此複雜而富於包容性，因而能在急遽變動的時代適應政治、經濟和心理、變革的需求。因此，革命的意義首先被限定在政治範圍，與暴力密切相關，在很大程度上有其本土性，此一意義選擇說明中國如果要革命，只能走法國或俄國的道路，不可能是英、日的道路。陳建華：《革命的現代性──中國革命化與考論》（上海：上海古籍，2000），頁 7、10、3、169。

苦的知識份子等等，都蘊含了五四以來兩岸知識份子與社會，文學與革命、自我意識與啟蒙意識等與精神史相關的議題。另外從文學風格考察，這些知識份子小說皆蘊含了一種內省與懺悔、革命與頹廢、理想與嘲諷的美學風格。因為不同階段的社會語境、政治文化的差異性，更重要的是作家思想歷程的差異，其所表現的知識份子的精神樣貌與美學風格的關係，饒富興味。這種美學風格，在戰後作家陳映真（1937-）的〈我的弟弟康雄〉、〈故鄉〉、〈鄉村的教師〉、〈蘋果樹〉、〈一綠色之候鳥〉、〈唐倩的喜劇〉〈賀大哥〉、〈夜行貨車〉，以及郭松棻（1938-2005）的〈秋雨〉、〈月印〉、〈草〉、〈雪盲〉、〈今夜星光燦爛〉等小說中也都一再地「再現」（representations），其中關於台灣日據時代以來市鎮小知識份子的精神系譜在施淑的研究中已有精闢闡述（施淑 1997：149-166），茲不贅述。除了敗北的知識份子小說，郭松棻、陳映真這兩位台灣戰後的文學家，與魯迅還有一個共通的特點，即他們既是小說家，又是熟讀馬克思主義理論的思想家。關於陳映真知識份子小說的轉折與實踐哲學，牽涉到更多冷戰下台灣具體的歷史、社會問題，留待日後處理，但還是不時將陳映真的文學、思想歷程作為郭松棻的參照。本文除了探討郭松棻與魯迅的知識份子小說的互文性，同時連繫到他們的思想文論中，探討關於革命、文學與知識份子實踐的關係。[3]

　　魯迅在台灣具有長遠的影響，先行的研究中，研究者大多著眼於魯迅對台灣作家、作品的影響與啟發，尤其是關注於國民性，人道主義，以及感時憂國的文人傳統的內容。但並未觸及本論文著眼的知識

---

[3] 本文對於知識份子的定義依據同樣來自第三世界的薩依德所言：「知識份子既不是調解者，也不是建立共識的人，而是全身投注於批評意識，不願接受簡單的處方、現成的陳腔濫調，或平和、寬容的肯定權勢者或傳統者的說法或作法。不只是被動地不願意，而且是主動地在公眾場合這麼說。」（薩依德著，單德興譯《知識份子論》（台北：麥田，1999），頁 60。

份子內在精神的議題。另外從比較論觀點探討魯迅小說與台灣小說的差異性的論文，雖涉及了知識份子啟蒙精神的議題，但較少觸及與魯迅文本的互文性所蘊含的知識份子在歷史處境中的抉擇與困境。筆者之所以捨棄學界向來偏重以魯迅影響論或比較論的方法，而採取互文性（intertextuality）[4]的為切入點，乃在於從文學發展與文化資產角度來看，任何一個作品都是對過去作品的再創造，我們應該正視後來作家的創作主體，魯迅的巨大身影不應是一個無法超越的文本，而應視為對後來的作家創造了「對話」的話語空間。如果著眼於影響論，不但漠視了不同作家面對不同的社會語境與歷史處境的差異，魯迅也成了後來作家創作的「金箍咒」。如若採取比較論的方法，也容易忽略

---

[4] 從結構主義的角度來看，互文性批評，不再是關注作者與作品關係的傳統批評方法，而是轉向一種寬泛語境下的跨文本文化研究。互文性一詞在 1966 年由克莉絲蒂娃（Julia Kristeva）創造以來，西方評論界不斷修正發展的「互文性」的理論，揚棄了歷史主義和進化論模式之後，主動應用互文性理論，來看待和定位人文、社會乃至自然科學各學科之間關係的批評實踐。陳永國指出：「六七十年代，結構主義和後結構主義促使了互文性理論的迅速發展。一些結構主義者採用了互文性理論，認為文化的各個領域之間存在著某種形式上的聯繫。一些後結構主義者則利用互文性理論打開了本體論的領域，認為可以把人類的一切話語都聯繫起來。但令人注目的是這兩種探討互文性的方式都缺少主體──說話者、作者、讀者的存在。在這樣的情況下，羅蘭巴特和克莉絲蒂娃把主體，尤其是政治的和性的主體，引入互文性關係的空間」。陳永國〈互文性〉，《外國文學》，2003 年第一期。北京；中央編譯社出版，p.76-81。筆者認為這樣的「互文性」觀點，有助於我們超越傳統影響論與比較論的方法侷限，最重要的在跨文本文化研究的視野中，有助於讀者與評論者在其中解讀出更多元的文本意涵，而非單線的影響論，或是雙向的比較論，而是在肯定魯迅以後的作家的創作主體之餘，透過各種互文性構成的話語空間，使魯迅文本可被視為一種文化資產，可被後來的作家（或是讀者或批評家）挪用，轉化，甚至創造性地誤讀，共譜出多音交響的現代知識份子精神史圖像。

後來作家與魯迅文本的對話性，共構而成的豐富的文化寓意與精神資源。

二、「荷戟獨徬徨」的精神戰士

　　首先引我注目的是郭松棻〈雪盲〉這篇小說中流亡的知識份子形象如何安頓自我，其實與分裂國家下的台灣在冷戰結構下的處境息息相關。由於小說中大量插入魯迅小說〈孔乙己〉的文本，我認為作者藉由小說主人公思索的是，近代中國知識份子的精神與存有、理想與幻滅、愛與犧牲的命題，而這些命題貫串了郭松棻大部分小說的基調。由於郭松棻有意接引魯迅感時憂國的知識份子傳統，而其前半生對於左派理想的追尋，也使得郭松棻與被公認為魯迅在台灣的傳人陳映真，成了很好的對照。

　　陳映真的知識份子小說，則以入獄前的〈唐倩的喜劇〉作為分界，在此之前的小說，陳映真從魯迅那裡竊得了「地火」，小說中的知識份子卻苦於安那其（Anarchism）、人道主義無力於現實的改革，而顯露出對理想之虛妄的徬徨與苦悶。但是這樣的徬徨、苦悶在出獄以後，在完成了跨國企業經濟殖民批判的華盛頓大樓系列之後，陳映真重返光復初期國共內戰的革命遺址，寫了三篇「白色恐怖」系列之作：〈山路〉、〈鈴鐺花〉與〈趙南棟〉，一面稱頌蔡千惠、高東茂、宋蓉萱等人為了社會主義理念的犧牲，一面批判資本主義化的台灣社會中趙南棟為代表的被豢養、以過分發達官能過日子的家畜性。1987 年〈趙南棟〉發表後，直到 1999 年的〈歸鄉〉，期間有長達 12 年的時間，陳映真沒有小說的創作，是否因為找到了思想與實踐的出路，而使陳映真暫時遠離了小說家魯迅的黑夜，走上了雜文家魯迅、出版家魯迅介入現實的道路？相較於郭松棻從存在主義到入、出馬克思主義思想的探索，才回歸到小說家的志業；陳映真與魯迅一樣，早期的小說創作可視為「苦悶的象徵」的產物。入獄之前的陳映真發表〈唐倩

的喜劇〉，小說風格上即有了明顯的轉變，一改之前描寫知識份子的
苦悶、憂鬱而轉為嘲諷知識界的西化與跟風。出獄以後，陳映真一面
創作小說，一面以社會主義的視野照見台灣歷史與社會的病歷。綠島
的遠行，使他以更堅定的社會主義思想演繹出獄後的小說創作。對此
陳映真在回顧自己的創作時坦承自己是個「理念先行」的作家（古蒼
梧、古劍，記錄整理曹清華，2004：4-14），其備嘗抉心自苦恐怕也不
下生命中曾經三次與憂鬱症搏鬥的郭松棻[5]。

　　與陳映真年僅差一歲的郭松棻，儘管因為在聯合國工作之便，得
以馳騁在左派與自由主義的知識殿堂的思想探求中，但流亡知識份子
的身世以及早期左派知識份子念茲在茲的「實踐」無從紮根於故土，
具體落實於中國（包含台灣）社會的改革而與憂鬱症搏鬥不已，並於
晚年宣稱「告別革命」，航向文學的烏托邦。從台灣戰後兩位入出左
派的文學家身上，照見了冷戰結構下台灣左派思想與文化道路的曲折
性。陳映真與郭松棻兩位文學家以其生命肉搏現實的思想歷程，卻與
魯迅「荷戟獨徬徨」的精神界的戰士一樣，為第三世界文學留下了珍
貴的左派思想資產。

　　1938 年生於台北市的郭松棻，已發表作品數量並不多，截至目
前為止，結集的小說集也只有《郭松棻集》（前衛，1993）、《雙月記》
（前衛，2001）、《奔跑的母親》（麥田，2002），加上未收入作品集的
〈今夜星光燦爛〉、〈落九花〉，總共只有 20 篇小說，其中還有不少類
似速描的極短篇之作，因此在台灣文壇上直到近年才被注目。儘管在
1958 年，郭松棻 21 歲就發表了第一篇小說〈王懷與他的女人〉（《大
學時代》10 期，頁 23-24），但他真正投入小說的創作，已經是 1983
年，46 歲了，比起魯迅因為對辛亥革命後的失望，而後投入新文學

---

[5] 郭松棻四十歲以後三次為憂鬱症所苦，見〈郭松棻訪談記錄〉，（簡義明：2007，
　　161）。

運動，寫作〈狂人日記〉時 38 歲，還要晚起步。在此期間，郭松棻歷經了在留美生涯中放棄博士學位的重大抉擇而投入保釣運動（1971年），與劉大任等創辦《戰報》，在柏克萊大學組成教學小組，採用中共的近代史觀點，在校內教授「中國近代史」。1974 年 7 月奔赴文化大革命的中國，短暫停留兩個月，雖對文革感到失望，但「對於一個真正的左翼中國的烏托邦的實現還未完全絕望，顯然，他認為問題出在據以實踐烏托邦的理論還不夠完備」（魏偉莉，2004：115）。返美後有長達八年的時間，終日在「梳理歐洲自由主義的限制與馬克思主義實踐哲學的種種問題」（黃錦樹 2006：249-287），以筆名發表了一系列的文章在帶有左翼色彩的雜誌《夏潮》和《抖擻》上，前者意在反思台灣的右派，後者意在反思中國的左派（簡義明 2007： 111-119），以批判意識思索了自由主義與馬克思主義理論與歷史發展的侷限性。卻因用功過度，於 1981 年患了嚴重的神經衰弱（李怡 2001：753-760），改而從事文學創作。從 1983 年起，郭松棻在台灣鄉土文學論戰後復刊的《文季》上開始發表〈青石的守望〉，爾後創作小說不輟，至 2005年辭世。相較於陳映真在台灣社會長期樹立左派知識人的形象，郭松棻卻因為參與保釣運動被列入黑名單，流亡在美長達 36 年才有機會返台。因為保釣運動的淵源，1972 年郭松棻進入聯合國擔任翻譯，生活無虞，但身心流亡的情境卻成為他書寫的動力來源，始終關注著中國與台灣社會的發展與未來。

　　1937 年出生的陳映真，因「民主台灣同盟案」，實際被流放而隔絕於台灣社會達 7 年（1968-1976）的歲月，但出獄以後的陳映真，因其「左統」的非主流位置，還是繼續處在流放的情境。從他以許南村為筆名發表了〈試評陳映真〉，對市鎮小知識份子的虛無主義進行無情的自剖開始，無論是對實行白色恐怖的國民黨的指控，或是對靠美援依賴經濟成長起來的台灣現代主義與民粹主義的批判，陳映真不僅被台灣民族主義者冠以「大中國沙文主義」，改革開放以後到大陸去

的陳映真還被戲稱為「比老幹部還老幹部」。陳映真的自我剖析是：「對於大陸開放改革後的官僚主義、腐敗現象與階級再分解，他有越來越深切的不滿。但他認為這民族內部的矛盾，從來和反對外力干預，實現民族團結與統一不產生矛盾。」（陳映真[1993]2004：66），對於一個信仰階級論的馬克思主義者，因為分斷國家的歷史，而必須堅守民族的統一，現實對於台灣左統派的嘲弄，莫此為甚。陳映真在兩岸社會與主流民意對立的「雙重邊緣性」，概括了台灣左統派的艱難的處境。

　　薩依德在《知識份子論》中，以放逐者與邊緣人說明知識份子的流亡情境[6]：流亡既是真實的情境，來自於流離失所和遷徙的社會史和政治史，但更是個隱喻的情境，是相對於特權、權勢、榮耀的局外人（outsiders）。因為同時具有被拋在背後的事物與此時此地的實況的「雙重視角」，不只看見事物的現狀，而能看出表象下的前因。阿多諾認為寫作成為流亡者憂鬱與不屈的居所，薩依德轉化了阿多諾的看法，賦予流亡者從尋常人生中解放出來的特權，流亡者意味著「生活在他方」的，永遠不被馴化的邊緣人、過客，卻也因此能從流亡與邊緣性中享有生機勃勃的生命力與創發力，而不是威權方式所賦予的現狀（薩依德著，單德興譯 1997：85-102）。郭松棻與陳映真，兩位戰後左派作家的書寫，充分體現了薩依德所言的知識份子流亡情境的創發力。

　　在戰後台灣的作家當中，郭松棻與陳映真屬於同一世代。年輕的時候，兩人同是引進西方現代主義思潮的《劇場》雜誌的同仁，卻也是最早自覺到五、六〇年代的冷戰形成期，台灣的現代主義作為宣揚

6　薩依德：「流亡者存在於一中間狀態，既非完全與新環境合一，而是處於若即若離的困境，一方面懷鄉而悲傷，一方面又是巧妙的模仿者或秘密的流浪人。精於生存之道成為必要的措施，但其危險卻在過於安逸，因而要一直防範過於安逸這種威脅。」（薩依德著，單德興譯 1997：87）。

美國自由主義的普世價值的虛無性[7]。七〇年代保釣運動牽引的民族主義風潮中，分別在香港、台灣發文，擔任批判自由主義的侷限與現代主義的虛無的旗手，兩人都曾是《文季》與《夏潮》的撰稿人，是鄉土文學論戰中，鄉土派重要的理論家，[8]也是六、七〇年代缺乏左翼土壤的台灣社會中，少數熱衷於鑽研馬克思主義理論的作家。但相較於陳映真的聲譽（或者說是爭議），郭松棻顯得沉寂許多。作為左派的「同路人」，郭松棻其人及其文，與陳映真共同體現了冷戰結構下台灣左派知識份子的關照，陳映真與魯迅的文化傳承，已是眾所周知，郭松棻與魯迅的精神傳承，卻有待爬梳。儘管郭松棻晚年宣稱自己「告別革命」了，但筆者以為他的入、出左派的思想歷程的文論，不但留下為分裂的兩岸社會，提供了珍貴的馬克主義歷史發展的病歷診斷書，也因為他以一個流亡知識份子對自我的思想進行不懈的鬥爭，使他的小說照見了中國（包含台灣），從辛亥革命以來，要建立一個獨立自主的現代民族國家而始終難產的歷史中，堆疊出不絕的「在那犧牲自己也犧牲別人，在犧牲別人也犧牲自己」[9]的暈眩年代，種種關於革命、理想實踐（包含藝術實踐）與愛的災難，及其可能的救贖之道。如果按照左派的文藝觀點，藝術實踐也是一種革命志業的話，我認為郭松棻其實不曾「告別革命」，從他的小說屢屢鑲嵌台灣與中國（在最後兩篇小說〈今夜星光燦爛〉、〈落九花〉中加入了辛亥

---

[7] 相關研究見（施淑 2009：2；桑德斯著，曹大鵬譯《文化冷戰與中央情報局》，2002：16-30；雷迅馬（Michael E.latham）著 牛可譯：第二章〈美國社會科學現代化理論和冷戰〉，《作為意識形態的現代化》2003：33-97）。

[8] 隨著文獻的出土，陳映真首先為文指出鄉土文學論戰中王拓的〈是現實主義不是鄉土文學〉一文，至少有四個段落是一字不漏地出自郭松分以筆名羅隆邁，發表在香港《抖擻》的〈談一談台灣文學〉。（陳映真 2006；9-10），詳細比對見（簡義明 2007：80）

[9] 郭松棻：〈奔跑的母親〉《郭松棻集》（台北：前衛，1993），頁 25、30。

革命以來的革命歷史圖景）歷史創傷的病歷，並直指人的有限性，我想說的是：不是馬克思主義的革命，而是作為「同路人」的魯迅，所代表的中國左翼知識份子精神戰士的亡靈，始終徘徊不去。

三、左派憂鬱卻不虛無：反思暴力循環的歷史現實

目前對於郭松棻的研究中，比較全面而深刻的是黃錦樹與簡義明。兩人關於郭松棻的左派思想與作品分析容或有異，但顯然都認定郭松棻最後致力於現代主義的文藝。簡義明引用薩依德的世俗性與現世性對權力中心的批判精神，定位郭松棻「以抵抗大寫的歷史，獲取精神世界的自由」（簡義明 2007：111-119）。[10]黃錦樹指出〈今夜星光燦爛〉中郭松棻受到胡蘭成的胡腔胡調的影響，以敗北的夢想家陳儀精神不死的寓言成就了救贖美學，「讓烏托邦衝動保存在詩憂傷的審

---

[10] 簡義明的論文因為受到訪談時郭松棻自白「不為誰為何而寫」的影響，將郭松棻定位為一個沒有位置和定義的寫作者。在論文的第二章〈學術與行動主義〉、第三章〈文學觀念的生成與辯證〉中，簡義明詳細梳理了郭松棻從存在主義、馬克思主義到轉向現代主義文學的世界觀的演變，並在結論中曾點出「郭松棻即使是在梳理西方學術的議題，或者分辨沙特與卡謬雙方的孰是孰非，或者翻譯西班牙共產主義者的論著，都還是指向他永不放棄的烏托邦，亦即中國（包括台灣和大陸）社會的正義可能和幸福想望」（頁121）。但投入文學以後的郭松棻已然「告別革命」，轉向現代主義文藝美學的經營。而我以為轉向文學以後的郭松棻依舊是懷著他對「中國（包括台灣和大陸）社會的正義可能和幸福想望」的關懷在創作的，這時候的郭松棻的身份認同以及世界觀都已經定型，只是這時候的郭松棻已經清楚地自覺到文學與自我的主體性，而不是為了某個政權、單一的信念而寫作。郭松棻回答舞鶴的訪談說「為誰而寫是不存在的，一存在，必然就是意識形態，很多問題應該『存而不論』」。問題就在這個「存而不論」，不為意識形態而寫作並不表示作家沒有自己的世界觀，沒有自己的終極關懷。郭松棻語見（舞鶴訪談，李渝整理 2005：51）

美顫動裡」，以寓言超克歷史和哲學，將郭松棻的文學定位為：

> 重回中國抒情傳統的懷抱，回返抒情的、感性的詩的母體（而
> 非故鄉母土），雖則它總是重複孕生——以歷史主人公的體現
> 為中介——自災難與暴力循環往復的歷史病體。如此重建精神
> 家園（語言烏托邦）的嘗試，倒是不經意還原出古老的宗教向
> 度，而從辯證唯物論走向文字練金術的唯物論。（黃錦樹 2006：
> 287）

　　我從黃錦樹、簡義明對郭松棻的研究當中，得到相當多的啟發，
但還是覺得意猶未竟。我同意兩人對郭松棻現代主義的救贖美學的分
析，但此一救贖美學並不全然由現代主義與抒情傳統的美學所支撐，
而是以馬克思主義的歷史哲學為根基。因此，本文更關注的是台灣戰
後左派知識份子的精神如何承繼魯迅的文化遺產，開展出冷戰處境下
台灣的左派論述。我認為：精神自由與詩學，的確是郭松棻後半生的
皈依。但是郭松棻流亡知識份子的雙重視角，在七〇年代的釣運中，
認清了分斷國家中台灣的位置，不但對美國行銷全球的作為意識形態
的現代化免疫，也從中共文革的反思中，認清蘇聯與中國的集權主義
如何扭曲了馬克思主義的社會性質的階段論，因而對知識份子的理想
主義有著高度的內省。帶著這樣的知識左派的人文關懷進入文學創作
的郭松棻，一再藉由敗北的小說主人公與歷史人物自況、自嘲，展開
了對國民黨統治白色恐怖統治下的台灣知識份子的自剖與自省。

　　例如〈雪盲〉中，精神上繼承孔已己的幸鑾，來自殖民地歷史的
悲劇存在以及〈今夜星光燦爛〉的主人公隱射了曾經代表國民黨接收
台灣的陳儀，因不忍蒼生而換取捨身悟道的犧牲與救贖，在捨身成仁
的背後，述說的並非道德訓誡，而是指向在歷史的關鍵時刻，不抉擇
或沒有行動力的知識份子。形成了一種對知識份子的「批判意識」，
正是這樣的「批判意識」，使郭松棻在台灣作家「左派憂鬱症」的系

譜中，獨樹一幟，掙脫了啟蒙知識份子與馬克斯主義者的單面性。如同魯迅一樣，在批判庸眾的國民性的同時，也諷諭著啟蒙者無助於社會改革的感傷（如〈在酒樓上〉），及其無力感與沉淪（如〈孤獨者〉）。同時也因為洞察人性的陰暗面，而使得郭松棻的小說與魯迅文本成為與黑暗現實、也與陰暗自我不斷鬥爭的「戰士」。筆者往往在郭松棻的小說中，看到如魯迅一樣的「匕首」，解剖著病弱的國族社會，更無情地逼視大部分知識份子不願意直面的自我的脆弱與陰暗面，而照見了理想主義與自我的有限性，而不至於將真理無限上綱為犧牲他人的教條主義。而這就必須溯源自魯迅與郭松棻從暴力與循環反覆之歷史的現實經驗中，產生的歷史哲學與救贖美學的視域。

　　轉向文學創作之前的郭松棻，從 1974 年至 1978 年在香港《抖擻》雜誌上的連載與翻譯之作，始於中國文革之行前，歷經文革結束，他猶熱衷於馬克思主義理論研究與歐洲共產主義的發展。黃錦樹指出郭松棻的馬克思主義思想，接近的是第二國際（1889-1914）的馬克思主義，即使對文革失望，依舊熱衷於鑽研馬克思主義理論，不改其「替無產階級規定歷史任務」的信仰，雖然郭松棻走的不是專業哲學化、對革命實踐不抱希望的思辨的西方馬克思主義的道路，但在精神上還是烙上了戰後西方馬克思主義者的基本標記、安德森所謂的「一種共同的、潛在的悲觀主義」。筆者同意黃錦樹以「左派憂鬱症」對郭松棻的政治—詩學的定位，並且從黃錦樹肯定左派憂鬱症的實踐：「既克服政治革命必然涉及的暴力，更讓憂鬱的生產有他救贖批判的特殊價值，免於墜入絕對的虛無主義」[11]。我想以此救贖美學的視域，探

---

[11] 黃錦樹引用了班雅明所謂的「左派憂鬱症」以名之，並且從施淑對於台灣日據時代以龍瑛宗為代表的作家，以及戰後作家陳映真早期小說的研究中，找到了郭松棻「左派憂鬱症」的精神系譜。（黃錦樹 2006，249-287）。施淑的文章分別是：〈台灣的憂鬱〉分析陳映真早期的作品，〈日據時代台灣小說頹廢意識的起源〉分析日據時代台灣知識份子小說中的革命與頹廢，收入（施

討憂鬱與頹廢的現實意義。

　　黃錦樹認為郭松棻〈戰後自由主義的分化〉（《抖擻》1974-1978）五篇連載之作儘管已看到蘇聯共黨的集權主義，卻還是重新「替無產階級規定歷史任務」，不免是「意識形態的自欺欺人」，所以沒有續完，是「談不下去了？」（黃錦樹 2006：253-254）。我想這是黃錦樹忽略了郭松棻對蘇共（影射中共）的批判。這一系列探討沙特與卡謬的論爭，記錄了郭松棻左派思想的歷程[12]。首篇認同了沙特的左派立場，批判卡謬被動的反神論忽視了歷史的進化，第二、三篇開始轉而逐漸同情地理解卡謬《反叛者》一書對正統馬克思主義在二十世紀遭遇的窘境提出的挑戰。直到最後兩篇郭松棻一面追溯第二共產國際的正統馬克思主義思想如何在蘇共的革命歷史中被扭曲，一面鞭笞列寧的行動主義，批判蘇聯走上專政之路，是因為資產階級知識份子越俎代庖代理了無產階級的歷史任務，終於走上黨派性的集權道路。這一個論點，非常重要，三〇年代魯迅也認為知識份子無法代理無產階級的革命文學。郭松棻批判列寧主義其實是為了解答他對中國文革幻滅的疑惑。郭松棻的左派思想說明了他在政治思想上接近的是托洛斯基與普列

淑 1997）。

12　郭松棻回答簡義明的訪談，則表明是自己「熱情早就沒有了」（簡義明 2007：160）。簡義明比對郭松棻在《抖擻》中翻譯連載了《 "歐洲的共產主義" 與國家》，以及接受李怡的訪談中表明：「西方馬克思在現實政治的成果就是歐洲共產主義的出現」（李怡，2001：756），比較精確掌握郭松棻此時的馬克思主義思想，認為相較於前面《抖擻》的論文是在檢討過去，翻譯此書的郭松棻「投射出去的方向是未來」（簡義明 2007：70）。但簡義明卻未將郭松棻的左派思想結合文學實踐一起考察，導致我覺得他的論文對郭松棻的思想和文學分析，有一種斷裂之感。簡義明的訪談中，郭松棻指出《歐洲的共產主義與 "國家"》作者是義大利人，應該是西班牙人聖地牙哥‧卡里略，大陸的譯本是（商務印書館，1978）。

漢諾夫，這些在史達林執政時期被打為「修正主義者」的社會民主主義者。郭松棻指出：

> 普列漢諾夫就把列寧這種抑制民主而要求絕對服從獨裁者意志的思想，稱為“唯意志論”而提出批評。普列漢諾夫當時就發出警號，指出按照列寧這種思想發展下去，將來面臨的難題，不是無產階級的專政，而是對無產階級的專政。（羅安達1978：17）

　　文章結尾郭松棻指出「列寧主張以少數職業革命家，越俎代庖，替無產階級鬧革命並不是列寧主義的獨創」，早在列寧之前，恩格斯就曾批判過法國空想的布郎基主義，把一切革命想像成為少數革命家所實現的突然變革，而走上少數幾個人把持的專政之路。郭松棻考察自由主義的侷限與馬克思的實踐哲學，提出對於列寧主義的獨裁意志的批判，從而主張無產階級革命的「階段論」，必須經過資本主義的階段。從簡義明的訪談中，得知郭松棻此文之後又繼續在《抖擻》上翻譯連載了西班牙聖地牙哥‧卡里略的《“歐洲共產主義”與國家》，內容則在說明歐洲共產主義的社會民主主義的發展。[13]在接受李怡的訪談中，郭松棻表示「馬克思主義被蘇聯，中國所曲解和誤用了，而西方馬克思主義才是正路！」，「研究馬克思主義的目的之一或許就是，當某些政權以它為旗號，而引述它的經典為聖旨時，人們已對這方面有更多更好的瞭解以辨別它的真偽。」談到中國的未來，郭松棻

---

[13] 在接受李怡的訪談中，郭松棻詳述了馬克思學說的優缺點。缺點在於：其歐洲中心論、對無產階級神聖化帶有濃厚的烏托邦色彩、忽視構成整體的個體的價值、國家理論貧乏而多謬誤、經濟理論的過時，停留在十九世紀的政治經濟學的框架裡，對當代資本主義運作不夠了解。優點則在它仍是西方智慧能設想出來的較完備的思想體系，只有以前的基督教思想可以與之相拮，對於人類前景的樂觀，鼓舞人民向前的生趣。（李怡，2001：758）。

認為「很可能是發展出一種與過去二三十年不同的社會形態，這種社會形態也許與資本主義相近。進一步，則未敢預測」（李怡，2001：759-760）郭松棻經由批判意識考察社會主義的理論與實踐，讓人們照見了假傳福音的諸神的失敗，對左派知識份子易犯的理想主義敲了一記警鐘！

四、郭松芬知識份子小說的實踐哲學

在創作〈雪盲〉之前，郭松棻曾經寫了〈秋雨〉、〈含羞草〉、〈月印〉三篇關於知識份子的「壯志未酬」的故事。其中寫于 1970 年的〈秋雨〉，藉由暑假期間從美返台的留學生「我」，探望患了絕症的老師殷海光（1919-1969），批判了自由主義者的犬儒心態。對於這位在 1960 年的『自由中國』事件中，[14]倡議組黨自由而被英國的《中國季刊》推為島上自由主義的領袖殷海光，在 1966 年被台大解聘、遭到特務刑求，敘述者「我」並沒有歌頌其犧牲精神，反而憤憤地指稱：「自由主義是空虛的東西。把『真理、自由、人道』當作抽象的理想去宣揚，在現實的風暴裡幾乎等於沒有主張」，對於殷師抱定被捉拿、槍斃的決心，揶揄道：「自由主義的終極堅忍是，在退無可退的時節，將自己繳出去」。對於殷師與徐復觀的中西文化論戰，也揶揄地說：

> 前一陣台北的文化論戰，或許終於也只是一場滿足於知識人的殺伐心理而已。他們總恨不得把對方扣上共產黨之名，好讓旁觀著的政府拿去「嚓！」地滅掉。（《郭松棻集》，頁 228）

郭松棻在小說裡面還自白地說道當時：「並不覺得對於兩個月之

---

[14] 1960 年 9 月 1 日，《自由中國》第 23 卷第 5 期，殷海光執筆的社論〈大江東流擋不住〉，表示組織政黨的民主潮流就像大江東流，是任何政黨所抵擋不的。三天之後，《自由中國》首腦、組黨運動第一發言人的雷震以「知匪不報」和「為匪宣傳」的罪名被逮捕，判處十年徒刑，《自由中國》只好解散。

內隨時就要亡故的老師有任何的刻薄」，其憤世嫉俗溢於言表。郭松棻發表這篇小說時，殷海光剛死於胃癌不久。不夠細心的讀者或許會認為郭松棻「大逆不道」。但是這時候剛剛思想左傾的郭松棻，只是很務實地評價殷海光的自由主義者的姿態是：「沒有武裝起來的的烏托邦思想與強權相遇時，不免像一隻坦克底下的蝴蝶」。面對殷海光發出「美國政府真地支持台獨？」的天真語氣，在這篇尖刻而嘲諷的語言底層下，其實透露出敘述者「我」，對於國民黨白色恐怖統治的無奈與未來的彷徨，「大學畢業以後，似乎大家都倦怠了」，「當他們偶爾想把未死的一點希望寄託到海外的朋友時，我便說其實在外面也許看不到前途的罷。」在這篇小說中透露出的是受沙特存在主義影響的郭松棻找不到出路的心路歷程。而斷裂的國家的歷史處境，卻在此時讓身處於美國反越戰與保釣運動中心的柏克萊大學的郭松棻，找到了「介入」歷史的行動性。寫完這篇小說的郭松棻，隨後即積極投入保釣運動，並因此被《中央日報》具名點名為「共匪特務」而流亡美國長達 28 年不得返台。[15]

　　1983 年發表的〈含羞草〉，描寫的是同樣是留美的「我」與「因患吓亀（氣喘），不適留居台灣」的「他」的相遇相知。「他」是「即便是夏季，也隨身帶著一支噴槍模樣的藥器」，一個病弱的知識份子，非常沉默、害羞，因為氣喘而表明如果可以選擇，他不願降生台灣。但「他」卻在一次大風雪中開了兩天的車來找「我」，想找個人喝喝酒、聊聊天。兩個人的交往，「多半無言地坐在屋裡，聽著馬勒的『大地之歌』」。最後一次是我到芝加哥的植物園去看他，共度一個美好的下午，他還說「沙漠地方對他的身體可能有益」而有意動身前往。小說結尾卻是，學位論文已經逼到時限的「我」，無意間從台灣寄來包

---

[15] 參看魏偉莉：〈郭松棻生平及著作繫年〉，（2004： 199-207）。簡義明：〈郭松棻生平及寫作年表初編〉（2007：123-131）

著食物的發黃報紙上，「在一個不顯眼的角落裡登著他的一則消息：他因涉嫌叛亂，被判刑入獄。」這個意外的結尾，與小說行進間，不斷重複著「這天氣，是不是靠得住」，似乎暗示著知人知面不知心。這個三千五百字的短篇，在 1986 年改寫的同名小說中（為了區別，前衛版改名為〈草〉），將敘述人稱「我」改為「你」，篇幅也擴充為一萬四千字，發表在美國的《知識份子》雜誌。吳達芸在〈齎恨含羞的異鄉人〉對前後兩篇小說敘事轉變有精闢的分析，並指出「你」實為「隱形我」的化身，由於隱形我的宏觀，「你」得以深入知鍥之友的心中去思想感受，「你」和「他」的生命乃能「交疊」蔚成一個生命共同體：

> 如果「他」之終究走上「涉嫌叛亂」之路，乃是真正實踐「他」
> 普救眾生的手段的話，不諦意味著這位齎恨含羞，於國於鄉了
> 無貢獻的「異鄉人」，於內心深處，實對採取實際手段的知識
> 份子寄予同情與共鳴，雖其己身不能亦不為，而這種同情卻也
> 足以使其由局限卑瑣的困境中擴大超拔了。（《郭松棻集》，頁
> 536）

　　形同流亡的郭松棻，情有獨鍾此一題材，歷經三年改寫，我也認為，「他」其實正是郭松棻的「分身」。如若能回到故鄉，已經被點名為「共匪特務」的郭松棻大概也是落得「涉嫌叛亂」的下場。

　　事實上〈雪盲〉才是郭松棻第一篇採用了隱形我隱身於「你」的敘事觀點的小說，比〈草〉還要早，1985 年就發表在美國的《知識份子》雜誌。這篇小說，也最接近郭松棻的自我告白。小說中，為了紓解升學考試壓力、病弱蒼白的少年「你」，從一個退休失志的校長手中接過蟲蛀的、台灣總督府監製印的《魯迅文集》，馬上就被〈孔乙己〉攫住，直到飄泊在美國的沙漠中的警察學校，對著七個簡單的中文都說不好、畢業以後即分配到賭場去當警察的學生，教授「魯迅

小說」。無怪乎：

> 每次教完了〈孔乙己〉，你好像患了機能障礙症似地，腳突然
> 失去了作用。你想樣以孔乙己的模樣，用滿是污泥的手爬出教
> 室，甚至讓自己的腿折斷，坐在地上一路跋著向前。現在這是
> 教室與停車場之間唯一可以頂天立地的行走方式。你忘不了南
> 方澳的那次旅行。不管母親怎麼罵你，你還是屈身蹲在車廂的
> 地上。讀著你的魯迅，讓自己在站客不斷搖晃的腿與腿之間沈
> 落。

而小說中重複插入魯迅小說〈孔乙己〉的文本是那一段文字：

> ……但終於沒有進學，又不會營生；於是愈過愈窮，弄到要討
> 飯了。幸而寫得一筆好字，便替人家抄抄書，換一碗飯吃。可
> 惜他又有一樣壞脾氣，便是好喝懶作。做不到幾天，便連人和
> 書籍紙張筆硯，一齊失蹤。如是幾次，叫他抄書的人也沒有了。
> 孔乙己沒有辦法，便免不了偶爾做些偷竊的事。但他在我們店
> 裏，品行卻比別人好，就是從不拖欠；雖然間或沒有現錢，暫
> 時記在粉板上，但不出一月，定然還清，從粉版上拭去了孔乙
> 己的名字。

　　郭松棻在2005年前後受訪時也曾表示：魯迅的小說中，〈孔乙己〉
是最好的一篇。我不禁好奇的是，如果要以他描寫的知識份子的類型
來說，〈雪盲〉呼應的應是〈在酒樓上〉與〈孤獨者〉的現代知識份
子，為何郭松棻推崇的卻是〈孔乙己〉？並說「至今小說人物孔乙己
還在被誤解著」（舞鶴訪談，李渝整理2005：36-54；簡義明2007：187）。
我推測郭松棻顯然認為〈孔乙己〉更能代表魯迅作為傳統文化的「最

後的知識份子」[16]的命運。郭松棻身處異鄉的美國，自己空有左派的理想，卻無法走上「實踐之路」——猶如跛腳的孔乙己，和〈雪盲〉中雞同鴨講地講授〈孔乙己〉的主人公一樣，面對理想與實踐、革命與幻滅之間巨大裂縫的難堪。

五、犧牲與奴役：知識份子的實踐哲學

魯迅可說是質疑中國傳統文化陰暗面的代表。魯迅以他的一生和他的作品，為中國在脫離封建帝國統治後，要步入以歐洲為中心定義的「現代化」，展現了一部史的見證。從啟蒙知識份子的眼睛照見「古已有之」的種種陰暗面，阻礙了中國的「現代化」，使他感到深陷在歷史包袱之下的「國民性」改造之困難。他一生的創作，就像他到日本學醫時，在解剖課上拿著解剖刀，解剖青蛙、解剖陳屍般，拿著筆就像拿著「鋼叉」或「投槍」，不斷地解剖、鞭韃自己內心那個千年古魂的屍，想要使這個古國的陰魂，徹底的碎屍萬斷，不要再借屍還

---

[16] 這裏借用的是美國左翼知識份子羅素‧雅各比（Russell Jacoby）不無偏激地指出美國格林威治村的都市波希米亞聚落用解放、藝術、性和思想自由作為承諾的「非學院的知識份子」已經完全消失，取而代之的是遠離大眾的一整群怯懦、滿口術語的大學教授（羅素‧雅各比著，傅德達譯：2009，第一章）。剛好本文討論的三位作家都是不被收編的、體制外的「非學院的知識份子」。不過筆者比較認同的是薩依德對雅各比評論：「雅各比沒有談論的是，二十世紀知識份子的主要關懷不是公共的論辯，也包括了批評和解咒，揭穿假先知和截破古老的傳統和神聖的名字」。薩依德認為重要的不是在不在學院，而是抵抗「專業化」的態度，「專業化」意味著愈來愈多技術上的形式主義以及愈來愈少的歷史意識、意味著昧於建構藝術和知識的原初努力：結果就是無法把知識和藝術視為抉擇和決定，獻身和聯合，而只以冷漠的理論和方法論來看待，成為文學專家也常意味著把歷史、音樂和政治排除在外。薩依德以「業餘性」的關懷、志趣、行動稱之，足以從廣泛的工具性壓力中解放出來，向權威發言（薩依德著，單德興譯 1997：第四章）。

魂到下一代，卻眼睜睜見下一代的下一代的下一代……身軀裡，古魂陰魂不散地揮之不去。他曾自言道：

> 古人寫在書上可惡的思想，我的心理也常有……我常常詛咒我的這思想，也希望不再見於後來的青年。（〈寫在墳後面〉《魯迅全集》2：284）

　　他一生都不懈地對抗著這黑暗的自我，而他小說中再三重複著不被世人了解的「孤獨者」的形象，這些「孤獨者」有的是如魯迅自身般具反省自剖、對立於庸眾的「獨異個人」，例如狂人、N 先生、呂緯甫、魏連殳等。其中只有狂人具有「向現實和人們提出警告的熱情」（李歐梵 1995：104）。然而狂人的警告，卻又解消於被世人視為顛瘋的囈語中；其他的「孤獨者」則到最後都失去了熱情，從激進的理想主義者，變成了減退過去雄心的憤世者，甚至變成了頹廢的虛無者，這些清醒的「孤獨者」，魯迅在《兩地書》中說：

> 這一類人物的命運，在現在———也許雖在將來———是要救群眾，而反被群眾所迫害，終於成了單身，忿激之餘，一轉而仇視一切，無論對誰都開槍，自己也歸於毀滅。

　　《孤獨者》中的魏連殳，其實就是魯迅自己的化身；周作人曾說：「在魯迅所有的小說、散文作品中，沒有一篇（像《孤獨者》）和他的生活中的真實這麼相像」（李歐梵 1995：108），據聞當年魯迅眼見辛亥革命後中國的亂象，曾萌生投筆從戎到陳儀的麾下而有此作。[17]魏連殳是個喜發議論、批評時政，被視為可怕的、「吃洋教」的新黨，常說家庭應該破壞，一領薪水卻一定立即寄給他的繼祖母，被族人當作「外國人」看待，而連殳原本將希望寄託在小孩身上，認為「小孩

---

[17] 據與汪暉先生的交流所言。

總是好的」，後來發現小孩亦不復天真，連很小的小孩亦會使壞罵他，或是像他堂兄的小兒子幫著父親為了謀他一間屋，要來喊他爹；連殳臨終前希望徹底幻滅，終於自嘲地與世人同流合污。這裡魏連殳展現的正是個批判「舊父」欲建立「新父」的知識份子的形象，然而「接代」的希望幻滅了，魏連殳就開始墮落為他批判的「舊父」體系的一員，他說：「我已經躬行我先前所憎惡，所反對的一切，拒斥我先前所崇仰，所主張的一切了。我已經真的失敗－然而我勝利了。」如此「新父」建立的理想就在魏連殳自己嘈嘈的、諷刺的喪禮中終結。

　　小說中的另外一個「孤獨者」，則是以連殳的繼祖母為象徵，繼祖母一生終日終年默默的做針線，為全家犧牲奉獻一輩子，她肩負的是一個「犧牲的母親」的形象，被壓制在封建父權體制的底層，無力對抗幾千年以來的禮教傳統，唯一能做的只是沈默。像這樣「犧牲的母親」的形象，在魯迅《野草》中一篇名為〈頹敗線的顫動〉的散文詩中，有令人動容的精彩速寫，一個為撫養女兒而賣淫的寡母，被長大後的女兒和女婿唾棄，無語的在無邊的荒野中，舉手向天，頹敗的顫動。如此「犧牲的母親」的形象與魏連殳一樣都是「愚鬥的古國」的犧牲者。

　　在這樣的「國族寓言」中，我們可以看到「國族」有兩層結構，在上層的是封建禮法、「大傳統」的父權結構，在下層的是以被壓制的「犧牲的母親」——有「不幸的，但倔強的生命力」——代表被禮法宰制的廣大的「庸眾」。「孤獨者」連殳因愛或同情被宰制的下層「庸眾」（母），而去批判上層的大傳統（父），同時亦批評了下層的沈默造成無謂的犧牲。連殳最大的悲劇就是，他是覺醒下的「犧牲者」，比起沈默、無知的大眾，更感到知的絕望。在此我們似乎隱隱約約的在連殳的身上，看到魯迅自己的影子，李歐梵先生也說：「《孤獨者》是魯迅作為一個陷於夾縫中的、必然會痛苦並感到死之陰影籠罩的、覺醒了的孤獨者的自我隱喻。」（李歐梵 1995：104）並認為犧牲的主

題是貫穿於魯迅的全部作品的，魯迅在一篇〈「硬譯」與「文學的階級性」〉一文中自比為希臘神話中的 Prometheus（普羅米修斯），說道：

> 人往往以神話中的 Prometheus 比革命者，以為竊火給人雖遭天帝之虐待不悔，其博大堅忍正相同。但我從別國竊得火來，本意卻在煮自己的肉，以為倘能味道較好，庶幾在咬嚼者那一面也得到較多的好處，我也不枉了身軀。（魯迅著，止庵、王世家編《魯迅著譯編年全集 12》，2009：41）

對魯迅而言，「革命者的形象（事實上也是他的自我形象）是一個深刻的悲劇形象，因為體現的最終意義就是犧牲」。（李歐梵 1995：257）革命與犧牲是小說家魯迅創作的主題之一，也是五四時期魯迅對中國的「現代化」歷程的悲劇預言，並代表魯迅作為傳統中國知識份子（孔乙己）的「現代」命運。

相較於小說家魯迅對於「犧牲」有著較為悲憤的看法，我認為轉向「階級革命論」的魯迅對於「犧牲」有比較積極的實踐意義。魯迅最後十年沒有寫小說，顧鈞指出「小說是魯迅對"文學革命"的最大貢獻，而雜文則是他對"革命文學"的最大貢獻」（2006：48），其中應該還要加上翻譯。經歷過大革命挫敗的魯迅對「犧牲」的看法，不再只是停留在〈狂人日記〉、〈藥〉、〈孤獨者〉等頹廢而激憤的復仇意象。三〇年代前後，魯迅歷經「革命文學」、「自由主義文藝」到「文藝大眾化」的論爭，從進化論走到革命階級論的關鍵，是透過論戰雜文並轉譯日文的蘇聯文學理論，了解文學與革命的理論問題，「以及在政治承擔的框架內確定自己生命『存在』的意義問題」（李歐梵 1995：182）。魯迅剛開始受到托洛斯基革命階段論的看法，認為革命時代沒有「革命文學」，同時因為瞿秋白的影響，而提出「革命人」的期待（長堀祐造 1996、2002），揭穿了創造社叫喊革命文學，是「非革命的急進革命論者」（魯迅著，止庵、王世家編《魯迅著譯編年全集 12》，

2009：113）。到後來逐漸關注著蘇聯革命的變化，翻譯了蘇聯文藝理論以充實中國的革命文學論。

丸山昇的研究指出：魯迅儘管目睹了蘇維埃成立後，葉遂寧和梭波里大叫「活不下去」的自殺，「他已意識到，自己終究不過是這種過渡性的存在」：

> 有可能使魯迅自身以及“革命文學者”都“活不下去”的革命，不是作為暴風雨或雷電到來，而是作為需要“卑俗麻煩的工作”的 “建設” ，作為“老老實實的東西”而到來的。文學者、詩人接受考驗，其中很多人將遭受挫折，便正是為此。（丸山昇 2005：68-69）

在此意義下，魯迅認為自己的硬譯工作總會被較好的翻譯者淘汰，他不過是「填這從“無有”到“較好”的空間」（魯迅著，止庵、王世家編《魯迅著譯編年全集》12，2009：42），將自己視為歷史過渡性存在，使魯迅對於「犧牲」的內涵，有著更具體的實踐意義。在介紹珂勒惠支的木刻畫《犧牲》時，魯迅寫道：

> 《犧牲》即木刻《戰爭》七幅之一，刻一母親含悲獻他的兒子去做無謂的犧牲。這時正值歐洲大戰，她的兩個幼子都死在戰線上。
>
> 然而她的畫不僅是“悲哀”和“憤怒”，到晚年時，已從悲劇的，英雄的，暗淡的形式化蛻了。
>
> 所以那蓋勒（Otto Nagel）批評她說：K.Kollwitz 之所以於我們這樣接近的，是她那強有力的，無不包羅的母性。這飄泛於她的藝術之上，如一種善的徵兆。這使我們希望離開人間。然而這也是對于更新和更好的“將來”的督促和信仰。（魯迅著，止庵、王世家編《魯迅著譯編年全集 13》，2009：292）

　　魯迅寫下這段話的 1931 年初，才剛經歷了左聯柔石等五烈士的犧牲，或許可以讓我們更貼近理解魯迅轉向「階級革命論」的實踐抉擇，在那樣的歷史關鍵時刻，不抱持犧牲的信念就只能被奴役。

　　同樣的革命與犧牲的主題也在郭松棻的小說世界上演，又一個「壯志未酬身先死」的是〈月印〉裡鐵敏。從日本的南洋戰場染上肺病沒死的鐵敏，在妻子文惠的照顧下身體逐漸恢復，但真正得到精神的療癒，卻是因為在蔡醫師那裡接觸到來自中國「地下組織」的楊大姐而得到「新生」。這樣的「新生」當然是好不容易把鐵敏從鬼門關搶救回來的妻子文惠所妒忌的。因而在一種「搶回丈夫」的衝動下，密報了家裡的「那一箱書」。導致文惠被國民黨官員稱頌是「大義滅親」時，都還不知道怎麼會把丈夫送上了刑場。郭松棻提到這篇小說時，特別說明「二二八」，「在台灣一段令人痛心和感傷的歷史」，卻被偏頗為省籍分化，不但不幸，而且很不應該。「台灣悲情太重，實際奮發去做事的勁道還不太充足」。（舞鶴訪談，李渝整理 2005：50-51）文惠隱喻的是一個政治無意識的「母性」之愛，但這個「母愛」，卻是扼殺「新生」，白色恐怖統治者的「幫兇」。迄今為止，對二二八政治記憶的文學書寫中，大抵出於對施暴著的控訴，還沒有一篇作品像郭松棻如此忍痛地批評台灣人的政治無意識必須承擔歷史的共業。從愛與犧牲的命題，去描繪人的有限性的，也貫串於郭松棻的〈月嗥〉、〈奔跑的母親〉與〈雪盲〉中，出於愛的犧牲，如何不變成要求被愛者的犧牲，實也聯繫到革命與犧牲的辯證難題。

　　「愛到癡時即是魔」可以用來形容文惠的「母愛」，也是郭松棻在〈今夜星光燦爛〉中引用陳儀原來的「事業平生悲劇多，循環歷史就如何，癡心愛國渾忘老，愛到癡心即是魔」所改寫的句子，郭松棻有意藉陳儀來自我總結（黃錦樹 2006：256），藉由小說主人公在馬場町「犧牲」就義前「鏡幻」自我的精神不朽，而無悔於肉體的犧牲。就像〈草〉中的「涉嫌叛亂」的「他」與「我」的形、神合一，郭松

菜將自我無法實踐的革命道路投射到陳儀的生命寫照裡「重生」，而與想要投筆從戎救蒼生的魯迅鍥合於一。在冷戰結構下，作為接受美援的「流亡政權」的「亞細亞孤兒」的台灣子民，郭松棻其人其文展現的是流亡在美國，卻關注中國命運的知識左派的人文關懷。從〈秋雨〉、〈含羞草〉、〈月印〉、〈草〉以降的知識份子小說，一再變奏犧牲無力對抗強權，到了〈雪盲〉中，幸蠻安於孔乙己「跛腳的知識份子」悲劇而尊嚴的存在──歷史前進的巨輪下的被犧牲者。到了〈今夜星光燦爛〉以犧牲者的精神不朽，克服了郭松棻理想與實踐落差的悲劇美學。在歷史的關鍵時刻，知識份子勇於承擔的抉擇，是克服左派憂鬱症，不落入虛無主義的實踐之道。

參考書目

丸山昇著，王俊文譯（2005）〈“革命文學論戰”中的魯迅〉《魯迅‧革命‧歷史》（北京：北京大學出版社）．．

古蒼梧、古劍，記錄整理曹清華（2004）〈左翼人生：文學與宗教——陳映真先生訪談錄〉（香港：《文學世紀》第四卷第四期總第 37 期，2004 年 4 月）　頁 4-14 。

朱双一（1991）〈魯迅對日據時期台灣新文學散文創作的影響〉《魯迅研究月刊》1991 年第 3 期。

李怡（2001）〈昨日之路：七位留美左翼知識份子的的人生歷程〉《春雷聲聲——保釣運動三十週年文獻選》（台北：人間），頁 753-760。

李歐梵（1995）《鐵屋中的吶喊》（台北：風雲時代出版公司）。

汪暉《反抗絕望》（台北：久大，1990）。

長堀祐造（1996）〈試論魯迅托洛茨基觀的轉變——魯迅與瞿秋白〉《魯迅研究月刊》1996：3。

＿＿＿＿。（2002）〈魯迅“革命人”的提出——魯迅接受托洛茨基文藝理論之一〉《魯迅研究月刊》2002：3。

林瑞明（1991）〈石在，火種是不會絕的：魯迅與賴和〉國文天地，7：476，民 80 年。

施淑（2009）〈陳映真論台灣帶主義的省思〉（2009）《陳映真創作 50 周年國際學術研討會會議論文（一）》台北：文訊雜誌 2009.9.26-27，頁 1-7。

陳映真（1988）《陳映真作品集》1-15（台北：人間）。

＿＿＿＿。（2004）〈后街〉《父親》（台北：洪範，

＿＿＿＿。（2006）〈突破兩岸分斷的構造，開創統一的新時代〉龔忠武等合編：《春雷之後：保釣運動三十五週年文獻選輯（三冊）》（台北：人間，2006），頁 4-14。

張燕萍（2000）〈人間的條件──鍾理和文學裡的魯迅〉（台中：靜宜大學中國文學系研究所碩論）。

張恆豪（1995）〈蒼茫深邃的「時代之眼」比較賴和「歸家」與魯迅「故鄉」上中下〉《自立晚報》，1999 年 5 月 2 日~4 日。

陳建忠（1999）〈啟蒙知識分子的歷史道路──從「知識分子」的形象塑造論魯迅與賴和的思想特質〉《孤獨的帝國──第二屆全國大專學生文學獎得獎作品專集》，台北：行政院文化建設委員會。

陳建華（2000）《革命的現代性──中國革命化與考論》（上海：上海古籍）

陳素貞（1999）〈中國／臺灣的娜拉哪裡去？──從魯迅的「娜拉走後怎樣」談廖輝英的「油麻菜籽」，兼比較魯迅「祝福」與「傷逝」筆下的女性困境〉《中國現代文學理論》15，p345-360。

郭松棻著、陳萬益主編（[1993]1994）《郭松棻集》（台北：前衛）。

郭松棻（2002）《奔跑的母親》（台北：麥田）。

＿＿＿。（2001）《雙月記》（台北：草根）。

＿＿＿。（2005）〈洛九花〉《印刻》雜誌 1：11，2005.7。

楊劍龍（1995）〈影響與開拓──論魯迅對賴和小說的影響〉《文藝理論與批評》55，1995.9。

楊澤（1995）〈邊緣的抵抗──試論魯迅的現代性與否定性〉中研院文哲所編委會主編《中國現代文學國際研討會論文集──民族國家論述》（台北：中研院文哲所），頁 173-205。

蔡振輝（2007）〈魯迅對臺灣新文學發展的影響探究〉《魯迅研究月刊》2007 年第 5 期。

廖淑芳（2000）〈魯迅、賴和鄉土經驗的比較──以其民俗與迷信書寫為例〉《臺灣文學學報》1， p215-237。

游勝冠（2002）〈我生不幸為俘囚，豈關種族他人優──由歷史的差異性看賴和不同於魯迅的啟蒙立場〉國文天地，17：10=202，p4-8

舞鶴訪談，李渝整理（2005）〈不為何為誰而寫──在紐約訪談郭松棻〉《印刻》雜誌 1：11，2005.7。頁 36-54。

黃錦樹（2006）《文與魂與體：論現代中國性》（台北：麥田，）。

魯迅著，止庵、王世家編（2009）《魯迅著譯編年全集》（北京：人民文學）。

簡義明（2007）《書寫郭松棻：一個沒有位置和定義的寫作者》（新竹：清華大學中國文學系博士論文）。

魏偉莉（2004）《異鄉與夢土──郭松棻思想與文學研究》（台南：成功大學台灣文學研究所碩士論文）。

龔忠武等合編（2001）《春雷震震：保釣運動三十週年文獻選輯》（台北：人間）。

漢娜・阿倫特（Hannan Arendt）著，陳周旺譯（2007）《論革命》（南京：譯林）。

桑德斯著，曹大鵬譯（2002）《文化冷戰與中央情報局》（台北：國際文化）。

聖地牙哥・卡里略（1978）《歐洲的共產主義與"國家"》（北京：商務印書館）。

雷迅馬（Michael E.latham）著 牛可譯（2003）《作為意識形態的現代化》（北京：中央編譯）。

薩依德著，單德興譯（1999）《知識份子論》（台北：麥田）。

顧鈞（2005）〈魯迅的蘇聯文學理論翻譯與左翼文學運動〉《揚州大學學報（人文社會科學版）》10：3。頁 44-48。

羅素・雅各比著，傅德達譯（2009）《最後的知識份子》（新店：左岸文化）。

羅安達（郭松棻）（1974-1978）〈戰後自由主義的分化──談卡謬與沙特的思想論戰〉1-5，分別為連載於《抖擻》1974.3、1977.9、1977.11、1978.3、1978.5。

Revolutionary, sacrifice and the

Intellectual's social practice：

the Intertextuality between Guo Sung-Fen's

and Lu Xun's Texts

Hsiu-Hui Hsu

associate professor

Abstract

In the paper, I would like to spotlight on the intertextuality between Guo Sung-Fen's and Lu Xun's Texts. I will focus on how the images of the intellect characters in Guo's story imply the international political condition of Taiwan in the era of Cold War. Furthermore, I will explore the connections between Guo's and Lu Xun's stories, such as the topics of the intellectual' social practice, literature and social reformation movements and aesthetics of self-reflection and confession, revolution and decadence, ideal and irony, etc. By this way, I would like to discuss the topic of modernity since May Fourth movement to the era of Cold War. Finally, I will try to show the similarity and difference of the intellectual physiognomy and cultural thoughts cross Taiwan Strait due to the rupture of history and the confrontation of political ideologies.

Keyword：Lu Xun, Guo Sung-Fen, Intellectual, Practical philosophy

台灣電影的歷史敘事與創傷再現
——以《好男好女》及《超級大國民》為主

黃　儀　冠

國立彰化師範大學國文系

摘　要

台灣在經歷八〇年代的衝撞體制，狂飆街頭的各式運動之後，舊有的價值觀及信仰土崩瓦解，在九〇年代試圖回溯歷史，重塑台灣的主體性，並重新建構政治記憶。台灣電影在九〇年代試圖從不同的角度切入個人的、集體的歷史記憶，轉化苦難的創傷，重新詮釋歷史與個人身份認同的關係。過往學者認為九〇年代的台灣電影受到全球化資本主義深化，以及後現代史觀影響，對於影像與史實之間的寫實關係抱持自覺與質疑的態度，不僅影片的形式傾向後設的後現代化風格，回顧歷史的影片大多同時凸顯歷史與記憶的建構性，否定影像能「再現」史實。筆者試圖再進一步思考，九〇年代台灣電影對於歷史的處理，是斷裂的、游移的，還是在八〇年代狂飆之後試圖重構及重建。本論文以九〇年代歷史敘事觸及白色恐怖影片，作為分析的文本對象，探討台灣「白色恐怖」的創傷敘事與記憶政治透過影片特定的形式結構如何呈現。由影像的歷史敘事來看台灣的國族身分認同，所呈現的是後現代社會的朦朧、異質、游移而無法掌握的分裂／分散主體？或者是後殖民論述中的重塑、重建、重構，並凝聚其台灣性主體？本文試圖透過九〇年代台灣電影的歷史敘

事，探索家國認同與個人創傷記憶，如何在全球化及後資本
主義時代再現與衍異。

關鍵詞：白色恐怖、創傷記憶、台灣電影、侯孝賢、萬仁、
　　　　好男好女、超級大國民

一、前　言

　　台灣在經歷八〇年代的衝撞體制，狂飆街頭的各式運動之後，舊
有的價值觀及信仰土崩瓦解，在九〇年代試圖回溯歷史，重塑台灣的
主體性，並重新建構政治記憶。台灣電影在九〇年代試圖從不同的角
度切入個人的、集體的歷史記憶，轉化創傷的苦難悲戚，重新詮釋歷
史與個人身份認同的關係，特別在台灣這塊土地，歷經多種政權的交
替，彰顯與壓抑的歷史記憶，一直以來都是學界重視的問題。林文淇
認為台灣新電影時期所開展的懷舊鄉土風，以及回溯成長經驗，並凝
塑台灣認同的電影符碼，在九〇年代電影工作者轉向凝視「都市」之
後已不復見。取而代之的是台灣處於跨國資本主義全球結構中的都市
經驗。當台灣從前工業時期的鄉土轉向國際化、全球化的都市發展之
際，在台灣電影中對於日益全球化與異質化都市空間與生活經驗的呈
現，讓新電影所建構的台灣經驗與鄉土認同，反而變成陌生化的影
像。[1]另一方面，在新電影傳統之後，九〇年代的台灣電影對於影像
與史實之間的寫實關係抱持自覺與質疑的態度，不僅影片的形式傾向
後設的後現代化風格，回顧歷史的影片大多同時凸顯歷史與記憶的建
構性，否定影像能「再現」史實。陳儒修〈歷史與記憶：從《好男好
女》到《超級大國民》〉，其文主要在探討歷史與影像之間的關係，對
於《好男好女》及《超級大國民》兩部影片雖然觸及，但對於由歷史

---

[1] 參見林文淇〈九〇年代臺灣都市電影中的歷史、空間與家／國〉，《中外文學》
　　總第 317，1998.10，頁 99-119.

書寫到紀錄片、劇情片之間的辯證，似乎留有進一步論述探討的空間。[2]歷史與記憶的關係是建構式的，也是受到全球化影響之後，歷史記憶已遭抹銷，徒留下歷史的虛無及個人的創傷。以台灣這個跨國資本主義的第三世界衛星國家而言，全球化的意義正是國際都市化、美國化。因為，西方的資本－帝國－殖民主義並未隨著所謂的後現代性與全球化而消解。九〇年代的台灣電影中所呈現的似乎是斷裂的歷史感。

　　本文在上述學者的觀點啟發下，試圖再進一步思考，九〇年代台灣電影對於歷史的處理，是斷裂的、游移的，還是在八〇年代狂飆之後試圖重構及重建。本論文以九〇年代歷史敘事觸及白色恐怖影片，作為分析的文本對象，探討台灣「白色恐怖」的創傷敘事與記憶政治透過影片特定的形式結構如何呈現，挖掘影片對於歷史敘事的重構，檢討其不足，試圖拋出一條可能的跨領域研究路徑，擴大文學研究與歷史研究的範疇，從庶民記憶、口述史料作為連結的始點，為影片所重構的史觀及再現的個人記憶作延伸探索。本文試圖論述在九〇年代全球化及資本主義發達的時刻，台灣電影如何呈現歷史敘事，以及再現歷史記憶，又如何在影像空間中展演。侯孝賢的《好男好女》與萬仁的《超級大國民》分別處理台灣白色恐怖時期的記憶與歷史，隨著全球化的來臨，家國認同產生何種質變？由影像的歷史敘事來看台灣的國族身分認同，所呈現的是後現代社會的朦朧、異質、游移而無法掌握的分裂／分散主體？或者是後殖民論述中的重塑、重建、重構，並凝聚其台灣性主體？本文試圖透過九〇年代台灣電影的歷史敘事，探索家國主體與個人創傷記憶，如何在全球化及後國家時代再現與衍異。

---

[2] 參見陳儒修〈歷史與記憶：從《好男好女》到《超級大國民》〉，《中外文學》總第293，1996.10，頁47-57。

二、影像史學與歷史敘事

八〇年代台灣解嚴之後重寫歷史及文學史的風潮出現，社會從長久的封閉之後獲得解放，許多以往禁忌的白色恐怖歷史與噤聲的弱勢族群，自威權的禁錮裏開始出走，在日趨自由、開放和多元的社會氛圍裏，大量的個人口述歷史，如阿嬤的口述傳記、老兵的口述歷史、二二八口述歷史、自傳、回憶錄、各種傳記書寫方興未艾，昔日消音的政治議題透過詩、散文及小說等文學表現形式在此時大量出現，向陽在〈八〇年代台灣現代詩風潮試論〉中指出從威權轉向民主最大的標誌即是八〇年代台灣的歷史重寫，這個重寫，重構歷史的風潮使得整個社會政經系統與文化傳播系統都受到相當衝擊。[3]彭小妍亦指出，1987 年解嚴後從個人敘事視角重新詮釋歷史，以及大規模重建文學典律的趨勢已然成形，「重建文學史」，「重構文學典律」成為當前重要的議題。[4]台灣電影也在此時重新檢視台灣的近代史，回顧國族歷史的電影風潮從侯孝賢的《悲情城市》及王童的《香蕉天堂》開始，展開九〇年代一系列處理歷史的影片，這些影片往往透過與當今台灣社會的變遷，重新觀照昔日歷史詮釋，身分認同錯置與家國想像的建構。[5]

在這波歷史重構風潮中，九〇年代台灣電影關注於戰後初期至五

---

[3] 向陽：〈八〇年代台灣現代詩風潮試論〉，發表於《第三屆現代詩學會議》，今轉引自《台灣史料研究》第 9 期，1997 年 5 月，頁 98-99。

[4] 學院裏對於台灣文學史的重建與重寫正在進行，許多作家的全集也已出版或陸續由作家遺族，民間出版社或文建會及各縣市文化中心出版整理中。許多塵封的文學作家，文學作品此刻受到重視，而昔日的文學典律正在解構，重建之中。參見彭小妍〈解嚴與文學的歷史重建〉，收錄於《解嚴以來台灣文學國際學術研討會論文集》，台北：台灣師範大學國文系，2000 年 9 月，頁 11-14。

[5] 如侯孝賢《戲夢人生》、《好男好女》，萬仁《超級大國民》、《超級公民》，王童《香蕉天堂》、《紅柿子》，以及林正盛《天馬茶房》等等。

〇年代白色恐怖之創傷記憶，正可以映證上述這波重寫歷史的因緣。
1945 年中日戰爭，由於美國的介入再加上日本國力的衰竭，因而宣
告無條件投降，已受到日本統治五十年的台灣，劃歸為中國的疆域，
然而中國內政的種種貪腐，再加上長期戰亂所造成的內部矛盾，使得
國共之間醞釀著另一場戰爭的危機。1949 年國民黨政權從大陸退守
到台灣，在戰後初期 1950-54 年之間，為了鞏固政權，有鑑於大陸潰
敗的歷史經驗，禁絕社會主義思潮與左翼運動思想，全島陷入「反共
復國」的神話建構，以及恐紅（紅色思想，紅色旗幟，紅色共產黨）
的戒嚴肅殺氛圍，其間在台灣持續進行嚴酷的軍事威權統治，以及左
翼知識青年與左翼政治運動等撲殺行動，成為台灣歷史上一段「白色
恐怖」時代。藍博洲認為在五〇年代台灣政府所採行的白色恐怖政
策，乃是「國共階段內戰的延長，國際反共基地的整地作業之重疊。」
他認為台灣五〇年代的歷史是具有世界史的意義。[6]本文所分析的電
影《好男好女》基本上根植於藍博洲所著《幌馬車之歌》，而另一部
電影萬仁《超級大國民》則觸及台灣白色恐怖的政治犯敘事。[7]

侯孝賢描繪二二八事件的電影《悲情城市》(1989)，及重述歷史
人物鍾浩東《好男好女》(1995)，許多評論者認為電影並沒有重現「歷
史的真相」。[8]然而任何一種影片都是對歷史的某種詮釋及建構，尤其

---

[6] 藍博洲〈「特赦令」歧視下的「另一種聲音」──追溯台灣白色恐怖的源頭〉，
《幌馬車之歌》，台北：時報，1994 年，頁 321。

[7] 所謂「敘事」(narrative) 即指有先後順序的事件安排，有情節佈局引導的故事
講述。敘事非如實反映現實，而是組織、塑造「現實」，賦予事件特定的因果
關係、時空關聯、意義等，經常涉及特殊人物角色的編派定位。

[8] 1989 年《悲情城市》上映之後，藝文界展開一場二二八史實的爭論，有論者感
到安慰，認為一段禁忌的歷史，終於能在影像中呈現，有論者卻感到惴惴不安，
因為電影並沒有呈現二二八的真相。而在《好男好女》上映之後，亦有論者認
為本片並沒有真實呈現白色恐怖事件的史實。請參閱〈在虛構中透視歷史：《好

侯孝賢試圖從庶民歷史去重新檢視台灣戰後初期的歷史事件，庶民的
經驗與記憶遂與歷史書寫重構，產生密切關係。歷史的巨輪不斷地向
前挺進，生活於其中的人群、社會關係和空間形式不斷流轉變化，每
個人對於歷史很難有整體或全貌的掌控，只有個人的生活敘事片段而
局部的記憶。此即李歐塔（Jean-Francois Lyotard）所云：單一大敘事
（great narratives）的逝去，多樣化的小敘事（small narratives）的來
臨。他透過敘事模式的研究，認為過往脫離歷史脈絡與文化影響的權
威話語將被打破，取而代之的是多元解放之後自由自在的小敘事。[9]新
歷史主義的觀點則在破除現代單一化論述，及權威的歷史敘述，使歷
史呈現多樣敘事聲音，並重新反思歷史敘事，展現一種多元、去中心
的思考，並消弭菁英文化與庶民文化之藩籬。[10]九〇年代重述台灣歷
史的電影，試圖從這種史觀出發，展現有別於以往官方說法。因此，
對於台灣電影的歷史敘事，我們無法質疑是以偏蓋全，也不能僅僅抨
擊這些電影是選擇性的再現。我們可以探問的是，影像的歷史敘事選
擇了那些事件，為何如此選擇，以及電影如何呈現？如何再現？在過
往刻板寫實理論的認知下，「再現」（representation）是一種對現實
的模擬，一種境象式的投射，其主要目的在於捕捉、模擬現實。這顯
然是因為過往在西方電影語言被視為是一種透明的媒介，能夠達成映
照現實的任務。然而，在符號學與語言學日益興盛的近現代，此種觀
點早受到後結構、後現代主義者的批判與揚棄，取代的是對影像語言
再現功能的質疑與反思。任何影像的再現都涉及誇張放大、移換增
補、刻意模糊、重新排列組合，或者原本難以看見的，得以被放大檢

男好女》座談會〉，《電影欣賞》，77 期，1995 年 9-10 月號，頁 73-78。

[9] Jean-Francois Lyotard, translated by Georges VanDan Abbeele：”*Postmodern Fables*’（Minneapolis：U of Minnesota Press，1997）.

[10] 參見張京媛編《新歷史主義與文學批評》，北京：北京大學出版社，1993 年。另可參閱盛寧《新歷史主義》，台北：揚智，1996。

視，甚至可以超出人類視角或奇觀式的凝視，或者對事件、人物加以戲擬、虛構。[11]另外，新歷史主義學者海登‧懷特（Hayden White）曾以影像史學（historiophoty）一詞來探索研究歷史表述的新方法，針對傳統歷史研究，以文字書寫歷史所成立的書寫歷史學（historiography），影像與書寫此兩者之間是否是涇渭分明，他認為不論是影像史學或書寫史學，都是透過某種觀點、立場，對於史實加以濃縮、分析，兩者的差異只是再現的媒介不同。影像史學也確實能夠再現某些歷史氛圍，或者紀錄當下人們的語言、動作、活動，敘說與回憶，很多細節恐怕不是文字所能承載，畫面反而能更清楚的傳達。因此，從某個角度來說，影像史學可以補足書寫史學的歷史再現。[12]

　　從九〇年代台灣電影的再現政治，其歷史敘事主題及敘事策略，都大量運用記憶再現作為述說主要脈絡。本文所述及的幾部台灣電影都將焦點放在記憶再現的歷史敘事，個人記憶被放大而國族建構似乎已成昔日魅影。八〇年代末的解嚴，將強權政府象徵的威權瓦解，大中國論述受到多方的挑戰，在國民政府統治下，日本統治台灣時期的歷史圖象長期受到壓抑消音，解嚴之後，一方面瓦解中華民族的國族論述，另一方面積極重構台灣本土歷史，於是在八〇年代末至九〇年代，侯孝賢對於台灣歷史建構的三部曲：《悲情城市》（1989）、《好男好女》（1995）、《戲夢人生》（1993），王童的台灣三部曲《稻草人》（1987）、《香蕉天堂》（1989）、《無言的山丘》（1992）。上述影像皆勇於建構日治時期至國民政府接收來台的歷史圖像，並對曾被迫消音的政治禁忌予以悲喜劇式或戲仿的再現。這些對台灣歷史提出詮釋的

---

[11]　Bill Nichols，*Representing Reality：Issues and Concepts in Documentary.* Bloomington：Indiana University Press，1991，pp30-40.

[12]　Hayden White，"Historiography and Historiophoty." *The American Historical Review*，93：5，1988，　pp1193-1196.

電影，有著導演對於如何運用影像述史的嘗試，實驗手法，也有著對於台灣歷史重探重構的企圖。另外，台灣在整理近代角色認同的悲劇歷史中，有迷惘、困惑，但是，似乎正因為這種迷惘，使台灣以影像述史的電影否定或質疑了父祖之國的威權角色，也從而不知不覺間顛覆了父權的歷史形象，似乎急切地要擺脫「家」或「國」的權力結構，恢復更多個人的自我獨立意識。[13]

　　九〇年代歷史敘事影像的形式有虛構的劇情片如：《超級大國民》，擬紀錄片與劇情片混合類型：《好男好女》，以及紀錄片方式：《我們為什麼不歌唱》。其牽涉到敘事角色的「多元身份」，創傷救贖和慾望主體的召喚、主導性敘事吸納和認同位置等等。透過《好男好女》座談會，以及《我們為什麼不歌唱》對於白色恐怖紀實影片座談會，提供我們管窺如何由虛構劇情片處理歷史，或者是強調寫實紀錄片來處理歷史的兩種不同取徑。[14]然而在台灣九〇年代想要突破威權禁錮的強大呼告，及挖掘蒼白歷史的社會正義，使得處理白色恐怖的歷史影像，導演們仰賴官方史之外的庶民記憶，其中大部份來自於學者所作的口述歷史。在以往歷史的書寫裏，口述歷史往往不被視為具有「深度」的歷史詮述呈現，而「記憶」本身是否可再現歷史現場，往往也備受史學家的質疑，因為「記憶」可能因為時光的淘洗而呈現某一碎

---

[13] 蔣勳在〈家.國.歷史.父親〉一文論述一九九七前後幾部台灣電影，他認為：台灣在八〇年代末期的政治解嚴，使長期成為禁忌的歷史圖像大量在電影中出現，以侯孝賢《悲情城市》為代表的「家」、「國」、「歷史」的探索成為一種史詩的美學，成為侯孝賢個人風格，也成為台灣電影的一種世界性符號。蔣勳，〈家.國.歷史.父親〉，黃寤蘭編，《當代中國電影：一九九五～一九九七》，台北：時報，1998，頁 48-49。

[14] 參見〈在虛構中透視歷史：《好男好女》座談會〉，《電影欣賞》，第 77 期，1995年 9/10 月，頁 65-72。以及〈《我們為什麼不歌唱》：白色恐怖紀實影片座談會〉，《電影欣賞》，第 77 期，1995 年 9/10 月，頁 73-78。

裂的片段，也可能因為敘述者本身的緣故，刻意詳述某一事件卻遺漏
某些時刻，因此記憶本身可能遭受到扭曲、遺忘、竄改、甚至「編造」
的歷程。在傳統的歷史書寫以文獻資料為主，較不重視訪談和口述歷
史，主要因為過往歷史書寫權掌控在官方或史學專家手中，而史家論
述又因為威權體制尚未結束，如何詮釋及呈現所要處理的素材，其自
主空間是有限制的。解嚴之後，大歷史的詮釋受到相當程度的質疑，
以往庶民的歷史記憶是被消音的，但在官方及檔案資料裏，能夠對大
歷史詮釋有所撼動者，反而是庶民的記憶及個人生命史，得以穿透歷
史的縫隙，解構大歷史的巨大身影。[15]口述歷史最直接的方式就是以
紀錄片式的形式呈現，達到真實電影的企圖，保留庶民的、弱勢者的
發聲，希冀可以打破一元的歷史觀，呈現多元歷史詮釋的對話空間，
藉此傳達多元繁複的歷史面貌。

　　九〇年代系列的台灣近代史影片，我們看到紀錄片以訪談和口述
歷史作為表現歷史詮釋的主要模式，如《我們為什麼不歌唱》。在侯
孝賢《戲夢人生》、《好男好女》等劇情片方面對於影像與史實的寫實
議題，影像創作者出現一種高度的自覺性與反省。為了擺脫昔日傳統
史觀，反對官方的歷史敘事，同時也質疑歷史敘事所建構的線性時間
與「同一」的認同觀點。試圖解決「單面向」歷史詮釋的問題，影片
回顧歷史時突顯史觀與記憶的建構性，使影片的敘事形式傾向後設的
後現代美學風格，並自覺於影片作為「史實再現」的話語權力。故劇
情片強調以虛構特質作為載體，剪裁口述資料，歷史文獻，再重新「戲
擬」一次史實發生的「現場」，強化其虛構特質。此外，影片的歷史
敘事部份雖然是類紀錄片的方式呈現，但與紀錄片最大的不同是呈現
現今台灣的狀況與昔日歷史多線交錯，以戲中戲的方式質疑國族認同
大敘事。影片試圖呈現角色，敘事者，史實之間複雜的關係，也試圖

---

[15] 參見湯普遜（Paul Thompson）著，覃方明，渠東，張旅平合譯，《過去的聲音
　　——口述歷史》，香港：牛津，1999。

讓敘事者自我暴露其創作的過程、困惑與所想等等後設敘事手法。

三、《好男好女》的創傷記憶與史實「再現」

　　侯孝賢所執導的《好男好女》乃取材於藍博洲白色恐怖的報導文學作品，其中以《幌馬車之歌》一書作為歷史敘事的主軸。《幌馬車之歌》主要呈現一位左翼知識青年－鍾浩東（1915-1950）所追尋的理想與失落，最後受政治迫害被槍殺。他出生於日本統治下的台灣，但相當具民族意識，對祖國產生憧憬之情，乃作家鍾理和同父異母兄弟。1940 年他與妻子蔣碧玉，為了參與祖國抗日行動，因此到了廣東，卻被當成日本間諜，幸好得到邱念台先生的營救，得以免除間諜罪名，投入當時抗戰大業。在大陸前線工作及艱苦生活六年，連剛出生的孩子都無法撫育，而必須送給他人作養子。抗戰勝利之後，鍾浩東回台擔任基隆中學校長，在二二八事件前後，為了啟蒙大眾對社會主義的認識，以及讓大眾了解國共內戰的發展，開始油印地下刊物〈光明報〉，並藉此推展反帝國主義，階級革命的理念。1949 年 8 月〈光明報〉被特務機關查獲，鍾浩東及其同志多人被捕，在 1950 年 10 月 14 日遭到槍決。這個歷史史實，作為《好男好女》的主要歷史敘事軸。原著作者藍博洲不僅參與《好男好女》的拍攝工作，在片中飾演蕭道應一角，並且在拍攝《好男好女》期間，侯孝賢特別撥出一筆款項，讓藍博洲訪談倖存的政治受難者，並製作成紀錄片《我們為什麼不歌唱》。[16]

　　回溯過往，藍博洲曾經說：「由於幸運的偶然，我找到了二次大戰結束，台灣光復當時，台北幾個最秀異的青年的足跡。他們全是台北帝大醫學部（今台大醫院）和日本名大學醫學部的高材生；他們也全部從抗日而熱情迎向台灣的光復，到對陳儀體制的腐敗和獨佔慾念

---

[16]　〈《我們為什麼不歌唱》：白色恐怖紀實影片座談會〉，《電影欣賞》，第 77 期，1995 年 9-10 月號，頁 73-78。

忿然抗議，繼之參與一九四七年台灣二月蜂起，再經蜂起全面潰敗的
絕望，幻滅與苦悶，然後在當時中國全面內戰的激越的歷史中，重新
找到國家的認同。」[17]這些居處在時代夾縫中的台灣青年，在日治時
期私下從事漢文的學習，以達成對中國的濡慕之情，然而當台灣回到
中國版圖時，此種回歸的喜悅與熱情卻被旋即而來的官僚惡政，以及
血染的二二八事件所摧毀。藍博洲試圖從這些學生激越的青春所投注
的社會運動，描繪出他們生命史，在這些台灣青年社會運動思想的實
踐中，他發覺與官方歷史迥然不同的版本。一系列的報導文學創作，
企圖翻轉國家官方所建構的正史，讓五〇年代集體失憶的那段恐怖歲
月重新出土，使這些台灣知識份子面對殖民與威權體制所受到創傷再
次得到歷史的見證。

　　從藍博洲在 1991 年出版著作《幌馬車之歌》，1995 年所拍攝的
影片《好男好女》及《我們為什麼不歌唱》，以及後續藍博洲對台灣
五〇年代白色恐怖所做的調查報告，包括《白色恐怖》等，以及左翼
運動與台灣歷史結合的報告文學作品，如《紅色客家人》《麥浪歌詠
隊》，小說《藤纏樹》等，其間不同文類的互文性，實足令人玩味。
藍博洲的創作形式及史觀：不斷持續揭露台灣歷史塵封的記憶，採取
口述歷史與報導文學的形式，雖然呈現出的效果與小說極為類似，但
是其創作內文穿插多種類型的文本，形構成敘述者對一個事件多種不
同角度的參照，以建構歷史的實相；又從虛構文本的角度，穿插不同
場景事件，這不同類型文本的參照足以再現歷史陳述者的建構性，以
及文學書寫的虛構性。此種面對歷史，面對記憶的創作策略及書寫視
角，形構成《好男好女》的後設性史觀及《我們為什麼不歌唱》的口
述歷史紀實風格。

---

[17] 藍博洲：〈美好的世紀——尋訪戰士郭琇琮大夫的足跡〉，原載於《人間》第
　　33 期（1987 年 7 月），後收入《幌馬車之歌》（台北：時報，1994 年 5 月），
　　頁 266-267。

　　《好男好女》的敘事形式相當複雜，侯孝賢嘗試從進入九○年代高度資本化之後的台灣回視這段白色恐怖的歷史——鍾浩東／蔣碧玉的生命史。敘事線可分為三個主軸，一個是「再現」鍾浩東的白色恐怖受難者歷史，一個是正在排演鍾浩東故事的片段，另一個則是飾演蔣碧玉的女主角梁靜的過去與現在的生活。透過女主角梁靜的敘述旁白，場景在女主角自身個人生活史與政治受難者的歷史交錯跳接。試圖從女性作為倖存者的創傷記憶連結五○年代蔣碧玉與九○年代的梁靜。影片使用不同的攝影，不同的造型來區隔混亂跳接的時間與敘事者，史實的部份以黑白攝影呈現，當下九○年代排戲及梁靜過去與現在的生活以彩色呈現。過去的梁靜放浪形骸，性感妖媚，情人阿威去逝之後，裝扮變得樸素而形容憔悴。《好男好女》的敘事發聲者是梁靜，以她的記憶為核心，她正在排演一齣關於白色恐怖歷史的戲，而所再現的歷史敘事則主要是蔣碧玉的記憶。「記憶」本身是這部影片的焦點，記憶不是理所當然的存在，應要加以質問、追究、詮釋和闡揚，《幌》一書主要以蔣碧玉的口述回憶，企圖對歷史提出不同視角，來質疑和補充原先不假思索的主流歷史書寫。同時以記憶場域為核心，聯繫延伸各種議題－平撫創傷，在騷亂不安的快速變遷中自我定位。故影片環繞著蔣碧玉的敘事展開，穿插梁靜的生活因三年前阿威的死，而造成創傷記憶，她無法平撫傷痛，在騷動不安的當代社會，她重複讀著傳真機傳來的自己的日記，回憶與阿威過往的點點滴滴。從梁靜的視角，她在遙想五○年代的政治迫害，試圖進入蔣碧玉的生命史，連結兩個時代的女性是生離死別的悲慟情感。當梁靜回憶她和情人討論：要不要生小孩，要不要生下一個小阿威？下一個場景則是大腹便便的蔣碧玉，從事勞動工作，為了抗日的理想，只好將小孩送人。另一個場景是阿威突然在夜總會被槍殺，影像跳接到黑白攝影的再現史實部份，蔣碧玉得知鍾浩東被槍決，無法籌出錢為之收屍，最後影像跳接到現代排戲的時刻，梁靜飾蔣碧玉在排練場燒紙

錢，痛哭失聲。以一種後設形式重構歷史，一方面呈現歷史開放而多元的敘事聲音，另一方面也在質疑九〇年代的回溯歷史，是否能「再現」史實，恐怕只能以創傷記憶來連結兩代的好男好女，而無法真正透視歷史迷霧，重建歷史。

　　除了影片後設形式，並以戲中戲的方式「再現」史實，無法將九〇年代與五〇年代的家國認同作一致性的建構，影片透顯出來的：無法完全認同大中國，但當下台灣的認同似乎也被消解。吳佳琪認為片中語言的混雜，以及戲中戲刻意敘述鐘浩東等人在大陸因語言隔閡被懷疑為日本間諜的經歷，形成對於中華民族認同的消解（76）。[18]不僅如此，影片的敘事更指向一個新而多義的台灣人身分認同，《好》片並置私人記憶與民族歷史，模糊了真實／虛幻、歷史再現（影像）的區別，創造一種「擬像」（simulacra），體現對歷史再現、影像、記憶的不信任，影像將歷史再現為一個後現代性的文本。希冀從多面向而歧義的歷史敘事，創傷記憶裏，衝擊出反思資本主義，抗衡國民黨一家之言的可能性，爭取對台灣歷史的另類詮釋的空間，或可從中理解當代台灣人身份認同的混亂與迷失。

　　《我們為什麼不歌唱》這部記錄片是來自於藍博洲對於以往白色恐怖歷史書寫的訪談人物，能直接面對鏡頭，敘說自己一段生命史。以往藍博洲一系列關於二二八、白色恐怖的歷史書寫，其根據的史料是透過訪談，而其文本形式則以口述歷史來進行，這樣的內容形式在於凸顯受難者的聲音，強調受難過程的歷史見證，但是這樣的訪談書寫紀錄牽涉到是把口語轉化為文字書寫，在此過程中藍博洲就扮演著採訪者與編輯整理者，事實上採訪者本身的現場互動，是報導成功與否相當重要的關鍵之一，採訪者的先備知識與提問問題常常深刻影響

---

[18] 吳佳琪，〈剝離的影子——談《好男好女》中的歷史與記憶〉，收於林文淇，沈曉茵，李振亞編《戲戀人生　侯孝賢電影研究》，台北：麥田出版，2000，頁 303-320。

採訪的成果。[19]因此，受訪者在不同的採訪者，不同的問題，以及不同的情境所提供的「答案」，也可能因對話的歷程而展現出不同脈絡式的思考點，因此最後研究者將口述資料整理、刪節、合理的文字潤飾之後，其文本如何進行歷史敘事，就會對歷史現場的「再現」展現出不同的風貌。如同懷特所指出的，所謂的「歷史」必然暗示兩種以上的版本，否則史家就不會不厭其煩地重新敘述過去的事件或人物，賦予新的歷史詮釋，並在敘述當中企圖建立起自己的版本的權威性。[20]而如何透過影像再現五〇年代白色恐怖歷史，並且能和《好男好女》作一個結合。當時他們考慮許多方式，如以報導文學的方式，或是個別的故事，用人物去切入歷史，一方面擔憂內容上呈現片面的觀點，但另一方面，影像要全盤講述五〇年代白色恐怖事件，則力有未逮，且容易變成內容生硬的歷史片。最後執導的藍博洲與攝影關曉榮認為無法以一部電影完整敘述整個白色恐怖的歷史，就以數個較具代表性的典型人物，讓這些歷史見證者重述事件，呈現這個時代。[21]

　　這部紀錄片一開始是從蔣碧玉的喪禮開始，一位重要的歷史見證者已逝去，然後鏡頭帶到長久以來一直在找尋哥哥墓地的受難者家屬，1993 年 5 月塵封快半世紀的六張犁公墓重新被挖崛出來，家屬終於找到當年受白色恐怖迫害者的墓碑。這些墓碑的矗立使喑啞的創傷記憶得到見證。接著影片讓倖存的政治受難者面對鏡頭訴說記憶。許金玉談光復時台灣人的興奮，以及改朝換代，本省人無法作主的悲

---

[19] Dan Sipe "The Future of Oral History and Moving Images" *The Oral History Reader*.Ed Robert Perks and Alistair Thomson.London and New York：Routledge.p.383

[20] Hayden White ，*The Content of the Form：Narrative Discourse and Historical Representation*.Baltimore and London：Johns Hopkins U.1987，p20

[21] 請參考〈《我們為什麼不歌唱》：白色恐怖紀實影片座談會〉，《電影欣賞》，第77 期，1995 年 9-10 月號，頁 73-78。

哀命運，以及計老師（計梅真）在獄中被求刑的情況，接著是郭琇琮的遺孀林雪嬌談被捕的過程。林書揚（台灣最長刑期的政治犯）談戰後初期國際情勢，台灣的位置，以及如何接觸到社會主義書籍。本片也記錄客家人羅坤春，黎明華以及原住民泰雅族人林瑞昌等人口述參與左翼運動情形，以及他們如何接觸共產思想及書籍，在鏡頭前娓娓道來。這些參與組織的昔日左翼青年，當面對鏡頭回顧往事，於垂暮之年仍對昔日農民運動及無產階級理想的堅持，認為自己並沒有走錯道路。這些貧農子弟在官方資料上往往只出現一、兩次人名，或者只有相當殘缺的資料。[22]紀錄片先透過旁白聲音簡述影片中的人物，接著將他們參與地下組織及汲取共產思想的過程，讓他們直接面對鏡頭回顧自己的生命史。本片的拍攝以紀實性為主，相當素樸的攝影手法，對於參與左翼運動的階級：包括知識份子及貧農，族群則含蓋本省人、外省人、客家人、原住民，性別則兼及男性及女性，有層面廣泛，紀錄片隱含對白色恐怖等同本省人的政治創傷之批判立場。對於這群追求「祖國理想」的年輕人生命史之觀照，紀錄片也隱隱強調除了本土左翼知識青年的路線，另外有一部份的左翼青年，因民族主義及社會主義的信仰，而寄望隔海對岸中國共產黨對台灣的農民解放，對少數族群實施自治的期盼，這也是在台灣所形成的戰後左翼路線之一，[23]他們的思考與奮鬥不應被台灣的歷史所遺忘。

---

[22] 如謝其淡在《安全局機密文件》總共一百六十二件「歷年辦理匪案彙編」的官方檔案中，謝其淡的名字僅僅在第二輯「匪台灣省工委會苗栗地區銅鑼支部黃逢開等叛亂案」中出現過兩次。

[23] 陳芳明認為戰後左翼知識青年有部份對中國不信任，在台灣社會醞釀獨立運動；另一部份則因民族主義的心態及社會主義的信仰，移情於跨越海峽的寄望，漸漸在台灣本土上形成一個新的戰後左翼路線。在文學創作上葉石濤、藍博洲的創作，恰恰可以代表以上兩種傾向。參見陳芳明〈白色歷史與白色文學——葉石濤與藍博洲筆下的台灣五〇年代〉，《文學台灣》第 4 期，1992

四、超級大國民之記憶召喚與贖罪意識

　　歷史的記錄和詮釋向來是國族國家的要務，展現為國史館、博物館、歷史課程和歷史教科書審定，以及各種節日儀典等記憶裝置的設立，記憶產製和灌輸。解嚴前後釋放出衝撞既有秩序和想像的社會力量，正伴隨了記憶的重新書寫。主要有圍繞二二八事件和白色恐怖的，鄉土情感和母語等，相對於黨國「正史」的，相對於均質化的國族史觀的，以及後來彌漫於文化消費中的。這些新興記憶書寫類型，成為台灣近十幾年來確認和爭議身份認同，並涉及實質政經權益之爭取的文化戰場。

　　《超級大國民》（萬仁，1995）也試圖處理白色恐怖的政治犯記憶。陳儒修認為這是一部政治影片，透過一開始的詩意鏡頭走向一段霧重雲深般的記憶。（54）影片一開場是一個迷霧清晨，一輛卡車緩緩前進，一個穿白襯衫青年被拖下卡車，跪在地上，面向著鏡頭，背後的士兵朝他開槍，青年應聲而倒，濃霧依然瀰漫。這是主角許毅生（林揚飾）長久以來揮之不去的夢魘，經歷五〇年代的白色恐怖十六年的牢獄之災，隨後十年的自我放逐，大半的青春歲月就如此浪擲虛度，許毅生說：

> 青春與理想到底是什麼
> 對我這個只有過去
> 看不到將來的老人來說
> 就像一張遺失的照片

他夢境裏昔日的好友，明明已逃脫特務的追捕，但最後卻被槍決，為了追索好友生命最後的臨終時刻，他決定停止自我放逐，重新回到社

年9月，頁220-221。

會。他試圖尋找當年一同入獄的政治犯，當年押解他們的調查局人員等，到處詢問：好友是怎麼死的？現在又葬於何處？在這趟追尋之旅中，他打開了塵封的記憶，召喚了內心深處不願面對的創痛。在記憶再現的過程中，記憶牽涉了主體和認同的召喚和建構。寓居與穿梭於敘事過程中的記憶，指稱和構連了敘事內外的各種主體位置：敘事所言及或設定的主體（spoken subject）、敘事裡居於主位的言說主體（subject of speech），以及發動敘事的具體發言主體（embodied speaking subject）。三者可能對應一致，也可能有所差異，但共同構成了敘事認同的過程。[24]記憶所召喚或建構的「言及的主體」，透過慾望和具體的主體發生關係（Kerby 107），但發言主體的表達，以及言說主體的參與和認同化（identification），也都有含蘊慾望的流動。形塑記憶的敘事誘引和塑造了特殊主體位置和認同化，記憶書寫裡的主體據此尋找己身位置，辨認自身過去、現在和未來的軌跡，並賦予意義，獲得情感的平撫，或導引了快感的宣洩。時移事往，但影片中主角許毅生卻想回溯並回視創傷記憶，雖然是在尋找好友，但其實是與自我主體的對話，與過去歷史對話，透過證明自己的曾活過的歲月，再次予以意義的建構。

　　在《沈默的經驗：創傷、敘事與歷史》一書的首章，克魯絲（Caruth），闡釋發聲者與創傷間弔詭的辯證關係，個體在經歷重大創傷後的發聲所突顯出的卻是一個個體不願意面對創傷的事實。克魯絲借用佛洛伊德創傷理論為依據，說明創傷事件不斷地藉由倖存者潛意識的重複展演——佛洛伊德稱之為「創傷官能症」（traumatic neurosis）——成為一個揮之不去的魅影。克魯絲之論點出了創傷不只是個病徵，而且永遠是一個「傷口的故事」，不斷地爆發，創傷成為文本，此即克魯絲所強調：「歷史就像創傷」；「歷史所反映的正是我們每一

---

[24] Anthony Kerby，*Narrative and the Self*，Bloomington： Indiana UP，1991，
　　p.107.

個個體與另一個個體的創傷交織」（4）。歷史的敘事中個體創傷彼此交織，個人的創傷經驗轉換成集體傷痛的敘述，歷史敘述不外是緣起於個體創傷重複展演／敘述的交織。[25]

　　這個不斷覆現的創傷記憶，在導演萬仁的鏡頭底下，則是同樣事件的回憶如夢境般，不斷重覆展演，被調查人員逮補的過程，妻子到綠島探監的時刻，被切割成斷裂的記憶，以不同的視角，不同的鏡頭，不同的姿態，不斷地湧現，跳接穿插於追索好友的過程。在過去與現實之間，他看到昔日「老同學」有人患了創傷官能症，不斷妄想仍有調查人員要偵測他的言行，無法走出白色恐怖的夢魘，所以一天到晚帶著耳機聽反共愛國歌曲：「反攻，反攻，反攻大陸去……」以證明自己思想清白。有好友則是隱身於破落的貧民違章建築，有人則寄託鄉土，躬耕自足，鏡頭以俯瞰台北，遠離喧塵，以獲得暫且的安寧。

　　許毅生暫時居住在女兒的家，從太多頻道的有線電視節目，到街頭運動，黨外的旗海飄揚，都是他所感到陌生的，在這個全球化快速變動的台北都會，時代早已遺忘這群為理想犧牲的受難者。進入快速變遷全球資本結構的台北都會，空間產生劇烈變化，具歷史意義的空間快速消失，早已被國際資本所侵佔掠奪，大飯店、速食店、商辦大樓等等侵蝕了空間所蘊含的地域性與社會性。象徵他們那一代悲情歷史的空間與建築都不復存在，他坐著車子行經台北街頭，過去五〇年代警總保安處（日據時代的日本東願寺），乃刑求、監禁政治犯的地方，他旁白道：「這是人糟蹋人的地方」，現在變成獅子林商業大樓；原來的警總軍法處（日本時代的陸軍倉庫），是「無數朋友被判生判死的地方」則成了來來大飯店；昔日槍斃政治犯的刑場則座落著青年公園。行經來來大飯店時，導演特別以廣角鏡頭仰視來來飯店的建築，以其龐然大物的形象喻示資本主義的大舉入侵，而飯店內放大的

---

[25] Cathy Caruth, *Unclaimed Experience：Trauma , Narrative, and History* .Baltimore：
　　Johns Hopkins UP，1996.pp.2-3

餐廳用餐時的刀叉碰撞聲，彷彿大聲昭告商品化消費社會的無限擴
張。當年為了鼓吹左翼思想，社會主義等無產階級烏托邦理想，而身
陷囹圄十多年，今日的社會卻已是資本主義高度發達的怪獸，今昔對
照，深沈的失落與歷史的荒謬，再次嘲弄了政治受難者。

　　影片另一個不斷回顧的場景，是政治受刑犯勞改的地方－綠島，
敘事伴隨著主角對於妻女的愧疚心情，以及在一次面晤，他對妻子提
出離婚之後，回到家，妻子一邊服食安眠藥，一邊彈奏丈夫最愛的曲
子-蕭邦〈夜曲〉，自殺身亡。導演讓許毅生及妻女從多重回憶的觀點，
去窺看這個在台灣民主化過程中，曾經燒灼無數政治犯家屬記憶的神
秘小島。導演試圖透過這些人物的心聲，歷史，生活寫真，來紀錄某
程度的綠島「真相」，但這種記錄已雜染導演個人的認知，編輯與演
繹在內，其想像再現的成分多於真實記錄的成分。在戒嚴時期，國家
論述操控地方想像，在國家利益前提之下，國家的空間依照所謂的「絕
對空間」意識型態被分化。社會空間依照政治需求被劃分，中央與地
方、中心與邊陲、都市與鄉村，神聖與褻瀆，法治與逾越，成為空間
區劃的準則。[26]綠島作為台灣的邊陲小島，在這一套區劃系統裏，被
規劃為逾越（transgression）與訓誡（discipline and punish）的地點；
換句話說，在台灣近代化的歷史上，不管是在行政區劃分的層面也
好，或是地方想像的層面也好，綠島被監獄化，以保障國家的領域安
全，穩固國家想像。監獄化時期的綠島的地方意義，可以從幾個不同
的層面來解讀。對繫獄其中的台灣人而言，作為台灣獄政執行所在的
綠島，原是一個搗毀認同，撕裂社會身份的空間。但導演試圖從探監
的家屬視角來重新審視綠島空間，故其多次鏡頭呈現受刑人妻子千里
迢迢探視，最後卻得到一紙離婚協議書，鏡頭緩緩往後拉昇，節奏緩

---

[26] 參見 Neil Smith"Homeless/Global：Scaling Places."*Mapping the Futures：Local
　　 Cultures，Global Change*. Ed.Jon Bird et al.London&NewYork：Routledge，1993，
　　 pp.87-120.

慢地呈現妻子離去的最後一瞥，及絕決的悲痛心情。另外，導演亦著墨於年幼的女兒在學校受到老師另眼相待，調查人員的監視，以及到綠島探視父親之後，調查人員不停地盤查詰問：你爸爸跟你說什麼？這些影像鏡頭以喑啞的沈默，形容埋藏內心的創傷記憶，以過度曝光的蒼白色調，象徵昔日的歲月恍若一片空白，如同一場無法驚醒的夢魘。

　　在當下的台北，許毅生找不到昔日奮鬥受難的歷史足跡，在回憶中的綠島則是傷痛的不堪記憶，對於妻女更有滿心的虧欠，唯一的救贖之道一直捧著妻子的骨灰盒，並尋覓朋友的墳墓。由於父親是政治犯，母親自殺，女兒辛苦的成長，結婚之後，丈夫也熱衷政治，最後可能因賄選而入獄，面對父親與丈夫為了政治而不顧家人，不禁怨嘆：為什麼男人那麼愛搞政治？憤而質問父親：「母親生前不好好愛她，等她死了以後才捧著她的骨灰到處跑，又有什麼用？」政治受難家屬的悲憤透過女兒的心聲呈露出來。影片最後，許毅生在六張犁的亂葬崗，找到昔日友人的墳墓，他點燃兩百多支白色燭光，痛哭失聲，既哀悼過往的歲月，並撫慰歷史亡魂，只有在這歷史的墳場，許毅生好像才找到自己歸屬的空間。影片《超級大國民》其實是在嘲諷「國」的更迭與消逝，導演萬仁剪輯一些總統府前閱兵大典的片段，使我們得知主角許毅生有過日本認同，中國認同，也曾在追求社會主義理想時有過台灣認同，是故他走過台北的一些建築時，他能細數以往的歷史痕跡，然而在現今的全球化高度資本主義的台北，他卻是如此的格格不入，宛入闖進「異質空間」而飄泊離散的孤魂。

　　《超級大國民》描述一個白色恐怖政治犯所背負的歷史被遺忘在快速變化的台北都會空間。這個主題從主角許毅生旁白即點明：「一度以為自己是進步的青年，但是面對一個陌生的世界，不得不承認自己已是退化的老人。十六年的牢獄，加上十二年的自我囚禁；三十四年來被社會惡意的放棄，加上自己有意放棄這個社會的同時，社會也

將我忘記了。」在台北空間中，主角不論是凝視象徵中國符號的中正紀念堂，植物園的天壇，或者象徵高度資本主義的來來大飯店，獅子林商業大樓，還是街頭流血衝突的政黨動員，他都彷若置身事外，無法尋獲屬於他的家國認同。導演萬仁在處理五〇年代白色恐怖的題材時，試圖要超越「國族」認同的限制，或者是政治控訴的範疇。他試圖探索：政治受難者平反之後，那些倖存者，包括遭受政治迫害的政治犯，及受難者家屬，他們如何生存，如何活過來，以及受難者的創傷記憶及對於親人的贖罪與懺悔，才是形構本片重要的核心價值。《超》片歷史敘事的視角則不僅限於探索國族想像，或者受難者的控訴平反，而是更進一層的人道關懷了。

五、結　論

　　傳統的歷史書寫中，庶民的經驗較少受到史家的關注，庶民的歷史大多被當作統計數字以印證某些現象，或支持史家的論點，個人性與地區性的史料較不受重視，而被保留下來流傳下來的機率相對而言也較低。[27]後結構或新歷史主義者指出，歷史的書寫並非一元或者是定於一尊，因為在書寫的過程中充斥著詮釋者的立場，以及詮釋權由誰來掌控，在官方歷史的背後，其論述隱含著權力運作，以及意識形態的建構。在大歷史（History）的巨大身影下，暗藏著多元、分裂、甚至爭議不斷的小歷史（histories）。此種多元論述的歷史書寫觀，使得邊緣聲音得以浮出歷史地表。[28]本文所探討的三部影片，《好男好女》以後設手法拍攝，重新檢視歷史的形構，而《我們為什麼不歌唱》則以紀錄片形式讓倖存者現身（聲）說法。《超級大國民》則以虛構

---

[27] Paul Thompson "The Voice of the Past： Oral History" *The Oral History Reader*. Ed Robert Perks and Alistair Thomson.London and New York：Routledge，1988，pp.22-23.

[28] 參見《新歷史主義與文學批評》，張京媛等著，北京：北京大學出版，1993。

的劇情片來重述白色恐怖的歷史，並著重在受難者創傷記憶與對親友家屬的贖罪意識。三部影片處理雖然形式及觀照焦點不同，但影片的歷史敘事，透過倖存者、受難者的家屬，以及親友所受到的政治迫害，讓弱勢階層的聲音得以呈現，讓受威權禁錮的創傷記憶得以釋放。透過影視史學的重新建構，再次閱讀與闡釋台灣電影中侯孝賢、萬仁等導演所處理的創傷記憶，或許開展另類歷史再現或詮釋的方向。

The Representation of Trauma and Narrative of History in Taiwan Cinema：

Based on *Goodmen, Goodwomen* and *Super Citizen Ko*

Yi-Kuan Huang

Assistant Professor

Department of Chinese

National Changhua University of Education

Abstract

The purpose of this paper is to examine profound meaning of the representation of historical trauma in Taiwan cinema, corresponding to the postwar generation directors-Hou Hsiao-Hsien and Wan Jen who grew and lived under the postwar martial law system. From the February 28 Incident to the subsequent White Terror, the history of Taiwan entered a dark age marked with oppression, persecution and injustice. The Martial Law period in Taiwan can be seen as an age marred by a multitude of social and political anxieties, until late 1980s and early 1990s when declaring martial law ended and the development of constitutional amendment. Aided by archives and oral history, it is given a rise on re-writing history and reconstructing the political memory,especial the February 28 Incident and the subsequent White Terror.Taiwan Cinema had several works to reflect the attempt of representation of trauma and narrative of history in mid-90s.Two major films,*Goodman,Goodwomen* by Hou Hsiao-Hsien and *Super Citizen Ko* by Wan Jen, would be discussed and focused on the issue—trauma of history and national-race identity. These two films turn urban space and historical site into a hetertopia, in which encounter with the historical and political specters.The point of view from directors make it possible to present and interpretate impasse concerning trauma of Taiwan's history in an alternative way.

Keywords: White Terror, Trauma Memory, Hou Hsiao-Hsien, Wan Jen , Taiwan Cinema

福岡民眾所觀看到的中國電影
——由調查福岡市近 30 年東亞地區電影播映為始的研究

間扶桑子

福岡大學人文學部准教授

提　要

福岡市自古以來與中國大陸歷史淵源甚深，福岡民眾一向對
中國抱持親切感，福岡市政府這 30 年來也極為重視與以中國
為首的東亞地區的交流，尤其是在文化交流方面。

在如此的環境下，福岡民眾很早就開始中國大陸電影的自主
播映活動，因而形成了一定的中國電影觀眾社群。如今，中
國大陸電影每年都會在幾個冠以「亞洲」為名的電影節、影
展上得以放映，圖書館影視廳亦會舉辦中國電影特集的播
映，就是商業性的公開上映也不會錯過福岡。因此自 1978 年
至 2007 年，福岡民眾所看到的中國大陸電影，絕不比日本其
它城市民眾少，故福岡可作為考察中國大陸電影在日本是如
何被日本觀眾所接受的典型範例。

而通過本文的初步考察，得知福岡民眾這 30 年中所觀賞到的
中國大陸電影，數量上雖比 1955 年至 1977 年期間增加許多，
但在選片上並不全面，而且與中國大陸觀眾的觀影內容亦不
一致。

關鍵詞：福岡市、中國大陸電影、商業性播映、非商業性播
　　　　　映、第五代導演

一、播映調查之緣起

筆者任教於福岡大學人文學部東亞地域言語學系。該學系創立於 1999 年 4 月，於 2008 年恰好屆滿十週年。為紀念創系十週年，學系在「聚焦亞洲・福岡國際電影節」活動的協助下，以東亞電影為主題將所整理出的資料出版成冊。而除了教師以外，為了使在校生也能共同參與紀念冊的製作，所以開始著手調查福岡市歷年來上映過的東亞電影。

至於為何開始此一調查，基本上大部分為筆者個人的想法。關於此一議題，筆者另有專文論述，在此不再贅述。簡言之，此與 1970 年代後期，由福岡發訊的通訊雜誌的創刊關係匪淺。地方發訊的雜誌創刊時期與福岡地區東亞電影的開始上映，其間雖相差一、二年，但可以說幾乎於同一時期發生、成立。亦即，由福岡地方發訊的這一文化傳播視點，與重視東亞的這一文化攝取視點的相互重疊，基本上是發生在 1970 年代後期。

而這一由福岡地方發訊的雜誌，自其創刊以來，不僅登載、介紹電影院的電影播映訊息，也鉅細靡遺地刊載了市民自主播放電影的相關訊息，至今三十年間在福岡上映的東亞電影，若逐一查詢該刊卷號，亦可查獲一定程度的資料。不過，這是一項相當需要耐力卻平淡枯燥的調查工作，若非真有需要，或恐很少人會如此認真地參與這項調查。而這項最耗費時間、精力的調查工作，就在本系一、二年級學生的努力下得以完成。[1] 此後，筆者與學校同儕的韓國籍教師，盡可

---

[1]　〈福岡市の過去 30 年における東アジア映畫上映調查〉（〈福岡市過去 30 年東亞電影播映調查〉），收入福岡大學人文學部東亞地域言語學系編：《アジア映畫の奔流》（《亞洲電影的奔流》，2008 年 9 月）。此資料由以下兩類資料所構成：①以地域為範疇 （香港、中國、台灣、韓國、北韓）臚列歷年所播映的影片數量一覽表，以及曾播映過的總影片數量、播映類別的歷年變化圖表；②

能將缺漏以及謬誤之處加以整理、校訂、補全，彙編成更完整的資料。
[2]

　　而戰後自冷戰結束至今，若從福岡市所播映的電影這一層面來觀察，我們又能如何解讀福岡市以及日本與東亞的關係呢？針對這一問題的思考，本論文主要就期間福岡所播映的中國大陸電影，進行初步之探討。

　　順便解釋一下，中國電影的定義本來是多樣的，而本文的主要探討對象為出生在中國大陸的導演在中國大陸拍攝的或者以中國大陸為主要背景的電影作品，尤其是 1949 年以後拍攝的，因此本文稱之為中國大陸電影。

就各地域範疇所播映之影片數量，和播映形態之歷年變化圖表，以及有關播映之概況提出看法。

[2]　間ふさ子、李秀昊：〈福岡市における東アジア映畫上映（1978-2007）調査データ〉（〈福岡市東亞電影播映（1978-2007）調查數據〉，《福岡大學研究部論集 A：人文科學編》第 9 卷第 5 號，2009 年 11 月）。此資料載錄有（A）歷年播映一覽表（含播映年月、日本片名、地域區分、播映區分、播映電影院、主辦者等項目），（B）以地域範疇作區分（香港、中國、台灣、韓國、北韓）的作品數據（含播映年月、日本片名、原題、製作年代、導演等項目）。此外，〈福岡市の過去 30 年における東アジア映畫上映調査〉（〈福岡市過去 30 年東亞電影播映調查〉）中，以 1978 年至 2008 年 6 月所播映的作品為調查對象，而本資料因為是以 1978 年 1 月（實際從 2 月開始）至 2007 年 12 月為調查對象，2008 年 1 月～6 月的部分因非該年的全年資料，故在此割愛，而本稿亦據此資料來進行論述。又有關電影作品資料數據之確認，除了日本出版的有關各電影資料數據之書籍之外，亦請參考閱覽香港電影資料館官方網站、中國電影資料館官方網站、台灣電影網、韓國映像資料院官方網站（含括 KOFICK=Korean Film Council 網站）、韓國電影數據資料、Cinema Korea 官方網站等。

二、播映調查的概要

（1）資料調查日：2008 年 5 月 3 日、4 日

（2）調查地點：福岡市綜合圖書館

（3）調查資料[3]：

①《都會訊息福岡》（《シティ情報ふくおか》）（1978 年 1 月號～2005 年 7 月 11 日號）

②《Kyushu Walker》（2005 年 7 月 5 日號～2006 年 1 月 3 日號）

③《都會訊息 Fukuoka CLASS》（《シティ情報 Fukuoka CLASS》）（2005 年 12 月號～2008 年 6 月號）

④《Cinè-lá News》（《シネラニュース》）（2005 年 7 月號～2008 年 6 月號）

（4）收集之實際數據：

①以地區分類[4]（香港、中國、台灣、韓國、北韓）

②上映作品的日文名稱

③作品基本資料（原題、導演、拍攝年代等）

④上映年月日

⑤播映形態[5]（商業性播映或非商業性播映）

---

[3] 本數據的收集以《シティ情報ふくおか》為主，該雜誌因經營上的問題，於 2005 年 7 月至 12 月停刊。故其後的數據由其他資料補齊。而第①、③項資料為プランニング秀巧社所印行出版，第②項資料為角川書店發行，第④項資料為福岡市綜合圖書館刊行之資料。

[4] 「地區分類」為香港、中國、台灣、韓國、北韓，此項區分主要由導演的出生地來劃分，其中部分作品的區分，再兼以參考電影內容。這裡所說的「中國」指中國大陸，它包括 1949 年以前所製作之作品在內。

[5] 「播映形態」分類以商業性播映和非商業性播映來劃分。所謂商業性播映為於

⑥播映戲院、播映主辦者

（5）調查參加者：福岡大學人文學部東亞地域言語學科一、二年級在校生，共 61 名。

三、播映調查的結果

（一）全體概況

1978 年至 2007 年的 30 年間，福岡市所播映的東亞電影，總數共 1620 部。其詳細內容以下臚列於【表 1】，歷年播映數量的變化則如【圖表 1】所示。

【表 1】播映影片數量一覽表

年	大陸			香港			台灣			韓國			北朝鮮			總數		
	A	B	計	A	B	計	A	B	計	A	B	計	A	B	計	A	B	計
1978	0	0	0	3	0	3	0	0	0	0	0	0	0	0	0	3	0	3
1979	0	0	0	8	0	8	0	0	0	0	0	0	0	0	0	8	0	8
1980	1	0	1	3	0	3	1	0	1	0	0	0	0	0	0	5	0	5
1981	0	0	0	6	0	6	0	0	0	0	0	0	0	0	0	6	0	6
1982	0	0	0	5	0	5	0	0	0	0	0	0	0	0	0	5	0	5
1983	0	3	3	6	0	6	0	0	0	0	0	0	0	0	0	7	3	10
1984	0	14	14	7	4	11	0	0	0	0	0	0	0	0	0	7	18	25
1985	0	6	6	8	1	9	0	0	0	0	2	2	0	0	0	8	9	17
1986	0	4	4	7	0	7	0	0	0	0	0	0	0	0	0	7	4	11
1987	0	10	10	8	3	11	1	0	1	0	6	6	0	0	0	9	19	28
1988	1	8	9	8	0	8	0	2	2	0	11	11	0	0	0	9	21	30

電影院的商業性公開播映，所謂非商業性播映則包括在電影節、圖書館影視廳所播映，或是個人自主播映等。

	大陸			香港			台灣			韓國			北朝鮮			總數		
1989	4	15	19	7	2	9	2	0	2	1	3	4	0	0	0	14	20	34
1990	4	6	10	8	3	11	3	0	3	0	6	6	0	0	0	15	15	30
1991	1	13	14	10	4	14	0	3	3	6	6	12	0	9	9	17	35	52
1992	1	4	5	8	4	12	1	2	3	2	3	5	0	1	1	12	14	26
1993	2	5	7	4	2	6	0	3	3	1	7	8	0	1	1	7	18	25
1994	5	10	15	2	7	9	2	6	8	0	4	4	0	0	0	9	27	36
1995	0	10	10	7	6	13	3	9	12	1	4	5	0	0	0	11	29	40
1996	1	26	27	7	7	14	2	4	6	0	49	49	0	0	0	10	86	96
1997	2	10	12	4	23	27	3	14	17	0	45	45	0	0	0	9	92	101
1998	5	18	23	8	8	16	4	18	22	0	21	21	0	0	0	17	65	82
1999	12	8	20	22	9	31	4	11	15	16	7	23	0	0	0	54	35	89
2000	4	17	21	13	4	17	1	23	24	9	23	32	1	0	1	28	67	95
2001	6	14	20	22	4	26	1	17	18	16	17	33	0	0	0	45	52	97
2002	10	21	31	11	3	14	2	6	8	8	30	38	0	0	0	31	60	91
2003	14	29	43	8	13	21	4	4	8	13	13	26	0	0	0	39	59	98
2004	5	33	38	5	6	11	0	16	16	24	23	47	0	0	0	34	78	112
2005	2	9	11	15	13	28	1	11	12	52	36	88	0	0	0	70	69	139
2006	8	16	24	11	3	14	10	16	26	53	25	78	0	0	0	82	60	142
2007	7	13	20	7	2	9	1	11	12	33	13	46	0	0	0	48	39	87
總計	95	322	417	248	131	379	47	176	223	235	354	589	1	11	12	626	994	1620

Ａ：商業性播映；Ｂ：非商業性播映

【圖表 1】播映影片數量之歷年變化

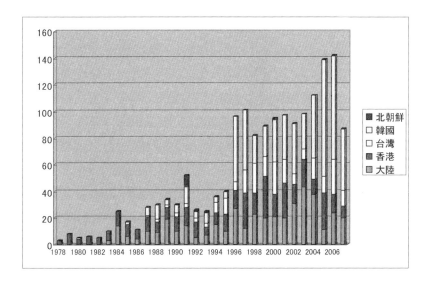

【圖表 2】以地區分類之播映影片數量、比率之歷年變化

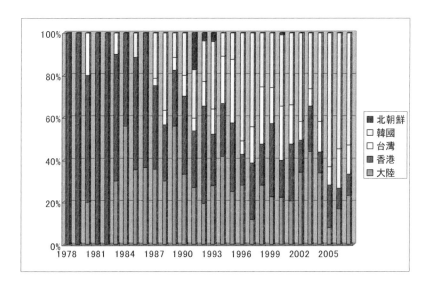

　　由上表看來可以得知的是：由 1978 年至 1982 年，此間除中國大

陸、台灣影片各有一部播映之外，其餘都是在戲院上映的香港電影，而年間上映的電影數量每年不超過 10 部。1983 年以後，中國大陸影片的播映逐漸增加，總數亦超過 10 部。1980 年代福岡所上映的東亞電影，以中國大陸、香港為主，然 1988 年左右韓國電影數量亦有所增加。

　　韓國電影的大量增加是在 1996 年。此後，韓國電影的播映數量急速增加，甚至超越其他地區，至 2005 年多達 88 部，居歷年之冠。另外，香港、台灣電影則幾乎呈現直線成長的狀態，並無太大的波動。

　　1996 年後，福岡每年公開播映的亞洲電影總數約 100 部左右。所以會在數量上有此大幅度成長的最大要因，在於 1996 年正式啟用的福岡市綜合圖書館，其影視廳開始舉辦播映亞洲各國影片特集。

　　概觀福岡 30 年來的東亞電影播映，前半期以香港、大陸、台灣的華語圈電影為主，後半期則以韓國電影為主。

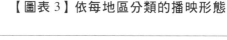

【圖表 3】依每地區分類的播映形態

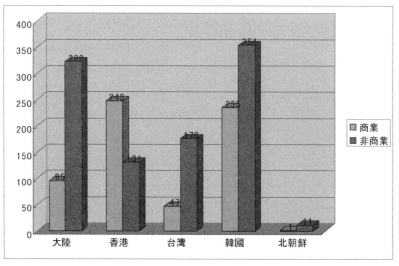

由【圖表 3】看來可以得知：福岡所播映的東亞電影，壓倒性的

以非商業性播映居多，佔全體的三分之二。究其要因，是福岡每年皆
舉辦多種諸如「聚焦亞洲・福岡國際電影節」等冠以「亞洲」為名的
電影節，福岡市綜合圖書館影視廳「Cinè-lá」也播映亞洲電影特集，
而此類播映活動多為以文化交流為目的者居多。

又以地區來看，香港電影因具娛樂性的作品居多，故多屬於電影
院所播映的商業播映者較多。而中國大陸與台灣的電影，則較少商業
公開播映的作品。至於韓國電影非商業性的播映雖多，然商業性的播
映亦不少。這可說是韓流、韓國政府大力振興電影文化事業，而使得
韓國電影水準大幅提高的具體表現。

（二）中國大陸電影概況

【圖表 4】福岡市歷年播映影片數量

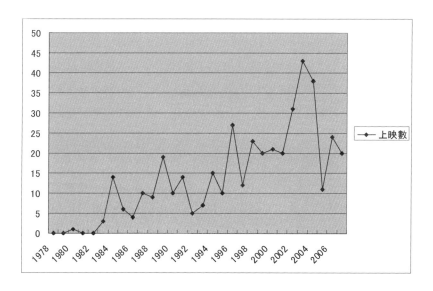

【圖表 5】播映形態

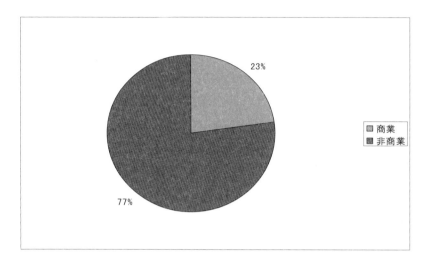

1978 年至 2007 年的 30 年間，福岡雖然總共上映了 417 次中國大陸電影，但一年平均不到 14 次，而此平均數目並不算多，至於電影作品總數則為 240 部，導演人數為 156 名。其中，上映作品數居冠者為張藝謀的 13 部作品，其中上映次數最多的作品為「黃土地」（陳凱歌），前後共播映了 10 次，上映次數最多者為陳凱歌的作品，共33 次。

當中最早播映的作品為 1933 年製作的《小玩意》（孫瑜）、《春蠶》（程步高），最新的作品為 2007 年製作的《夜。上海》（張一白）、《三峽好人》（賈樟柯），此二部影片於拍攝該年即引進福岡公開上映。

【表 2】播映作品數最多之導演前三名

順位	導演	作品數
1	張藝謀	13
2	謝晉	10
3	陳凱歌	9

【表 3】播映次數最多之影片前三名

順位	作品名	播映次數	導演	製作年代
1	黃土地	10	陳凱歌	1984
2	心香	9	孫周	1992
3	紅高粱	8	張藝謀	1988

【表 4】播映次數最多之導演前三名

順位	導演	播映次數
1	陳凱歌	33
2	張藝謀	30
3	田壯壯	19

　　1978 年以還，最早於福岡市播映的中國大陸電影為《櫻》（1979年上映）。此部電影是為紀念日中恢復邦交所拍攝而成的電影，由過去與中國淵源甚深的東和商事關係企業的東寶東和公司引進發行。而就日本全國來看，此為文革後首次在日本電影院商業性公開播映的中國大陸電影。

　　此後，自 1983 年起，中國電影雖然一直持續上映，但開始時均非商業性播映。繼《櫻》之後，在電影院公開播映的中國大陸電影則是 1988 年的《芙蓉鎮》，期間實際上相隔了 10 年之久。自此以後，中國大陸電影的商業性公開播映逐漸增加。所以日本電影觀眾開始對中國大陸電影有所認知，可以說是在 1988 年前後。

　　然而誠如【圖表 5】所示，福岡市所播映的中國大陸電影，其實是以非商業性播映為主流。此不僅顯示當時能以商業公開形式上映的中國大陸電影為數不多，同時亦顯現出福岡市以作為文化活動而播映的中國大陸電影為數不少。

四、1949 年後日本引進、播映中國大陸電影之情況

繼而筆者於下文中，將探討日本引進、播映中國大陸電影的歷史進程。以下，筆者簡單地整理了 1949 年以後日本播映中國大陸電影的狀況。

（一）1949 年～1976 年

中華人民共和國成立後，最初引進日本電影市場的中國大陸電影是《白毛女》。此為 1952 年 6 月，周恩來贈與為締結第一次日中民間貿易協定而前來北京的日本社會黨議員帆足計、宮腰喜助、高良富三人之見面禮。《白毛女》此部 16 毫米拷貝片在進入日本國內時，被海關扣留，結果在不做一般公開放映的約定下，交由日中友好協會保存，而以自主播映[6]的形式上映。該片儘管沒有日語字幕，但在上映的最初三個月共舉辦了 277 次的放映會，觀影人數高達 18,993 人[7]。

而日後最早的商業性公開播映的中國大陸電影亦為《白毛女》。該片由獨立映畫株式會社取得發行權，1955 年 12 月於東京 8 家電影院聯播，之後更於全國各地播映。

這段期間，中國大陸電影的上映，以日中友好協會等舉辦的試映會、電影節為主，商業性公開播映的情形仍然不多[8]，特別是在文革期間，日、中兩國的電影，無論是在人際往來或是在作品交流，皆被完全阻絕。

---

[6] 所謂自主播映指的是由民眾組織的電影播映，他們會向電影發行公司租賃電影拷貝，自己安排會場舉行播映會。

[7] 詳參石子順：《中国映画の散歩》（東京：日中出版社，1982 年），卷末年表，頁 209。

[8] 依據石子順所整理的資料，此期間於日本播映的中國大陸電影數大約三十多部，（詳參註 6 卷末年表）。而關於此時期的播映形態，則有待今後之考察。

（二）1977 年～1980 年

　　1976 年 10 月所謂的四人幫遭逮捕，文革一結束，日、中兩國的電影便再度恢復交流。而促進兩國交流的主要人士，並非友好協會的相關人員，而是企業界人士的德間康快。記者出身的德間為德間集團的總裁，旗下擁有出版社、報社等，其在併購大映公司後進軍電影產業，他在引進中國大陸電影的同時，也在東寶、松竹等日本製片大廠的協助下向中國輸出日本電影，為日、中兩國的電影播映與交流貢獻不少心力。

　　德間於 1977 年 5 月舉辦了第一屆中國電影節，播映了劇情電影 3 部、長片紀錄電影 3 部、短片動畫 2 部。此一由德間公司主導的電影節，為了一年一次的電影節，每年引進了 10 部左右的電影來播映，其後再以出借給各地一直持續到 1990 年。

　　擁有熟知中國之團隊成員的德間，發揮其作為日本對中窗口之效能的此一時期，恰值文革剛結束之後，與中國當時被稱為「第五代」的諸導演陸續登場而將中國大陸電影推向世界的這一時期相重疊。德間可以說是以商業角度開拓了日、中電影交流的先驅者。但是若從電影播映的形態來看，此時期與之前相同的，中國電影的播映，仍以電影節以及個人自主播映為主流，得以在電影院公開上映的作品微乎其微。

（三）1990 年代以後

　　1990 年代以後，日本引進中國大陸電影，已不再由德間公司獨擅全場，不少公司亦進軍中國大陸電影的引進、發行市場。

　　之所以產生此種情形，其原因在於世界冷戰結構的瓦解，而中國也開始展開其改革開放的政策。大陸電影創作者的電影創作，在引進西方電影創作者的影評以及技術之後，有了飛躍性的長足進展。他們

的作品受到海外電影節的矚目和評價，不但開拓了海外市場，同時也因獲得外國資金的挹注，而得以有拍攝的機會。當然，日本的各家電影公司在此時亦引進具有票房市場的電影作品，更提供資金給予中國的優秀電影創作者，強化了參與作為產業的中國電影事業。

與此同時，中國的體制亦產生極大的變化。截至當時為止，以往中國電影公司為唯一的電影進出口之窗口，然至 2001 年，政府批准的業者亦可引進獲准公開播映的電影作品。2005 年以後，中國大陸電影作為賺取外幣的「文化創意」商品，加速其廣泛對外輸出推銷的動向。對中國而言，這 30 年以來，電影亦從「文化‧外交」的宣傳工具，演變為賺取外幣的經濟產業。

五、福岡這一文化交流場域

關於福岡究竟是一個什麼樣的文化交流場域？筆者將於下文作一簡單介紹。

最近在介紹福岡時，常用所謂「通往亞洲的大門」、「亞洲的玄關」等詞彙來形容之。這是因為福岡位於日本列島最西南的九州北部，由福岡到日本國內其他主要都市（大阪、東京、札幌）的距離，與由福岡至東亞主要都市（釜山、首爾、上海、北京、台北）的距離，可以說幾乎都是在同一範圍內，因此才以此口號來做為推銷福岡的賣點。關於此點，可由以下【圖 1】福岡市經濟振興局招商引資部的宣傳圖文中看出。

【圖 1】[9]

便于往来的福冈机场

　　从福冈机场出发不仅能够快速到达日本国内的主要城市,而且到达上海也仅需90分钟、到达汉城仅需70分钟等,便于访问亚洲各主要城市,路线也很齐备。
　　另外,从福冈市商业中心"天神"到机场,乘坐地铁只需11分钟,非常方便。

【圖 2】[10]

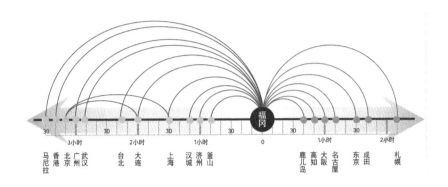

福岡舊名博多，因為與中國大陸、朝鮮半島隔海相望，故自 7 世紀後成為日本規模最大的國際貿易港而興盛一時，自古即擔任日本接受、攝取外來文物以及對外關係的重要處所。博多當時設有接待外國使節兼具司掌外交、貿易實務的官方迎賓館—筑紫館（之後的鴻臚館），館中居住著不少外國人士。特別是活躍於日、宋兩國貿易往來的中國商人還聚居形成了中國城——「大唐街」。故博多可說是日本前進亞洲的重要窗口，是一個以對外關係為媒介發展而成的都市[11]。

然而當時日本的對外關係，當然並非都是和平的，軍事上的侵攻、防禦等當然亦存在。故交流的據點有時也就成為軍事行動的據點，此點博多亦不例外。

博多於 11 世紀初曾遭受「刀伊（女真族）」的侵襲，元代時又遭受蒙古大軍先後二次的進攻。而且據傳後期倭寇頭目之一的王直，其亦曾以博多為據點。

時入近代，福岡成為日本向海外擴張的據點之一，昭和初期的博

---

[10] 福岡市經濟振興局招商引資部：《亞洲貿易交流基地　福岡》（2003 年 12 月）
[11] 請參照川添昭二：〈海にひらかれた都市　古代‧中世の博多〉，《よみがえる中世》（東京：平凡社，1988 年），頁 8-39。

多港，作為連結日本至釜山、天津、大連等各個定期航路的港口而呈活絡狀況。盧溝橋事件後，日本政府由此送出許多軍人、兵隊至戰地，戰敗後，自海外歸國的復原船隻、搭載海外軍、民撤返日本的船隻，亦由此入港。1945 年 10 月連合軍最高司令官下令指定博多港為戰時寓居海外人士撤返回國的支援港口，博多因而成為日本海外軍、民撤返歸國的最大登陸港口。截至 1947 年 4 月，自中國東北部、朝鮮半島撤返歸國的日本國民，多達 1,338,311 人由此登陸[12]返日。

　　而於福岡登陸的歸國者大多自此返鄉，或另至他地。至於無處可去而留在福岡者為數亦不少。戰時移住中國、朝鮮、台灣的大多數人，原是因為日本國內生活不易而移住「外地」，這些人之中，亦有多數在戰後返回日本後，因無棲身之所而定居於此。所以福岡市的住民可以說含括了古代、中世之國際都市住民的後代，以及戰後自大陸遣返歸國定居於此者。因此，福岡是一個對中國大陸、朝鮮半島懷抱者某種情結的眾人們所居住的城市。

　　而關於此種「情結」，則絕非是數字可以衡量的。在此先不論中古、中世紀的記憶，先前的戰爭記憶，不但使得福岡人對中國、朝鮮深感悔恨、反省，同時在多數福岡人的心中，仍深留著對昔日異國生活的懷念之情，以及懷抱著對中國人、朝鮮人的親切之感。而此情此感則與福岡人想要更了解當今的中國、台灣、韓國的心情相繫。福岡之所以對東亞擁有高度的關心，此為不可忽略的重大要素。

　　1972 年至 1986 年，曾擔任過 4 任福岡市市長的進藤一馬氏[13]，在 1972 年「日中邦交正常化」後，立刻推動以民眾為基盤的日、中

---

[12] 福岡市港灣局編《博多港の步み》（福岡市役所，1969 年發行），頁 106。

[13] 進藤一馬（1904-1992），福岡市出身，舊福岡藩士・進藤喜平太的四男。進藤喜平太為政治社團玄洋社的創始者之一。進藤一馬畢業於早稻田大學，1944年出任玄洋社第 10 代社長，1958 年當選為眾議院議員，1972 年當選為福岡市市長。1986 年市長卸任後擔任玄洋社紀念館名譽館長。

友好活動。早在 1973 年就派遣以市內高中生為團員的友好船至中國，1974 年開始設置以市民為對象的市民大學「中國語」講座，此一文教事業至今仍持續進行。值得注意的是：進藤一馬氏所致力的是人與人之間的交流，以及戮力於支撐維持此種交流時最根本的語言學習。

1978 年日、中締結友好條約，中國進入改革開放的 1980 年代，日本舉國便開始關注以中國為中心的亞洲地區。對此福岡市亦不缺席，1989 年便舉辦了福岡亞洲太平洋博覽會，更以此為開端，首先是 1990 年起將每年 9 月命名為「亞洲月」，舉辦大大小小的相關活動，創設福岡亞洲文化賞（1990），而擁有亞洲圖書以及亞洲電影資料館的福岡市綜合圖書館（1996）與福岡亞洲美術館（1999）相繼開館，特別致力與亞洲積極進行文化層面的交流。福岡市也就是自此時開始，自稱為「通往亞洲的大門」的都市。只是，與致力於民間交流為目標的 1970～80 年代相異的是，此一時期則是以「硬體設施」、「活動」為基底的官方文化交流為主，而此一潮流一直延續至今。

六、福岡的中國大陸電影播映

福岡中國大陸電影播映的開始，一如上述，我們可以將之定位成是一承襲前市長進藤一馬之意向的文化交流活動。

1974 年開設的市民大學「中國語」，每年大約有將近 200 名的學員接受初級課程。其中，願意繼續學習者則以「自主講座」的形式持續其漢語學習。當中亦有積累 30 年以上學習歷程的學員。1983 年，以這些學員為主體成立了「福岡中國電影會」，亦即成立一個自主播映的團體，播放中國大陸與台灣的電影[14]。這反映了當時在獲取中國

---

[14] 該會自 1983 年 5 月播放《牧馬人》，至 1996 年 3 月播放台灣電影《多桑》共 47 次。另外 1984 年、1991 年在德間公司的協助下，邀請中國電影代表團舉辦了中國電影節。

訊息受限的情況下，福岡市民懷念中國、想更了解中國的心聲。電影放映過程中，也曾創下一場觀影人數高達六百多名的紀錄。中國大陸電影得以正式開始在電影院播映前，幾乎都是由此團體自主上映，故同一時期由德間公司所引進日本的電影，幾乎也都會在福岡播映。所以若稱「福岡中國電影會」為培育福岡市中國電影觀眾者的核心組織，實在一點也不為過。

此外，福岡於1989年舉辦亞洲太平洋博覽會，「西日本報社」為共襄盛舉，自1987年開始在西日本報社廣告局的策劃下，開辦了「福岡亞洲電影節」，此活動一直進行到博覽會結束的1990年。1991年起，由福岡市擔任主要實行委員會而接手主辦的「聚焦亞洲・福岡電影節」[15]，持續推行電影播映的活動。而此時未加入「聚焦亞洲・福岡電影節」的「福岡亞洲電影節」時代的個別工作人員，則另以個人名義延用了「福岡亞洲電影節」，成立另一團體，故現在福岡有二個冠以「亞洲」之名的電影節。而隨著中國大陸限制電影輸出的解禁，此二團體獨自選映的作品亦有所增加。

此外，福岡市立圖書館影視廳亦舉辦中國大陸電影的特集播映，又「聚焦亞洲・福岡（國際）電影節」同時也舉辦中國電影展等，當然還有在日本國內商業性公開播映的中國大陸電影，基本上都會在福岡上映。也就是說，這30年來，福岡市民乃置身於一個能夠觀看到日本各方所引進的每部中國大陸電影的環境之中。故筆者認為：以福岡市民所觀賞的中國大陸電影為例來進行探究，應可作為中國大陸電影在日本究竟是如何被接受的代表範例。

七、福岡民眾所觀賞到何種中國大陸電影？（1）

福岡民眾這30年來究竟觀賞到何種中國大陸電影？筆者於下文

---

[15] 「聚焦亞洲・福岡電影節」自2007年改名為「聚焦亞洲・福岡國際電影節」。

中，將就製作年代、導演、類別等三個層面來加以探討。

（一）製作年代

在此且先將 1978 年至 2007 年的 30 年間，福岡市所播映的 240
部中國大陸電影的製作年代之詳細內容整理如下。

【表 5】依製作年代排列之作品數

年代	作品數	備考
1933-1949	13	中華人民共和國建國以前
1950-1965	4	「十七年」文藝期
1966-1977	0	文革期
1978-1989	62	改革開放初期
1990-2000	100	中國大陸電影的階段性開放期
2001-2007	61	中國大陸電影的全面性開放期（加入 WTO 後）
合計	240	

福岡在此 30 年間所播映的中國大陸電影中，時間上以中華人民
共和國建國前與建國後作區隔，由 13：227（5.4%/94.6%）之比例可
知，建國後的作品壓倒性地佔絕大多數。而從文革前與文革後之比為
4：223（1.8%/98.2%），又可知其中大都為文革後的作品。這佔了總
作品量的 93% 的文革後電影作品，代表著福岡民眾所觀賞的中國大陸
電影，幾乎都是 1978 年（事實上為 1979 年）後所製作的，且多數為
1990 年代的作品。而 2001 年以後中國大陸電影雖進入全面性開放
期，但數量卻未見大幅度增加。

（二）導演

在中國，除了流派、作風以外，還以出身年代來區分導演的性質

歸屬。眾所周知，文革後進入北京電影學院的張藝謀、陳凱歌、田壯壯等人被稱為「第五代」導演，於 1980 年代後半期開始受到世界各地的矚目。

　　福岡所播映的 240 部電影中，被視為「第五代」導演，以及等同於「第五代」導演[16]所執導的作品，共有 75 部，佔全體的 31%。播映次數為 164 次，佔全體的 39%。故福岡民眾所觀賞的每 3 部中國大陸電影中，就有 1 部是所謂「第五代」導演所執導的電影。

　　更進一步說，上述 75 部作品中，有 33 部於電影院公開播映，佔了將近半數的比例。由此可知，福岡民眾所觀賞的中國大陸電影，基本上是以「第五代」導演的作品為中心。

　　以下則依序列出福岡上映次數居多的「第五代」，以及等同於「第五代」導演的作品之前 6 名，事實上，此表亦可視為於福岡播映的中國電影中，播映次數前 6 名作品的排行榜。

【表 6】播映次數最多的「第五世代」以及等同於「第五世代」導演所執導之影片前 6 名

順位	作品名	播映次數	導演	製作年代
1	黃土地	10	陳凱歌	1984
2	心香	9	孫周	1992
3	紅高粱	8	張藝謀	1988
4	盜馬賊	6	田壯壯	1986
4	霸王別姬	6	陳凱歌	1993
6	孩子王	5	陳凱歌	1987
6	大太監李蓮英	5	田壯壯	1990

---

[16] 指雖非畢業於北京電影學院本科，然同時代於文革期擁有相同經歷的導演。
　　例如：黃建新、孫周等導演。

6	民警故事	5	寧瀛	1995
6	紅粉	5	李少紅	1996
6	我 的 父 親 母親	5	張藝謀	2000

（三）類別

　　就作品類別來區分電影，本是一件不容易的事，故此次僅就筆者所見之全體印象來進行論述。

　　首先，就現代劇（民國以後）或歷史劇（清代以前）的分類法來看，於福岡上映的中國電影中，現代劇壓倒性居多。再以喜劇或悲劇的分類來看，喜劇幾乎不存在。另外，所謂的動作片也很少，當然更沒有恐怖驚悚片。1990年代以前，作品中雖有描述文藝愛情的情節，但也僅止於穿插性質，基本上大多數為取材自市井小民日常生活的悲歡離合故事，這反映了中國大陸電影內容有著寫實主義的傾向。然而，福岡民眾所觀賞的電影絕非與中國民眾所觀賞的完全相同。關於此點，筆者將在下節中加以論述，並暫且以之作為本文結論。

八、福岡民眾觀賞到何種中國大陸電影？（2）－暫為總結

（一）福岡與中國觀眾之觀影比較[17]

　　中國文革時期中斷的電影獎，於文革後再度恢復舉辦。最具代表性的為「百花獎」、「金雞獎」。

　　「百花獎」創設於1962年，1964年起停辦了17年，至1980年又再度舉辦。（2005年起與「金雞獎」隔年輪流舉辦）。「百花獎」由

---

[17] 下文將「百花獎」、「金雞獎」做一比較的想法，乃出自筆者同事張璐，此次本文引用其想法來論述。張璐目前亦以比較兩者為論題著手撰寫論文，深入探討之。

中國電影家協會發行的《大眾電影》雜誌以影迷投票的方式來票選，故票選出的最佳劇情影片亦可視為當年最受中國民眾歡迎的電影。「金雞獎」則創設於 1981 年，審查委員由電影專家所組成，堪稱為「專家獎」，其得獎作品可視為當年的最佳影片。

「百花獎」除卻 1960 年代得獎的二部作品外，至 2006 年合計共有 73 部作品被選為最佳故事片，「金雞獎」則有 34 部作品被選為最佳故事片。其中，1978 年至 2007 年於福岡上映的中國大陸電影中，「百花獎」得獎作品只有 26 部（35.6%），「金雞獎」得獎作品有 19 部（55.9%）。

「百花獎」得獎作品大多是以中國近現代史上的事件、人物為題材，亦即所謂的「主旋律」之作，其中於福岡播映的只有《孫中山》（86）、《開國大典》（90）、《鴉片戰爭》（97）、《鄧小平》（03）四部作品。

「百花獎」73 部得獎作品中，被稱為「第五代」導演的作品只有 8 部[18]。而如前所述，福岡民眾所觀賞的則以「第五代」導演執導的作品為主。

如此看來，我們可以很明顯地看到福岡民眾的觀影內容與中國民眾的觀影內容並不一致。

（二）「我看」即「我知」

繼而，以下且看其它例證。陳凱歌的《荊軻刺秦王》（98）為日本電影公司投資製作的影片。其第一版與在日本播放的公開版，剪輯完全不同，此二種不同版本的《荊軻刺秦王》筆者皆曾觀賞過。第一版誠如電影名稱所示，是以荊軻為主角，故事內容以荊軻刺殺秦王失敗為主。然而，公開版卻是以在日本負有盛名的女演員鞏俐所飾演的

---

[18] 「金雞獎」25 部中則有 7 部。

趙姬為主角，而來展開其故事內容，而且在電影尾聲中還加上了第一版沒有的高漸離於易水河畔放歌引吭「風蕭蕭兮易水寒，壯士一去兮不復還」一幕。這一幕是任何喜歡歷史的日本人無人不知無人不曉的內容。很明顯的，這是日本方面為了使日本觀眾容易觀賞、接受該片，而要求導演重新加以剪輯而成的內容。此外，日語公開版的片名則是與史實不符的《始皇帝暗殺》。然為何會有此種改變呢？因為日本人所知道的是「始皇帝」；而不是「秦王」。這雖然是一個很極端的例子，但由此也可看出日本方面主動尋求自身想看的、自身所了解的觀影傾向。

誠如註腳 7 所附註的，1955 年至 1978 年之間，日本約有三十多部中國大陸電影，經由左派政黨的友好協會系統，以自主播映的方式加以播放。這些是中國經由友好途徑帶來日本的電影作品，無關乎日本方面的接受意向問題，而是由中國單方面自我選定的作品，數量也很少。雖然如此，但每一部電影卻也都是當時在中國各地皆可觀賞得到，且深具影響力的作品。故從這些作品亦可窺見中國當代的「現在」。

1979 年以後，引進、播映中國大陸電影，在日本的電影市場逐漸興盛，自 1980 年代後期開始，於電影院商業性公開播映的作品亦增加不少。這一時期選映的作品，已不是由中國方面來進行篩選播映，而是由日本方面從所謂日本人較易接受的這一考量，來選擇播映影片的內容。其結果，雖然拓寬了選片的幅度，播映的作品也有所增加，但與此同時卻也排除了日本方面的觀眾自身所看不懂的、不容易接受的電影作品，這反而失去了多元性接觸中國大陸電影之機會。

如上所述，福岡民眾這 30 年來所觀賞的電影，與中國大陸民眾所觀賞的並不完全相同。而日、中兩國此種觀影上的分歧、差異，或恐正是使日本人陷入其自以為了解對方的這一陷阱的原因之一。

[資料]在福岡市首映的中國大陸電影（1980-2007）

[1980]櫻（詹相持、韓小磊 79）

[1983]牧馬人（謝晉 82）／駱駝祥子（凌子風 82）／阿 Q 正傳（岑范 81）
人到中年（孫羽、王啟民 82）／秋瑾（謝晉 83）／逆光（丁蔭楠
82）／那吒鬧海（王樹忱、嚴定憲、徐景達 79）／武林志（張華
勳 83）／城南舊事（吳貽弓 82）／大橋下面（白沈 83）／夕照街
（王好為 83）／寒夜（闕文 84）／雷雨（孫道臨 83）／漂泊奇遇
（於本正 83）

[1985]華佗與曹操（黃祖模 84）／瞧這一家子（王好為 79）／鄉音（胡
炳榴 84）／人生（吳天明 84）

[1986]紅衣少女（陸小雅 84）／黃土地（陳凱歌 84）／高山下的花環（謝
晉 84）／野山（颜学恕 85）

[1987]良家婦女（黃健中 86）／峽江疑影（李啟民 85）／青春祭（張暖
忻 85）／絕響（張澤鳴 82）／少年犯（張良 85）／黑炮事件（黃
建新 85）

[1988]老井（吳天明 87）／最後一個冬日（吳子牛 86）／錯位（黃建新
86）／一個死者對生者的訪問（黃健中 87）／芙蓉鎮（謝晉 86）
／盜馬賊（田壯壯 86）／大閱兵（陳凱歌 85）／最後的瘋狂（周
曉文、史晨原 87）

[1989]人‧鬼‧情（黃蜀芹 87）／紅高粱（張藝謀 87）／太陽雨（張澤
鳴 87）／晚鐘（吳子牛 88）／歡樂英雄（吳子牛 88）／陰陽界（吳
子牛 88）／瘋狂歌女（劉國權 88）／鴛鴦樓（鄭洞天 87）／遠離
戰爭的年代（胡玫 87）／孫中山（丁蔭楠 86）／孩子王（陳凱歌
87）／輪迴（黃建新 88）

[1990]一個和八個（張軍釗 84）／菊豆（張藝謀 90）／開國大典（李前
寬、蕭桂雲 89）／三國志（楊吉友 91）／牛棚（戴思杰 89）／小

巷名流（從連文 85）／最後的貴族（謝晉 89）／本命年（謝飛 89）

[1991]沒有航標的河流（吳天明 83）／湘女蕭蕭（謝飛、烏蘭 86）／流
浪北京～最後的夢想者（吳文光 90）／茶館（謝添 82）／大太監
李蓮英（田壯壯 90）／北京，你早（張暖忻 90）／女人的故事（彭
小蓮 87）／馬路騎士（葛曉英 90）／雙旗鎮刀客（何平 90）／曼
荼羅（滕文驥 91）

[1992]大紅燈籠高高掛（張藝謀 91）／老店（古榕 90）／心香（孫周 92）
／鼓書藝人（田壯壯 88）

[1993]邊走邊唱（陳凱歌 91）／出家女（王進 91）／清涼寺鐘聲（謝晉
91）／血色清晨（李少紅 90）／香魂女（謝飛 93）

[1994]秋菊打官司（張藝謀 92）／霸王別姬（陳凱歌 93）／站直囉，別
趴下（黃建新 92）／藍風箏（田壯壯 93）／四十不惑（李少紅 92）
／大撒把（夏鋼 93）／北京雜種（張元 93）／找樂（寧瀛 92）／
炮打雙燈（何平 93）

[1995]老人與狗（謝晉 93）／雜嘴子（劉苗苗 92）／天國逆子（嚴浩 94）
／頭髮亂了（管虎 94）／背靠背，臉對臉（黃建新 94）／春桃（凌
子風 88）／紅粉（李少紅 94）／雲南故事（張暖忻 94）

[1996]搖啊搖，搖到外婆橋（張藝謀 95）／紅櫻桃（葉大鷹＝葉纓 95）
／十字街頭（沈西苓 37）／神女（吳永剛 34）／廣場（張元 94）
／猴三兒（王小燕 95）／民警故事（寧瀛 95）／小玩意（孫瑜 33）
／馬路天使（袁牧之 37）／夜半歌聲（馬徐維邦 37）／太太萬歲
（桑弧 47）／小城之春（費穆 48）／烏鴉與麻雀（鄭君里 49）／
林家舖子（水華 59）／我這一輩子（石揮 50）／家（陳西禾、葉
明 56）／舞台姊妹（謝晉 65）／獵場扎撒（田壯壯 85）／大路（孫
瑜 34）

[1997]風月（陳凱歌 96）／紅燈停，綠燈停（黃建新 96）／東宮西宮（張
元 96）／巫山雲雨（章明 85）／變臉（吳天明 96）／陽光燦爛的

日子（姜文 94）

[1998]鴉片戰爭（謝晉 97）／一江春水向東流（蔡楚生、鄭君里 47）／
春蠶（程步高 33）／萬家燈火（沈浮 48）／南京 1937（吳子牛
95）／誰見過野生動物的節日（康峰 97）／安居（胡炳榴 97）／
荊軻刺秦王（陳凱歌 98）

[1999]太陽鳥（楊麗萍 97）／處女作（王光利 98）／趙先生（呂樂 98）
／紅河谷（馮小寧 96）／高朋滿座（王鳳奎 91）／愛情麻辣燙（張
揚 98）／天浴（陳沖 98）

[2000]2H（李纓 99）／小武（賈樟柯 97）／紅色戀人（葉大鷹＝葉纓 98）
／江湖（吳文光 99）／瘋狂英語（張元 99）／一個都不能少（張
藝謀 99）／草房子（徐耿 99）／二嫫（周曉文 94）／被告山槓爺
（范元 94）／混在北京（何群 95）／硯床（劉冰鑑 96）

[2001]我的父親母親（張藝謀 00）／那山 那人 那狗（霍建起 99）／北
京的風很大（睢安奇 99）／蘇州河（婁燁 00）／鬼子來了（姜文
00）／十七歲的單車（王小帥 01）／益西卓瑪（謝飛 00）／桃源
鎮（熊郁 96）／黃河謠（藤文驥 90）／女人哀歌（王進 94）／上
一當（何群、劉寶林 92）／天倫（郭凱敏 95）／緊急救助（張建
棟 97）／女子戒毒所（王進、何群 92）／埋伏（黃建新、楊亞洲
96）／黑白人間（王秉林 93）

[2002]洗澡（張揚 99）／站台（賈樟柯 00）／活著（張藝謀 94）／漂亮
媽媽（孫周 99）／花眼（李欣 01）／帶轂轆的搖籃（米家山 94）
／闊裡人家（吳貽弓 92）／南行記（周力 90）／吳二哥精神（范
元 96）／漢方道（牛波 02）／英雄鄭成功（吳子牛 01）／幸福時
光（張藝謀 02）

[2003]西洋鏡（胡安 00）／巴爾扎克與小裁縫（戴思杰 02）／大腕（馮
小剛 01）／尋鎗（陸川 01）／和你在一起（陳凱歌 02）／有話好
好說（張藝謀 97）／任逍遙（賈樟柯 02）／小城之春（田壯壯 02）

／綠色包圍（張克明 02）／沒事偷著樂（楊亞洲 98）／英雄（張藝謀 03）／生活秀（霍建起 02）／不快樂的不止一個（王芬 00）／西楚霸王（冼杞然 94）／今年冬天（仲華 01）／留守女士（胡雪楊 91）／老頭（楊天乙 99）／回到鳳凰橋（李紅 97）／周漁的火車（孫周 02）

[2004]我的兄弟姐妹（俞鐘 01）／天地英雄（何平 03）／假裝沒感覺（彭小蓮 02）／藍月亮（冀藝群 03）／鐵西區（王兵 03）／十面埋伏（張藝謀 04）／心跳墨脫（哈斯朝魯 03）／台灣往事（鄭洞天 03）／婼瑪的十七歲（章家瑞 02）／芬妮的微笑（胡玫 02）／哭泣的女人（劉冰鑑 02）／王首先的夏天（李繼賢 02）／橫豎橫（王光利 01）／女足九號（謝晉 01）／危情少女（婁燁 94）／美人草（呂樂 04）

[2005]暖（霍建起 03）／琵琶情（馮喬 04）／窒息（張秉堅 04）／好大一對羊（劉浩 04）／珠拉的故事（哈斯朝魯 00）／天堂回信（王君正 92）／關於愛（張一白 04）

[2006]千里走單騎（張藝謀 05）／天上草原（麥麗絲、賽夫 02）／世界（賈樟柯 04）／無極（陳凱歌 05）／夢影童年（小江 04）／我愛你（張元 03）／茉莉花開（侯詠 04）／可可西里（陸川 04）／向日葵（張揚 05）／萬世流芳（馬徐維邦、朱石麟、卜萬蒼 42）／中國之夜（睢安奇 06）／卡拉是條狗（路學長 02）／剃頭匠（哈斯朝魯 06）／無窮動（寧瀛 05）

[2007]夜宴（馮小剛 06）／浮生（盛志民 06）／唐唐的故事（張涵子 04）／夜。上海（張一白 07）／開水要燙 姑娘要壯（胡庶 06）／圖雅的故事（王全安 06）／小平您好（徐海嬰 04）／首席執行官（吳天明 02）／看車人的八月（安戰軍 03）／鄧小平（丁蔭楠 03）／三峽好人（賈樟柯 07）／吳清源（田壯壯 06）

The study about the Chinese movies which the people of Fukuoka watched：

Based on the result of the screening investigation of the East Asian movies for the past 30 years in Fukuoka City

Fusako AIDA

Associate Professor

Fukuoka University

abstract

Fukuoka area has been closely related with Mainland China since ancient times. The people have been feeling an affinity for China for a long time. The Fukuoka City governments have kept considering that any type of exchange between Japan and East Asian countries, with China at the head of them, is really important for these 30 years. Especially the cultural exchange is crucial.

In such an environment, they have working on the four-walling of the movies of the Mainland China. As a result, the supporters have appeared.

Nowadays, the movies are shown in several movie festivals titled "Asia" which has held in Fukuoka City. Some special screenings have been featured in the movie hall of the Public Library. And also you can see a number of Chinese movies in any movie theaters.

Therefore, we can say that the number of the movie which they have seen for 30 years from 1978 to 2007 isn't very few, compare with its number of the other regions of Japan. After the model of Fukuoka, you can consider how the movies of the Mainland China have been accepted in Japan.

We've got the following temporary conclusion through the rudimentary consideration of this article: the number of the movies of the Mainland China which have been seen by the people of Fukuoka for these 30 years have increased largely much more than that in the period of 1955 to 1977. However it cannot be always said that these choice of the movies were considered well enough‧ Moreover you can find that they don't accord with the movies generally preferred by the people of Mainland China.

Keywords：Fukuoka City, The movies of the Mainland China , The commercial screening, The non-commercial screening, The fifth generation movie directors

「出草」：一個獵頭習俗的文學社會學旅程

李　娜

中國社科院文學所副研究員

摘　要

　「出草」獵人頭，是一種消逝了的先民習俗，並非臺灣原住民獨有，但對「出草」的書寫，卻是臺灣近代以來活生生的文化載體。「出草」在戰後臺灣文學中被呈現的面容，或則訴說了幾百年間原住民族的生存、抗爭歷史；或則寄託著知識者緣少數族群問題進行的社會批判與反省，甚而，對萎弱的現代人格的出路的想像；或則，在當代意識形態與文化消費的背景下，成為某些主流論述——譬如多元文化主義——的注腳。本文追尋「出草」的文學旅程，一以探求戰後知識者回應其時代、探尋思想出路的多重樣貌；一以理解臺灣的文化生態與現實政治。

關鍵字： 出草、原住民歷史與文學、知識者的歷史反省、臺灣文化生態

引　言

　我在 2003 年的夏天識得「出草」，其時它已成為學術論述中的「原始生命禮俗」。在「多元文化」成為臺灣主流文化論述的背景下，「出

草」 這一曾被當然視為「野蠻陋俗」的獵頭風俗，得以「原住民文化」正名。同時，有原住民作者稱在新時代要「以文字出草」，有原住民政治抗議活動亦喚作「出草」——「出草」重新成為勇武的象徵，並召喚反抗的記憶和傳統。

　　消逝的習俗的再度煥發，折射著歷史與現實的互動。「出草」，也稱「獵頭」或「馘首」，除了作為社群內為成年、爭端、榮譽而進行的儀式性的殺伐習俗，就民族交往歷史而言，「出草」更鮮明的性質，是一種衝突或曰戰鬥方式。雖非臺灣原住民所特有，卻一度是其背負的野蠻印記。清代的宦游文章中，「殺人割截其首」象徵著未開化人類的奇異恐怖；[1]日據時代的人類學報告和統治檔案裏，「出草」一方面是人類學者調研的「舊慣習俗」，一方面是殖民地征伐與反抗的現實場景。「出草」在戰後文學、文化書寫中絡繹不絕 ，更透露著臺灣社會與知識者思想探索的豐富資訊。本文追尋「出草」的文學旅程，一以探求戰後知識者回應其時代、探尋思想出路的多重樣貌；一以理解臺灣的文化生態與現實政治。

一、吳鳳的倒掉與「出草」的浮出

　　1989 年，嘉義火車站前的吳鳳銅像被原住民青年拉倒。隨後吳鳳的故事撤出了小學課本。在原運歷程中，破解「吳鳳神話」具有里程碑的意義，自不待言。而從「出草」的角度看「吳鳳的倒掉」，在原運和社會意識進步的層面之外，還有未被彰明卻不無價值意義的層面。且回到 1970 年代末較早提出吳鳳問題的作品：人類學博士胡台麗的短篇小說《吳鳳之死》（1979）。

---

[1] 藍鼎元（清）《複呂撫軍論生番書》：「其殺人割截首級，烹剝去皮肉，飾骷髏以金，誇耀其眾，眾推為兄長，野性固然。」見藍鼎元（清）著：《東徵集》（臺灣文獻叢刊第 12 種），臺灣銀行經濟研究室編印，1958 年出版，頁 85、頁 86。。

　　小說中的淑貞，同多數都市人一樣，是通過小學課本和電視劇認識、崇拜吳鳳的：清朝康乾年間的阿里山通事吳鳳，為勸說曹族人廢除「獵頭」風俗，與曹族人約定，見騎白馬穿紅袍者可殺之。曹族人獵下人頭，發現竟是吳鳳，愧悔與恐懼之下，從此不再獵人頭——吳鳳是淑貞自小接受的「捨生取義」的英雄，因此，當她隨丈夫偉仁到曹族同學「頭目」的家鄉去度假，脫口問出「吳鳳算不算你們的英雄？」不曾想引發了頭目的傷痛記憶。大學時代，一直以冷漠維護山地人尊嚴的「頭目」，曾為了拒絕演唱歌頌吳鳳的歌曲退出校合唱團。他說，吳鳳是漢人編造的貶抑山地人的故事。

　　「就像漢人女子古時候要纏足，以為很美，我們的祖先也是把獵首看成很英勇的行為。一方面為取悅天神，祈求五穀豐收，人口繁盛；另方面在部落戰爭激烈的環境中證實一個人有保衛鄉土、洗雪恥辱的能力。」[2]作為原住民知識青年，「頭目」從生存環境和信仰上對「出草/獵頭」做的這個解釋，後來成為社會普遍接納的知識。但在這個「碰撞」的現場，我們看到的是淑珍偉仁的驚疑不定：

　　下山後，他們查找有關吳鳳的學術論文，一方面英雄形象動搖，進而從「頭目」及其族人的抑鬱、憤怒中反省到山地人被壓迫的歷史與現實；一方面，卻又「多少有些慶倖的感覺」，因為「沒有數證據可以否定吳鳳具有犧牲小我的決心，只是這種決心與行為在當時漢番關係惡劣的環境裏，恐怕很難讓曹族人瞭解更進而改變對侵佔他們土地的漢人的敵意」。

　　如果對照收在同一個集子裏的布農族醫師、作家田雅各的短篇《馬難明白了》，可以看到原住民與漢人為「吳鳳」最初碰撞的時間點上，雙方都欲言又止，難以深入的模樣。[3]意猶未盡中，有著更曲

---

[2] 胡台麗，《吳鳳之死》，見吳錦發編《悲情的山地——臺灣山地小說選》頁88。

[3] 田雅各，《馬難明白了》，收于吳錦發編《悲情的山林——臺灣山地小說選》。

折的歷史層面。結合 1980 年代「吳鳳倒掉」的過程，試分析之：

1、在「頭目」的解釋和淑珍偉仁面對資料的「慶倖」裏，隱藏著一個共識：「出草/獵首」作為一種「原始習俗」，是殘酷、落後的。在當代的文明觀念裏，「出草」作為被侵害者「反抗」方式的性質，難以被正面闡述。

2、原運興起，揭露「吳鳳神話」成為破解「漢人中心主義」的鬥爭，這鬥爭與八十年代臺灣社會普遍的鄉土關懷和反體制運動有著密切的同盟關係。因此，雖然被揭示但並未引發持續思考的，是吳鳳的故事經歷清代、日據和光復後三個階段的改編承繼。這一點，在原運的抗爭對象為戰後臺灣社會威權體制時，意義不彰，現在重提卻不無意義。

吳鳳傳說的一個核心問題，是「獵頭」之習。清代有關臺灣的文獻裏，宦游文人對此多以「嗜殺」解釋，並曰「野性固然」。與「嗜殺」共同作為生番之未開化表現的，是其「愚」，這愚又有兩面；一是對開會社會之生存文化——如精耕技術、商業交易以及時勢義理的無知；一是心無機巧，逍遙淳樸，所謂「近古之風」。康熙末年奉命到臺灣平定朱一貴之亂的藍鼎元，在戰事結束後遊歷水沙連內山，描述所見蠻鸞、貓丹等十社番人，一方面，「皆鷔悍，未甚馴良，王化所敷，羈縻勿絕而已。」一方面，「發家藏美酒，夫妻子女，大嚼而歌，洵不知帝力于何有矣。」[4] 歎其服教未深的凶頑，又稱羨其如七竅未開的混沌。清代文人對臺灣番人的記述，雖然絕對不乏自恃開化的無知與偏見，也不乏「千古馭番之法」的強勢言辭，但在諸多宦游文人的筆下，仍可以看到對番人的真切同情，「是舉世當哀矜者，莫

---

[4] 藍鼎元（清）：《紀水沙連》，見藍鼎元（清）著：《東徵集》（臺灣文獻叢刊第 12 種），臺灣銀行經濟研究室編印，1958 年出版，頁 85、頁 86。

蕃人若矣」，[5]其宦游文章往往同時也是進諫獻策，建議朝廷、官方對番人的保護。這種帶有儒家的人本、生民意識的籲求，與本身亦為「少數民族」出身的滿清政權在邊疆少數民族問題上相對開明的政策，某種程度上是有共同基礎的。

但宦游文人與中央朝廷，畢竟都不直接面對「番人」。與「番人」爭奪土地和生存空間的是明鄭以來大量湧入臺灣的漢移民，除了侵墾，更有流民奸商的巧取豪奪。而地方官亦會出於自身利益，與移民的強勢者勾結，欺壓利用「番人」。

成為 1980 年代原住民知青和漢人知識份子重構歷史認知的觸媒「吳鳳」，正是一個類于買辦、在番人和漢人的山貨交易中「通其事」的角色。[6]清朝領台前期的康熙三十三年，鬱永河描述蕃人苦楚，提到那時「通事」常常為內地犯法逃到臺灣深山的奸民，漸通番語而成為蕃人與社商交易的「通事」，「此輩正利蕃人之愚，又甚欲蕃人之貧：愚則不識不知，攫奪惟欲，貧則易於迫挾，力不敢抗。匪特不教之，且時時誘陷之。」[7]其後不少「通事」亦直接為商人。所以 1980 年代的原住民知青說：吳鳳是奸商！有意思的是，日據初期進入蕃地做調查、並搜集研究過大量清代文獻的人類學者伊能嘉矩說，吳鳳「以至誠克仁安番之事，終殺其身舉革弊之功，蓋在臺灣理蕃史二百餘年間，屬唯一之美績也。」[8]伊能嘉矩此論，是否因由民政長官後藤新平要為吳鳳造神的意志，姑且不論。回到吳鳳故事為咸豐年間的劉家謀采風為詩的時刻，「紛紛番割總殃民，誰似吳郎澤及人」（劉家謀《海音詩》），吳鳳是為保護與生番比鄰的兩鄉漢人而獻出頭顱的。

---

5 鬱永河（清）著：《稗海記遊》（臺灣文獻叢刊第 44 種），臺灣銀行經濟研究室編印，1959 年出版。

6 通事，也稱番割。通番語、貿易蕃地之漢人。

7 同注 6。

8 伊能嘉矩著：《臺灣文化志》，臺灣省文獻委員會編印，1991 年出版，頁 254。

其內涵的歷史經驗，是移民與番人在整體、根本的層面，基於爭奪土地和生存空間的敵對關係，以及在這敵對中個案的人性光輝與和解的可能。到了清領末期的光緒二十年（1894年）的《雲林縣採訪冊》裏，吳鳳開始被敘述為有意「革弊」化番的義人。《雲林縣採訪冊》是為了清政府纂修《臺灣通志》之用，除了山川地理風俗物產，在人事的記載上，幾乎以「烈女節婦」最為豐富詳細，以資教化，「吳鳳事蹟」作為凶番目下的附錄，顯然也有著這種用意。[9]所以，無論吳鳳是否那個僅有的好人，清代吳鳳傳說的演化，其實反映了有清一代在治台問題上始終未能解決的矛盾，以及從這矛盾而生的願望。

　　這個矛盾是中央朝廷、儒家民本意識的文人「教化保護番人」的意圖，與臺灣地方官和普通移民對番人的侵害之間的矛盾。同時也是中央對邊疆穩定的需求，和地方官、移民對利益的需求的矛盾。移民為追逐土地而來，為此甘冒禁令、侵墾蕃地；官員多為短期，或難以作為，或汲汲撈取利益；而蕃人為漢民欺，官或不能秉公，甚而以其「嗜殺」為「奇貨可居」，用來推諉嫁禍——如何不成為天朝體制外的危險分子。而自康熙二十二年將臺灣納入版圖起，大清朝廷期望於臺灣的不是賦稅，而是一個安定的東南門戶。康乾時期防的是臺灣成為反清複明的基地，到了晚清，則是明治維新後的日本和西方列強的窺伺。在此過程中，番政事關緊要。牡丹社事件後「開山撫番」的沈葆楨說：「人第知今日開山之為撫番，固不知今日撫番之實以防海也；人第知預籌防海之關係臺灣安危，不知預籌防海之關係南北洋全局也。」[10]而在沈葆楨之前，關於蕃人蕃地治理的建議和政策，無論對

---

[9] 倪贊元編《雲林縣採訪冊》，在「打貓東堡」的「凶番」條目後「附通事吳鳳事蹟」。晚清為纂修《臺灣通志》，招募當時代人採編地方地理文史，各縣廳陸續成冊時，卻因甲午戰爭割台，通志流產。

[10] 沈葆楨《通籌全台大局疏》，見羅大春（清）著：《臺灣海防並開山日記》（臺灣文獻叢刊第308種），臺灣銀行經濟研究室編印，1972年出版。

漢人侵墾的禁止懲罰還是番大租的實行，都顯示了：就清王朝的統治格局來說，朝廷於蕃人，既存在保護的理想和要求，也存在保護的事實。清代不乏對蕃人的流血征伐，「征之使畏，撫之使順」，所謂「千古馭番之法」，但實際上的鬆散恐怕連「羈縻勿絕而已」都不夠。伊能嘉矩試圖對清代臺灣的政治、經濟和番政做整體研究，也提到清代「重點置於化育綏撫之上」、「且夙致意防遏通事社商社丁等苦累蕃人之惡弊。」[11]

　　從清代宦游文人的儒家意識，和清王朝的邊疆安全需要，庶幾可以理解清代文人、史冊記載的吳鳳傳說裏包含的願望：一個對蕃人公平正直、為民生肯捨生取義的漢人，最終教化了凶頑蕃人。民番良善，臺灣安寧。這才是「通其事」的通事。

　　在另一面，從那在歷史上無法發言的「蕃人」來說，「吳鳳傳說」建立在百年間漢人移民對原住居民的侵害之上。在前現代的大清王朝裏，蕃人因漢人的侵墾而不斷縮小生存領域和改變生存形態——土番、生番、熟番、平地番等指稱的演化，實則反映了與漢人移民社會衝突、融合的過程和從未「平等」的關係。而對於內山蕃人來說，雖經牡丹社事件後的「開山撫番」，二十年間效果不彰，生番「出草」，從未被真正馴服。在清朝的「吳鳳傳說」裏，依然能感受到「出草」作為原住民的「以暴抗暴」之手段的剽悍血性。

　　是在日本殖民臺灣之後，將「吳鳳傳說」改造為「吳鳳神話」廣為宣揚，直接為一個近代國家的殖民地統治服務，並且配合著強大武力的征討和深入內山的員警統治，最終消滅了「出草」及其所象徵的反抗意識。

　　日本據台初期，總督府民政長官後藤新平于巡守時無意聽到吳鳳故事，立刻意識到它對殖民地統治的意義。於是，命令學者收集傳說，

---

[11] 伊能嘉矩，《臺灣文化志》，臺灣省文獻委員會編印，1991 年出版，頁 221。

加以渲染改編，又通過建吳鳳廟宇、編入教科書小學讀本、排演歌舞戲劇、拍成電影……歷經二十年，成功地樹立了為戒除蕃人弊俗而殺身成仁的吳鳳神像。這個神像背後掩埋了愈來愈血腥的記憶，體現的是殖民帝國與被征服者的關係，而其功能將是前現代的清朝所不可企及的。對蕃人的征伐改造，納入民族國家的範疇，其指向是山林土地與資源的掠奪。同時，吳鳳這個神像，與「大東亞戰爭」時期的「沙央之鐘」一樣，不但是給亟待征服的蕃人，也是給全體臺灣人的：他們需要被帝國的「文明」馴化臣服，甘心獻出生命和靈魂。

凡 50 年殖民統治，日本帝國對臺灣人的精神意識改造，雖遭遇始終未絕的反抗，其印痕不可謂不深刻。1987 年當《人間》雜誌的記者官鴻志到「吳鳳傳說」的起源地阿里山鄉採訪時，那裏的曹族人，即便是老人，也無法說清楚這被認為發生於 216 年前的故事：曹族人多在日據時期接受了由日本殖民征服所改編、深入教化的「吳鳳神話」。

戰後出生的淑貞偉仁們的英雄崇拜，則是拜光復後國民黨繼承殖民者敘事之賜。國民黨在接收日本殖民遺產的同時，也接收了對蕃人（雖然改稱山地同胞）的同化（內涵則是歧視）政策。近半個世紀後，曾被血腥屠戮的原住民老人會表達對日本時代的「鄉愁」，本土意識會緬懷殖民地時期的「進步」，國府未加清理的殖民邏輯，亦與有助焉。

某種意義上可以說，1980 年代是在吳鳳倒掉的歡呼聲中落幕的。它帶給臺灣社會的普遍進步，在於對「大漢中心主義」的反省和對官方意識形態教化的批判。雖有《人間雜誌》做了日本殖民者「造神」過程的調查，[12]其在歷史層面的意義，仍未得到重視和持續思考。這

---

[12] 官鴻志：《一座神像的崩解——民眾的吳鳳論》，《人間》雜誌總第 22 期，1987 年 8 月。

自然與社運面臨的現實抗爭物件——威權體制相關，時勢使然。歷史認識未能進一步細化、深化，民族關係的檢討只停留在泛泛的「漢人沙文主義」，也正投射著 1980 年代末期至 1990 年代，原住民所參與的黨外運動逐漸成了「本土運動」、中產階級化的現實。「原住民」被不由分說納入「臺灣人的悲情」，而一般漢人移民和統治者對原住民的宰製關係上的性質差異，未得區分和反省。這裏隱藏著兩個歷史圖景；黨外運動者一旦成為強勢、甚而成為統治力量，與資本財團結為利益同盟，致力於山地資源的掠奪，正類似清朝時臺灣地方政府與移民強勢者的利益勾結；而在文化論述上引入「多元文化主義」，承認「原住民」之名，也正如日據時代殖民政府，以「高砂族」取代「番人」，以虛假的「一視同仁」掩蓋民族的結構性壓迫。

　　事實就是：吳鳳倒掉了，而從經濟到政治上真正平等的原漢關係，遠未達到。對社會性質與結構的反省，也淹沒在「吳鳳倒掉」的一時榮光裏。

二、　高砂百合：「出草」作為文化復興

　　原運對於漢人社會是一個啟蒙，也刺激了從原住民角度思考臺灣史的寫作。1990 年代伊始林耀德的長篇小說《1947 高砂百合》，如此刻畫「出草」及其相連的原住民歷史：不僅是臺灣史的一部分，甚而可能是擔當未來救贖的部分。整部小說鎖定一個時間點 1947 年 2 月 27 日，「二二八事件」即將爆發的時刻。高山上，一個部落頭目在孤獨緬懷著「我族」榮光；部落裏的西班牙神父沉醉于「忍耐換得權柄」的白日夢；洞窟裏「誓不向支那政府投降的兩個日本軍人」瀕臨絕境，仍懷念著日本崛起的歲月與家族未酬的壯志；臺北城裏煙販和緝私員警的衝突一觸即發，各色看客紛至遝來⋯⋯在看似凝固的時空裏，林耀德要寫的是跨越時空的臺灣史，每一個角色都背負著其歷史脈絡，彙聚成 1947、2、27 這個轉捩點。而在這個轉捩點上，在「二二八事

件」的文獻和探討中甚少提及的原住民，卻成了關鍵的、勾連歷史與現實的角色。

來看小說開頭對「出草」濃墨重彩的描繪。頭目瓦濤‧拜揚堵蹲踞山崖，對著豬牙山和空中的祖靈，回憶 1906 年日本統治下「我族最後的出草」。目標是鄰社，原因是已記不清的什麼衝突——什麼衝突不重要——從出草前部落勇士的莊重集會、嚴守禁忌，到血腥殺戮、割取頭顱……最讓人驚心動魄的，當是出草歸來的路上，在溪邊集體清洗頭顱。在這裏，林耀德發揮了瑰麗而恐怖的想像。鮮血從獵頭袋滲出，流到勇士兩股間，鼓動著性欲一樣的激情。在親吻了頭顱濕冷的嘴唇之後，他們肢解、剝皮、剜出紅白交雜爛碎如上了顏料的蜂蜜般的腦漿——「他們在生存的夾縫中面對生活，在生活的實踐中不知不覺地締造了藝術。」，但「出草」並不是林耀德敷衍具有異族情調的暴力美學的所在。「出草」場景被賦予宛若發自「我族」的激情，表達了林耀德的「出草」觀：出草不但是戰鬥，也是儀式和信仰，是凝聚、張揚民族血性的「藝術」。是「出草」書寫了「我族」的歷史：1906 年之為最後出草，包孕著日據時期原住民被征伐屠殺的歷史，「出草」意味著反抗，其逐漸禁絕意味著反抗的失敗和狩獵文化的衰落。更無論光復後，在國府政策支持下，神父與教堂的到來，瓦解了祖靈的信仰。1947 年，瓦濤‧拜揚離開被神父的藥丸迷走靈魂的族人，獨自對祖靈傾訴，祖靈說：你是最後一個獵過首級的勇士，你族的神話和傳說將會隨著你的死亡而死亡……

「出草」被如此看重，也與林耀德對漢人社會的貶抑有關。小說裏的漢人群像是這樣的：閣樓上的漢詩人「吳用」在日據時代參加過臺灣總督府舉辦的「擊缽吟」，日據時以殖民者為知己，戰後則汲汲獻詩給陳儀；臺北賣私煙的小販是無告的，緝私的警員是粗暴而無知的，「記者某」抓住第一個報導的機會，是野心勃勃要進入新體制的——「二二八」風雨驟來，然而又是必然，殖民時代結束了，臺灣

卻捲入了整個中國的動亂。姑且不論林耀德的「二二八」現場缺失了
什麼，只說他增加的：在交錯的畫面中，平地人的卑微錯亂與高山人
的血氣執拗，形成鮮明對照。被看做愚頑的高山族從沒有從內心屈
服，高山頂上象徵「我族」精神的百合淒烈凋零，最後的勇士瓦濤・
拜揚借卻借祖靈之力騰空而起──去找他流落都市的孫子洛羅根。

　　臺北城內的洛羅根，其經歷與心路，道是 1947 年，卻又儼然是
1980 年代以來原運所揭露的山地人在都市的悲慘命運。其來有自？
或者說，戰後國民政府的政經道路和民族政策，已然決定了高山族的
宿命。而林耀德要在這個倒流回去的時空裏，同樣執拗地抒發一個理
想：小說結尾，瓦濤・拜揚找到了在臺北診所做學徒的洛羅根，淚流
滿面的洛羅根接過那見證了「我族」榮光與沒落、象徵著不滅的信仰
的「獵頭袋」，將與隱沒的祖靈們一起在無盡的歲月中「等待復興的
契機」。

　　這個「復興的契機」，不僅屬於註定將「夷滅在平地人腳下」的
高山族群，也屬於整個臺灣。或說這純粹是一種美學理想，但放在書
寫者身處的 1980 年代末 1990 年代初──解嚴後幾年的臺灣社會中來
看：高度發展的資本主義社會中，傳統價值分崩離析，「民主」終於
來臨的年代，政治利益鬥爭將更趨熱烈，被發掘的「傷痕」與「革命」
亦將不免被化約和利用的命運；另一面，原運落潮，基於反省的「文
化復興」悄然而起，多向發散的形態中蘊藏著生命力。「高砂百合」
是否能從死中複生？它有可能成為只信仰現代化的社會的救贖嗎？

　　1995 年，《人間》雜誌的李文吉就阿里山鄒族成立自治區的可能
性採訪多位學者，東海大學社會學系的趙剛提出，僅只討論能不能成
立「自治區」，最有可能的是給正致力於提升「國族形象」的既得利
益者政權一個道德表態的機會。更值得思考的，是在「自治區」中確
立、或尋回什麼樣的價值觀，過什麼樣的生活。「原住民文化中最有
價值的是他們對於資本主義生活方式，和它所屬的整個價值觀──重

視商品、交換價值、剝削剩餘價值等等的否定。因為原住民文化根本是』前資本主義』的一種生活方式，甚至是』前農業經濟』的，人與自然合而為一的文化。」「在經歷資本主義與漢人雙重競爭的慘痛教訓後，他們的文化如何抵抗資本主義商品經濟的價值觀，恐怕是原住民族新興知識份子應該進行深刻思考的責任。」[13]

這個社會學角度的建言，某種意義上，是 1990 年代「原住民文化復興」的要義之一，也是林耀德朦朧理想的一個清晰化：原住民的生存抗爭、文化復興於今日臺灣可能有的顛覆及建設意義。這一點上，近二十年來有關原住民的文學書寫、歷史研究以及社運實踐，都有許多極有意義的探索。

《1947 高砂百合》所涉及的歷史背景（出草與高山族、日本明治維新與西南戰爭，西班牙神父與梵蒂岡，光復後的臺灣社會各階層……）相當廣闊，構思也不可謂不妙，但這種逞才，也使林耀德的「出草」無力細究歷史的細微皺褶，特別是，書中的殖民地記憶是概括而抽象的。在這一點上，泰雅作家游霸士·擾給赫的短篇小說《出草》（1995）可為對照：「出草」被切實還原回日據時期的高山，一個泰雅部落並不那麼「大無畏」的青年，在死後講述著當年出草的故事。這是一個以原住民特有的喜劇性口吻敘述的故事，「我」因捕魚誤入他族領地，為了證明自己不是有意，不是「偷盜」，而去出草日本員警的人頭。[14]有點冒失的、戰戰兢兢的而非慷慨激昂的「出草」，仍然呈現了殖民統治下泰雅勇士內在的剛烈。遊霸士的《出草》根源于對祖先的狩獵文化和殖民地生存的理解，書寫得放鬆、生動而有力。某種意義上，原住民「書寫自我」的力量，或也是《1947 高砂

---

[13] 李文吉：《從阿里山鄉鄒族，探討臺灣原住民區域自治的可能性》，《夏潮通訊》，2007 年 7 月。

[14] 遊霸士：《出草》，見孫大川編《臺灣原住民族漢語文學選集·小說卷》，臺北：印刻出版公司，2003 年出版，頁 23。

百合》的期待。

　　1985 年，寫作《高山組曲》的鍾肇政，曾經表達：讓山地人來寫山地人。[15]但旋即失落：在大專院校辦雜誌的山地青年，對書寫族群歷史並沒有熱情。其時，由原運促生的原住民文學，注意力集中于現實反抗，「有史無文的」事實，也使得歷史書寫成為一個艱難挑戰。1990 年代時勢轉換，「文化復興」的口號裏蘊含著運動青年的反思：重新親近、理解那與自己生命軌跡脫離的族群傳統與文化，找回篤實的根基。在一些「返鄉」的原住民知青的生活實踐與文學書寫中，已經展現了這種努力的價值。

三、「霧社事件」與「出草」：去政治的政治

　　舞鶴的《餘生》（1999）以對「霧社事件」的尋訪為出發點，但並不像之前及同時代有關「霧社事件」的寫作，採取講故事的方式，而是以一種類「田野調查報告」的方式，敍述游走餘生部落——川中島的經驗。不管是追問「霧社事件」的「正當性」和「適切性」，還是眼觀耳聞餘生者的現實生活，舞鶴坦承「渾身帶著我的當代」，其內涵之一，即以對當代問題諸如族群關係、選舉政治、弱勢生存以及個體自由的關心，投入對「霧社事件」歷史與餘生的尋訪。「霧社事件」的發動，在形式上展現為原住民傳統的「出草」特徵，而 1990 年代不管原住民地方文史工作者還是相關學界討論，都對「霧社事件與出草的關係」表現了極大的論述熱情。因而，《餘生》中對「出草」的反復辯難，既是面向歷史，也是面向 1990 年代的臺灣社會的。

　　小說中，面對「我」的詢問，部落「第一高學歷」巴幹說，作為部落裏的文明人，要「采原始的觀點來看原始的人事物」，賽德克各部落之間習慣了以相互「出草」溝通恩怨；當年叔公親手割下的日本

---

15 鍾肇政：《戰火》，臺北：蘭亭書店，1985 年出版，頁 5。

郡守的頭顱，「與個別出草中割下的頭顱並沒有差異」。另一個「文明人」達那夫更激進地說：「沒有『霧社事件』……只有『霧社大型出草儀式』。」

有意思的是，後者達那夫並非川中島人，而是道澤人。同為霧社賽德克十二社之一，道澤人在「霧社事件」中沒有參加起事，反作為殖民者的「友蕃」，投入討伐抗日族人的前線，道澤的大頭目因此死于馬赫坡人的伏擊。1931 年 4 月，在日本人的縱容下，道澤人襲擊關押著五百多名「歸順」族人的「保護所」，殺死兩百餘人。歷史記載為「第二次霧社事件」。這是令戰後史官「為難」的歷史。在「抗日」、「親日」的歷史敘述框架中，雖同為「山胞」，道澤人還是背上了「親日」的歷史包袱。

事隔近七十年，道澤人達那夫終於能為祖先開口了。他用祖父「割下馬赫坡人頭時那種生命的激動和喜悅」，證明道澤人對保護所的襲擊屬於部落間的「出草」。「出草」是部落之間習慣的、溝通恩怨的方式，文明怎能理解？所以「第二次霧社事件」只是「官方說法和學者偏離的解釋」。

比照川中島人巴幹，兩人作為血仇族群的後代，異口同聲說「出草」，自稱是對國民黨官方解釋的「政治性」不滿，而其反政治的政治性也呼之欲出。「我」曾問巴幹：「為什麼部落知識份子菁英對『出草』都做極端正面的評價？」不待巴幹回答，「我」親見三次「業已平地化」的「部落民主選舉」。選舉政治進入部落，與傳統秩序的最後崩潰同步的，是部落的分化。如巴幹這樣接受現代教育的「菁英」，已是「既得利益者」。

「菁英」要走入主流，「出草」成了工具。在當代「出草」說中，親日與抗日的區分模糊了，殖民地的殘酷征伐史被擱置了。走出小說，現實中，不但看到與達那夫高度相似的論著，也能看到「霧社事件」在 1990 年代的高曝光率。

　　《餘生》出版後一年，2000 年，由臺灣基督教長老教會主辦、臺灣大學法學院召開「霧社事件 70 周年國際研討會」，標誌「霧社事件」的研究走入臺灣主流學術舞臺。與會幾位泰雅賽德克人，對本族特殊的祭儀、習俗，特別是作為血祭集團的 Gaya 以及作為生命禮俗的「出草」與事件的關係，多有闡釋。[16]而事件中所涉及的族群內部矛盾沒有被討論。在更年輕的原住民精英那裏，則用「殖民現代性」來「重新評價」日本人在山地的「功與過」。究其實，會議的目的，已在會議名稱中標示：「臺灣人的集體記憶」——「霧社事件」作為凝聚中華民族認同的年代過去了，現在，它是「臺灣人」的集體記憶。

　　舞鶴在《餘生》部落的切切追問，呈現了「出草」被當下政治工具化的過程，與此相映襯的時代背景，是「正名」的「原住民」進入新的國族打造工程，而其在臺灣社會政經結構中的位置，並未因此得到翻轉。集體正義讓位於個人追求。正如達那夫用「出草」為祖先除了罪，但族群之間的裂隙和傷痛，非但不能因此彌合，反而在當代資源與利益分配的誘惑下，再度發酵。

　　在《餘生》中，對「出草」背後的這一現實文化政治，並未深入展開或批判，舞鶴更關心的，其實是「出草」認知中更為隱蔽的問題。「吳鳳神話」破滅後，「出草是原始部落的共同傳統行為，具有禮俗和儀式的意義」，成為從學界到大眾社會普遍接納的進步意識。依靠日本人類學者的調查記錄，以及日漸凋零的部落耆老的口述，1990 年代的「文明人」（無論原漢）接受了「出草」。少有人問：「出草」到底從何而來？不是人類學者的舞鶴，做了一番看似天馬行空卻又並非沒有根基的想像：

---

[16] Sivac Nabu：《非人的際遇——賽德克人看霧社事件》，見許世楷、施正峰主編《霧社事件：臺灣人的集體記憶》，臺北：前衛出版社，2001 年出版，頁19。

「出草最原始的由來應是出自獵人的獵性……經由剝制野獸頭顱的經驗，他們跨越了一步開始剝制人類頭顱……這是獵人激勵自己，同時向部落凡人昭示他大獵人可怕的大無畏。」

「在部落為了獵場、耕地爭戰的長久時光中『出草』成了最時髦、最具威嚇力、最具戰功的行為，尤其出草提升到『作為男人』的依據，少年不經出草便喝不到節慶時的酒，沒有在頭額和下巴紋身的資格，在部落中便娶不到女人，更別說成家生子傳後代，史料記載原住民在長久光陰中出草活動頻繁，尤其剽悍的泰雅族，同一族群部落之間時常彼此出草，不像南方的魯凱、排灣『從不出草自己的頭』，我想之所以頻繁不在『出草本身之必要』，而在出草附帶的現實『條件 』，『條件：利益』是原始人性本能在此可以證明不假現代，……」[17]

敘述者不但大膽假設了出草的起源——從獵「獸」到獵「人」，而且，毫無對「原住民」、「族群傳統文化」之正確性的忌憚，提出了出草中內涵的人類暴力之根性。原始習俗與文化，未必都是與現代對立的回歸純淨本真——如都市文明人所幻想的。

小說中，「我」去訪問一位道澤老人，霧社事件中，他參加了討伐抗日蕃、襲擊「保護蕃」的行動，用頭顱換過賞金。「我」問「出草的滋味」，老人說「快樂無比，說不出——」

於是舞鶴以一種魔幻的腔調，開始了如臨現場般的敘述。在古老的詩歌中，獵人出草，守候對斷頭命運茫然不覺的陌生人，如同守候「愛人」：陌生人成了「頭顱」，將為祖靈悅納，將為部落帶來更強大的靈力。於是，割人頭、剝頭皮、給頭顱餵食、與頭顱私語、舉族歌舞、情欲癲狂……這段燦爛而詭異的描寫，頗可與林耀德《1947 高

---

17 舞鶴：《餘生》，臺北：麥田出版社，2000 年版，頁 142。

砂百合》中的「清洗頭顱」對照。但舞鶴式的黑色幽默，又讓人疑心此乃「戲仿」。確實，如此想像，因由部落精英的描述，因由握著割過人頭的道澤老人的手，也因由散落住處的日本人類學者的書……在想像走到頂端近乎譫妄之後，敘述者發出疑問：

> 「人可以藉出草自由取走陌生人的生命，個別的生命完全沒有自主不受干擾的權利，人成了被出草的物，所以『出草的狂歡』中隱含作為人極為悲哀的暗影，那暗影是如此的可怖，所以需要更多的狂歡來遮蔽暗影。當代反對巴幹的『出草禮俗說』，出草是維護部落存有的共同禮俗，那麼人以殺戮存有來維護存有，尤其在『出草』的形式中，個體永遠得不到自主，人將永遠存有在殺戮同時被殺戮之中，在歷史的長河中，懷著恐懼存有，在逼臨被殺戮的恐懼中殺戮存有。」（舞鶴，1999，《餘生》P213）

　　可以看到，舞鶴對「出草」的否定，與日據時代迄今以文明批判「野蠻」不同。他在意的不是「獵人頭」這一行為的殘酷，「文明」的世界從來不缺乏比「獵人頭」殘酷的事情，他在意的，是「出草」以集體的名義，將個人的生命物化。無論是出草者，還是被出草者，都在恐懼和對恐懼的宣洩中，失去了身為人的自由。

　　這是否是一種苛責？部落中，個人無法超越集體意志，「出草」內涵的宗教性，即「祖靈」作為至高無上的裁判，是共同體存在的方式。但舞鶴的質疑，如果放在他所經歷的戰後臺灣社會中，就可以看到，其重點不在於以人道主義批判原始野蠻。誠如小說開頭，舞鶴是從這裏交待這本小說的緣起的：少年時讀到「霧社事件」，為其血腥而戰慄。28 歲服兵役，知覺「國家」作為威權暴力體制如何宰製著臺灣的「心和資源」，然而離開軍隊，他並沒有像那年代的許多青年一樣投身「如火燎原的黨外政治運動」，而是隱居到邊緣小鎮淡水，

通過閱讀歷史和哲學，想瞭解「軍隊」、「國家」的起源和意義。便是在歷史記載的「無數的血腥爭戰」中，「霧社事件」從少年記憶中浮現。由此看來，舞鶴對「霧社事件」的「正當性」與「適切性」的追究，也是在借原住民酒杯澆個人塊壘。這個「塊壘」，是在家國教育與戒嚴體制下長大的戰後一代對「身而為人的自由」的尋求。舞鶴經歷過追求現代藝術的「叛逆青年」時期，也始終關注著黨外反對運動，然而青年時的反叛終不過是「輕狂的浪漫」，反對運動也終不免走入它曾反對的謊言與墮落。[18]時至世紀末，舞鶴在川中島，在「霧社事件」的歷史和現實中往返奔波，剝除「出草」披掛的榮譽，直面當代原住民物質與心靈的困境，其「自由」的內涵因此充實：它不但從「軍隊」、「國家」這樣直接的壓制中反叛而出，從「禮俗」、「傳統」這樣貌似端正的知識中掙扎而出，更從對他者生存的關懷和維護中自然而出。

　　1990 年代，過多儼然的文化論述和學術討論，將「出草」變成僵硬的、抽離歷史血肉的知識，《餘生》對「出草」的想像和詰問，來自舞鶴的成長經驗與切身之痛，與當代主流背道而馳，可謂「另類」。[19]這「另類」有其值得重視的意義，它揭示了「出草」以及「原住民」的語詞悖論。作為一個詞語，原住民在學術論題和政治架構中都有鮮亮的色彩；作為一個群體，它的歷史正義和現實身份都遠未達成。

四、原住民長篇小說中的「出草」：缺席地存在

　　2006 年布農族作家霍斯陸曼·伐伐出版《玉山魂》時，作為「原住民第一部長篇小說」，被認為有「標誌性意義」。小說以一個玉山的

---

[18] 舞鶴對反對運動的觀察，見於短篇小說《一位同性戀者的秘密手記》（1996）、
　　《調查：敘述》（1992）。

布農少年的成長為線索，串起來布農族傳統生活的方方面面，狩獵織布，祖先傳說，青年訓練……這是祖靈信仰無處不在、被無數的祭典所規定和豐盈的傳統生活。要「呼喊生命最初的豐饒」的《玉山魂》，是詩性的。但同時，這種詩性是排斥了「歷史」的詩性。真正不知何時不知何世，在這個似乎與世隔絕的玉山部落，沒有復仇和交往，沒有血腥和仇恨──當然，更沒有「出草」，「出草」意味著生活在人與人、族群與族群之間，意味著「關係」。「出草」的缺席，象徵著一個被純淨化的、封閉的「山林狩獵文明」。 桃花源人「不知有漢，無論魏晉」，原住民的烏托邦裏，荷蘭人也好，漢人日本人也罷，俱在祖靈的光芒下遠遁。

在原住民文學中，對於「過去的生活」的書寫，往往具有這種純淨形態。有時不免被認為，過濾和揀選的記憶，不無對消費社會中「觀看」的回應，成為文字版的文化觀光村。但伐伐在詩性的《玉山魂》背後，寄予了大哉問：什麼樣邪惡的力量，讓大家懷疑了父祖先人過過的美好歲月？換言之，這烏托邦書寫，以一種對未被侵犯的文化的鄉愁，表達質疑現實（或許也包括沒有被書寫下來的歷史）的姿態，單純而明確。

伐伐《玉山魂》之後，原住民長篇小說的多樣性很快呈現出來：「主體」重建的熱切，除了表現在從消逝的傳統中尋求文化之根，也開始呈現為在不同民族的密切交往乃至征伐中書寫「族群靈魂」。卑南族巴代的《笛鸛──大巴六九部落之大正年間》（2007），便是這樣一個嘗試。1912-1926 年間的卑南「大巴六九部落」，如何與遷到部落裏的漢人相處？如何在佐久間左馬太「五年理蕃計畫」的推進中，回應日本官員的窺伺利用，處理與內山尚未「歸順」的布農部落的關係？經歷晚清「開山撫番」和日本的殖民統治，大巴六九部落在歷史的大動盪中，是否也有其主動性？小說的架構，根基於對特定時代大環境的把握和卑南部落富有生命感的理解，提出了如上極為生動的問

題。只是這是一部尚未完成的小說，雖然可見作者在史料、田野調查上的用功，作為小說卻有著節奏和頭緒難以控制的危險。作者對族群傳統的熱愛，不但表現在數量可觀的注釋上，也表現在故事的進展遲緩上。巴代自序中曾提到一個「大巴六九與內本鹿蕃人相互出草」的事件，在總督府《理蕃志稿》和部落耆老口中，有著截然相反的解釋，其中或隱藏著殖民官員的詭計。這個撩人胃口的「出草」，在小說嘎然結束的時刻，尚未得以登場。

　　「出草」在《玉山魂》和《笛鸛》中的缺席，有著不同意義。《玉山魂》以靜態的歷史雕刻布農人的精神之美；《笛鸛》以動態的歷史捕捉卑南人的生命活力。無論如何，原住民作家開始書寫自己的「大河小說」，確有其特有的身體感覺與溫度。在這點上，漢人書寫者是很難企及的。

五、新歷史意識下的「出草」 ：風前塵埃

　　2007 年，施叔青也完成了一部以日據時代的原住民為線索的長篇小說《風前塵埃》。雖則取材太魯閣族，《風前塵埃》實是屬於「臺灣人三部曲」構想的第二部。第一部《行過洛津》，展開的是清代自嘉慶至道光年間，洛津（鹿港）的興衰，以及此地閩南人為主的移民社會的形成，其線索是從泉州到臺灣演戲的七子班小旦許情在臺灣的幾段情。《風前塵埃》具有相似的構架，要呈現的是日據時期，花蓮地區太魯閣人、日本人和客家人交錯的生活面貌，其線索是日本員警的女兒橫山月姬與太魯閣青年哈鹿克、客家人范薑義明的愛欲恩仇。

　　兩相比照，不待進入文本細節，似乎就可以領會評論者所說的「這本書清楚告訴我們，臺灣歷史的形成是如此多元而駁雜，只有從這樣的視野來看臺灣，才能達到歷史與文化的寬容。」[20]

---

[20] 陳芳明、施叔青：《與為臺灣立傳的臺灣女兒對談──陳芳明與施叔青》，

確實，小說所展現的日據時代臺灣，如此駁雜：第五任臺灣總督府佐久間左馬太為推行「五年理蕃計畫」，跨馬親征最「兇悍」的太魯閣人，終至於受傷而亡；日本人類學家出於「番化的頭腦」，建議總督對太魯閣人勿以「武力鎮壓」；在原來被認為最順服，卻起而出草殺死日本員警的阿美族七腳川社故地，來自日本四國的移民安家落戶，是為「吉野移民村」，不但在此培育出日本人喜歡的吉野米，吉野村長大的姑娘橫山月姬，成為太魯閣青年哈鹿克的情人，同時引起了村外客家人范姜義明的單相思；范姜義明的養母范姜氏因逃避戰火來到後山，懷著血仇的她卻因為參加助產士培訓從此服膺日本人的文明⋯⋯

歷史既是如此矛盾複雜，糾葛重重，怪不得在畫面拉回當代生活時，我們看到的是：花蓮縣政府重修了吉野移民村的佛堂，並列為古跡，以招引日本人前來懷舊觀光；當代的太魯閣族人遠渡重洋，為了請當年的員警大人的女兒到臺灣，參加佛堂的落成典禮，並向她請教可有當年員警大人在高山生活的寫真，以充實他們的地方文史撰寫。橫山月姬的女兒為母親到臺灣尋找記憶，處處遭遇熱情到令人尷尬的示好，臺灣導遊以同一座橋的兩邊，日本人建的比國民黨建的一邊堅固，來證明他們對日據時代的懷念⋯⋯

從歷史的「恩怨交織」到今日的「寬容友好」，似乎順理成章，然而在這樣的日據時代的太魯閣生活裏，似乎遺落了什麼。遺落了「出草」，也就是反抗。小說並非沒有以近乎資料抄錄的方式，寫下了佐久間左馬太的討伐和太魯閣人出草、戰爭、失敗乃至被「改造」的過程。然而反抗的分量卻奇怪地消失了，淹沒在當年太魯閣青年對溫柔嫺雅又大膽狂野的日本女子的迷戀裏，淹沒在當代太魯閣青年對日本的想像式鄉愁裏。

見施叔青著《風前塵埃》，臺北：時報文化出版社，2007 年版，頁 270。

　　我覺得這裏有一個難題，小說誠實地使用了很多有關日據時代的
資料和研究成果，顯然很下功夫地閱讀了史料，並且與嫻熟的小說技
巧搭配，幾乎當下所熱切討論的後殖民理論與現代性問題，都可以在
其中被評論者發現和自如地討論。也並不像那些明顯的去除自我歷史
脈絡的寫法。這似乎是又一層的進步了。

　　不是沒有寫殖民者的殘酷不仁，不是沒有寫殖民者後代以「和服
上的戰爭」進行的反思——與被殖民者的反抗、屈從和孺慕一樣，都
在筆下。如評論者說這是「歷史廢墟的最佳碎片投影」。書寫者如歷
史天使，以其悲傷之眼，收集、拼湊散落於歷史的「受苦的碎片」。
然而這些歷史碎片對歷史天使果真有意義嗎？殖民地的晦暗經驗並
沒有被投以生命的擁抱，真正能激發作者熱情的，是動亂年代裏對立
主體之間「必然要發生」的愛欲。碎片，是在急速的歷史之風中被摩
擦得燙手的碎片，還是可以安然撫摸如絲綢一樣光滑、美麗、無差別
的碎片？

　　小說之名，取自日本西行和尚的詩「勇猛強悍者終必滅亡，宛如
風前之塵埃」，以此比喻勇猛強悍的佐久間左馬太和他所效力的帝
國，終將在臺灣土地上如風前塵埃般滅亡——然而，何曾滅亡，屠殺
攜來的文明種子已經生根發芽，並為看似反思紛繁、實則需要深入檢
討的意識所培育。或者該說，日據時代發生在臺灣高山上的對奴役的
反抗，以及由此反抗促生的、比哈鹿克對月姬的迷戀遠為痛切的情感
與靈魂，才是小說中真正的「風前塵埃」。

結　論

　　「出草」是一種消逝了的原住民習俗，對「出草」的書寫則是臺
灣近代以來活生生的文化載體。它在戰後臺灣文學中被呈現（或不現）
的面容，不僅訴說了幾百年間在部落爭戰與異族入侵的環境裏，原住
民族的生存歷史，也折射了當代臺灣社會中，以「原住民」之名所進

行的文化、政治論述。其間凸顯著原住民的弱勢生存、文化潰散現實
與其被尊奉的地位的矛盾。這個矛盾，是需要被正面回應的現實。

因此，討論「吳鳳之死」隱含的清代至日據時期臺灣政治、民族
關係的變化，並不為了與「日本人、中國人都是臺灣的外來殖民者」
這一意識形態話語辯難——細究被抹平的歷史的皺褶，看到的未必是
一個「歷史真相」，卻是能令人深長思之的當代變遷的源流。本文交
錯的兩條線索：「原住民」煥發民族自覺意識，在破解吳鳳神話、尋
求文化復興、以文學書寫歷史的過程中，進行著具有建構「原住民主
體性」意義的實踐；同時，「原住民」作為一個文化符號，在本土意
識與多元文化的共謀下，因新的國族意識之要求，被納入「臺灣主體
性」的論述。以「出草」觀之，「出草」逐漸在學術和政治上登堂入
室的過程，也是逐漸僵化、與其包孕的原住民歷史脫節的過程。當少
數原住民精英以「大型出草」的詮釋回避殖民地傷痕，主動進入臺灣
主體性論述時，當愈來愈多漢族作家熱切書寫原住民歷史，並看似擺
脫了視之為異國情調的獵奇動機、轉而鄭重以待時，1990 年代以來
廣被挖掘的日據時期史料和研究成果，被大量地借鑒引用，霧社事件
也好，太魯閣抗日也罷，殖民地的殺伐和反抗俱在，但歷史的重量卻
吊詭地消失了。尤其「殖民地現代性」理論被搬用到文學中時，「歷
史」成了無差別的經驗。這種「去重量」而非簡單「去歷史」的書寫，
在書寫者卻可能是並非自覺的。

研究臺灣抗日運動史的日本學者若林正丈曾提到：抗日精神影響
和鼓舞了臺灣的近代文學、美術、戲劇等「所有關於臺灣人精神文化
方面的自覺性改革」，以及在總督專制和民族歧視的體制下開展的政
治與社會運動。「少了這樣的觀點與關心，將無法厘清在現今亞洲社
會中以高水準自豪的臺灣，其社會文化力量的歷史淵源。」[21]從當代

---

[21] 若林正丈：《臺灣抗日運動史研究》，臺北：播種者出版社，2007 年出版，
頁 10。

原運和文化復興運動展開的豐富層面，亦可知日本統治在高山上留下的印痕，不只是少年哈鹿克懷戀日本人類學者的白皮膚和香皂這般單純可憫。日據時期原住民的抵抗經驗，是否可能擺脫政治/流行話語的影響，得到更質樸從而也更有力地理解和挖掘，真正成為多元社會文化建構的歷史資源？或許，一個站在當下臺灣困境中的「歷史天使」，仍需要被召喚。

Beheading: a sociological and literary journey of headhunting custom

Li Na

Institute of Literature, Chinese Academy of Social Sciences

Associate researcher

Abstract

Beheading, which is a vanished ancestral headhunting custom, is not unique to Taiwan indigenous peoples. However, writing on *Beheading* has been a lively Taiwan culture carrier since the modern times. Writing on *Beheading* in the post-war Taiwanese literature has to some extent presented indigenous people's survival and historical struggle during several hundred years；or has to some extent expressed intellectuals' social criticism and reflection on minority ethnic issues and further envisioned their imagination on way and solution of the weak modern personality；or has to some extent become the footnote of some of the mainstream discourses - such as multiculturalism- in contemporary ideology and cultural consumption context. This essay has delineated the *Beheading* literary journey to explore the response of the intellectuals in the era of post-war to pursue the multiple solutions of thoughts; and also in purpose of understanding Taiwan's cultural ecology and political reality.

Keywords: *Beheading*, indigenous peoples history and literature, intellectuals, historical reflection, Taiwan's cultural ecology

遊行、敘事與集體記憶：

大溪及夢想社區的比較[1]

方 孝 謙

政大新聞系教授

摘　要

大溪民眾透過每年關帝繞境儀式的敘事和展演，抒發了敬神與補償的懷舊情緒，構成他們對住居地乃「祖德流芳」之傳統社區的集體記憶；而汐止夢想社區則因為老住戶抵制遊行領導幹部，尤其抵制他們塑造出只為好玩卻沒有文化根源的現代型懷舊，因此無法從與社區同名的嘉年華遊行中，開展出他們對自己社區的記憶與認同。本文透過解釋集體記憶與懷舊如何產生的架構，實際訪談兩個以大型遊行試圖凝聚社眾的新舊社區，證成了大溪老社區居民能共享其集體記憶而夢想社區則無法做到的關鍵原因及機制。

關鍵字：大溪、社區、敘事、集體記憶、儀式、夢想、懷舊

---

[1] 本文得以出版，作者要感謝兩位評審細膩的指教，國科會 NSC 96-2412-H-004-003-MY3 的補助，並感謝「社區營造」讀書會同學（劉蕙苓、游任濱、熊培伶、黃國庭、陳彥廷、陳宜君）協助蒐集資料。

辨識社區的標準不在它們是否真實存在，而在人們以什麼風
格想像它們存在。（Anderson, 1983:15）

一、前　言

　　2001 年 8 月 13 日合農曆 6 月 24 日，是桃園縣大溪鎮普濟堂以
其一年一度的關帝聖誕繞境慶祝立廟一百週年的日子。[2] 由和普濟堂
親善的 28 個民間社團（當地人自稱為「社頭」）出動了舞龍、舞獅、
大仙尪（含神將、童仔）、大鼓、北管等上百個陣頭，在當天上午分
社、分區繞行了幾乎涵蓋整個大溪行政區域的範圍，又在下午全員繞
境大漢溪以東的老城區。自 1917 年同仁社為關帝送上神轎而興起社
頭助陣的繞境活動以來，迄今參加的社頭迭有增加，隨大溪行政範圍
的變遷上午的繞境路線也有增減；但下午的路線始終是以所有陣頭繞
行老城區，而整個慶典也始終是大溪一年一度最盛大的宗教活動。

　　反觀 2007 年 10 月 20 日下午在凱達格蘭大道舉行的「2007 世界
夢想嘉年華」遊行，則是由 150 支隊伍、40 多輛花車，總共超過 10000
名的群眾所組成，主辦單位是汐止夢想社區基金會、珍古德協會、及
內湖社區大學。[3] 遊行的內容在隊伍方面是森巴、肚皮舞、藍調演奏、
非洲鼓、台灣原民音樂、嘻哈街舞；而在花車方面則有神燈、大山、
噴火龍、牛蛙等。相對於大溪的社頭，組成嘉年華遊行的基本單元最
多的是學校社團或代表隊，以及包含兩代的核心家庭。而 2007 年第
六屆的遊行主題是「希望」，不同於前一年的「美麗台灣」，也不同於

---

[2] 普濟堂創於 1902 年，至 2001 年號稱百歲似是根據本地算「虛歲」的習慣。我
　們以 2001 年的繞境作為敘述對象，主因普濟堂為慶祝建堂百年，編纂了自身
　的史料，並有學者（陳建宏 2004）針對此次繞境做了深入的調查研究。

[3] 2007 年正是「夢想嘉年華」脫離原來社區的範圍，而在中央政府機構林立的凱
　達格蘭大道遊行的第一年。

後一年的「夢想台灣：生物、社區、文化多樣性」。不但主題年年不同，[4] 在 2007 年之前甚至每年遊行的路線也不固定。

如果說繞境與嘉年華代表了兩種很不相同的集體風格，即在源起、成員、主題、前置作業、及路線方面各異其趣，那麼順著 Anderson 的思維我們可以追問，創造這兩種風格背後的參與者—包括領導幹部與參加民眾—到底以什麼樣的故事主線（plotline，見 Zerubavel 2003:13）想像出了什麼樣不同的社區（community）？本文主張，大溪民眾透過每年儀式的敘事和展演，抒發了敬神與補償的懷舊情緒，構成他們對住居地乃「祖德流芳」之傳統社區的集體記憶；而汐止夢想社區則因為老住戶抵制遊行領導幹部，尤其抵制他們塑造出只為好玩卻沒有文化根源的現代型懷舊，因此無法從與社區同名的嘉年華遊行中，開展出他們對自己社區的記憶與認同。

二、理　論

本文開頭所引民族主義理論家 Anderson 的雋語，可以說是我們比較大溪與夢想社區遊行異同的取徑。但是面對一邊是有將近百年傳統的誕辰繞境、另一邊則是新近創造的嘉年華會，我們無法套用 Anderson（1983:50-128）精心歸納的歐裔（Creole）型、語言型、官方型、或殖民型等民族主義模式來比較，只因建立民族國家從來不是大溪或夢想社區動員遊行的目的。即便如此，Anderson 提示透過兩處社區的成員以特殊風格想像他們世界的存在，仍是饒有創意的分析手法；只是針對 「想像風格」的內涵，我們必須透過集體記憶與懷舊，

---

[4] 2006 年「美麗台灣」主題由「福爾摩斯」及「農村」兩區段的隊伍來彰顯。前者包括不同的梅花鹿隊，後者則有水牛隊、農村音樂隊、客家農村舞隊等。而 2008 年烘托「夢想台灣」主題的隊伍則主要是原住民森巴鼓隊、原住民森巴舞隊、原住民高蹺隊等。所以兩年的主題都包含台灣，但「美麗台灣」強調現有的動物與地景，「夢想台灣」則強調社區的多樣性。

再加上 Karl Mannheim 思想風格（style of thought）的文獻來加以操作
化。

　　（一）集體記憶

　　集體記憶的文獻，在 Halbwachs （1992 ［原 1941,1952]）與
Connerton（1989）的原創論述中已經奠下堅實基礎；而在華語學術界
也蔚為流行（朱元鴻 1992，景軍 1995，邢玉玫 1996，王明珂 1997，
蕭阿勤 1997，夏春祥 1998、2007）。但是奇怪的是華語界普遍忽視
Halbwachs，尤其是 Connerton，對如何掌握特殊社群之集體記憶的「機
制」說明；甚至 Connerton（1989:38）本人也指控身為涂爾幹弟子的
Halbwachs 只能暗示卻不能闡發儀式表演這一機制對保存集體記憶的
重要性。實則，綜合 Halbwachs 與 Connerton 對形成集體記憶的機制
之說明，可以得出一套操作手法以便從遊行資料中區別大溪與夢想之
特殊歷史。但是儘管這樣，兩人連手的操作機制，還是必須再加上對
構成集體記憶的主要成分—懷舊—的說明。

　　過去華語界的討論大抵從 Halbwachs 的經典往後介紹相關文獻，
王明珂（1997:50-51, 底線為筆者所加）的摘要則是以 Halbwachs 為中
心，相當有代表性的文獻概括：

> 集體記憶研究者的主要論點為：（1）記憶是一種集體行為，
> 人們從社會中得到記憶，也在社會中拾回、重組這些記憶；（2）
> 每一種社會群體皆有其對應的集體記憶，藉此該群體得以凝
> 聚及延續。（3）對於過去發生的事來說，記憶常常是選擇性
> 的、扭曲的或是錯誤的，因為每一個社會群體都有一些特別
> 的心理傾向，或是心靈的社會歷史結構；回憶是基於此心理
> 傾向上，使當前的經驗印象合理化的一種對過去的建構。（4）
> 集體記憶賴某種媒介，如實質文物及圖像、文獻、或各種集
> 體活動來保存、強化或重溫。

針對（4）的底線部分，Connerton 在後文中有淋漓盡致的發揮。可注意的是（2）說出了 Halbwachs 的重要主張，卻與其他評論者（如邢玉玫 1996:1-19；夏春祥 2007:173）一樣，完全忽視他在同一著作（1992）中，分析家庭、宗教團體與階級不同的集體記憶之操作機制。

以分析家庭來說，Halbwachs（1992:68-72）很明確指出它的記憶架構由三個元素組成：第一是每個社會獨自定義的結構性元素，即親屬關係（kinship）；因此，當家族成員在回憶某一與全家有關的事件時，她首先想到涉事成員在親屬關係中的位置（如「我的表姑媽和他的子女」）。其次她也會想到具人格特質之涉事成員的鮮明影像，也就是第二個元素。最後她的回憶必須經由涉事成員的名字所喚起；這些名字既同時指涉當事人的親屬位置及具體影像，也代表家族視當事人為其成員的認可—她的回憶最終是指涉到她的家族全體。

但是在分析宗教團體與階級分別對應的集體記憶時，Halbwachs 則認為它們的架構乃分由恆定與變化的兩元素所構成。宗教恆定的集體記憶部分是由儀式（rites）--包含經典（sacred texts）—所組成；而儀式會亙古不變則主因它是由劃一的「儀式細節與僧侶身體」不斷再製出來的「物質性操作」。至於宗教會變的記憶部分則是由信念（beliefs），即宗教團體如教會所界定的教條（dogma）所組成。教條必須迎合潮流的心理或社會思維而修正，所以是可變的。Halbwachs 綜合二者的討論說：宗教記憶

> 並不保存過去而是重建過去。重建之道一則得到過去遺下的物質線索、儀式、經典與傳統之助；再則更得到最近—也就是現在的（the present）--心理與社會資料之助。（1992:119）

最後，在討論階級集體記憶的變化與恆定時，Halbwachs 則認為它們分指社會中由技術活動以及人際關係組成的兩大區塊。技術活動區由業者熟悉並運用每一時代的規矩與格式而組成；這些規矩與格式

為他們制定了本業特有的行動、行話與姿勢因此是與時俱變的。而人際關係區則根據社會分子的需要、習慣及傳統來賦予每一行業一定的價值判斷，也就是對業者的社會地位的判定。所以每一職業階層的對應記憶就是由可變的專業規格及不變的社會地位所合成（1992:166）。

總之，Halbwachs 在每一種社會群體特有的集體記憶中，都試圖找到結構性的不變元素（親屬、儀式或職業地位）及與時俱化的元素（名字、教條或規格）；至於他在分析家庭時提到的另一元素—相關成員的鮮明影像—則是必然出現在任何群體的具體記憶之中。[5]

儘管如此，人類學者 Connerton 針對 Halbwachs 分析宗教團體的記憶部分，卻仍指責後者只提到「儀式細節與僧侶身體」構成宗教記憶的不變部分，卻未細論這兩者如何塑造不但是教團，甚至是社會整體不變的記憶。另一方面他也強調自己所定義的集體記憶，除了有儀式表演與身體實作這兩種「習慣性記憶」的操作機制之外，尚有「非正式敘事」的機制可以補充國家正史所刻意遺忘的部分（1989:14-18 & 40）。讓我們細述 Connerton 的三種機制：

儀式表演以其「語言」的不變性（1989:57-60）形塑大小不等社群的集體記憶。儀式語言具表演性質—既表現在諸如乩童、法師的咒語、祝禱與誓言之中，也表現在他們的舉止行動之上。更進一步，儀式語言具形式化的特質，亦即乩童所說的內容並不重要，重要的是他的聲調、吐言的長度、及姿勢步伐在每次儀式中都是相同的。

分析到這裡，Connerton（1989:63-68）轉而強調傳統與現代的儀

---

[5] 如果這裡對 Halbwachs 理論的詮釋無誤的話，那麼社會學者 Zerubavel（2003:7）新近主張尋找社會記憶的「結構主義的」（structuralist）特徵反而不如 Haobwachs 完備，因為構成記憶的動態因素一概遭到忽視。Zerubavel 所指的結構特徵包括：「歷史的『密度』、歷史敘事的『樣貌』、世系『血統』的社會結構、連續歷史經由心智分隔的『時期』、及對真實歷史距離的結構性集體記憶的扭曲」等。

式表演的異同。[6]兩者雖然都保有其「語言」的表演與形式化的特質，但是傳統的儀式－特別是紀念特定人物或事件的儀式中，參加者志在如實的重現他們祖先的表演細節，藉以體驗口耳相傳的神人合一經驗，亦即以重複細節在自己身上重現祖先的敬神態度。而現代的儀式固然可以年年重複，基本上則被現代人視為「心理補償的器具」--補償日常工作的疏離與剝削之感；亦即參加者藉著儀式的不變語言補捉幼時參演的快樂、滿足私心的「懷舊」之感。[7] Connerton 在此處等

---

[6] Connerton 以下的立論，可視為是以宗教儀式的世俗化作前提。Giddens（1991:589）認為宗教的世俗化包括三方面：宗教組織的特權與影響式微、信眾減少、及信眾的宗教心變淡。Connerton 以下所指不同世代參加儀式的心理感受從「敬神」轉為「補償」，似對應宗教心變淡的世俗化趨勢。

[7] Connerton 這裡對懷舊的看法與 Halbwachs（1992: 48-49）完全一致，都指一種心理補償的感覺。Halbwachs 更具體指出這是老年人緬懷過去受苦難的經驗，進而認為因為克服了苦難所以那段時間也是個人黃金歲月的感覺。但是後文會論證，「懷舊」的意義絕非只有過去時間的面向，它也包括了現時與未來的另二面向。此外，Connerton 區分的「敬神」態度與「補償」態度，分別對應於他所說「仿古的態度」（archaising attitude, 1989:62）與「現代性的態度」。他引文評家 de Man 的話說明現代性是「塗消任何先行者的慾望，期望因此達到真正現在（a true present）之點，亦即開展新局的起點。」；而對仿古的態度他則間接引用小說家 Thomas Mann 的話說：「……有一種與現代性絕對相反的生活與思考方式，即想像一個自我……存有是向後開放的：向神話的資源開放；而這些神話之於自我不只是一堆範疇，更是一組主體的可能性，因此自我可有意識的依可能性來生活。」可見 Connerton 稱為「仿古的態度」就是 Mann 會叫做「神話的態度」。對神話的態度也許有許多種但基本上是相信神的論言，所以筆者逕稱為「敬神態度」（這一詞比「仿古態度」或「神話態度」達意）。至於「補償」態度與「現代性」態度的關係，明顯可以看出 Connerton 的立論是認為在「一切從現在開始」的氛圍中人必然有與過去斷裂之感，因此必須緊抓慶典儀式以滿足保有過去，延續過去的心理。因此在再度參加儀式的當下，兒時參演儀式的快樂也藉由重複儀禮而得以延續，足以短暫補償那斷裂之感

於提出了一個有待後文驗證的假設：傳統的繞境儀式與現代的嘉年華遊行，有參加者完全不同的心理感受（即敬神對照補償式懷舊），但是儀式語言卻是古今不變的；並且這一假設進而引發一個問題—傳統與現代儀式塑造什麼樣不同的集體記憶？[8]

有關第二種以身體實踐作為集體記憶的機制，Connerton（1989:79-87）是把它分成三類：身體的技術，如各種姿勢既可指涉他意或本身就能表意；身體的屬性，如進餐時表現的合宜行為；以及身分的展示，如下雨時等人撐傘、國宴時的盛裝等。其實 Connerton 這裡遺漏了討論影音媒體串聯身體實作與集體記憶的能力，試想電視、電台間歇性播放戴安娜的身影、披頭四的歌、歐巴馬的"change"口號等等所掀起的記憶片段。身體、影音、與集體記憶之間似乎尚存在急待開發的研究空間。

最後，「非正式敘事」的機制一方面與儀式表演與身體實作同為劃分「集體記憶」與「歷史重建」的標準，而另一方面它本身可以補充國家正史所刻意遺忘的部分。不同於 Halbwachs 總是被指為主張以現狀需要重寫歷史（1992:25, Coser 為本書寫的導讀中之評論），Connerton 承認史家根據可靠史料，志在撰寫「信史」。問題是史家總傾向於利用國家典藏的史料寫史，有時候就不免墮入「組織性遺忘」--如戒嚴時期對二二八事件的態度（夏春祥 2007）--的陷阱。Connerton（1989:14）主張屬於集體記憶的非正式敘事正可以填補組織性遺忘造成的歷史空白。可怪的是這是一個未經闡明的主張，因為在同書中

（這種感覺在離鄉背井的環境中由工作帶來的疏離與剝削而達到極致）。

[8] Hobsbawm(1983:10)在討論與集體記憶非常類似的觀念—創造的傳統(invented tradition）時，也觀察到古老的與新創的傳統之間有一大區別：「前者是具體而箝制力特強的社會實踐；後者則對要灌輸給團體成員的到底是什麼價值、權利和義務顯得模糊不清。」因此據 Hobsbawm 所言，古老傳統中的儀式對其不同世代的參加成員一樣會施以強大的箝制力，即激發與前代相同的敬神態度。

（1989:40）他明言對非正式敘事的內容無法在此細述。

　　如果說 Connerton 的缺憾是在構成集體記憶的「（非正式）敘事文本」方面語焉不詳，那麼我們認為現有文獻其實已經有補救的方法。這正是知識社會學者 Karl Mannheim 的追隨者 Nelson，在 1992 年所提出如何建構特定群體的「思想風格」的主張。Nelson 的構思可以說是平行於 Holbwachs 與 Connerton「每一種社會群體皆有其對應的集體記憶」說法，但是他比後兩者更體會到「集體記憶」或「思想風格」如何變遷問題的重要性。不是說其他二人完全沒有處理到這一問題，因為 Holbwachs 有提到與時俱化的元素，即名字、教條或規格等，而 Connerton 多少也暗示了所謂非正式敘事的機制可能帶來集體記憶、甚至歷史重建的內部變化。只是到了 Nelson 手中他把類似二人的說法，歸為「思想風格」的內在發展，而認定這只是思想風格變遷的三因之一。另外他主張還有不同社會群體間的競爭（因此產生譬如「互借風格」的現象），以及認同特定群體的知識分子綜合創新風格的兩大因素。

　　但是 Nelson（1992:29）真正的貢獻，應該是在對如何建構包括非正式敘事在內的集體記憶提出了一系列的具體做法。假設我們要析出某一政黨的思想風格，他認為首先應該把認同該黨的知識階層既有的文本視為主要分析資料。其次，我們依該黨所處時代的「意識形態」標籤（如各種政治「主義」）對文本做初步分類。第三，歸納不同標籤下，文本之內容與形式中反覆出現的主題與相似點；做法包括尋找：所用概念的意義、有無相反概念存在、缺席的概念有那些、概念之間形成的架構、從架構中導出的具體操作模式、從概念到模式的抽象程度、設定的哲學本體論、以及文本對過去、現在、未來的時間取向等等。最後，整合反覆出現的主題與相似點成為該黨思想風格的「理念型」。從 Nelson 的操作手法延伸，後文中我們會重視不同社群的領導或策劃階層如何論述所辦遊行的核心價值，以替該社群的集體記憶

定調。

　　所以，綜合 Connerton 與 Nelson 所言，非正式的敘事文本指的是在社會群體的某一集體行動中其策劃（知識）階層心中賦予該行動意義的概念模型，而這一模型可經研究者搜集、分析策劃階層的著作或訪談資料而具體呈現。

　　加入 Nelson 的討論之後，我們可以說已經得到一個分析集體記憶的操作模式，以圖一表示如下：

圖一：社群產生集體記憶的操作圖

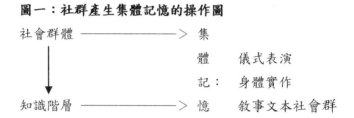

本身或透過它的知識分子都會形塑它特有的集體記憶；但是集體記憶一旦成形社會群體與知識分子對它後續的影響力，會因為記憶內部機制的作用而程度有別。社會群體透過儀式表演與身體實作兩種機制賦予集體記憶相對穩定、不變的內容，因為要能夠重複儀式細節與實作技巧都需要長期訓練參與者的身體；反之，知識分子透過敘事文本的機制則能修訂乃至改變集體記憶的內容，這是因為他們對所處大環境較敏感而能與時俱變更改他們的言思論述。除此之外，儀式表演的機制本身有傳統對現代儀式的差別，依 Connerton 所說對參與者（無論是社會群體或其知識階層）而言，傳統儀式傾向激發參與者「敬神」的態度而現代儀式則引起「補償」的態度。這是一個有待後文驗證的假設。

　　（二）懷舊

　　前註中我們已經指出 Connerton 與 Halbwachs 在討論儀式時都對

懷舊提出看法，也都視之為一種藉過去經驗以便在心理上補償現狀不足的感覺；同時我們也已提到，「懷舊」的意義絕非只有「興懷者」神遊過去的時間面向，它也包括了現時與未來的另二面向。這裡我們要先整理懷舊與過去、現在、未來的不同牽連；再進一步釐清懷舊與「敬神」（出自 Connerton 的討論）、「補償」等心理感覺的關係。

　　社會學者 Pickering 與 Keightley（2006:921）最近整理了歷史學者與傳播學者討論懷舊的文獻，從中區分出導向過去與未來的兩種定義。「憂鬱型」懷舊意指「返回被美化的過去的渴望」；這一定義適用 Connerton 與 Halbwachs 之所指。[9]「烏托邦型」懷舊則指「不思返回，但想粹取過去精華以做為未來振興與發揚基礎的渴望」；19 世紀末西西里島小農夾雜天主教義與社會主義，要在本莊建立「千禧王國」的集體行動適用這一定義（Hobsbawm 1959:93-107）。但是兩位社會學者的整理卻遺漏了哲學家與後現代主義學者的貢獻，因此也忽略了懷舊導向現在的可能性。

　　哲學家 Agacinski（2003:53）在討論著名文評者 Walter Benjamin 的懷舊思想時，主張應區分兩種「興懷者」：生平經歷過那段黃金歲月的懷舊者，及未能親身經歷的遐想者。而 Benjamin 追憶「19 世紀的首都—巴黎」，剛好證明他是未親炙巴黎之黃金歲月的遐想者。[10]但是 Agacinski 認為 Benjamin 創造了兩個概念以區辨主動或被動去追憶已逝經驗的遐想人：靈氣（aura）與痕跡（trace）；即追逐已逝經驗靈氣的人是主動的興懷者，而單純接受自身歷史的痕跡者則是被動的遐想人。Agacinski 詮釋靈氣與痕跡的結果適足以把 Benjamin 歸入「憂

---

[9] 我們不解 Pickering 與 Keightley 為何取「憂鬱型」懷舊之名。也許他們只是避諱「過去型懷舊」的同義反覆。中文「過去型懷舊」裡的「過去」和「舊」尤見同義反覆。

[10] 「巴黎—19 世紀的首都」是後人為 Benjamin 編輯的《拱廊街計畫》（1999）書中的卷頭語，有寫於 1935 年及 1939 年的兩個版本。

鬱型」懷舊者的狹縫中。可是這是錯誤的詮釋。

其實，在 1938 年 Benjamin 已提出靈氣在哲學概念的層次上，是與「痕跡」針鋒相對的：「在哲學的決定論上，痕跡的概念對立於靈氣。」（Taylor, 1980:135）以靈氣來說，Benjamin（1968:222）認為，屬於非機器複製的藝術品（例如舞台劇「哈姆雷特」）所以值得珍惜，得自它的靈氣：一方面它是莎翁的心血結晶，是獨一無二的自足整體；另一方面它也是莎翁在特定時空下的創作，源自傳統而帶給觀眾一定的歷史距離。獨特性與距離感正是構成過去文化之靈氣的要素。

而 Benjamin 使用痕跡的方式，可見於這一段重要引言：「有關[無階級社會的夢中]經驗……會生出烏托邦影像，而這一影像早已在生活的萬般型態——從歷久不頹的廣廈到稍縱即逝的時尚——中流下痕跡。」（Benjamin, 1999:5）所以，痕跡是與烏托邦的憧憬並聯；是未來社會的整體影像已在現代（階級）社會中顯示出的端倪。這是一個解放的、正面的、時間導向未來的概念。而這一概念是與導向過去的靈氣相對立：靈氣源於古早，消逝於現代；痕跡則生於現代，卻指向去魅後的未來。[11]

如果我們的詮釋無誤，那麼 Agacinski 對靈氣與痕跡的理解導致時人認為 Benjamin 只有「憂鬱型」懷舊的想法就是錯誤的。反而，我們對靈氣與痕跡所含的時間導向正好相反的結論，不但證明 Benjamin 懷舊思想兼顧憂鬱型與烏托邦型兩方面；也證明 Pickering 與 Keightley 對懷舊的兩種定義能夠自成一說。然而，自成一說固無疑義；此說卻未顧及懷舊也可以導向現在的後現代主義說法。

後現代主義者 Jameson（1991:16-25）曾經指出好萊塢不同世代的導演都會拍攝懷舊電影，如 Polanski 的「中國城」（1974）、Kasdan 的「體熱」（1981）等。但是這些導演的懷舊，卻把「拚命擁抱失落過

---

[11] 另有作者認為 Benjamin 界定靈氣與痕跡根本前後不一，所以造成兩個概念有時對立，有時又夾雜不清的結果（Salzani 2007:181-186）。

去的渴望」折射成「時尚變化的鐵律和世代新意識形態」的展現；換言之，以浮誇的時代影像及時尚特質去再現特定的世代（1991:19）。結果是這類電影只能成為「仿作」（pastiche），或稱為「空白的謔仿」（blank parody）。即本來謔仿是有特定譏刺對象的仿作，但一旦變為空白則是連譏刺的內容也遭捨棄，只剩仿製的佈景、或當時的衣著「代表」那個逝去的年代。

　　援引後現代理論家 Baudrillard 的說法，[12] 人類學者 Appadurai（1996:30）於是直指這種「空白的謔仿」乃「為現在而懷舊」或「沒有記憶的懷舊」，意謂「過往（the past）成為了文化劇情的同時性倉庫（synchronic warehouse）……根據電影或劇目所需隨時可以提供適切的支援。」另一位人類學者 Hutnyk（2000:52-53）則直接引述 Baudrillard 的懷舊主張：「今天我們生活在螢幕的想像世界之中，也就是組合（contiguity）與聚合（networks）的重複所形成的介面中。……螢幕上所出現的一切都無法做深度解析，事實上只能在瞬間做探究，……也就是在再現[符號]的兩極間做即時的迴旋。」

　　上文中的「同時性」、「組合」與「聚合」的兩極，當然都是結構語言學的既有概念（Saussure 1966:66-123），也都遭到 Baudrillard（1988:135-147）的借用以描繪當下符號（sign）已經取代真實（reality）的後現代情境。他認為由於數位媒體的空前發達，它們所承載的影像已經變成只能指涉「其他影像」，再也無法像人們的直覺所感：影像最終是指涉客觀的真實。而影像互涉的後現代時空中，所謂的懷舊作品，自然仍只是沒有時間面向（或者說只有「同時性」）的符號，透過「組合」與「聚合」原則的連結以再現所謂過往之形像與時尚的「空白謔仿」。依 Baudrillard 之意，後現代的人看懷舊之作是不會有「敬神」或「補償」的心理感受的，因為如果說他們擁有意識，那也不過

---

[12] Baudrillard （1994:6）曾說，在擬仿（simulation）盛行的後現代，懷舊只能由「過多源起的迷思及過多真實的符號」組成。

是影像互涉的暫時集合。[13]

　　總之，後現代主義者的懷舊，並不涉及人的心理感受，而只是數位影音透過「組合」與「聚合」原則的連結，以表現耳目所願接觸到的情景—不論是過去、未來或現在的情景；所以這種懷舊是沒有記憶、現時導向的影音操作。但是，懷舊在 Pickering 與 Keightley 的定義中，還有導向過去的「憂鬱型」及導向未來的「烏托邦型」兩種。「憂鬱型」的定義切合 Connerton 與 Halbwachs 在討論儀式時對懷舊的看法，因為他們都視之為一種藉過去經驗以便在心理上補償現狀不足的感覺；除此之外，Connerton 所提到傳統儀式帶給參加者的「敬神」之感，也理應歸入過去型懷舊，因為這種情緒緣自參加者藉儀式細節再現祖先神人合一的經驗。而對最後一種「烏托邦型」的懷舊，我們主張可以用 Benjamin 使用「痕跡」這一概念來彰顯，因為痕跡是與對未來沒有階級存在社會的憧憬並聯；也是那烏托邦的整體已到處在現時顯露的端倪。然則，大溪的神誕繞境與汐止的嘉年華會到底有無參與儀式者懷舊的情愫存在？如果有，那又是何種時間導向的懷舊？為什麼？

　　綜合集體記憶與懷舊文獻的討論，我們似乎可以把圖一略加擴充成為圖二。

圖二：集體記憶與懷舊關係示意

---

[13] 我們注意到 Baudrillard 不含記憶、導向現時的影音操作式懷舊的說法，恰恰與 Halbwachs 主張對相關成員的鮮明影像是呼喚共享的集體記憶的重要手段相反。兩人說法的是非曲直，我們將以大溪與夢想的資料來驗證。

圖二中集體記憶三機制與懷舊的關係，就文獻所及，只有 Connerton
提出儀式表演本身的傳統性與現代性可能對參與者產生「敬神」或「補
償」兩種不同的心理感受；而我們認為這兩種感受都屬於過去（「憂
鬱」）型懷舊。此中學理的差別我們可以利用參加大溪繞境（傳統型
儀式）與夢想嘉年華（現代型儀式）的人的訪談資料來釐清。至於儀
式是否可能誘發現在型懷舊，雖然直接討論的文獻尚未看到，但是運
用同樣訪談參加大溪繞境與汐止遊行的群眾資料，我們可以深入加以
探討。有關儀式與未來型懷舊的關係，基本上未見有系統的文獻討
論，我們只能儘力以手邊的資料初步探索。而受到手邊訪談資料的限
制，本文中我們暫時必須割捨對身體實作與懷舊關係的研究。最後，
我們慶幸所蒐集到有關兩地遊行策劃領導人的資料，利用 Nelson 的
操作手法，將足以描繪敘事文本與懷舊三面向的關係。[14]讓我們就從
新舊兩個社區的遊行故事與其背後的懷舊想像說起。

三、大溪與汐止的遊行敘事：領導人的觀點

　　想了解大溪為什麼有百年繞境或為什麼自 2002 年起汐止每年多
了一個嘉年華遊行的活動，亦即了解兩地遊行這樣的事件如何發生，
訪談遊行的領導幹部似乎是明智之舉，因為大溪的領導者基本上都是
從孩提時代就參加繞境行列，而汐止的夢想嘉年華根本就是由它的領
導人蔡老闆手創。兩地的領導人都有滿腹的故事或經驗要傳達。

---

[14] 我們把訪談對象分成遊行的領導人與參加群眾，以分別對應 Nelson 所謂影響
　　集體記憶生產的「知識階層」與「社會群體」。而在下兩節的討論中，我們
　　還進一步把領導人視為提供「敘事文本」的主要來源（因為除了解釋圖一的
　　正文所提供知識分子「對所處大環境較敏感而能與時俱變更改他們的言思論
　　述」理由之外，如義大利左派理論家 Antonio Gramsci 也說過，「有機知識分
　　子」本就擅於為她服務的群體提供統整的世界觀，即我們這裡所謂的「故
　　事」），也把參加遊行群眾的經驗視為「儀式表演」的核心。

（一）大溪

大溪普濟堂乃是 1902 年創立的私宅鸞堂，奉祀三聖恩主（關帝、呂洞濱、張灶君），以扶鸞方式勸人為善。後因信徒日增鸞堂不敷使用，遂於 1908 年由地方精英發起建廟，奠下今日普濟堂的基礎。（陳建宏 2004:123-125；Sangren 1987: 83-86）雖然日據時代的「寺廟台帳」資料顯示，最早在 1914 年普濟堂就已舉行關帝聖誕繞境的活動，但是要等到 1917 年，才有到九份採礦為生的大溪人組成的第一個社頭—同人社（以獻轎給關帝神偶為名）在繞境中出現。自此之後超過 90 年間，社頭參與繞境的形式，不但一直保存而且不斷擴充，至今已有 32 個社頭為繞境而存在。

三十二個社頭中，有 14 社成立於日據時代，而且絕大多數創始社員是根據他們的職業而組團（如同人社、同義社由礦工組成；協義社乃木器業者；慶義社乃泥水匠；大有社乃士紳富商等等）。其餘社頭成立於日據之後，一直到 2008 年還有兩個新社（玄元社與福山巖）的加入。戰後新社的創始社員多因居住地或共同信仰而組團（如樂豳社由頭寮居民組成，一心社則是一心里民；鎮豐社由鎮豐宮信徒組成，同義堂則是嘉天宮信徒等）。（陳建宏 2004:200-201）但是不管是新社還是舊社，現在各社頭展出的遊行陣頭主要都是由國、高中生、就學或就業的年輕人在表演。

研究者曾詢問其中 9 個社頭的負責幹部，是什麼原因驅使他們社團年復一年的加入繞境的活動？以下是部分負責人的答案：

> [年輕的社員] 這個心態比較多，覺得出來表演蠻新鮮的；還有一半是覺得這是神明的事。我們一般農業社會都很敬神，而且像關聖帝君[的普濟堂]在大溪算蠻靈的一間廟宇……
> （2008/7/14 訪樂豳社社長江聰池）

[我]因為從小就有參加其他社團，拿旗子；後來也有參加樂隊；後來又帶一個神童班，……自己弄一弄搞了十一年。[就在 1997 年]去普濟堂登記創社……另外就是老一輩的人比較信神。（2008/7/15 訪一心社社長陳寶印）

我們關聖帝君[繞境]不會有八家將，那是屬於王爺的，像是七爺八爺是屬於王爺那邊的，不一樣。我們現在盡量不要讓外來的、和關聖帝君沒關係的[陣頭]進來。……我們[共義團]就是為了慶典[而存在]。（2008/7/16 訪共義團主任委員蕭金龍）

從這些回答中我們可以歸納說，像江聰池、蕭金龍這些比較傳統的幹部，基本上是以敬神的心理來帶領社頭參加繞境；而因為敬神的心應該綿延不絕，所以他們也認為社頭應該代代相傳。至於陳寶印社長則是在 36 歲時創一心社，理由是從小參加陣頭的「社會化」經驗；當然這個經驗也包含了「出來表演蠻新鮮」的感覺。這種創設並帶領社頭的私人理由，我們必須與所謂「好玩」（下文中夢想嘉年華遊行的創辦人蔡聰明所強調的遊行目的）做區別。因為蔡聰明為實現「好玩」而創造了前所未見的嘉年華；而陳寶印卻創社延續兒時參加繞境的經驗。後者的經驗更確切的說正是 Connerton 所云的「補償」，以兒時經驗化解他的記者正職帶來的疏離與被剝削的日常感受。

　　但是除了帶領社頭的動機有「敬神」與「補償」的差別之外，大溪所有社頭募集經費與籌辦遊行的方式全部相同，也全部是非常傳統的。

　　社頭經費主要來自兩部分；日常業務的運作仰賴收取社員的「緣金」；為參加繞境，社員中還要擲筊選出數位的「值年爐主」與副爐主，爐主們除了繳一份大緣金之外，還要倚其人際網絡為本社繞境勸募（錢、物不拘）。通常緣金收取與爐主擲筊都是在每年繞境完成後的慶功宴上舉行，其中的擲筊如果不是在本社的社館前舉行，就要到

普濟堂神明前來做，以昭公信。如果我們以共義團 2007 年的「收支決算書」來看緣金紀錄，可知其社員需年繳 1800 元，而擔任幹部及正副爐主者，「官位」愈高支付緣金愈多。所以，副主委 8 人各繳 8000元，蕭金龍主委繳 20000 元；副爐主 6 人各繳 8000 至 10000 元不等，正爐主 3 人各繳了 12000 元。以決算書登載當年有繳緣金者共 118人，而有「官職」的竟達到 30 位似乎嫌多。但是考慮到當年繞境支出 413317 元，如果沒有幹部的加碼，每人都收 1800 元的話，2007年的赤字就是 200917 元。至於爐主們勸募的部分，「決算書」也詳載了個人或商家捐贈的紅包及啤酒、飲料、檳榔等的份量。不同社頭收取的基本緣金不同，爐主們勸募的品項也不一，但幾乎所有社頭都有如共義團的制式「收支決算書」，詳載一社的經費收支。

　　大溪社頭籌辦遊行的方式因是因襲傳統，幾乎用不上現代「創新企劃」的觀念。誠如前述，繞境的路線基本上就是在舊曆六月廿四日當天上午，分社、分區繞行了現在大溪行政區域的範圍，並在下午全員繞境大漢溪以東的老城區（從田心國小出發，經文化路、中央路、和平路到普濟堂為止）。而每個社頭則依其歷年館藏的道具出示各種陣頭而構成遊行的主體；陣頭排列的次序則是社頭歷史愈久，其陣頭愈排在行列末端—準此，同人社的關帝轎總是在隊伍最後登場。百年來繞境路線及敬神的主題和內容基本固定，稍有變化者是大溪行政區域隨政權改易而有變動，繞境也會跟著調整；其次是近年來參加的社頭漸多，有些社頭還邀請外地陣頭助陣，使得遊行行列拖長，所以這兩年來已把一日上下午的行程改為兩日進行。

　　（二）汐止

　　汐止夢想社區的創立、成長，乃至以其「玩藝術」的核心價值投射到年年舉辦的「夢想嘉年華」遊行，都跟這一社區的起造人蔡聰明密不可分。

　　1990 年代中期，蔡老闆回到汐止俗稱「樟樹灣」的老家，拆掉家族的三合院而在1996年於原址完成夢想社區的第一幢50戶的公寓大廈。到了 2007 年這裡已經是包含四幢大樓有 352 戶人家的中型社區。

　　在2000 年 3 月夢想社區文教發展基金會正式成立（不同於社區每個大樓住戶自組的「管理委員會」），這也標示了蔡老闆對於營造「一個具備旺盛生命力的社區」有了制度性的長期做法。至於如何做則有待 2001 年 6 月他親訪西雅圖的飛夢夏至大遊行（號稱有十萬人參加）後具體成形。[15]次年 7 月他舉辦了第一屆夢想嘉年華，第二屆以後改在每年 10 月下旬的週末舉行。

　　在跟研究者幾次的訪談中，蔡老闆提到他十年來營造社區的故事，「就是我們怎麼從一個本土社區變成一個國際化的」經過，[16]而在過程中「夢想社的核心價值就是節慶藝術，就是創造力、熱情、天真」。（2006/9/301 訪問）正是這些核心價值支撐了蔡老闆的志向：「我的夢想是要為台灣創造一個世界第一的嘉年華遊行，希望能用熱情的方式呈現出台灣的夢想，這包括原住民的夢想、閩南人的夢想、客家人的夢想、外省人的夢想、新移民的夢想，結合台灣這塊土地上人們的熱情，活出生命的價值與榮耀。」（三采文化 2008）

　　但是從落實核心價值到出現世界第一的嘉年華遊行，在在需要蔡老闆和他的基金會展現募款與企劃主題的能力。

　　在 2006 年的訪談中，蔡老闆表示他當時從事建築向銀行「貸款五億，每個月要付兩百萬的利息」，而手邊正在預售的第四幢大樓（扣除保留十戶做為國際藝術村之用）全部賣出可進帳十三億，從中一般建商會提撥 6% 做廣告費。但是他撙節人事（只用一位專職女士負責

---

[15] 西雅圖飛夢夏至大遊行的詳細介紹，可參見（康旻杰、楊清芬 2005）。

[16] 在下節中我們會修正這個說法，因為後來國際化的是嘉年華遊行而不是夢想社區本身。

銷售）以所省的廣告費挹注基金會。每年基金會常態性支出需要一千萬元，其中嘉年華遊行必須花掉五、六百萬。遊行經費中有八十萬元來自包括教育部、文建會、台電、汐止市公所等八個單位的補助及私人的捐款，其餘全是蔡老闆自掏腰包。至 2007 年的訪談時，蔡老闆說基金會支出已跳升至兩千多萬元，主要因為當年他花了一千四百萬在全省五十個地方（含三十個部落社區）教遊行、辦遊行，以培養團隊壯大當年十月在凱達格蘭大道舉行的「2007 世界夢想嘉年華」。

　　2007 年擴大的嘉年華遊行，也顯示了蔡老闆及其基金會在企劃這一年度最大活動的重大改變，即跨越了自我社區的樊籬。前此五屆的嘉年華，蔡老闆或者仰賴他從西雅圖請來籌劃飛夢遊行的藝術家，設立工作坊，以一個月時間教導夢想社區及內湖社大的遊行團隊如何自做道具；或者常態性的自辦國際藝術村，透過網站一年招募六十個各國藝術家來駐村，負責教授製作遊行道具的工作。到了 2007 年因為與國際性的生態保育組織—珍古德協會合作，不但夢想嘉年華的主題和內容多了生態保育的重心、遊行團體來自四面八方，遊行路線也從台北的外圍透過珍古德協會與市府的聯絡，能夠移到凱道舉行。

　　據珍古德協會的企劃組長陳孟可表示，他的協會與夢想基金會的合作，「從 2006 開始……因為[黑猩猩專家]珍古德要來台灣，所以我們……在發想這個動物嘉年華的遊行，也就是類似夢想嘉年華的遊行。……有一天半夜我就起來找資料，就找到夢想，發現他們原來有在做這個。我就打電話過去跟他們那個何小姐[聯絡]，她說你們可以先來我們工作坊啊，參加我們的遊行，到時候我們再去參加你們的。那個過程就是這樣。」

　　一旦合作之後，珍古德協會在 2007 年也借用了夢想的藝術家資源，做了一個下鄉的「生態藝術計畫」。此一計畫是珍古德協會長期推動的「根與芽」計畫當年的子計畫之一。「根與芽」是鼓勵年輕人自主關懷環境與動物的運動，義工們透過像創作生態藝術的活動啟發

年輕人去關心周遭的環境、社區、與動物，再就他們關心的議題提出改善方法。目前全世界有九千多個以家庭、班級、或社區為單位的「根與芽」小組，分佈在一百多個國家，在台灣也已成立五百三十幾個小組。協會邀請夢想的藝術家下鄉教授生態藝術創作的同時，蔡老闆也因此有機會接觸遍布全國的「根與芽」小組，以教遊行、辦遊行的方式推廣他「玩節慶藝術」的理念（並使其基金會開支暴增一千四百萬元）。

　　合作期間陳孟可看到夢想的遊行都是在台北外圍舉行，覺得很可惜。他的協會於是透過珍古德與馬英九總統（協會發起人之一）及台北市府的交情把 2007 年的遊行場地移到台北市。場地的轉移還費了陳一番口舌，因為蔡老闆還一直猶豫到底是要在台北縣還是台北市辦遊行。陳說服蔡的理由有二：這樣的活動，如果蔡想要走國際路線的話，就要在凱道舉行，因為能見度比較高；而在總統府前遊行，對中南部北上參加的團隊來說，他們會認為「我也來總統府遊行過了」，參與的動機也會比較高。

　　至於遊行的主題與內容，陳孟可也有深入的觀察。他說：「其實我們這一次[2008 年]的主題雖然叫「夢想台灣」，但大家都是做自己的，那我們乾脆就取一個比較可以統包性的議題，在這個裡面，每個人都可以呈現自己的夢想，[因此]我們這邊是比較講動物和環境議題的呈現。然後，像內湖或者夢想社區在做的，可能比較多呈現在文化或者是社區方面。……我們整個活動做的規劃大概是這樣。」

　　最後研究者問道，像這樣大雜燴似的嘉年華會有無舉辦的目的？陳孟可回答：「其實我們大家有一個共同點，就是都是來玩的。其實[這]也改善了社會氛圍。像去年郝龍斌市長來致詞，他首先講的話是說，非常感謝今天大家來到台北市，為台北市創造愉快的一天。就這麼簡單，就是這樣的東西。」

　　總之，在本節中我們依據圖二的分析架構所示，以大溪及夢想

社區的領導人士做為訪談主體，從他們籌劃的遊行中探詢他們賦予活動的核心價值、經費來源、及企劃（含主題內容，遊行單元、及遊行路線）經過，以構成兩地集體記憶中的「敘事文本」。大溪社頭領袖對他們繞境的故事，賦予「敬神」與「補償」的意義—雖然前者的比重壓倒後者；他們依賴傳統的「緣金」來支持遊行的開銷；而既成的繞境主題、陣頭及兩種路線使他們幾乎不操心遊行每年有重新企劃的必要。大溪的敘事文本整體來說乃導向過去的懷舊。

　　但在上一節的分析中，我們引 Connerton 指出屬於過去（「憂鬱」）型懷舊，可能衍為傳統與現代社群在各自的儀式中產生「敬神」或「補償」兩種不同的心理感受。這裡我們開始懷疑他的說法的正確性。因為只要把「傳統與現代社群」依大溪的情況改為對應年長與年輕的社頭領導人，那麼我們便可以看出，「敬神」（即相信關帝的靈力）與「補償」的心理是分別適用於年長者與年輕人身上，可是二者都是參預著傳統的繞境儀式。[17] 我們甚至可以進一步說，「敬神」和「補償」正是大溪年年繞境所要體現的核心價值。

　　至於在夢想嘉年華遊行的故事中，它的主要負責人蔡聰明及合作伙伴陳孟可都把「好玩」當作辦遊行的主要目的，也就是核心價值。

---

[17] 上文已分析陳寶印創一心社是為延續兒時參加繞境的經驗，這是出自「補償」的心理因為可用兒時經驗對抗他做記者的無奈。但是研究者也觀察到成立新社頭另外也能夠滿足年輕領導人「擴張人脈金脈」的欲求。例如在 2006 年陳就與大溪的蘇文生鎮長（也是一心社員）合作，把關帝聖誕日訂為「大溪文藝季」，利用繞境的同時並展覽大溪其他民俗與農產品。再如大有社原是一老社頭，到 1999 年因為社員凋零已經倒社，賴得現任社長汪敏捷重整，以其在青商會、同濟會、扶輪社、後備憲兵、警友會的人脈，糾集一批平均三、四十歲的新社員，才復興了大有社。汪敏捷至訪談時已三任社長，他業餘常驅車觀摩基隆的中元祭或大甲鎮瀾宮的進香，認為如何以關帝繞境為主軸，開創出「南媽祖、北關公」的觀光格局，是他們社頭負責人乃至鎮公所的當務之急。（2008/7/16 訪大有社長江敏捷）

而為了每年能夠帶來驚奇，能夠不斷娛樂參加以及觀看遊行的人，企劃創新變成蔡、陳及他們所屬社團的首要考慮。在他們的企劃下，首先是遊行路線在 2007 年從汐止、內湖移至凱達格蘭大道舉行。其次，在遊行單元上也漸漸由以夢想社區的核心家庭擴展到以全國的「根與芽」小組為對象。而最重要的是，每年遊行的主題都只是無所不包的「大帽子」如「讓居民夢想在街道展現」（2006）、「希望」（2007）、「夢想台灣」（2008），至於花車、隊伍等遊行內容，則有賴蔡老闆的「國際藝術村」每年能夠招募到什麼樣的駐村藝術家而定。來來往往藝術家傳授的絕活正是使得嘉年華遊行年年變化好玩的主因，但是他們的招聘卻建立在國際藝術村的制度基礎之上。最後，只有在募集經費上暴露出蔡老闆不符合現代精神的做法，因為遊行的大部分開銷來自他自掏腰包。要實現他「為台灣創造一個世界第一的嘉年華遊行」的夢想，在對外募款嚴重不足的情況下自掏腰包當然無可厚非，但是要令未來「世界第一」的遊行延續下去，那就非有制度化的財務收入不可。

　　夢想嘉年華創造的美好希望，乍看之下仿佛如 Benjamin 所云，是在散布「具備旺盛生命力社區」的各種解放痕跡。可是這一遊行的懷舊性格卻不是烏托邦的，而是現在型的。這是因為彙集森巴舞、肚皮舞、嘻哈街舞或藍調演奏、非洲鼓、台灣原住民音樂於一身的踩街活動，正成為各國文化的「同時性倉庫」（Appadurai, 1996:30），也就是沒有譏刺對象的「仿作」。後現代主義者早已指出，這樣的展演就是「沒有記憶的懷舊」；又何況嘉年華的主其事者更直指他們所作所為，就為了「好玩」。

　　所以，兩地遊行的故事告訴了我們，不管大溪的社頭領導人參加關帝繞境的心理是敬神或補償，他們的集體記憶主要是一種憂鬱型的懷舊，即他們想像自己的生活社區就等同於大溪開埠以來的傳統；而夢想社區的嘉年華其目的就為「好玩」，可是為達到目的所必須投入的經費與企劃，卻是塑造出現代型沒有記憶的懷舊。

那麼如果把兩地的遊行，從社區民眾的角度視為他們親身參加的「儀式」，這樣的分析觀點又能告訴我們兩地的集體記憶有什麼樣的異同？會不會與這裡一為憂鬱型另一為現代型懷舊的結論牴觸？

四、大溪與汐止的遊行儀式：參加群眾的觀點

對照 Connerton 討論儀式表演如何成為塑造集體記憶的重要手段，我們可以察覺他對「儀式」的認知強調兩個面向：儀式語言的不變性及儀式表演的週期重複。而從解讀大溪與汐止遊行的故事裡，我們可以發覺大溪的儀式既重不變也重重複，可是汐止遊行的儀式意味則僅止於年年舉行。但是不管如何，任何儀式必須先動員參加者然後由他們在觀眾注目中把它演示出來。在討論過遊行的領導人對他們的繞境或嘉年華的看法之後，我們將從準備與演出儀式的主體，即參加群眾的觀點來分析兩地遊行的懷舊意涵。

（一）汐止

前文提及，到了 2007 年夢想社區已經成為涵蓋四幢大樓有超過 350 戶人家居住的中型社區。照說，社區居民應該是準備並參加夢想嘉年華的主體，而實際上自 2005 年推出第四幢大樓的預售起，購屋人也簽約要召集五個親朋參加兩次有關的遊行。不過，從訪談資料可以看出，社區原有居民的參與熱度並不高，甚至已被蔡老闆在全省各地培養的遊行團隊所取代。讓我們先從購屋人參加遊行說起。

在略顯誇張的「工商新聞」裡曾有這樣的報導：「[蔡聰明說]『要買我的房子，先去體驗一場國外的慶典遊行再說。』……除了遠赴國外參加慶典遊行之外，購屋者更要提出參與一年一度夢想嘉年華的遊行企畫書、寫自傳、做社區志工，這些只要缺了任何一項，對不起！122 戶 No.4 住戶名單中，鐵定找不到你。」（謝宗謀 2006:D1）由此可知，自 2005 年起購買預售屋者一定要參加一次國（內）外的遊行；

還要加入一次夢想嘉年華。而且，參加完第一次要寫心得；參加第二次前要寫企劃。

我們雖然沒有企劃書的資料，[18]但從蒐集到的 12 份國內外遊行心得中可以推知，購屋戶的兩次遊行都包括參加工作坊以製作道具，以及旁觀或親自踩街兩部分：

2006 年耶誕節出發至澳洲布里斯本參加一週 Woodford Folk Festival 的三戶家庭就報告說，他們晚上露營，白天至少參加一次工作坊，在藝術家的指導下自製小木頭人、馬賽克拼圖、和服書等。其他時間就是參加許多的音樂會或觀看大偶遊行。其中一戶陳姓家庭總結參加的經驗說：

> 做夢也沒料到會來到澳洲露營，與隊友度過八天七夜沒有電
> 視、電腦、電話的生活。而且從早到晚與傑出的音樂家面對
> 面接觸、在不同的工作室動手玩創意、看各式各樣的街頭表
> 演，相信這幾天絕對是人生最鮮明的記憶！！

至於第一次參加國內遊行的家庭，顯然都在工作坊中吃足苦頭。一位要縫製四節「毛毛蟲」供全家舉著參加遊行的梁小姐說：

> 眼看過了晚餐時間，饑累交迫，手被針也不知扎了幾回，卻
> 發現其中一顆縫錯了，心一急，脾氣也大了，兩人[她與丈夫]
> 的話跟著大聲，我甚至頤指氣使的說房子我不想住了。

另一位趙先生也說：

> 這次我的作品是水鳥……藉助藝術家的幫忙，先將紙箱切割
> 裝訂成水鳥的頭部，再貼上雙層牛皮碎紙，再用廣告原料彩
> 繪而成。……製作過程相當繁瑣與辛苦。

---

[18] 從實地研究中我們確定沒有報紙所說購屋戶的嘉年華企劃書的存在。

但是辛苦做成的道具擺在遊行行列中是耀眼的。旁觀的小弟弟會跑過來說：「我知道它是毛毛蟲，它好酷喔！」而裝扮成「摩登原始人」造型的一家人也感覺，「能讓觀看我們遊行的路人展開笑容，實在非常奇妙。」當然遊行時也有人會怯場。自稱「螃蟹家族」的心得報告就說：

> 以往都只是站在人群裡觀看[的]觀眾，這次卻是身為遊行隊伍的一份子，身上穿著螃蟹外殼，手上戴著蟹夾，突兀地站在人群的中央，霎[剎]那間自己已成為大家眼神注視的焦點，霎[剎]時腦海裡浮現著只是一段一段的空白，感覺自己肢體有點不太協調的走著，眼神也不太敢看圍觀的群眾，我想心裡真的是緊張過頭了。

而一家族扛著「火車」道具遊行的陳太太也說：

> 老公則扮演列車長，再呼朋引伴，號召親友共襄盛舉、友情贊助，懷著興高采烈又帶點忐忑不安的心情，一群人浩浩蕩蕩的到台中[遊行]。

第一次以自製道具參加遊行的經驗似乎都是偏向歡樂與興奮。有人提到：「很高興台灣還有這樣的團體[指夢想基金會]在付出，也希望這熱情能一直延續下去，讓大家都能一直歡樂下去。」上述「摩登原始人」家族也以英文寫道：「直逼天際的喧鬧聲響使我震驚但也感覺愉快，那種聲響穿心穿肺的效果很難解釋，除非你親臨現場體會。」而「毛毛蟲」家族也引了一位教做道具的流浪藝術家 Leslie Zenz 的話做結：

> 當一個人創造了一件她自己的藝術作品後，不管那是一個面具、或是一個燈籠、或是新的舞步，他們會開始承認自己是創作者進而產生自信和創作的樂趣。當個人創造力和社區結

合、[與]社群有了聯繫，更多關注社區公共事務，如何讓事情不同的談話將產生，這是文化發展的方式。

但是，相較於預售屋購買者參加第一次遊行的愉快經驗，2005年前已搬入三幢大樓居住的夢想居民，卻對蔡老闆屢屢邀約參加遊行迭有煩言。一位 2002 年搬入夢想的居民表示，「[夢想嘉年華]剛剛開始還蠻常參加的，後來就是能推就推。」（湯佳玲 2008:69）[19]至於不想參加的原因，其他四位住戶提到：

> 其實主要是因為蔡先生的個人風格，我覺得他太霸道了！（湯佳玲 2008:73）

> 蔡聰明總是叫你克服萬難[參加]，我們又沒拿錢，為什麼一定要克服萬難？（湯佳玲 2008:74）

> 因為我覺得這個活動好像都是在為他自己，感覺不太好，所以不想參加。（湯佳玲 2008:75）

> 我是覺得蔡老闆是很懂得包裝行銷的人，……他辦這些活動是不是因為你有房子要賣，要藉這些活動讓人家知道你的房子在哪裡，吸引人家過來看？我們覺得這是他辦活動的用意，他辦活動並沒有回饋給我們。（2009/4/19 訪三期住戶某女士）

但是，比較能從夢想社區整體來評價嘉年華活動的，當屬下面說法：

> 他太一廂情願了，他的夢想理想都正確，他要鼓勵人參加，要看參加者有無熱誠，有無時間，不能參加不代表反對……

---

[19] 湯佳玲（2008:60-77）的碩士論文中，包含了夢想社區 14 位老居民有關嘉年華的完整訪談紀錄。

他應該關心社區，而不是該利用社區的時候，就大剌剌的帶人進來參觀，社區哪裡有狀況，像瓷磚掉了什麼的，都推託不管。（湯佳玲　2008:72-73）

外面的人看說「哇，這個蔡老闆好有文化氣息！」⋯⋯[他們]並不了解，我們的生活環境和安寧被破壞了。⋯⋯ [嘉年華一旦辦]大了就會請一些外來的水蓮山莊（附近的社區）的也進來嘛，然後那個甚麼都進來，就變成說⋯⋯這是汐止這個大社區的嘉年會還ＯＫ。那後來就是我覺得好像就變成他[蔡老闆]跟外面的人在參與，我們住戶好像沒甚麼⋯⋯（2009/7/10訪一期住戶某女士）[20]

[夢想嘉年華]如果是社區自己辦的，我覺得還不錯，因為社區總體營造應該由內而外，向心力才夠，而不該由外[指夢想基金會]來把持。（湯佳玲　2008:74）

　　所以，夢想社區的新舊居民對嘉年華遊行的初次及多次經驗，提出了娛悅與否的兩極判斷。但是，這相反判斷與對社區的集體記憶有什麼關係？

　　我們曾提到，夢想嘉年華的領導人把這一遊行企劃為集各國文化於一身的「仿作」（從隊伍方面的森巴、肚皮舞、藍調演奏、非洲鼓、台灣原民音樂、嘻哈街舞到花車方面的神燈、大山、噴火龍、牛

---

[20] 當每次參加的遊行愈加盛大、外來的陌生人愈多的時候，依 Simmel （Frisby & Featherstone eds., 1997:180）的見解參加者很快就會發生「玩膩」（blasé）的感覺，因為都會中的現代人對每次活動中碰到的陌生始終有一種「矜持」--要保持距離以保護隱私，最終保護一己自由的心理傾向。如某女士所感受到的，遊行本身不再吸引已多次參加的老住戶，因為有太多的陌生人參與其中；這就是「矜持」造成的「玩膩」之感。

蛙等）；從他們的觀點來看，這樣的展演就是為了「好玩」而產生的現在型「沒有記憶的懷舊」。他們的懷舊觀，從上引的心得報告來看，很顯然的已經有效的傳達給了初次體驗遊行的新購屋戶，不管他們是在國內還是在國外踩街。

但是，蔡聰明及陳孟可的懷舊觀和背後的價值觀卻在社區的老居民處碰壁，甚至住得愈久歧見愈深。原因在於當遊行愈辦愈大，社區外的參加團隊愈來愈多時，主辦活動的蔡聰明及其基金會也愈發與代表居民的「社區管理委員會」（已有三個）脫節，而也愈缺少代表住民利益的正當性。於是「現代型」的懷舊遊行就不免與現代社會個體利益至上的價值觀嚴重衝突；而拒絕嘉年華的老居民自然不會從這一遊行中形成他們對社區的懷舊認同。

夢想嘉年華的領導人果然透過遊行，塑造了夢想社區新一代居民好玩但是沒有記憶的懷舊；但是居住社區愈久，居民反而愈不認同這種懷舊。夢想這樣由無血緣、地緣關係組成的「現代」社區，也許可能透過別的集體記憶形成住民愛護自己社區的認同，但蔡老闆寄望的嘉年華遊行顯然沒有達成這一功能。

此外，蔡老闆應該是心感身受夢想社區的悖離的，否則他不會在2007 年花掉一千四百萬元在全省各地找「根與芽」小組教遊行、辦遊行。因為唯有這樣做，他才有可能實現「為台灣創造一個世界第一的嘉年華遊行」的初衷。但是愈來愈多外來團隊的參加固然使得遊行愈發國際化，卻無可避免的犧牲了他想把「一個本土社區變成一個國際化的」另一目的。

（二）大溪

相對於新創的嘉年華遊行，對夢想社區的新舊居民產生了好玩與疏離的兩極反應，大溪社群裡成長經驗在他鄉的新居民對繞境印象並不深，而土生土長的老居民則視其為與春節一樣重要的節慶。

　　原住桃園市現居大溪的李先生說：「對於普濟堂的印象與繞境活動是分割的。回來[父母的祖厝]時不見得會去普濟堂拜拜，但是一定會去看遊行，因此並不知道繞境與普濟堂的關係。」（陳建宏 2004:241）退休後才移居大溪河西（大漢溪以西之鎮轄區域）的呂先生甚至表示：

> 我覺得繞境活動造成交通混亂、大家也增加不少開支，應利用這些經費，多做一些有意義的事，如辦書法比賽、演講比賽及體育競賽等。（陳建宏 2004:242）

　　另外隨丈夫遷到大溪十餘年的王女士則已經習於捐緣金、看熱鬧，獨獨對在6月24當天請客吃飯有意見。「要請朋友吃飯平常日子多的是，何必一定要那一天？」（陳建宏 2004:243）

　　相對於新居民對繞境的不了解或有所抱怨，老居民多半認為繞境是跟春節一樣重要甚至更重要的節慶，而他們尤其會對活動中的拿旗舉牌、扛大仙尪、過火以及活動前的擲筊選爐主記憶深刻。

> 要說一種能夠代表全大溪的事，應該就是六月二十四日……就像過年團圓的意思一樣。（訪張惠榮。陳建宏 2004:236）

> 每年都很會期待六月二十四的到來，好像在期待「夏天的過年」一樣。（訪鄭琇鳳。陳建宏 2004:237）

> 「六月二十四」是不分姓的大拜拜，也是大溪最熱鬧的時候……比過年更加熱鬧。（訪黃辰義。陳建宏 2004:238）

多位老住民以春節比喻繞境節慶，因為其中有一個「紅包」的聯繫。在對張惠榮的訪問中他就提到繞境時他幫忙拿旗子，一天下來收到40元。鄭琇鳳除了拿旗子之外，也幫忙舉過12生肖造型的立牌，「一天差不多有80至100元可拿。」這一紅包到我們最近的訪談已漲到1000到1200元的價碼。（2008/7/15訪振興社總幹事廖本榮）

除了小時候拿旗舉牌賺紅包，使得老居民印象深刻外，有人最記得的是觀看「大仙尪」，甚至因此跑到河西地勢較高的仁和宮眺望。（訪呂秋霞。陳建宏　2004:239）另外就是過火：

> 印象最深的是過火的儀式……有一次過火的時候，發生信徒受到燙傷的不幸，聽說是因為鹽、米沒有放平均以及符咒施用不當所造成的。從那次以後，就不再過木炭火，而是過金火，在地上燒一些金紙，神轎從上面跨過象徵完成過火。（訪陳沐集。陳建宏　2004:240）

當地一位耆老也表示：「過金火要打赤腳，心裡要清。不夠清會被燙到。不能亂來。」（2008/7/15 訪協義社前社長藍阿慶）

過火固然是考驗參加繞境者是否虔誠敬神，對社頭成員更重要的考驗則是在每年繞境完成後的慶功宴上舉行下一任正副爐主的擲筊。大的社頭有自己的社館，就在社館所奉祀的神明（不一定是關帝）前舉行；沒有社館的，就到普濟堂關帝神像前擲筊。

> 吃[慶功宴]的人大大小小都擲，按照名冊……如果擲到的人會很願意擔任，因為是神明指點的。（2008/0/714 訪大溪前鎮長林熺達）

> 一百五十幾個人從第一個開始，連續擲最多聖杯的就當爐主……每次六月廿十五來社館看擲筊杯，大家都覺得很有趣。（2008/7/14 訪樂豳社社長江聰池）

至於問到為什麼擲出最多聖杯者都願意當爐主，受訪者則有不同的觀察：前引的陳寶印認為，當初的社團少又限於自己的行業，擲出的爐主要推托有人情上的壓力，何況老一輩的也比較信神。（2008/7/15 訪一心社社長陳寶印）但是耆老藍阿慶就講白了：

> 原本大家說當爐主是運氣不好才會當，不是他有神明指示才
> 會。……說神明保佑這樣比較好聽。我說的是比較白，就是
> 家裡有事情神明才會找上你，來大事化小事。（2008/7/15 訪協
> 義社前社長藍阿慶）

這裡我們注意到藍阿慶的說法倒過來證明了陳寶印所云為真：老一輩的果然比較信神，只是藍氏是從神力化災的角度來看擲筊而已。

最後，考慮到上述夢想社區老居民認為，遊行不應該由蔡老闆的基金會來辦，而應該由各大樓的管委會共同出面一事，我們要追問，為什麼在大溪有 30 多個社頭反而要去為普濟堂的關帝繞境，而不為自己社館的主祀神繞境？

事實上，社館聯絡其他祭祀同樣主神的社館來共辦活動，在大溪是司空見慣的事。譬如農作團主祀五穀仙帝，每年舊曆三月十日他們就會到中南部同祀五穀仙帝的寺廟進香（代替繞境）；甚至大溪中庄地方沒有社頭，但是地方人士一方面繳納緣金參加繞境，另一方面也以「中庄大集姓」名義參加三峽清水祖師誕辰活動。即便所謂「社頭集結為普濟堂的關帝繞境」的說法也是似是而非，因為各社頭實際上是透過一個「社團聯誼會」來統整大家參加繞境事宜。

「社團聯誼會」全名「大溪鎮普濟堂社團民俗技藝聯誼會」，成立於 1987 年 6 月。在陳建宏（2004:209）的研究中，他引普濟堂總務組長蔡永昌的話，說明「堂」與「會」的關係：

> 每年六月初一，[普濟堂]會舉行慶典籌備會議，但在之前「社
> 團聯誼會」已經自行開過會決定路線和順序，廟方並不干涉。
> 廟方與社團並非隸屬關係，也較無拘束力。會議只是讓社團
> 向廟方報告一下而已。

所以陳建宏結論說，「在整個繞境活動的籌劃中，普濟堂廟方僅在形式上領銜具名，而社團聯誼會卻掌握了實際的權力。」足見關帝誕辰

繞境是操諸大溪各社頭之手的活動，其間並無夢想嘉年華發生基金會不理數個社區管委會而自行其是的情況。

總之，大溪繞境是每年各個社頭代表其背後的信仰、行業、地緣、血緣等諸種關係的展演；它雖然在吸納新移入者的認同方面功能不足，但卻能交織固有居民的集體記憶，並激發他們「敬神」（老一代）與「補償」（年輕一代）的懷舊情緒。綜合此處與上節對繞境領導人的訪談，我們則進一步了解：參加大溪遊行的每一分子，不管是幹部或是當地群眾，都透過繞境鞏固他們對大溪的認同，因為透過對這每年儀式的敘事和展演，他們抒發了對當地傳統的懷舊之情，也加強了集體對大溪的正面回憶。

最後，對照大溪的傳統懷舊和汐止夢想社區的現代型懷舊，最低限度我們可以指出，兩種懷舊在時間取向上的不同，與兩地遊行所蘊涵的核心價值似有密切關係。從夢想社區的角度來說，正因為它的嘉年華只標榜「好玩」，而缺乏如大溪「敬神」或「補償」等滲入深層情緒的價值，這一遊行只能吸引新住民而行之愈久愈讓老居民不耐。沒有記憶的現代型懷舊只是娛樂，它無法構成民眾對夢想社區的集體記憶。[21]

五、結語與討論

夢想的居民，透過嘉年華遊行對他們不滿 20 歲之社區所形成的記憶是分裂的：老住戶厭倦外來團體所辦嘉年華的常態化，無法藉由遊行滋生對社區的感情；新住戶為住進夢想社區自始就必須參加兩次的嘉年華，他們體會到主辦團體強調的「好玩」哲學，也可能因此認

---

[21] 有人認為夢想嘉年華的做法，也可用流行話語稱為「創造記憶」。此話不假但是我會對這樣創造的結果─即夢想每年舉辦的日期不定、舉辦的內容也年年翻新─能否產生相對穩定的集體記憶感到懷疑。而從前文圖二的討論中，我無寧是接受集體記憶可以改變，但卻是相對和緩與長期的漸變這樣的立場。

同所住社區適合下一代的成長。如果合併新舊居民看法，宣稱在遊行中可以看出他們對夢想社區的集體記憶，那這記憶是無法結合他們與所住地的感情的；或者說這實在是沒有記憶的現代型懷舊。

反觀大溪土生土長的居民，他們的成長經驗是與傳承數代、幾近百年的社頭繞境結合在一起的。這一類似春節的重要遊行對一代代的社頭成員傳遞「敬神」及「補償」的傳統價值，而他們以年復一年在六月廿四日這天舉牌舞龍繞行大溪全境實踐這些價值。老大溪人透過遊行對鄉土編織了以傳統式懷舊為核心的集體記憶，然而這一記憶對沒有繞境的「社會化」經驗之新移民來說，卻幾乎全然不可理解。

如果以上的結論沒有大謬的話，那麼它有助於我們回答本文所涉及的幾個問題，並有助於我們參與英國學者 Massey 和 Harvey 對什麼是相對於「空間」而存在的「地方」之辯論。

首先，是學者 Connerton 與 Hobsbawm 都提到的問題：是否傳統儀式帶給參加者的是「敬神」的心理感受，而儀式本身是具體而箝制力特強的社會實踐；現代儀式則帶給參加者「補償」的心理作用，可是它要對參加者灌輸的價值、權利或義務卻顯得模糊不清？從大溪與汐止的實例中，我們基本上是服膺這裡對傳統與現代儀式差別的判斷，唯一要修正的是，我們發現所謂「補償」心理也出現在參加傳統儀式（繞境）的年輕成員身上：他們以現在繞境恢復兒時社會化經驗，以克服現代就業環境的疏離感。反而「補償」心理在汐止的現代儀式（嘉年華）中遭到「好玩」感受的取代。「補償」與「好玩」不同：只要現代的就業環境不變，參加繞境就足以一再暫時恢復繞境者兒時對仿佛過年般的期待；而同樣不變的現代環境中，初次參加覺得好玩的嘉年華，一而再、再而三參加之後很快就會發生如 Simmel 所云「玩膩」（blasé）的現象，這是因為我們對每次活動中碰到的陌生人始終有一種「矜持」--要保持距離以保護隱私，最終保護一己的自由。（Frisby & Featherstone 1997:180）現代人追求的高度自由正是使我們不輕易去

信守某種價值或義務的主因；這也是 Hobsbawm 所觀察到，現代儀式無能為力的地方。[22]

　　其次，如果我們比較老大溪人與新夢想人參加遊行最深刻的印象，我們發現一方共同回憶到的是拿旗舉牌、扛大仙尪、過火以及擲筊，而另一方則是各自追憶自己做的和服書、毛毛蟲、水鳥、摩登原始人、螃蟹家族或火車。顯然嘉年華欠缺 Connerton 所強調的儀式「語言」的不變性，所以參加者沒有回憶的聚焦點。不只這樣，自做道具者用現代影音錄具紀錄下來的主要都是親朋好友的倩影聲音，[23]他們沒有紀錄到家族友朋之外社區集體的存在；這正符應 Baudrillard 不含記憶、導向現時的影音操作式懷舊的說法，即新夢想人編織的是現代型懷舊。反而老大溪人對儀式細節的共同記憶，把不同世代的人串聯了起來；對這樣的集體記憶如果能夠命名，這名字不是「大溪」又能是什麼？不變的儀式語言加上 Halbwachs 所說對參加儀式之在地人的鮮明影像指出「大溪」的集體記憶正是傳統型、時間導向過去的懷舊情緒。

　　接著，如果我們把前兩點的討論（即傳統儀式透過固定價值[敬神與過年的期待]，以儀式細節構成的故事滿足社頭成員的敬神與

---

[22] 在儀式帶給人們或是「敬神」或是「補償」的心理感受之外，其實判別儀式的傳統與否還有本文提到的「物質基礎」，也就是前文提到的社頭為辦繞境所收取的「緣金」。「緣金」相對於蔡老板幾乎是獨資在辦夢想嘉年華來說有何意義？「緣金」的收與授確立了社頭成員的權利與義務，也顯露了每位參加者對「社頭」這個團體的認同程度；反觀就因為蔡老板一直無法有效自夢想社區的住戶中募集基金，所以他必須自行負責，這正顯示了住戶對遊行的參預與認同是淡薄的。於是，物質基礎是建立在參加群體的捐輸與否，似乎也成了判別儀式是傳統還是現代的一個標準。我謝謝匿名的評審人為我提供這一寶貴意見。

[23] 我們蒐集到的 12 份遊行心得報告大多附有活動照片。

補償的心理；而現代儀式則基於發起人以「好玩」為主旨的敘事而創作，期能帶給參加者值得一玩的感受），帶入圖二的架構來看，我們似可看出儀式表演及敘事文本並非造成不同懷舊情緒的主因。真正的主因還要求諸圖二左半的社會群體（遊行群眾）與知識階層（遊行領導人）如何認知他們理應共同實踐的集體記憶。夢想社區老居民對發起人之嘉年華的抵制，使得遊行最終是易地而辦，成為大台北居民沒有記憶負擔的好玩活動—這證實了社會群體與知識階層對屬於社區之記憶的認知鴻溝。而大溪無分年紀的領導人或在地群眾都能聚焦回憶遶境的細節—年節氣氛、過火、或擲筊，則印證了彼此都認同什麼是有關大溪的集體記憶。足見社會群體與知識階層的認知差距，是解釋集體記憶及其相關的懷舊導向如何變化的關鍵。透過夢想與大溪的實例，我們不僅肯定了如圖二般連結集體記憶與 Mannheim-Nelson「思想風格」文獻的必要性，我們也進一步指出了「思想風格」中領導者與被領導者之認知差距的重要性。

　　最後，我們可以利用大溪導向過去的集體記憶對照夢想拘泥現在的分疏懷舊，回頭審視 90 年代，英國人文地理學者 Massey 與 Harvey 對什麼是相對於「空間」而存在的「地方」（我們可以直接代之以「社區」）之辯論，（Cresswell 2006:110-115）目的在以我們研究地方的一得之愚，置喙於攸關當下社區研究的重要論戰。兩人都同意「地方」是經由社會過程而建構成，但是 Harvey 認為這一社會過程顯示以下特點：地方與單一認同形式緊密連結；地方真實地根著於歷史，地方與外界有清晰隔開的邊界。而 Massey 主張：地方是過程化的；地方也是由外界定義的；地方是多元認同與歷史的位址；並且地方與外界的互動界定了地方的獨特性。

　　乍看之下，Harvey 型塑地方的社會過程就是歷史傳統；而正是信仰傳統造就了老大溪人的地方認同。另一方面 Massey 的社會過程指向全球化，或她自云「全球地方感」的塑成；那麼用夢想嘉年華意

欲定位夢想社區的舉止可說接近全球化的過程，可是對老夢想人來說他們並未因此得到「全球地方感」。到底我們的兩個實例對 Massey 與 Harvey 的說法有何啟示？值此金融海嘯襲捲全球之際，大溪在外的遊子中，有的人恐怕無法維持往年在六月廿四前兩週，利用週末回自己社頭練練舞龍步伐的習慣；他們因為失業返鄉可能必須長時間離開令人疏離的職場。那麼一年一度的繞境就不再是補償心理的懷舊活動，它反而必須是能夠提供工作、吸收觀光客、對大溪子民具有加值作用的盛會；[24]不進一步這樣世俗化的結果，繞境恐因社頭成員捐輸遞減而萎縮。注入大溪人士「全球地方感」似是勢在必行。反觀以做「世界第一」自許的夢想嘉年華已具面向全球的態勢，它的問題是有了「全球感」卻丟掉了社區老居民的支持，而解決之道似在於必須一方面減低「好玩」這種最終要保護個體自由的[後]現代價值，另一方面深化諸如大溪「敬神」或「年節期待」的傳統價值。我們的兩個實例顯示，為了持續各自的集體記憶，彼此都要吸取對方之社會過程的長處。因此，如果學者再堅持型塑地方的社會過程不是歷史傳統就是全球化，那就只是於事無補的偏執了。

---

[24] 繞境如果必須兼負這一加值作用，可以視為宗教慶典進一步的世俗化（參 Giddens, 1991: 589），因為這樣做愈發遠離神人的契合而愈趨向滿足人的物質需求。

參考文獻

中文部分

三采文化編，2008，《1～100 歲的夢》。台北：三采文化。

王明珂，1997，《華夏邊緣：歷史記憶與族群認同》。台北：允晨文化。

朱元鴻，1992，〈實用封建主義：集體記憶的敘事分析—以一九四九年後中國大陸為參考〉。《中國社會學刊》，16 期，頁 1-23。

邢玉玫，1996，《社區記憶的建構對社區營造之影響分析—台北市福林社區為例》。國立台灣大學建築與城鄉研究所碩士論文。

康旻杰、楊清芬，2005，《飛夢共和國—藝術大遊行‧社區輕鬆玩》。台北：遠流。

陳建宏，2004，《公廟與地方社會—以大溪鎮普濟堂為例（1902-2001）》。國立中央大學歷史研究所碩士論文。

湯佳玲，2008，《集體行動與政治企業家互惠之研究—以汐止夢想社區夢想嘉年華為例》。國立政治大學公共行政研究所碩士論文。

景軍，1995，〈社會記憶理論與中國問題研究〉。《中國社會科學季刊》（香港），12 期，頁 41-51。

夏春祥，1998，〈文化象徵與集體記憶競逐：從台北市的凱達格蘭大道談起〉。《台灣社會研究季刊》，31 期，頁 57-96。

----，2007，《在傳播的迷霧中》。台北：韋伯。

蕭阿勤，1997，〈集體記憶理論的檢討：解剖者、拯救者，與一種民主觀點〉。《思與言》，35 卷 1 期，頁 247-296。

謝宗謀，2006，「造夢 8 年 蔡聰明聚合理念相同住戶 拓展夢想社區的藝術天空 打著『立足台灣、放眼全球、與國際接軌』的造夢觀，蔡聰明將夢想社區發展成汐止標竿的新興社區。」工商時報，2006 年 11 月 15 日，D1 版。

英文部分

Agacinski, Sylviane. 2003. *Time Passing: Modernity and Nostalgia*. New York: Columbia University Press.

Anderson, Benedict. 1983. *Imagined Communities: Reflections on the Origin and Spread of Nationalism*. London: Verso.

Appaduari, Arjun. 1996. *Modernity at Large: Cultural Dimensions of Globalization*. Minneapolis, Minn.: University of Minnesota.

Baudrillard, Jean. 1988. *Jean Baudrillard: Selected Writings*, Mark Poster ed. Stanford, CA: Stanford University Press.

----. 1994. "The Precession of Simulacra," *Simulacra and Simulation*. Ann Arbor, Mich.: The University of Michigan Press, pp.1-42.

Benjamin, Walter. 1968. "The Work of Art in the Age of Mechanical Reproduction," *Illuminations: Essays and Reflections*. New York: Schocken Books, pp.217-251.

----. 1999. "Paris, the Capital of the Nineteenth Century," *The ArcadesProject*. Cambridge, Mass.: The Belknap Press, pp. 3-13.

Connerton, Paul. 1989. *How Societies Remember*. Cambridge, UK: Cambridge University Press.

Cresswell, Tim. 2006.《地方：記憶、想像與認同》(Place: a short introduction)，徐苔玲、王志弘譯，台北：群學。

Culler, Jonathan. 1993.《索緒爾》(Saussure)，張景智譯。台北：桂冠。

De Saussure, Ferdinand. 1966. *Course in General Linguistics*. New York: McGraw-Hill.

Frisby, David and Mike Featherstone eds. 1997. *Simmel on Culture: Selected Writings*. London: Sage.

Giddens, Anthony. 1991. Introduction to Sociology. New York: W. W.

Norton.

Halbwachs, Maurice. 1992. *On Collective Memory*, Lewis A. Coser ed., Chicago, IL: The University of Chicago Press.

Hobsbawm, Eric. 1959. *Primitive Rebels: Studies in Archaic Forms of Social Movement in the 19th and 20th Centuries.* New York: Norton.

Hobsbawm, Eric and Terence Ranger eds. 1983. *The Invention of Tradition.* Cambridge University Press.

Hutnyk, John. 2000. "Photogenic Calcutta," in Stuart Corbridge ed. *Development:*

Critical Concepts in the Social Sciences. Volume5: Identities, Representations, Alternatives. London: Routledge. Pp. 51-67.

Jameson, Fredric. 1991. "The Cultural Logic of Late Capitalism," *Postmodernism,Or, the Cultural Logic of Late Capitalism.* Durham, NC: Duke University Press,

pp.1-54.

Nelson, Rodney. 1992 "The Sociology of Styles of Thought," *British Journal of Sociology* 43（1）: 25-54.

Pickering, Michael and Emily Keightley. 2006. "The Modalities of Nostalgia," *Current Sociology*, Vol. 54（6）: 919-941.

Salzani, Carlo. 2007. "The City as Crime Scene: Walter Benjamin and the Traces of the Detective," *New German Critique* 34（1）: 165-187.

Sangren, P. Steven. 1987. *History and Magical Power in a Chinese Community*

Stanford, CA: Stanford University Press.

Silverman, Kaja. 1983. *The Subject of Semiotics.* New York: Oxford University Press.

Taylor, Ronald ed. 1980. *Aesthetics and Politics*: *Ernst Bloch, Georg*

Lukacs, Bertolt Brecht, Walter Benjamin, Theodor Adorno. London: Verso .

Zerubavel, Eviatar. 2003. *Time Maps: Collective Memory and the Social Shape of the Past*. Chicago, IL: The University of Chicago Press.

20100804 回覆匿名評審的信

敬閱者，

　　首先，謝謝你寶貴高明的意見。你所提出的五點改善意見，針對 1、3、4 點我都做了修正：把第 1 點有關的註釋刪除，僅以（Saussure 1966:66-123）附在正文；對第 3 點則增加註 22（正文頁 35）以回應；而對第 4 點也是增加註 21（正文頁 33）以回應。

　　至於第 2 點，如果要把「懷舊」全部改成「懷鄉」或「鄉愁」，那麼所有用到「懷舊」的上下文全部都需做修正，工程實在太大，請容許我對 nostalgia 還是只取「懷舊」的偏義。

　　最後有關第 5 點，其實是有友朋看過初稿建議在文末放一個有前瞻性的重要議題，當時我就加了 Harvey 與 Massy 的辯論。如今你提的看法也很有道理—交待不清反而模糊了我自己的結論。不過，我還有一個想法：畢竟我的兩個案例都取自鄉土，要讓地方性的議題受到重視，其實我需要像 Harvey vs. Massy 這種辯論高度的加持。故請容許我維持原貌。謝謝。

　　　　　　　　　　　　　　　　　　　　　方孝謙　敬上

Parade, Narrative and Collective Memory:

A Comparison of Two Communities

in North Taiwan

Shiaw-Chian Fong

Professor

Department of Journalism

National Chengchi University

Abstract

Observing the annual parades in two northern Taiwanese communities over the years, we have come to the conclusion that community identity has much to do with the community's parade, which manifests both the collective memory and its key component, nostalgia. Whereas the young Mengxiang Community finds it difficult to consolidate its inhabitants through a newly created free-styled parade described as a "carnival," Daxi Community draws from the memories of different generations and melts them into one local history by repeating its centennial-old religious *raojing* parade. The different results are explained in terms of whether or not the core values implicit in each parade are shared by different walks of life in the community concerned.

Keywords: collective memory, community, Daxi, Mengxiang, narrative, nostalgia

抗美援朝時期愛國公約運動與
女性的國民化

任 佑 卿

韓國聖公會大學東亞研究所

摘　要

韓國戰爭時期（1950-1953 年），中國大力開展對抗美帝侵略援助北韓的所謂的『抗美援朝保家衛國』運動。從國際主義名分出發的抗美援朝運動，頗為有趣地在中國內通過鼓吹愛國主義獲得成功進展。從而自然而然地變身為建國之後國民化工程的一等功臣。倘若近代女性解放運動是以成為與男性平等的國民為目標，那麼可以說中國的女性解放運動是通過抗美援朝運動取得某種程度的成功，而且其成功的核心正在於愛國主義。本論文是以《新中國婦女》為中心，試圖探討抗美援朝時期女性界的愛國主義話語，以及作為女性被詢喚為國民的具體過程之一的愛國公約運動的開展過程。筆者通過考察中國女性為自身利益如何將國家等同於自身，協商並活用其資源，力圖闡明有必要重新觀照中國女性解放運動未能形成女性自主運動這一既有觀點。

關鍵詞：韓國戰爭、抗美援朝、愛國公約、國民化、女性

抗美援朝運動與愛國主義

在中國通常稱韓國戰爭為抗美援朝戰爭。抗美援朝，顧名思義就是為對抗資本主義美帝的侵略而援助社會主義兄弟國家朝鮮，這賦予了中國參加韓國戰爭的國際主義名分。然而，在歷經長久戰爭而剛剛建國並亟需國內建設的緊要關頭又一次介入戰爭，這不能不是一件負擔沉重的事件。實際上，除了毛澤東和幾位重要人物，大多數中央政治局委員都反對參戰[1]，而且社會輿論也頗為不滿。普通人中，對政治本身毫無問津或者認為朝鮮戰爭與中國沒有關係的人占大多數，甚至有人認為，「不能援助朝鮮，因為日本鬼子打中國的時候，『高麗棒子』幫助日本鬼子欺負過中國的老百姓」[2]另一方面，諸如「革命成功了，可以歇一口氣了，又……」，「中國參戰的話，會不會發展為第三次世界大戰？」「朝鮮失敗了，第三次世界大戰來了，國民黨要登陸作戰」此類對戰爭的恐懼與不安也在暗湧。[3]此外，那些認為美國不僅是經濟強國，還有原子彈，所以害怕贏不了的人，以及認為美國是文明國家曾給中國建過學校和醫院並供給過麵粉[4]而感激並羨慕的人也為數不少。

作為援助戰爭所必需的物質資源絕對不充分的人口大國中國，只有最大程度地動員人力資源才是決定勝負的關鍵。然而，在安撫上述那種彌漫於整個社會的恐懼與焦慮，並發動人民自發參與方面，援助

---

[1] 朴斗福編著，《韓國戰爭與中國》，白山書堂，2001 年。

[2] 〈時事問答〉，《新中國婦女》1950 年 12 月號。

[3] 侯松濤，〈抗美援朝運動與民眾社會心態研究〉，《中共黨史研究》2005 年第 2 期。

[4] 全總女工部家屬科，〈怎樣對職工家屬進行時事教育〉，《新中國婦女》1951 年 1 月號。

社會主義兄弟國家這個國際主義名分顯然缺乏說服力。對此，中國指揮部大力施展以「中國人民支援朝鮮人民的抗美戰爭不止是道義上的責任，而且和我國全體人民的切身利害密切地關聯著，是為自衛的必要性所決定的。救鄰即是自救，保衛祖國必須支援朝鮮人民」[5]為主要內容的時事宣傳教育。正如「美帝好比一把火，燒了朝鮮就要燒中國，中國鄰居快救火，救了朝鮮就是救中國」[6]這首當時的流行歌所表達的，『唇亡齒寒』是幫助理解抗美援朝運動的國際主義特色的最通俗的愛國主義理論。同時，中共一邊強化共產黨領導的中國革命的勝利給勞動者農民大眾帶來的變化，一邊煽動民族自豪感和主人公意識。所以，抗美援朝運動自然而然發展成為保衛革命勝利果實、保衛家庭和國家的『保家衛國』運動和愛國主義運動。從國際主義名分出發的抗美援朝戰爭，頗為有趣地在中國國內通過愛國主義的鼓吹獲得了成功進展。

反之，經過抗美援朝運動而大為高漲的人民的愛國主義熱情和政治覺悟，又成為推動建國初期中國的社會、經濟、政治、軍事文化建設的強大推動力。由此而論，可以說抗美援朝運動作為建國後最大規模的群眾運動，是緊抓國內人民的心靈和精神，成功塑造他們的國民身份的一等功臣。女性也不例外。為了抗美援朝，女性也大規模參與到諸如志願參軍、入軍事幹部學校、志願加入醫療隊、寫慰問信寄慰問品、愛國生產競賽運動、和平簽名、募捐幫助朝鮮難民活動、要求締結五大國和平公約、反對美帝侵略、反對美國武裝日本、反對美軍細菌戰、開展節約增產運動、捐獻武器運動、愛國公約運動等各種政治活動中。可以說得益於作為國民工程的抗美援朝運動的成功，積極

---

[5] 〈各民主黨派聯合宣言〉，《北京市抗美援朝運動資料匯編》，北京：知識出版社，頁23。

[6] 侯松濤，前文，頁24。

參與其中的女性也在某種程度上成功確立了自己的國民身份。倘若近代女性解放運動的目標是成為與男性平等的國民，那麼中國的女性解放運動則通過抗美援朝運動獲得了某種程度的成功，而且其成功的核心正在於愛國主義，如此言之實不為過。

那麼，抗美援朝時期中國女性解放運動的根幹在於愛國主義這一事實啟示了什麼，從女性主義的視角，應該對於此種歷史事實如何予以分析？對此，以李小江為首的中國新啟蒙主義女性主義認為，中國的女性解放是社會主義革命和國家所賜予並受其主導的，所以女性運動未能獲得獨立自主的發展歷史。[7]而且，曾經分析過戰時體制下日本女性運動經歷的上野千鶴子也主張，既然近代國家和國民身份本身原來以男性為中心被想像並建構的話，從其中女性的國民化並非真正的女性解放。[8]毋庸置疑，這是我們必須傾聽的重要指摘。

但是，她們的觀點常常容易忽視對國民國家的認同或愛國主義正是形成了近代女性主體性根幹這一歷史事實。其結果這種觀點無法看見或不願看見女性為何以及如何詢喚自己為『國民』，在這一過程中發生了何種龜裂，女性自身又是如何克服並彌合這種龜裂和矛盾的，這很可能是它將國家和女性之間的對立面過分極端化或抽象化的結果。這等於遮蔽了女性一直承擔的多種多樣的主體性行為和努力，結果女性又一次被驅出歷史視閾之外的可能性再次變大。[9]正如西維亞·沃爾比（Sylvia Walby）所言，女性在斷定于己有利的情況下將國民國家等同於自身，這反而是相當普遍的現象。那麼，從女性的立場出發，即使為了批判性地看待國民國家，也必須首先具體考察過去女性為了

---

[7] 關於中國的新啟蒙主義女性主義，參照任佑卿，《反傳統主義民族敘事與性別》（延世大學博士學位論文，2004 年）緒論。

[8] 上野千鶴子 著，李善怡 譯，《國族主義與性別》，朴鐘澈出版社，1999 年。

[9] 對上野千鶴子和中國的新啟蒙主義女性主義的反思請參考任佑卿前論文。

自身利益是如何將國家和自身視為一體、協商並靈活利用各種資源的。這是站在女性主義立場上重新觀照國民國家當代意義的迂迴之路,同時也是刻畫中國或韓國以及東亞特殊而又普遍的現代性軌跡的道路。

其中,中國的抗美援朝運動作為一個能集中折射出女性與國民國家建設、社會主義女性國民的出現、東亞後殖民和冷戰局勢等各種錯綜複雜關係的事件,應該予以充分關注,但迄今為止對此運動的研究還幾近荒蕪。通過研究抗美援朝運動而探索上述各種問題,這無疑將是一段長遠的旅程。作為初探,本論文首先以《新中國婦女》為中心,力圖考察並整理抗美援朝時期女性界的愛國主義運動以及作為女性被詢喚為國民的具體過程之一的愛國公約運動的各個層面。《新中國婦女》因中國婦女第一次全國代表大會(1949 年)的提案而創刊,是一本主要被用作婦女幹部學習資料的全國規模發行的綜合性雜誌,從中可以看到中央政府和全國婦聯(中華全國民主婦女聯合的簡稱)的指示、時事教育資料、具體的運動方針、各地女性運動的經驗以及事例介紹、文藝和讀者通信欄等自上而下的女性運動的方方面面及其效果。

愛國主義運動與作為「特殊問題」的女性

剛剛擺脫殖民統治的國家通常將建設統一的國民國家視為亟待解決的首要問題,中國也不例外。『愛國』被強調為保障作為新主體的國民成為國民的最重要的道德條目。當然愛國的內容因時因地而異。抗美援朝運動中愛國的內容分為以下三個邏輯階段。

(1)過去中國人民因日本的侵略和國民黨反動勢力而備受壓迫與盤剝。

(2)共產黨將人民從這些壓迫和盤剝中救助出來,並將革命引向勝利,果實是人民的。

（3）為抵抗美帝侵略保衛革命果實，已經取得革命勝利的偉
　　大的中國人民必須站起來。

　　以這種愛國主義邏輯為基礎，抗美援朝運動在三個大的方面鋪展
開來。第一，向全體人民教育美帝的本質、侵略行為以及愛國主義內
容的時事宣傳工作（成立各種學習小組、講演、會議、報告會、街頭
示威、聯歡會等）；第二，直接的志願參戰活動（參軍、捐獻武器、
寄送軍需物資以及慰問品等）；第三，以提高國防與經濟實力為目標，
在各自工作崗位上加快生產步伐的間接的參與運動（愛國生產競賽運
動、節約增產運動、反腐敗、反貪汙、反浪費運動等）。這三個方面
互相緊密結合，將國際主義特色的戰爭和國內建設運動成功結合起
來。有趣的是引發階級和性別衝突的社會主義革命─施行婚姻法、土
地改革、反革命運動等─也因愛國這一統合邏輯而獲得支援。反過
來，這些社會主義改革便是將共產黨的愛國主義路線合法化的道德根
源，使得多數人民逐漸接受共產黨政權是人民的代言機關這一觀念。

　　女性界的抗美援朝運動從根本而言也是在全體愛國主義運動的
大框架內進行的。1950 年 10 月 26 日，以郭沫若為主席的抗美援朝
總會成立，11 月 4 日各民主黨派發表了支持抗美援朝保家衛國運動
的聯合宣言，各界各層隨之發表擁護宣言。全國婦聯也立刻發表了《為
響應抗美援朝保家衛國運動對全國婦女的號召》，號召以女工為首的
全國所有女性宣言在各自崗位上加快生產步伐、努力學習、忠實執行
各單位指導部傳達的任務，並將這些行動有機結合到抗美援朝鬥爭
中。[10]

　　查看《新中國婦女》即可獲知，1950 年 11 月號有一篇題為《緊

---

[10]　〈全國婦聯為回應抗美援朝保家衛國運動對全國婦女的號召〉，《新中國婦女》
　　　1950 年 11 月。

急行動起來為抗美援朝保家衛國而奮鬥》的社論，以此為開端，鼓勵女性參與愛國運動的方針性文章接連刊登出來。首先，11 月號的社論指示女性必須為抗美援朝保家衛國而做出實際行動。具體而言，社論督促三點：第一，為改造女性思想必須深化實施宣傳工作，並通過此項工作粉碎那些潛入胡同深處的反革命分子，鞏固社會治安；第二，最能有效制止美國強盜侵略的好方法是組織救護隊或支援中國人民志願軍等自發勇敢地參與朝鮮人民解放鬥爭；第三，加快生產步伐提高國家經濟實力強化國防力。

　　1951 年 1 月號上，愛國主義口號開始正式登場。社論《經常進行愛國主義的思想教育》一文首先高度評價了抗美援朝保家衛國運動開展以後不論各階層、民族和宗教信仰，人民的愛國覺悟前所未有地高漲，統一戰線得到極大擴展，之後，社論還介紹了女性是如何活躍地參與這項運動。

> 「許多婦女參加了志願軍的醫療隊或救護隊；許多農村婦女送子、送郎上朝鮮前線殺敵，自己在後方生產；在愛國主義生產競賽中，許多優秀的女工運用智力與體力的結合，創造出新紀錄和模範事蹟；在加速國防建設的號召下，許多青年婦女，特別是女學生紛紛報名投考軍事幹部學校，並且出現了許多深明大義鼓勵自己的兒女參加軍校學習的光榮的母親；許多過去不關心政治的家庭婦女，開始要求學習時事，並參加婦女組織，有的立即成為積極的宣傳隊員；許多婦女自動寫慰問信、制慰問袋、節省菜錢捐獻購買子彈、飛機，加強國防力量；還有的婦女洗清了自己的崇美親美恐美思想，開始以自己是一個中華人民共和國公民而感到光榮。」

如上所言，社論認為女性的變化是過去一段時間愛國主義宣傳教育的結果，並強調以後也「必須實施以婦女群眾為對象的體系化的愛國主

義教育，並將此視為常規任務，和婦女工作的各種任務有機結合起來」。關於必須接受的愛國主義教育，其內容有以下三點：第一，揭發美帝國主義的侵略及其罪行，尤其強調對女性的危害；第二，告知建國以來中國人民政權下的女性權利，成為毛澤東時代的中國人民、中國女性是多麼光榮；第三，正確的愛國主義必須和國際主義結合起來，中蘇兩國人民的友誼與團結，世界和平民主陣營的強大，中國人民反對美帝國主義侵略運動是對世界和平的貢獻等。

　　除社論之外，僅看《新中國婦女》1951 年 1 月號的目錄也能感知到抗美援朝運動的緊迫氛圍。幾乎所有文章的內容都涉及抗美援朝運動，其中有直接關聯的文章目錄整理如下：

　　《第 2 屆世界保衛和平大會的經過及其成就》
　　《用行動來書寫這光輝的史頁：獻給參加軍事幹部學校的中國女兒們》
　　《英勇民族的英勇兒女們： 世界保衛和平大會朝鮮代表朴正愛演講稿 》
　　《全世界人民在鼓舞著我們》
　　《工屬工作要與職工愛國生產競賽運動結合起來》
　　《加強對女工進行抗美援朝的思想教育》
　　《怎樣對職工家屬進行時事教育》
　　《怎樣開好工屬聯歡會》
　　《家屬服務隊》
　　《貫徹男女農民一齊發動的問題和經驗》
　　《站在國防最前線的遼東婦女》
　　《抗美援朝鬥爭中的燕大女同學》
　　《美籍教授費睿思滾出了金陵女大 》
　　《怎樣推動家庭姐妹展開保家衛國運動》
　　《送陳京雲參加志願手術隊》

《模範女工李照珍》

　　如上所見，為將各階層的女性拉入抗美援朝運動，《新中國婦女》使用大量篇幅介紹了各種具體方案、分析、事例等。這裏，女性被詢喚為『女工』、『女農』、『女學生』、『職工家屬』、『家庭姊妹』、『志願服務隊的妻子』、『志願軍的母親』等具體稱呼，由此可知，這是女性作為國民必須承擔的社會職份或被中心施以區分的實際狀況。尤其是將設定為私人領域的家庭內女性詢喚為公共領域的主體的努力非常突出，其中那些不特定的大多數女性作為『職工家屬』，即勞動者家屬這一單位被主體化，這一點比較有趣。

　　那麼，從女性運動的立場上，這意味著什麼呢？先從《新中國婦女》1951 年 2 月號刊載的全國婦聯主席蔡暢的《在偉大愛國主義旗幟下進一步聯繫與教育廣大婦女》一文看起。這篇文章指出，三八國際婦女節在即，目前中國女性運動的主要政治任務是讓全體女性參加到抗美援朝和反對美帝武裝日本的運動中來。蔡暢認為提高女性的政治文化水準是能與男性平等參加各種工作的先決條件。因為舊社會的束縛，女性大部分比男性落後，所以更需要教育，文章再三強調了宣傳教育的重要性。從過去一段時間的經驗看，平時女性工作較為出色的地方，女性的抗美援朝運動也開展地頗有深度，反之，在抗美援朝愛國主義教育得以深化女性意識得以提高的地方，平時的女性工作也能夠比較迅速地完成，由此可見，只要將女性的愛國熱情變成實際行動，就能很好地完成抗美援朝和女性解放工作。這篇文章以愛國主義運動的重要性為前提，指出女性解放運動絕對不是孤立進行的事件，依此而論，這和以後強調愛國主義的社論在方針策略上略有不同。

　　與在抗美援朝運動中如何動員女性相比，蔡暢的指摘在將女性如何將抗美援朝運動視為自身成長契機為前提這一點上，顯然意味深長。這篇文章表露了女性運動領導者是如何認識國民國家的全體動員與女性運動的自律性之間的關係。蔡暢的這種認識，在 3 月號的《熱

愛祖國保衛和平》一文中再次得到確認。對於一月份展開的反對重新武裝日本的全國性女性示威的成功，蔡暢如此稱讚道，「這次示威尤其將廣大家庭婦女彙集到一起，讓她們走上街頭，表達保衛和平的意願，這非常不容易，在擴大並深化抗美援朝運動方面非常緊要。」正如她所強調的，在擔任團結女性執行政策任務方面，組織是不可或缺的一個途徑，抗美援朝運動不僅同時擴大並強化了女性組織，而且還如魔法笛一般將分散的女性彙聚到廣場。

　　另一方面，認為抗美援朝運動和愛國主義是女性解放運動橋頭堡的看法，還造就了抗美援朝運動中日益凸顯的女性的『特殊問題』。蔡暢補充道，抗美援朝運動中必須動員各界女性，並在盡可能的範圍內解決女性的特殊困難，保護女性的實際權益，為女性服務。

> 「有些地區的婦聯在決定工作時，只能一般地遵照人民政府提出的全體人民的總任務和上級民主婦聯的決議，這是好的。在上下一致，集中全體男女人民的力量完成當前的中心工作方面是有一定作用的。但是另一方面，如何把全面的任務與婦女的切身利益，日常困難聯繫起來，擔負起我們婦女團體保護婦女利益的天然職責來說，一般地是做得不夠。在發動婦女完成全體人民的與婦女解放的長遠利益有關的任務時，沒有完全的深刻的懂得如何從婦女群眾的實際情況出發。因此，大大限制了我們發動婦女的廣度和深度，甚至造成某些脫離群眾的現象。我們希望各地婦聯切實注意糾正這一個缺點；同時更要求人民政府以及有關各方面能夠盡可能支持和批准保護婦女特殊利益的必要措施，給與各種有力的幫助。」[11]

---

[11] 蔡暢，〈在偉大愛國主義旗幟下進一步聯系與教育廣泛婦女〉，《新中國婦女》1951 年 2 月號。

蔡暢的發言暗示了在抗美援朝運動的具體開展過程中女性的權利或者沒有被放到優先地位或者完全沒有被考慮到，甚至發生過遭受侵害的情況，而且全體運動和女性運動之間也頻繁發生摩擦。對此，蔡暢認為應該提高婦聯作為『保護婦女利益』的群眾組織的形象，並強調及早開展女性解放運動的重要性。蔡暢的這種指摘在3月號的《新中國婦女》社論《在抗美援朝運動中，推進婦女解放運動》中得到更為具體的展示。

社論首先呼籲「只有2億3750萬女性一同站起來，抗美援朝運動才能真正得到普及」，並強調了愛國運動中女性佔據的重要性。同時，社論還呼籲「為使廣大婦女群眾在抗美援朝和國家建設方面做出更多貢獻，對於她們的正當要求必須予以切實解決」，社論批評了忽視女性問題、不積極採取措施的上級工作態度。另一方面，社論雖然規定了新中國成立後婚姻法、勞動保護條例等優待女性的種種措施，但認為「婦女解放事業必須通過婦女自己的努力完成」，具體而言，提出四項內容，其中第三和第四項內容如下：

（3）在本來的工作崗位上或原有的基礎上學習與鑽研業務和技術，提高工作能力，學會一項本領。有了一項本領，今天可以在本崗位上做好工作，為抗美援朝而積極努力；將來可以在國家經濟建設中，更充分地貢獻自己的智慧和才能，使我們的國家由新民主主義社會逐漸過度到社會主義社會。那時，不僅婦女的特殊困難逐步地獲得解決，並且對婦女的解放，有了更好的社會基礎，有了更大的保證。今天還沒有參加社會工作的婦女，更需要充實自己的學識，準備參與工作。

（4）團結互助解決婦女本身的特殊問題。根據目前我們國家的情況，對於婦女的特殊問題，只能求得適當的解決；

> 主要的是要依靠婦女自己團結多數人的力量，在互助的
> 原則下大家共同設法解決。各地在婦聯會的推動下，用
> 婦女自己的力量辦了很多婦女識字班，幫助解決了勞動
> 婦女的學習問題；好些地方的農忙托兒所都是在農村婦
> 女的互助合作下開設起來的；中央人民廣播電臺的托兒
> 所，也是由全體女工作人員，利用宿舍自己設法創辦的。
> 天津醫務界的女醫師、女護士，到工廠去替女工檢查身
> 體和看病：這些團結互助的辦法和經驗應該普遍推廣，
> 動員與組織更多的力量，來克服各項困難。

　　社論認為目前所產生的女性問題是向社會主義過渡過程中需要逐漸解決的問題，現在女性工作和愛國主義工作之間的關係，與其說是從屬關係，毋寧是階段性的戰術性結合關係。強調女性問題必須由女性自己解決的條目說明，當時以蔡暢為首的中國女性運動家對女性問題的特殊性及其解決方法的自主原則的認識遠遠超出了後來持懷疑態度的研究者所思考的。這個問題需要通過更多的資料收集和分析來探討，不過，由此至少可以獲知的是，中國的社會主義女性解放運動與其說是被國家和社會運動所壓制，毋寧是與後者不斷妥協協商並主動將其納入自身發展階段的過程。這也說明那些關於中國女性解放運動一直是從屬於社會革命並未能獲得自主性的既有觀點需要重新予以考察。應該說這種認為女性運動未能獲得自主性的批判本身將女性預設為國家之外的抽象存在，未能看到兩者之間的歷史性關係。

愛國公約運動，被組織的自發性國民化

　　抗美援朝時期不論中國的農村與城市，還是單位與家庭，其牆壁

上全都貼滿了各種各樣的愛國公約，蔚為大觀。[12]若言愛國公約運動是抗美援朝運動的奇葩，實不為過。所謂愛國公約，即公開約定用行動來表達個人或基層單位的愛國心。作為人民群眾自己訂立的反帝愛國鬥爭綱領與計畫，愛國公約被認為是將個人實際生活與抗美援朝保家衛國運動結合起來的最佳形式，因此受到大力提倡。可以說使廣大女性從自己的日常生活中自然而然成長為國民的正是愛國公約運動。

據說，愛國公約本是群眾為表達自己的愛國心和行動而自發創意的[13]，但具體而言是由誰如何首先開始的，並無從獲知。從《新中國婦女》看，首先出現愛國公約一詞是在 1951 年 2 月號。根據一篇題為《上海、武漢、北京各界婦女的愛國公約》的文章可知，1950 年12 月 12 日上海婦聯採用了包括「動員青年婦女並鼓勵丈夫、兒女、兄弟、姐妹踴躍參加軍事幹部學校和各種支援志願軍的服務組織」，「不聽『美國之聲』，不聽謠言，追究謠言」，「不爭購，不囤積物資，配合合作總社搞好合作社工作」在內的 10 大『愛國行動綱領』。武漢市 4 萬餘名女性在 1951 年 1 月 14 日召開的抗美援朝保家衛國大會上，通過了包括「我們決心在生產戰線上，加緊生產」，「全市婦女進一步團結和組織起來，加強時事學習，提高政治覺悟，以求婦女的徹底解放」等 7 項內容在內的『決心書』。北京市女性也在 1 月 28 日的示威上通過了包括「努力生產，努力工作，努力學習」，「不信謠言，協助政府肅清匪特」，「愛祖國、愛人民、愛勞動、愛科學，愛護公共財物」，「尊敬軍屬，幫助軍屬」等 7 項內容的『愛國公約』。

從這些報導至少可以獲知，截止到 1951 年 1 月之前，愛國公約這個詞還並非一個統一的常用詞。實際上，在愛國公約運動正式開展之前，存在諸如愛國行動綱領、決心書、愛國生產計畫表、愛國生產

---

[12] 王永華，〈建國初期的愛國公約運動〉，《黨史博覽》2007 年第 4 期。

[13] 〈廣泛訂立並認真執行愛國公約〉，《人民日報》1951 年 6 月 2 日社論。

競賽挑戰書、夫婦契約書等此類表達愛國心和行動的多種多樣的約定形式。例如,曾經參與愛國主義生產競賽的一部分女工發出了類似「我雖然不能拿起槍桿上前方和敵人作戰,但我要在後方加緊生產,在工作中要把生產不良品的現象,像消滅美帝一樣地消滅掉」,「多出一隻鞋就等於多打死一個美國鬼子」,「多生產一件紗就等於多生產一顆殺敵的子彈」[14]這樣的公開挑戰書。甚至有某村女主任將自己的未婚夫送往志願軍,公開宣言道,「你在前方殺敵立功,我在後方生產當模範。不打垮美帝侵略不結婚」。還有一個女性也將自己的未婚夫送往軍隊,並約定說「你去打美國鬼子是光榮的,好好的幹吧,不要惦心家。我可以去侍奉老人,還要積極生產」。某婦女計畫,「幫助沒人手的軍屬做針線活計,挑水。」[15]

基於這些形式多樣的基層公開決心,政府首次公開提倡愛國公約運動是在 1951 年 2 月 2 日中共中央《關於進一步開展抗美援朝愛國運動的指示》中。[16]《指示》要求開展以慰問人民志願軍和朝鮮人民軍、爭取全面公正的對日和約,以及訂立愛國公約為中心的愛國運動。3 月 8 日,中華全國總工會下發了《關於進一步開展抗美援朝愛國教育,準備今年『五一』全國大示威的指示》一文。《五一指示》要求通過廣泛深入地開展抗美援朝愛國主義時事教育,參與愛國公約,及早準備『五一節』大規模示威,擴大勞動競賽運動。3 月 30 日人民日報發表題為《普及愛國公約運動》的社論,之後愛國公約運動開始逐漸被提倡,並在五一節示威準備過程中傳遍全國。

---

[14] 阿英,〈全國女工積極參加愛國主義生產競賽〉,《新中國婦女》1950 年 12 月號。

[15] 遼西省婦聯,〈母送子,妻送郎,抗美援朝保家鄉〉,《新中國婦女》1950 年 12 月號。

[16] 參考王永華,前文。

　　此時，各單位女性也紛紛開始訂立愛國公約。《新中國婦女》1951
年3月號介紹的各界女性愛國公約大致如下：

例1：《祿米倉被服總廠9班2組女工的愛國公約》

　　　1‧宣傳北京市婦女愛國公約，要帶動大家共同遵守執行

　　　2‧保證搞好生產，儘量節約，克服工作中一切困難，把愛
　　　　　國主義生產競賽提高進一步

　　　3‧加強防特、防匪、防火工作，反對美帝武裝日本

　　　4‧注意衛生，互相團結，帶動家裏姐妹上業餘學校……

例2：《北京市1區12派出所女代表『愛國公約執行貫徹委員會』
愛國公約》

　　　1. 做好防匪、防特、防火的工作

　　　2. 挨門挨戶動員婦女上夜校

　　　3. 徹底肅清一貫道的影響，把燒香上供的錢給孩子們買書
　　　　　本

　　　4. 堅決擁護婚姻法，自己好好學習，向群眾多多宣傳

　　　5. 繼續搞好群眾衛生，宣傳抗美援朝、反對美帝武裝日本，
　　　　　還要提高政治水平……

例3：《北京市婦女聯誼會南城第4組姐妹的愛國公約》

　　　1. 搞好家務

　　　2. 努力學習文化與政治。文化低的姐妹，保證參加成人夜
　　　　　校，每天學習兩小時，3個月內學會寫信。

　　　3. 每天看報，並組織閱報小組，推選三人，負責把每天報
　　　　　上的消息告訴每個姐妹

　　　4. 長期的防匪、防特，並組織聯絡網，遇到行蹤可疑人，
　　　　　立刻報告派出所

5. 努力生產，尊敬愛護軍屬……[17]

初期愛國公約的內容大部分都是政治性的，或擁護共產黨和人民解放軍，或表明支持抗美援朝活動以及政府的反革命鎮壓等政治運動，主要由個人與單位的具體業務或實踐計畫兩個部分組成。上述介紹的女性愛國公約的內容也主要在於擁護政府政策，例如提高生產力、施行婚姻法、預防間諜土匪火災空襲四防、打擊一貫道[18]、參加各種成人學校及學習小組以接受時事宣傳教育等。頗為有趣的是注入好好生活、留意鄰居是否來了陌生人，認真讀報等這類日常活動也在愛國的名義下受到管束。但是，正如例 3 所表明的，公約中提出具體的方法論的情況不多，大部分都是看上去理所當然的內容，而且還僅僅停留在抽象的口號上。

愛國公約進一步定型化，甚至波及到基層一些規模較小的單位，其實踐方案也開始具體化是在 1951 年 6 月 1 日抗美援朝總會發表《關於推行愛國公約，捐獻飛機大炮和優待烈屬軍屬的號召》（6.1 號召）之後。《6.1 號召》首先認為各界各層群眾參與的愛國公約是中國人民政治協商會議共同綱領的具體化，是各訂約單位的一種具體的愛國行動綱領，它要求全國人民充分活用這種形式，進一步促進生產、工作、學習以及其他各項革命鬥爭和建設事業。全國各界人民、工廠、企業、機關、學校、鄉村、農村都要按照自己的業務訂立具體的愛國公約，還建議在性質相近的訂約單位之間開展實現愛國公約競賽運動，並定於 1952 年 1 月檢查愛國運動競爭結果，評判優劣，獎勵模範事例，由此促進大家圓滿實現各自的公約，同時開展節約增產、捐獻武器、

---

[17] 黃葉，〈首都婦女把愛國公約精神貫徹到日常行動中〉，《新中國婦女》1951 年 3 月號。

[18] 當時民間廣為流傳的一種宗教。中共當局認為一貫道是國民黨和美帝的間諜，是各種流言蜚語的溫床，並於 1950 年 12 月下發了戒令。

優待烈屬軍屬的活動。

　　為號召此指示，《人民日報》於第二天馬上發表了題為《廣泛訂立並忠實執行愛國公約》的社論，指示了四種愛國公約的訂立要領和施行方法。第一，社論指示訂立公約的單位不宜太大，最好以一個生產線、一個家庭、一個村子這樣的小單位為准，如此以來內容容易訂立得具體也便於執行，並能起到互相監督和檢查的作用。

　　第二，公約的內容必須現實、具體、簡單。譬如以抗美援朝、反革命鎮壓、納稅等與國家建設工作相關的政治性內容，或是與完成期限內生產計畫，節約原材料等自己正在執行的生產及業務相關，與學習文化技術，反對迷信等相關的內容，總之要根據各自的情況具體而微地訂立，不能千篇一律。當然，社論也指出公約不宜過分詳細，條目太多。譬如某些地區的公約訂立了 8 大條目 55 個細則，這種情況很容易出現沒用的內容，而且很難全部記住，反而難以用於實踐。 根據社論，如下述某農村的農會公約堪稱典範， 因為，這個公約不僅完全有可能實現，而且條目不多，便於農民記憶。

　　1）組織男女變工，保證鋤麥兩次，還要幫助烈、軍、工屬，
　　　　幫助沒有人手或人手少的家戶
　　2）回應政府取締一貫道的決定，保證村裏不窩藏壞人
　　3）保證每戶植樹 5 棵，同時還要完成澧惠涷支渠的植樹任務
　　4）1951 年公糧按時繳送，保證麥顆乾淨，按時入倉[19]

　　第三，社論強調在訂立愛國公約之前一定要充分學習，並進行民主討論。幹部和家長硬性強制或自己訂立好了不得已跟著學的行為絕不是個人自發性的參與。實際上，愛國公約雖已普及，但一旦變質為

---

[19] 〈廣泛訂立並認真執行愛國公約〉，《怎樣訂立和執行愛國公約》， 漢口：中南人民出版社，1951 年，第 4 頁。

自上而下推行的運動，就很容易停留在空虛的口號上，甚至有幹部或家長代為訂立公約，據說這種現象頻繁發生。例子之一即根據當時無錫縣的調查發現，無錫縣藕塘區揚西鄉第 6 村，除了 9 戶家庭，其餘 121 戶家庭都訂立了愛國公約，其中幹部代為訂立的有 61 戶，經過家庭討論會而訂立公約的家庭有 30 戶，家長一人包辦訂立的有 30 戶。[20]

　　最後社論主張應該訂立一個檢查並評價公約履行實際情況的制度，以使公約能夠不斷得到修正並重新進行訂立。也就是說，因為愛國公約並不是官僚主義的法律條文，而是群眾自行訂立的行動綱領，很容易發生狀況，所以有必要經常檢查其進展情況。如果檢查結果發現公約沒有被認真執行，那麼就追查其原因並進行適當的修訂，公約中如果有已經達成目標的條目，則可以添加新的內容，如果因客觀情況發生變化，公約不合適，那麼就經過民主討論進行修改。基於此，社論建議最好每半年重新訂立一次公約，在此期間即使出現必須完成的新目標也無妨，因為愛國公約恰好可以在每次的修改中獲得新鮮的生命力。

　　如此以來，根據具體提出的方針，全國工廠、農村、機關、學校、街道以及青年團、公會、婦聯、學聯、人民救濟會、紅十字會、宗教協會等社會團體都開始根據自己的實際情況訂立具體的措施。由此，愛國公約運動也開始擴散到全國所有小規模的單位，公約中節約增產、捐獻武器、優待軍人和軍人家屬的內容占大多數。例如 6 月 14 日北京各界女性代表 1300 人召開集會，決議促進募捐購買『北京婦女號』飛機，並為此訂立了新的公約，例如女工在保證生產量和品質的前提下，節約原材料，將生產品的 10% 捐獻給買飛機，工作之外每

---

[20]　參考王永華，前文。

個月再義務上一天班，將當日的收入捐獻給買飛機。[21]其結果是 1951
年 6 月到 1952 年 5 月末，全國共募捐了相當於能夠購買 3710 台戰鬥
機的巨大金額。[22]

　　在愛國公約運動擴散到基層這個過程中，各種媒體不斷介紹那些
在愛國公約訂立後個人和所屬團體發生巨大變化的成功事例。《新中
國婦女》中就記載了諸如鄉村共同愛國公約訂立後，鄰居更加和睦胡
同更加乾淨，有的家庭成績不好頑皮的孩子在民主家庭愛國公約訂立
後行動也端正了成績也提高了，還有的工廠，以生產小組為單位訂立
了愛國公約後，原來經常倒數的女工也超過了目標生產量等此類事
蹟。也就是說，「愛國公約將個人的愛國活動、生產、工作、學習與
國家的全體性政治鬥爭結合起來」，是「將抗美援朝轉換為實際力量
並在行動中加以貫徹的」方法。在敦促個人或集團於各自的職分內自
願參加抗美援朝愛國主義運動方面，沒有一種像愛國公約一樣如此有
效的形式。中國當局正是抓住這一點，把管束眾多個人及基層單位的
行為定型為『愛國公約』，並將此擴大為全國性的愛國主義運動。

詢喚的集體敘事與日常的再編

　　在抗美援朝保家衛國這一政府戰略方針的宣傳下，不僅報紙、收
音機等主要媒體，就漫畫、快板、標語、黑板報、連環畫、照片等凡
是可能的藝術形式都被動員起來。政府在所有黨支部安排了宣傳員，
在黨的各級領導機關安排了報告員，以協助報紙媒體，進一步快速實
施時事宣傳教育。如果說這種宣傳活動是單方面的傳達，那麼各種會

---

[21] 劉寧元，〈20 世紀 50 年代北京婦女界的和平運動〉，《北京黨史》2006 年第 2
　　期。

[22] 〈全國各省武器捐款統計表〉，中國人民抗美援朝總會宣傳部 編，《偉大的抗
　　美援朝運動》，北京：人民出版社，1954 年，第 211 頁。

議和集會則是雙方面的，比報紙媒體更能起到巨大的作用。一般說來各種會議通過靈活利用既有的組織系統來進行，而集會則主要由街頭遊行和揭發大會組成。[23]正如蔡暢的上述指摘，尤其對那些毫不關心時事、沒有固定組織、散居各處的女性而言，這種宣傳教育活動本身更能夠成為提高主體意識、鞏固廣泛組織基礎的工作。

　　例如 1951 年 1 月 28 日，由北京婦聯主辦的抗美援朝、反日本再武裝的集會上，抱著孩子的婦女、白髮蒼蒼的老人、比丘尼、修女等 4 萬餘名女性參加，頗為壯觀。其中一半以上是家庭主婦，一萬餘名是出生後第一次參加大眾集會。[24]三八婦女節時，全國各地 1060 餘萬名女性參加了示威，其中 60～80% 是沒有組織的婦女和家庭主婦。[25]對這些家庭主婦而言，如此眾多的女性彙聚一起本身就令她們感到新奇和感動，個人在以自己的經歷為基礎揭發日本的罪行時因為受到強烈的集團情緒的感染，不能不擴大了宣傳效果。[26]不僅如此，1.28 集會和 3.8 節集會的大舉成功，對婦女幹部而言也是極其受到鼓舞的事件。一個女幹部在 3.8 節示威成功後，發出「改變了輕視婦女工作、忽視婦女力量的錯誤看法」[27]的評價。

　　如上所見，倘若大規模街頭示威或控訴大會將匿名的他人與自身結合為一個巨大的共同體，由此將自身想像為國民，職場或地區為單位的小規模會議、集會等則通過在具體的共同體之內確認女性個人形象而發揮其主體性。例如，總工會和全國婦聯就認識到對職工家屬進

---

[23] 參照侯松濤，前文。

[24] 胡捷，〈首都婦女進行遊行示威反對美帝武裝日本〉，《新中國婦女》1951 年 2 月號。

[25] 大德，〈三八宣傳工作中的幾點經驗〉，《新中國婦女》1951 年 5 月號。

[26] 胡捷，〈首都婦女進行遊行示威反對美帝武裝日本〉，《新中國婦女》1951 年 2 月號。

[27] 大德，〈三八宣傳工作中的幾點經驗〉，《新中國婦女》1951 年 5 月號。

行宣傳教育的重要性，作為工作的一環，她們主張組織職工家屬大會，以充分發揮女性的能量。為了成功召開職工家屬大會，工作組在事前對家屬的思想、生活、夫妻關係、困難事項以及積極分子和落後人物等一一進行調查，調整了聯歡會的發言內容。考慮到因沒有公職或對公職不熟悉的職工家屬容易過低評價自己，因一些瑣碎的小事而受感動，所以特地向她們發了正式的邀請函，並讓工廠長和工會主席親自到場迎接她們，為讓會議集中進行還為孩子準備了一些設施，為離家遠的人準備了飯盒，總之為了讓家屬保持作為主體的自尊心，工作組進行了細緻的考慮與準備。大會內容也不光是生硬的發言，工作組準備了各種娛樂和文藝節目，以激發興趣，提高宣傳效果。如上所見，利用各種媒體進行宣傳教育，並通過大大小小的會議與集會以擴大情緒感染在推動抗美援朝運動方面起到了重要的作用。

　　愛國公約運動不僅包含了抗美援朝運動所動員的形式多樣的宣傳教育方式，從其效果來看，愛國公約運動在保障實際行動方面起到了決定性作用。總而言之，可以說公約運動是愛國主義運動的禮物套餐。下述某農村的愛國公約即很好地說明了這一點。

　　　（為了訂立愛國公約），一方面發動男黨、團員和幹部給自己
　　的女人宣傳；另一方面，在婦女互助組和婦女民校內進行宣傳
　　教育，並從中發現不少積極分子。然後依靠三十多個女黨、團
　　員和積極分子，向廣大婦女群眾展開宣傳。經過初步的宣傳教
　　育，全村十五歲以上的一百一十個婦女，自動到中心地區受了
　　一天的訓練，緊接著回村召開了小型座談會，聯繫本村情況進
　　行討論。經過個別教育、中心地區集訓、小型座談會後，絕大
　　部分婦女對抗美援朝、反對美帝武裝日本、鎮壓反革命等問
　　題，有了明確的認識。全村70%以上的婦女投票反對美帝武裝
　　日本，並在用戶締結和平公約宣言上簽了名。在投票和簽名的
　　時候，不法地主的老婆沒有舉手贊成，這樣更使全村婦女認識

了美帝、蔣閻匪幫和這些反革命壞蛋是一個鼻孔出氣的，並紛紛揭露她的罪惡行為。由於採用了回憶、訴苦、對比的教育方式，婦女群眾的覺悟程度迅速提高，對國家大事普遍的的關心了。如一位婆婆，以前盼他的兒子早日回來，現在她說：「我要趕快寫信給孩子，不把美國鬼子打敗，不要回來」。座談會結束回來的路上還互相考問，詢問時事。絕大部分青年婦女都學會唱「全世界人民團結緊」，「中國人民志願軍戰歌」等歌曲。5.1 大示威臨近了，婦女們為了參加示威從幾天前就為洗衣服做新鞋子而奔忙。一位婦女說「這是勞動人民的翻身日子，叫咱們的衣裳也翻翻身」。婦女互助組開展了愛國主義生產競賽運動，5.1 大示威前 20 多天期間，婦女們為村子修路，並和男人展開競賽。而且她們還訂立了「每二人養豬一口，養雞二十只」，「發動全村百分之九十的婦女參加夏鋤、夏收和秋收」等愛國公約。（引用者概括）[28]

描述了班長村女性訂立愛國公約整個過程的這篇文章，生動表現了一個在抗美援朝愛國主義運動中的平凡農村女性成長為新的社會主義國民主體的過程。由此可知村婦已自覺認識到抗美援朝愛國運動是『革新』自己的契機，並因此而受到相當大的鼓舞。如上所見，抗美援朝運動給女性帶來了認識時事和能力的提高、自信心和主人公意識的高漲、經驗的積累、女性組織的建設和擴大等豐盛的禮物。正如《新中國婦女》的文章所呼籲的，「姊妹們！愛國公約是我們自己教育自己的好辦法，每一條公約醞釀到執行就是一個很好的思想教育過程。參加到這個運動中去，使自己在運動中不斷提高，並使愛國運動在婦

---

[28] 劉祖武，〈在抗美援朝運動中的方山班莊婦女〉，《新中國婦女》1951 年 6 月號。

女中鞏固向前發展。」[29]這呼籲讓人感覺到這不單單是為了宣傳政府政策的形式上的方針策略。

　　無論如何，愛國公約運動所帶來的最大變化還在於它賦予了日常生活新的意義。因為日常是回應國家號召的個人『工作現場』，日常的內容根據迎合國家需要的程度來判斷其價值。國家這個存在給無聊的無意義的枯燥的日常賦予新的意義，這相當於日常的主體升格為國家的主體。所以，新的國民主體「訂了愛國公約後，每逢做一件事，就想到合不合愛國公約，就想到國家和毛主席」，「一聽到國家號召，就想到應付的責任」[30]。正如前文所述，愛國公約運動是將政治認識和愛國情感與個人日常生活具體連接起來，並不斷反思其行動的產物。

　　當然，上述日常的意義變化不僅賦予給女性，也賦予給所有的個人，但是對女性而言，可謂具有特殊意義。因為對不參加社會活動的大多數女性而言，日常的私有領域佔據其生活的大部。過去女性日復一日的再生產勞動及其周邊日常生活經常被認為是無意義的瑣碎的，甚至幾乎是可以被視而不見的存在。女性的日常生活和公共領域無關，反而作為妨礙獻身於愛國運動的男性的自私寄生性的存在而很容易受到貶斥。然而，抗美援朝運動卻將女性這種日常時空重新整編為新的公共領域，並賦予其意義和價值。受其恩澤，如今的女性即使不冒生命危險去戰場或參與特別的愛國運動與社會活動，也能作為愛國者而受到優待。

　　例如，在過去，李家女兒出嫁啦，張家兒媳婦進門嫁妝很好啦，樸家失蹤的兒子回來啦，等等，農村婦女你一言我一語的日常對話不

[29] 楊欣，〈怎樣訂立和執行愛國公約〉，《新中國婦女》1951 年 6 月號。

[30] 華木 編著，《澎湃新愛國熱潮》，上海：群眾聯合出版社，1951 年 9 月，頁50。

過是無意義的甚至沒有絲毫用處的閒言碎語。但是，當「協助政府的反革命鎮壓，一定要上報戶口，不隱藏可疑人物」這樣的公約訂立以後，她們的日常談話就會升格為反革命鎮壓這樣非常有意義的政治活動。不僅如此，曾經殷實的生活如今變成為購買武器而努力的增產活動，清掃變成健康的文明國家的建設活動，過去節約開支為子女教育或嫁妝而儲存的錢，現在「要每月買一張愛國國庫券」，過去曾經喜歡的煙也立刻戒掉，並決心「要用戒煙節省下來的錢買紙筆加強學習開展宣傳工作」。諸如此類，戒掉愛用品，去市場節約消費，為丈夫早晨上班不遲到而早起做飯，業餘時間做副業，養雞，參加秋收，學會識字能讀報寫信等等這類事情也被冠以「愛國」的名義受到鼓勵。

　　曾經對時事毫無關心的女性，如今開始具體想像在平凡的日常中作為公共人物-國民的自我形象與作用。訂立愛國公約，即是自己計畫具體內容並編寫實踐劇本。她們根據自己寫的劇本出演角色，從觀眾那裏得到評價，然後進行修改並反復演出，由此成長為熟練的國民。愛國公約無可置辯地是將每一個女性詢喚為國家這個巨大舞臺上的主人公，並為使女性自己熟練掌握自己的角色而訂立的絕妙的形式。雖然清末以後女性被詢喚為『國民』的努力一直在持續，但通過考察抗美援朝運動的規模可知，大多數女性參與其中並成為名副其實的國民的過程正是通過抗美援朝運動，如此言之應不為過。[31]

遺留問題

　　至此，通過抗美援朝愛國主義運動，本文考察了女性如何在這一過程中被詢喚為國民，以及女性為了自身利益如何佔有國家，並將自身詢喚為國民。這項工作是在『竹幕（Bamboo Curtain）』之中逐漸發

---

[31] 據非正式的統計，和平署名運動中，北京市女性的 90%都參加了，愛國公約運動中全國農村人口的 70%都參與其中。參照劉寧元前文。

掘作為『黑色大陸』存在的女性生活的一個頗為有趣的過程。但是，因為諸多局限，此文僅僅停留在粗略整理抗美援朝愛國主義運動全貌的階段。正如序言所提出的，抗美援朝時期中國女性解放運動的根幹是愛國主義，這一事實揭示了什麼，從女性主義的視角出發應該如何加以分析，這仍是一個有待考察的課題。

事實上，本文雖未涉及但不少例子已經展示了抗美援朝運動中女性運動家必須直視的困境。例如，曾經主張『你的家庭不要參與殺害別的國家別人家庭的事』的國際主義和平運動，在參加韓國戰爭後突然變成禮讚『將丈夫和兒子送往戰場的英雄女性』，當她們煽動參與戰爭的時候，難道從未懷疑過嗎？曾經作為婦女代表而活躍參與其中的一位年輕女性因此在村長和農村幹部的許諾下受到村民的群毆，當她變成冰冷的屍體的時候，她們的憤怒是朝向誰？『婦女工作』幹部經常為了中心工作而被調動的時候，她們將『婦女工作』和『中心工作』之間均衡點放在哪里？當認真參與社會生產和愛國活動的女性指責那些認為不做家庭勞動也可以的一部分女性的想法是錯誤的時候，她們是否已經陷入雙重勞動的負擔這個陷阱內？愛國運動過程中出現的女性的困難——月經、弱體力、家庭的反對與不和、小心翼翼、養育等——被看作『特殊問題』的時候，她們自己是否承認男性是『普遍』？這是戰術的選擇還是理論的缺失？等等。

另外，與女性運動家不同的普通女性被詢喚為國民的過程中實際經歷了哪些變化，她們隱秘的感受如何，女性的另外一種聲音如何得以顯露等，對此類問題的研究也應持續進行。為此需要發掘更為多樣的文本，也有必要留意官方資料的縫隙。例如需要注意愛國公約運動本身內涵的悖論。本文中筆者考察了愛國公約運動提倡者是如何強調人民的自發性和實踐可能性，並縝密細緻地加以指導的，得益於此，引發了許多女性的自發性參與，但是這在事實上是國家不斷強調並教育的結果，由此而論，有必要對這種自發性進行重新審視。

　　而且，愛國公約運動提倡者如此強調與日常實際的結合，強調人民的民主自發參與，從另一方面來講，這恰好暴露了對與自身具體利益不相關的個人，尤其是女性而言，愛國依然不過是抽象的理念，或是空虛的口號，甚至是敵對的東西。頗為有趣的一個例子是，《新中國婦女》刊登的一則報導，報導說曾經懷疑愛國生產競賽是否只是讓工人多做事情的騙術而心懷不滿的一位女工，後來比誰都積極參與競賽。通過這則報導，我們可以推測這位女工的不滿事實上可能在女工中間頗為普遍。吊詭的是運動的成功事例為了強調如何成功經常流露出失敗的樣子。在如此『被言說的』和『沒有被言說的』之間，如何最大程度地立體展現女性經驗依然是一個頗為不易的課題。

參考文獻

《新中國婦女》1949 年-1953 年。

華木 編著，《澎湃新愛國熱潮》，上海：群眾聯合出版社，1951 年。

中南人民出版社 編，《怎樣訂立和執行愛國公約》，漢口：中南人民出版社，1951 年。

中國人民抗美援朝總會宣傳部 編，《偉大的抗美援朝運動》，北京：人民出版社，1954 年。

中共北京市黨史研究室 編，《北京市抗美援朝運動資料彙編》，北京：知識出版社，1993 年。

陳忠龍 主編，《幾年抗美援朝戰爭勝利 50 周年論文集》，濟南：黃河出版社，2003 年。

胡傳榮，《國際進步婦女運動與冷戰初期的國際關係-40 年代中期至 60 年代的國際民主婦女聯合會和世界保衛和平運動》，《國際觀察》，2000 年第 4 期。

侯松濤，《抗美援朝運動與民眾社會心態研究》，《中共黨史研究》，2005 年第 2 期。

王永華，《建國初期的愛國公約運動》，《黨史博覽》，2007 年第 4 期。

劉寧元，《20 世紀 50 年代北京婦女界的和平運動》，《北京黨史》，2006 年第 2 期。

朴斗福 編著，《韓國戰爭與中國》，首爾：白山書堂，2001 年。（박두복 편저，《한국전쟁과 중국》，서울：백산서당，2001 년）

上野千鶴子 著，李善怡 譯，《女性主義與性別》，首爾：朴鐘澈出版社，1999 年。（우에노 치즈코 지음，이선이 옮김，《내셔널리즘과 젠더》，서울：박종철출판사 1999 년）

任佑卿，《中國反傳統主義民族敘事與性別》，韓國：延世大學博士學位論文，2004 年。（임우경，《중국의 반전통주의 민족서사와

젠더》，한국 연세대학교박사학위논문，2004 년）

The Patriotism Pledge Movement and Women Becoming Citizens in China during the Korean War

Im, WooKyung

Institute for East Asian Studies at SungKongHoe University, Korea

Abstract

During the period of the Korean War (1950-53), China launched a large-scale operation aimed "to resist U.S. aggression and aid Korea", which was the so-called 'KangMeiYuanChao (抗美援朝)' Movement. Interestingly, the movement that initially originated from China's moral obligation for internationalism became successful through the stirring up of Chinese patriotism. Consequently, the movement was a major contributing factor in the success of the project of nationalization immediately after the establishment of the People's Republic of China. If we understand women's liberation movement in the modern era as aiming at making women as citizens equal to men, Chinese women's liberation movement succeeded, to some degree, through the 'KangMeiYuanChao' Movement, and its sense of patriotism contributed greatly to its success. Focusing on *XinZhongguo Funü (新中國婦女 –New Chinese Women)*, my study examines, first, women's patriotic movement during the period of the 'KangMeiYuanChao' Movement and, secondly, the progress of the Patriotism Pledge Movement as a concrete process leading to the recognition of women as citizens. By shedding light on the ways in which Chinese women, in order to secure their profits, identified themselves with the nation, negotiated with it, and made full use of what it could provide, I point out the need to rethink the existing criticism of Chinese women's liberation movement for not being run on women's own initiative.

Keywords: The Korean War, KangMeiYuanChao(抗美援朝), The Patriotism Pledge Movement, Nationalization, Women

韓國的民族主義與最近的歷史論爭

李　先　玉

韓國忠北大學中語中文學系

摘　要

這篇文章在「民族是現代的產物」的觀念下介紹韓國民族主義的形成和冷戰結束以後韓國思想界的情況。韓國人民族意識的形成是跟韓國人發覺日本的侵略性有密切關係，韓國人隨著乙巳條約、韓日併合創造起韓國民族主義敘事法。在南北分裂體制下，民族主義又是南、北韓政權和南韓進步勢力都用以獲得社會共感的強力的思想資源。可是，九十年代，學術界出現所謂「殖民地現代化論」，他們主張韓國被日本殖民統治才能進入現代社會，他們也批判韓國學術界對日據時期長期堅持的「資本主義萌芽論」、「殖民地剝削論」等評價。這就引起一場殖民地性質論爭，這以後發展到對現代性的再檢討。同時，1997年民主政府執政後，他們展開一系列過去史整理工作，這始終引起社會各界對歷史的各種論爭。在這種情況下，在市民社會中也登場一些新右翼（new right）團體，這些團體是以殖民地現代化論為理論基礎的。這種冷戰結束以後在韓國展開的歷史論爭要我們認識到民族的虛擬性並同時尊重民族背後存在的人民的生存狀況與欲望。

關鍵字： 後冷戰，韓國民族主義，殖民地現代化論，過去史整理，新右翼，脫民族主義

　　霍布斯鮑姆在《1987 年以來民族與民族主義》闡明我們所常用的「民族」的名不副實的現象和民族意識只不過是現代的產物。可是現在的地球人一個也不例外地得選擇自身的民族,因民族發生的糾紛也連續不斷,這是我們正在目睹的難以否認的事實。民族是第一、二次世界大戰結束以後國際秩序成立時所發揮的重要原則。冷戰結束又引導國際秩序的重建,第二戰後所形成的國際秩序動搖並形成了和形成著新秩序。德國統一、舊蘇聯解體而出現包括俄羅斯在內的 12 個民族國家,歐盟也登臺、南斯拉夫內戰爆發等各種民族糾紛也發生。在亞洲,東亞論被引起關注,這也是冷戰結束後的事。在這種情況下,對民族和民族主義的關心是理所當然的。這篇文章是對作為冷戰以後國際秩序重建的主要原則的民族的疑問出發,介紹韓國的民族主義和冷戰後韓國思想界的情況。

　　冷戰結束後,韓國經歷了 IMF 的苦難、進入新自由主義秩序、民主政權登場和南北高峰會談等,可是還沒做好充分的思想準備的帶有 80 年代式的社會主義傾向的韓國思想界,面對著這種狀況,卻引進各種後主義來解釋和應付它。第一節將闡明韓國的民族主義在怎樣的過程中形成及其內容是什麼。第二節介紹 90 年代經濟學界和韓國歷史學界之間展開的對殖民地社會性質的論爭並闡明此論爭和民族主義的關係。第三節是介紹民主政權登場後圍繞著歷史所發生的論爭與新右翼的登場,也闡明新右翼勢力主張的脫民族主義的含義。以上的介紹與說明將提起在冷戰後出現的國際秩序重建的情況下應積極應付新局面的重要性。

一、韓國民族主義的起源與形成

　　韓國和現代社會的接觸是跟日本締結的江華島條約以後的事。條約締結以後,韓國實施了開放釜山、仁川、元山的港口、部署新式軍隊、派遣外國視察團的開化政策。但是,這時期,在韓國被普遍接納

的思想不是民族主義而是「汎亞洲主義」。像金玉均等甲申政變的主導者、寫對啟蒙思想的影響較大的《西遊見聞》的作者俞吉濬、獨立協會的領導尹致昊等文明開化論者為了應付西方帝國主義的侵略提倡以日本明治維新為模範為亞洲地區的聯合與合作努力。可是以後他們大部分變成帝國主義侵略的積極的或消極的參與者。

在韓國出現民族主義是乙巳條約（1905）以後的事。日本根據乙巳條約設立統監部和剝脫韓國的外交的權力，這使韓國的知識份子認識到日本的帝國主義性，也開始認同自己的民族。代表例子是《皇城新聞》主編張志淵寫的 《是日也放聲大哭》。提倡汎亞洲主義的張志淵在這篇文章中沉痛地說：「從檀君和箕子傳承下來的四千年的民族靈魂在一夕之間變得零碎。」這篇文章中表現的「從檀君和箕子傳承下來的四千年的民族」這種民族敘事法是由申采浩所創造的。申采浩寫了《朝鮮上古史》、《朝鮮上古文化史》、《朝鮮史研究草》等的著作，著作裏否定將韓國史說明成隸屬于中國的王朝史的慣用說法而創造從檀君朝鮮傳承下來的韓國民族史，這就是到現在韓國人認為的韓國史的基本內容。還有，這時期，周時經呼籲用韓國字體（한글 Hangeul）作為民族語來展開國語運動，也流行像《乙支文德傳》、《崔英傳》、《李舜臣傳》等抵抗外來侵略捍衛國家的英雄傳記的出版熱潮。這時期是韓國民族主義敘事法創造的開始。

韓國被日本合併是對形成韓國人的民族主義起到決定性作用的。喪失國權而淪陷到殖民地的歷史經驗讓韓國人抹殺韓國人之間的差別性而強烈地認同到自己的民族，這擴大到人民大眾。不管性別、貧富、階級、宗教，整整兩個月在全國連續不斷地展開舉起太極旗喊大韓獨立萬歲的３·１示威運動，這是標誌著民族意識擴大到人民大眾，人民大眾也認同民族的運動。

殖民時期的民族主義有兩個形態，一個是以樹立有獨立性的主權國家為目標的政治民族主義，另一個是通過學問尋找和恢復「民族魂」

的文化民族主義。堅持前者的民族主義者主要是在海外活動的獨立運動家。有的在滿洲、中國展開武裝鬥爭，有的在美國展開外交活動。文化民族主義主要是以國內知識份子為主展開的。因為受殖民政權的直接支配，他們對殖民統治體制的態度不免有矛盾。對他們來說，日本是文明開化的榜樣和自身生存下來的體制的統治者，可他們同時也是侵略民族的帝國主義者，是抵抗的物件。拋棄政治運動進入殖民統治生活的國內知識份子只好以精神上的運動方式尋找民族的靈魂。於是，他們展開「朝鮮學」運動，譬如，趙潤濟、李秉岐的國文學、崔鉉培、李熙乘的國語學、崔南善的國史學等。他們的朝鮮學是針對日本學者們把朝鮮當作日本的一個地方來研究的朝鮮學而啟動的。可是日本全面展開侵略大陸的軍國主義，像實行創氏改名、禁止韓國字體使用、皇國臣民化政策等以後，文化民族主義者們的活動被禁止，甚至於其中的一部分同參日本的政策而丟棄民族主義。韓國人的民族意識認同是經由日本的殖民經驗所形成的，民族主義是由殖民地獨立的政治目標和國語學、韓國史、國文學、民俗學等的國學所構成的。獨立運動和國學賦予韓國人跟他們不同的「我們」的具體意識，這就成為民族主義的核心內容。解放後所成立的國家為煽動大眾而繼續利用這個民族主義。

因世界大戰而獲得解放的韓國才得到建立以民族為主體的主權國家的機會。可以美蘇為中心的冷戰秩序固定的情況下，在韓半島的南與北分別形成兩個國家，韓國戰爭將其固定成分裂體制。南北政權各自利用民族主義達到社會團結的目的。南韓的朴正熙政權以民族文化與傳統文化的保存為名義來加以強調祖國現代化政策，而北韓利用以抗日民族鬥爭為起源的主體思想來建立極權主義的北韓社會。民族主義並不局限於當權勢力的意識形態中。在南韓，民族主義同時是進步運動的思想資源。民族主義是 6‧3 反對韓日協定示威運動、統一運動、80 年代中後期登場的反美運動的思想資源。

以被日本殖民統治的經驗為基礎的韓國的民族主義是解放後南與北政權和進步運動的強有力的思想資源，他們還將其他內容結合於民族主義。反共主義與開發主義，反帝國主義、民主與統一分別結合成民族主義為得到大眾的支援而展開競爭。可是它們以民族主義為基礎的觀點都是一致的。

二、關於殖民地社會性質的論爭：剝削論與現代化論

以被日本殖民統治為基礎所形成的民族認同與民族主義，解放後在韓國歷史學界繼承為「民族史學」。解放後韓國的知識份子承擔的課題是清算殖民時期所形成的自我認同，並為了讓韓國人獲得民族的驕傲，恢復「民族精氣」。為此，他們以清算日本學者樹立的韓國史觀（「殖民史觀」）為主力。日本學者完成的殖民史觀的核心內容是「他律性論」與「停滯性論」。他律性論將韓國史說明成屬於大陸的東北亞史（半島的性質），說明韓國史只不過是東亞國家問題的反映，停滯性論說明合邦以前的韓國社會相當於日本的古代末期，尚未達到封建社會，所以韓國是停滯性的社會。這兩個理論是日本將韓國缺乏自體發展能力而應受日本的保護與統治為合理化的理由。

民族史學為了擺脫殖民史觀著重於證明韓國民族主體的力量決定韓國史的方向。因此，民族史學說，日本侵略以前的朝鮮後期的韓國已冒出資本主義的新芽（「資本主義萌芽論」），這種主體發展因日本的殖民統治遭到挫折（「殖民地剝削論」），這是代替殖民史學的「他律性論」的所謂「內在發展論」的邏輯[1]。

韓國史研究還以發掘與整理抵抗日本的剝削與侵略的運動資料為主要內容。因韓國社會的強大的反共體制而開始研究抵抗運動史時

---

[1] 金容燮，《韓國近現代農業史研究》，一潮閣，1992；朴玄采，《民族經濟論的基礎理論》，石枕頭，1989。

以 3‧1 運動、大韓民國臨時政府、文化運動、滿洲的獨立軍等右翼民族主義運動的研究為主，以後其範圍逐漸擴大到東學、勞動運動、農民運動、社會主義運動、金日成的抗日鬥爭的研究。因韓國的產業化引起勞動人口的增加以至民眾話語的登場，隨著社會運動的全面化，民眾話語就成為 1980 年代的思想主流，其結果民族史學轉變成民眾史學[2]。可是民眾史學還在民族史學的連續線上，因為它也著重於證明日本殖民統治的剝削狀況和發掘與整理抵抗運動資料。

總之，韓國的歷史學雖然內容與寬度是擴大，可它還始終以民族主義為基礎的基本傾向一直持續到 80 年代。韓國有自體發展的可能性，但遭到日本殖民統治的挫折，所以對韓國人來說，日本的支配是絕對罪惡的想法得到道德上、倫理上的贊同，是無庸置疑的。

可是，90 年代，韓國歷史學界的這樣想法受到挑戰。圍繞著殖民地社會性質，經濟史學界提起「殖民地現代化論」來批判歷史學界的「內在發展論」。這就引起殖民地剝削論與現代化論的論爭。殖民地現代化論的內容是：（1）透過具體材料與證明反駁說內在發展論的資本主義萌芽論不是「事實」，（2）關於日帝的土地調查工作，韓國歷史學界的慣用說法強調此工作的剝削性，可殖民地現代論認為土地調查工作確立現代地主制度以至土地投資的普及，這成為工業化的條件，（3）日帝實行的工業化雖然是無法形成國民經濟的殖民地性的形態，但在此過程中，殖民地內部市場之擴大，朝鮮企業家之成長，成為解放後經濟成長的條件，（4）殖民時期，廣泛的小農社會與資本主義並存，這被解放後建立的國家再組合並成為經濟成長的基礎[3]。

---

[2] 主導民眾史學的人是「第三世代」學者，他們經歷了朴正熙當權的緊急措施時期與 80 年代民主化運動時期。他們受新馬克思主義、從屬理論、第 3 世界論的影響，大部分具有進步傾向，他們組織研究者團體來進入學術界，採取編輯發行學術雜誌、出版共同著述等的集體研究方式。

[3] 李榮薰，《韓國史上向現代的轉型與特性》，《經濟史學》21 號，1996。

殖民地現代化論是 1987 年成立的「落星岱經濟研究所」研究的結果，這是接受為試圖說明 80 年代韓國等東亞國家的經濟發展而登場的各種理論而創造的。那是中進資本主義論、東亞論、發展國家論。中進資本主義論是以與世界資本主義的合作來說明東亞經濟發展理由的理論，它與以往的帝國主義論與從屬理論不同。而東亞論是以東亞社會內部的特性來說明東亞經濟發展理由的理論，它說明東亞特有的小農社會雖然無法自生資本主義，可具有接受與發展資本主義的條件。而發展國家論是以國家主導的成長戰略來說明東亞經濟發展理由的理論，它說明強大的國家權力實行的制度與政策引導經濟成長[4]。殖民地現代化論引進這種理論來解釋殖民地社會性質與韓國經濟成長的根據。殖民地現代化論說，韓國從與日本本土聯繫的殖民地經濟中獲得利益；殖民時期廣泛存在的小農社會成為解放後經濟成長的根據；殖民勢力實行的制度改革（土地調查工作）與開發政策（產米增產政策）建立現代制度，以上所提的是他們主張殖民時期的韓國現代化的理由。還有，關於韓國經濟成長的理由，他們說明是因為 1960、70 年代的韓國經濟是因開放體制而獲得後發性利益；韓國的小農社會轉換成資本主義；有為經濟發展推行制度改革與經濟開發政策而存在的政府[5]。

殖民地現代化論的這種解釋是與韓國史學界一直被採用的殖民地說法完全相反。對此，韓國歷史學界大體上提起兩大反論，一是接受殖民地現代化論提起的一部分想法要求歷史學界的反省，而基本上堅持批判色彩的立場，二是堅守以往殖民地剝削論並管殖民地現代化論為「新殖民史觀」、「殖民地美化論」、「帝國主義擁護論」來全面地

---

[4]　鄭然泰，《對「殖民地現代化論」論爭的批評與新現代化論的探索》，《創作與批評》，1999 春。

[5]　安秉直，《韓國近現代史研究的新範式》，《創作與批評》，1997 冬。

批判。對此，殖民地現代化論者說歷史「不是神話而是事實」來加以回應。他們說：「在經濟成長的觀點上考察日帝時代的殖民地史的確是毀損民族精氣的事，可是韓國近現代史要是不從意識形態中擺脫出來，很顯然的，它不可能是科學性的歷史。」論爭變成是剝削還是現代化的兩者擇一的問題以至成為一場一無所得的論爭[6]。

　　這論爭雖然沒得出對殖民地社會性質是什麼的結論，但是這場論爭讓大家驚訝地發現三十年來歷史學界所共有的構思框架。因為歷史學界堅持的內在發展論的價值，與其說是學術上的實證不如說「民族主義」意識形態。民族主義並不限於歷史學者的，它是韓國人所共有的。90 年代以後，民族主義與其假設在受到 90 年代以後進入韓國的後主義的影響的角度上得以再檢討，這論爭就超出殖民地社會性質論爭的範圍而擴大到對現代、資本主義、民族主義等更為普遍問題的論爭。於是，形成兩大傾向，一是重視資本的超國家性質，在「世界體系」角度上分析現代的傾向[7]，二是批判對民族主義所含有的強暴性的脫民族主義的傾向[8]。

---

[6] 此後，落星岱經濟研究所根據殖民地現代化論繼續研究，發表關於從朝鮮後期到殖民時期的長期經濟波動的一系列研究成果來證明殖民時期韓國人的生活水準提高的狀況。研究成果如下：安秉直編，《韓國經濟成長史-預備考察》，SEOUL 大學出版部，2001 ；安秉直、李容薰編著，《맛질的農民們》，一潮閣，2001 ；李榮薰編，《從數量經濟史再看的朝鮮後期》， SEOUL 大學出版部，2004 ；金洛年編，《韓國的經濟成長 1910-1945》， SEOUL 大學出版部，2006。反而，許粹烈在《不開發的開發》（銀杏樹，2005）上利用與落星岱經濟所相同的實證方式進行研究，證明殖民時期韓國經濟是剝削性並導出與他們相反的結論。他也在《〈解放前後史的再認識〉對殖民地經濟的認識悖謬》（《歷史批評》，2006 夏）上指出落星岱經濟所使用的統計方式的悖謬。

[7] 柳在建，《殖民地、現代與世界史視野的摸索》，《創作與批評》，1997 冬；金東春，《現代的陰影》，當代，2000 等。

[8] 林志弦的有關批判民族主義的一系列文章；尹海東等編，《現代再讀》，歷史

三、歷史論爭、新右翼（New Right）、脫民族主義

　　90 年代後期韓國經歷政治史上的大變化。1997 年金大中當選為總統後，國家治理權移轉給民主勢力，使執政三十多年的保守勢力喪失國家執政權。因此，韓國社會出現了各種民主化現象，可另一方面，保守媒體與市民社會的右翼活動已活躍地展開。　在這種政治社會轉變的背景下，2000 年代政治、社會、學術等全領域裏圍繞著歷史廣泛地進行爭論。執政的民主政府展開過去史整理工作，過去史整理法的制定和過去史整理委員會的成立與活動等一系列過程始終引起社會各界對歷史的各種論爭，在報刊、市民團體、網際網路上議論紛紛。政府的過去史整理工作是從金大中政府時開始的，那時「濟洲 4・3 事件的真相調查與平反的特別法」（1999）與「離奇死亡的真相調查的特別法」（1999）制定。盧武鉉政府接替金大中政府以後積極地開展以上的工作。盧政權將過去史整理放進四大改革立法裏並強調其重要性，展開制定各種過去史整理法，設置各種過去史整理委員會等的活動。2003 年，為了東學農民革命、日帝下親日反民族行為、日帝下強迫動員、韓國戰爭民間人犧牲等的真相調查，制定各種特別法，2004 年「一國黨」4・15 總選慘敗以後，爭論不斷的「親日反民族行為特別法的改定法律」（2005.1）、「為真實與和解的過去史整理基本法」（20005.5）、「親日反民族行為者財產回收的特別法」（2005.12）也制定。韓國的過去史整理不要求懲罰而注重真相調查，這沒有歐洲那麼嚴格。雖然如此，調查工作還是伴隨著對過去史的平反。尤其是因有關「親日」法律不得不挑出形成韓國社會保守勢力核心的親日派問題，這始終是紛爭的焦點。因此，盧政權期間歷史問題始終是社會上論爭的物件，在這種情況下，在市民社會中也登場一系列新右翼

與批評社，2006 等。

（new right）團體[9]。

　　歷史論爭不但在政治社會上展開，而且在學術界的研究者之間也展開。2006 年 2 月有幾個學者編輯出版《解放前後史的再認識》來批判給 80 年代學生運動提供韓國史知識的《解放前後史的認識（全 6 卷）》（1979-1989），作為新右翼組織之一的「教材論壇」2005、2006 年兩年開六次論壇來批判現行中學的韓國近現代教材，2008 年 12 月也出版《代案教材：韓國近現代史》，教材論壇的這些舉動引起教材論爭[10]。從 2005 年開始的這些論爭顯露出研究者之間對韓國近現代史的認識差距。下面是對《代案教材》的批判內容[11]。

　　（1）在殖民地現代化論觀點下寫的對朝鮮後期與殖民時期經濟的批評[12]。

　　（2）幾乎不提起慰安婦問題等日本侵略的歷史事實。

---

[9]　新右翼運動 2004 年末到 2006 年初從自由主義連帶的組織（2004.11。）起陸續組織教材論壇（2005.1。）、新右翼聯網（2005.10）、新右翼全國聯合（2005.11）、新右翼財團（2006.4）等來展開運動。它可以分成兩個傾向，一是以知識份子為中心活動的新右翼聯網-新右翼財團的傾向，二是以大眾活動為主的新右翼全國聯合的傾向。丁海龜，《關於新右翼運動的現實認識的批判》，《歷史批評》，2006 秋。

[10]　韓國的中等教材是按照課程採取國定制與檢印定制，「韓國近現代史」教材是採取檢印定制，如今有 6 種檢印教材。2005 年 1 月組織的「教材論壇」舉行 6 次座談會批判現行的《韓國近現代史》檢印教材，2008 年 12 月也出版《代案教材：韓國近現代史》，這引起激烈的教材論爭。2009 年教育部對金星出版社發行的現行檢印教材下令修訂，這還正在法庭上展開著論爭。

[11]　此內容是從下面文章中歸納的：朱鎮五，《新右翼的殖民史觀的復活方案-近代初期敘述的悖謬》，《歷史批評》，2008 夏；朴贊勝，《沉醉於殖民地現代化論的殖民時期敘述》，《歷史批評》，2008 夏；洪錫律，《「代案教材」的尷尬悖論》，《歷史批評》，2008 夏。

[12]　參考第 2 節。

（3）貶低、歪曲光武改革、東學運動、日據時期民族運動，反而強調開化派、李承晚、朴正熙的業績

（4）在反共的、國家主義的觀點上進行的對現代史的評價

（5）在對北韓的歷史敍述與編輯上只強調南韓的正統性，這表現出不公正的態度。

可是在這裏令人矚目的是計畫、編輯、出版《再認識》的學者與引導教材論爭的學者（有的重複）的中心人物正是 90 年代提倡殖民地現代化論的人。他們不止於學術領域上的活動，還作為社會政治理念的發起者，積極參與理念活動。他們組織團體來展開發行報刊、教材的編撰出版、教育等的廣泛活動。於是，90 年代殖民地現代化論不能只是考慮在學術領域上提出的理論。殖民地現代化論不只是為解釋韓國的殖民地社會性質提出的經濟理論，而是作為新右翼的理論根據，應付韓國經濟的成長與冷戰秩序解體所發生的社會變化而提出的新世界觀與新歷史觀。因此，90 年代展開的殖民地社會性質論爭應該在更根本的角度上進行再考察。

其實，2000 年以後發表的有關殖民地社會性質論爭的文章內容不限於論爭主題而更深度地探討，與兩個理論所依據的思考框架相關聯。裴城浚說，要再檢討已過去的這場論爭是為了「追根究底地探索自己所站的立足點」來「顯露出論爭的盲點並轉換論爭主題」，他把它與現代性接上檢討。他說剝削論與現代化論是在民族主義與現代化這種同一基礎上成立的理論。從表面上看，剝削論在民族主義基礎上成立，殖民地現代化論在現代化主義基礎上成立。可是，更深度地看，剝削論也從以「現代化」為普遍價值的內在發展論中延伸出來，而殖民地現代化論重視「韓國人」的現代化，這就意味著兩個理論都兼具民族主義與現代化主義[13]。可是殖民地現代化論者他們批判民族主

---

[13] 裴城浚，《站在「殖民地現代化」論爭的臨界點上》，《當代批評》13，2000。

義。他們說，民族主義從一國的角度上以達成國民經濟為目標，它不符合時代。所以他們主張自己採取的觀點不是「民族」而是「個人」的自由、人權等普遍價值。可是，又有學者指出殖民地現代化論者雖然主張脫民族主義，可他們的本質是國家主義[14]。這樣，殖民地現代化論者雖然以「科學」的名義批判民族主義「意識形態」來提倡脫民族主義，可是對於脫民族主義的意見還是層出不斷。

殖民地現代化論的脫民族主義是針對以往韓國歷史學界的民族主義提出的，說民族主義是以國民經濟的建設為目標所做的一國觀點，對以往民族主義的這種批判可以說是得到學術界的同意。因為大家都認為隨著世界化潮流，封閉的民族主義不可能持續下去。可是，更進一步地想，以往民族主義在思想上存在著缺陷的根本性的原因是來自於冷戰解體後國際秩序重建的這樣新局面中。像霍布斯鮑姆所說的一樣，民族是作為現代的產物登場的，現代以後的世界雖利用民族的原則調整過幾次國境，但那時建立的民族國家都名不副實。冷戰解體以後又出現一方面以民族的名義引起的糾紛、另一方面展開超國家結盟的現象，這就是民族的名不副實與民族是現代的產物這樣事實的另一個證據。冷戰解體又導致了對像民族、民族主義一樣的人類生存形式的探索，殖民地現代化論可以說是一個回應這種新局面而提出的理論。

可令人遺憾的是，殖民地現代化論像是親資本性的、權威的，保守的似的。他們的脫民族主義是從資本中抹殺民族而只重視經濟成長，在這點上，它是脫民族主義的。因此，這理論是親資本性的和成長主義的。他們雖然說不是以民族而是以個人為價值中心，可是從他們的其他話語中看來，它只不過是話語上的修飾。相反地，他們看上去是國家主義的和權威主義的。再說，他們的脫民族主義是親日的。

---

[14] 洪錫律，同上。

這並不意味著親日本身不對，只懷疑他們抹殺民族後要與日本的保守勢力結成一個力量。因為他們的學術活動與日本的某些學界有密切關係，由他們主導的教材論爭也與日本進行的教材論爭相當類似。

　　90 年代以來韓國經歷的政治社會的變化是不能只在一國的觀點上解釋的事，這不但與韓國自身歷史發展過程有關係，而且與冷戰解體後國際秩序重建的新局面有關係。這使得我們再關心民族、民族主義的問題，也使我們更加嚴格地檢討韓國的在一國的觀點上成立的以往民族主義。可是對民族、民族主義的探索時更需要重視的是看破民族的虛擬性與本質並同時尊重民族背後存在的人民的生存狀況與欲望。殖民地現代化論提出以來的韓國思想界面臨的困境應該以這種觀點為出發點擺脫並摸索新的道路。

Korean Nationalism and

Recent History Debate

Lee Sun-ok

Professor, Dept. of Chinese Language & Literature, Chungbuk
Natiional University

Abstract

On the view of "nation is the product of modernization", this paper explains the formation of nationalism and the situation of public thought after the collapse of the Cold War in Korea. Korean people's identifying their national consciousness is closely related to finding the aggressiveness of Japanese, Along with Yisi(乙巳) treaty, Korea-Japan annexation, Koreans create the narrative of Korean nationalism. In the civil division system, nationalism is the ideology that south and north regimes, even the progressive forces in South Korea have used to get the approvals of the public. But in the '90s, the theory of "colonial modernization" emerged in the academic world. They argue that Korea's colonial experience make her enter the modern society, and they criticize the theory of "capitalism germ" and "colony exploitation" that Korean historians have insisted till then. That caused the debate on the colonial nature, and run to the problem of modernity. Meanwhile, after the democratic government took office in 1997, they launched a seriese of history ordering works, that all the time provoked historical debates in various social groups. Under these circumstances, a series of new right groups which have the same thought of colonial modernization theory made an apperance. This debates make us recognize that the virtuality of nationalism and require us to respect the condition and desire of every person behind the nation.

Keyword：post cold war, Korea nationalism, the theory of colonial modernization, history ordering work, new right, postcolonialism

馬來西亞華校與馬華左翼文運：

以加影華僑學校為案例

莊　華　興

馬來西亞博特拉大學外文系高級講師

摘　要

目前馬來西亞華校董事聯合會總會和華校教師會總會（簡稱董教總）與新紀元學院這片土地是昔日華僑學校所在地。該校從戰前至戰後初期是中馬區赫赫有名的華校。它是馬來亞華人左傾政治前沿陣地，獲中共高層重視，有「小延安」之稱。從戰前支援中國抗戰，到積極介入馬來亞抗日活動以及戰後的抗英活動，突顯了這所華校在馬來亞歷史中的特殊位置。當時華僑學校多位老師也是中馬文藝界的中堅。例如為創校奔走出力，繼而出掌校政的胡一聲，還有戰後出任中學部校長的張天白、教師劉賓（流冰）以及曾經到校訪問、演講的中國左聯代表馬寧等等。這些教師——作家無論直接或間接與華僑學校建立關系，他們通過文字事業推動當時的僑教、提升地方上的文化水平卻是不可忽視的事實。更值得注意的是，他們的左傾背景在在突顯了戰前至戰後初期主導馬華文藝生態的左翼基調。本文主旨即在於探討一九四八年緊急法令頒布以前，華僑學校諸位文人——老師與馬華文運的關系，並嘗試廓清這時期的馬華文學的內涵與本質。

關鍵詞：華僑學校、僑教、馬華文學、左翼作家、胡一聲、
　　　　張天白、流冰、馬寧

一、前　言

　　戰前至戰後的馬華文學基本上由左翼-現實主義文學主導，方修一部馬華新文學史足以説明一切。然而，從二戰結束掀開冷戰序幕迄今，馬華的左翼陰魂其實並未消散。從戰後初期配合馬共政治鬥爭，及至後來隨一九四八年戒嚴而退隱馬華文壇，但始終未銷聲匿跡。[1]六〇年代北方如火如荼的政治運動展開之際，文壇上一度激越高亢，青年作者莫不期待東方的紅太陽早日降臨。這時候無論國內或國際形勢都令人目不暇給。一九六五年，因新加坡李光耀提出「馬來西亞人的馬來西亞」訴求而牽動馬來右翼主流政黨巫統的憂慮，被驅逐成為「馬來西亞的棄兒」；六九年聯盟政府在普選中遭受重大挫敗以及左傾勞工黨的崛起；同年，聯盟政府因在全國普選中面對重大挫折而進行血腥鎮壓；一九七〇年代初，邊區馬共突擊隊南下馬來半島，準備展開都市遊擊戰；一九七四年，馬來亞大學華文學會被指受左派滲透而被查禁；同年，華玲農民反飢餓示威事件，等等。在外，文化大革命正風風火火，馬華熱血青年進山或北歸，繼之越南赤化（一九七五），多米諾骨牌效應令人聞之喪膽，連巫統黨人也不得不相信東南亞必赤化無疑[2]。這時候文壇上出現左傾文學雜誌《浪花》[3]、報章副

---

[1]　戰後最初兩年左右，殖民政府對由馬共主導的抗日軍採取懷柔手段，馬共也在這期間得以休養生息，並在許可範圍內積極進行憲制鬥爭。這時期有馬共喉舌《民聲報》，報社就設於與馬共總部同一座樓內，座落於吉隆坡茨廠街一帶。一九七四年秒，以周容為代表的馬共派發起「馬華文藝獨特性論爭」，對民盟代表沙平（胡愈之）展開猛烈抨擊。周在戰前以殷枝陽與乳嬰為筆名，撰寫了不少膾炙人口的抗戰小説。戰後他擔任《民聲報》文藝版〈新風〉的編輯。

[2]　第二任首相的政治秘書阿都拉阿末（Abdullah Ahmad）即涉嫌與共產政權有聯系而於一九七六被捕入獄。

[3]　一九六七年創刊，主編為洪浪（譚亞木）。

刊則有奉行現實主義路綫的《建國日報・大漢山》[4]、《馬來西亞通報・文風》等，表面看起來雜杳紛繁，但不無弔詭的是，馬來西亞華人因五一三事件引發的危機意識與未來出路問題卻在此時催生了更強烈的民族意識，馬華民族文學終于在此時初具雛形。[5]方修先生雖來不及把這個時代寫進史稿中，然可以肯定的是，馬華左翼色彩並未隨戒嚴而褪色，反之它是以一種極爲低調的姿態在文壇上游走，文評家皆把它稱作現實主義創作，這種流風一直延續到上世紀結束前。我如此敍述並非有意否定旅台或在台馬華文學的存在事實，在台作者的創作是馬華文學的另一脈風景，這是毫無疑義的。我想說的是，在「后離散馬華文學」出現之前[6]，馬華文學曾經有過積極的在地實踐與現實介入，由金枝芒領頭，後繼不乏其人，包括鉄戈，一直到駝鈴、雨川、唐珉、吳岸、梁放等都可歸入這個脈絡之中。雖然馬華左翼現實主義傳統隨著時間逐漸褪色，但它始終存在。因此，今天來回顧這個傳統的上游並非毫無意義，「回到現場」恰恰是爲了了解馬華左翼文學的難題以及它逐步式微的因由。本文選擇華文學校爲考察對象，主要著眼於戰後華校與左翼思潮的密切關係，而加影華僑學校堪稱爲抗戰期間及戰後左翼文化的重鎮。

---

[4] 一九七五年八月一日創刊，初由原上草任主編。

[5] 馬華民族文學的本質有三：一是集體性，它涵蓋一個龐大的書寫群體，目的是爲了完成某種時代任務，如戰前的左翼抗爭。因此，它沒有特定意義的作家和文本概念。它最初主要以中國南來文人爲核心，戰後在地青年作者逐步增加，然而，仍然深受左翼思潮影響。其次是內延性（internal context），指因某种客觀現實引發的憂患意識，譬如在抗戰時期對祖國前途體現出的深切憂思；第三是外延性，指國家屬性的形成，爭取馬來亞公民權，并積極參與獨立與建國斗爭。這與獨立后的民族自決的訴求有密切的關係。詳參莊華興，2009-11-22。

[6] 相較于戰前至戰后四〇年代离散南來的文人，馬來亞建國后的离散華人面對的是一個迥異的客觀因素的制約。但兩者都是現代民族國家建构過程中衍生的問題。

　　加影華僑學校與戰前一般馬來亞華校比較更顯其特殊性。當時以
「華僑」命名的華校不少，其中包括麻坡華僑學校（中化學校前身）、
昔加末華僑學校（昔華學校前身）等，還有其他以各種名目命名的學
校，包括廿世紀保皇和維新派的影響以及二○年代末以后與國共兩黨
的淵源，從中大致可以窺見這些勢力在新馬華校的權力分佈。加影華
僑學校的特殊性在於它是由左翼革命分子所創立，獲得中共中央領袖
支持的所謂海外「共產學校」或「赤化學校」。[7] 其校董與師生有強
烈的反帝反殖思想，在革命思想上是站在時代的前哨。校董並非地方

[7] 其實，中國左派人物和南洋華僑教育的淵源可以追溯至一九一八年，從毛澤
　　東、蔡和森等人發起成立新民學會看出端倪。當時這些湖南青年大力提倡留法
　　勤工儉學運動和南洋教育運動。新民學會會員之中，遠赴南洋的就有張國基、
　　李思安、周敦祥、蕭道五、任培道等七、八人。一方面是因為當時南洋華校廢
　　棄方言而採用普通話國語教學，因而需要大量能操普通話的教師。有的寫信到
　　中國去徵聘，有的在當地報紙上登廣告徵聘。因此國內青年聞風自備旅費來到
　　南洋的不少。此後先後到英荷屬南洋的教育工作者包括譚雲山、劉韻仙（新加
　　坡南洋女中校長）、譚振權（吉隆坡坤成學校校長）、任培智（坤成學校老師）、
　　周君南（吉隆坡尊孔學校校長）等等。另一方面，有些是被派去、有任務在身
　　的。一九二○年二月毛澤東寫給陶斯詠的信中即有明確的說明：「我覺得我們
　　要結合一個高尚純粹勇猛精進的同志團體。我們的同志，在準備時代，都要存
　　有一個『向外發展的志向』…我們的同志應該散於世界各處去考察，天涯海角
　　都要去人，不應該堆積在一處。最好是一個人或幾個人擔任去開闢一個方面。
　　各方面的『陣』都要開打⋯⋯。」至於身負任務而往南洋的，乃事關毛澤東的
　　長期部署，已促成他所謂的具有國際本質的社會主義：「我以為固應該有人在
　　中國做事，更應該有人在世界做事，如幫助俄國完成它的社會革命；幫助朝鮮
　　獨立；幫助南洋獨立；幫助蒙古、新疆、西藏、青海自治自決，都是要緊的。」
　　毛澤東甚至建議新民學會的運動可以統括為四：湖南運動、南洋運動、留法運
　　動、留俄運動。由此可見，南洋在左派人士眼中的重要性。這對於我們欲了解
　　加影華僑學校之所以受毛澤東「特別垂顧」提供了有用的綫索。（以上資料皆
　　轉引自万家安，二○○八年四月廿至廿一日）

上傾向國民黨或親英的右派僑領/商賈，而是地方上不太著名，但思想左傾的人物。這些人或因身份特殊，或為避開殖民政府的監視與僑社內鬼的誣陷而盡可能保持低調，在馬來亞華教史上並不容易找到他們的身影。

二、華僑學校創校歷史與特色

加影僑社於一九一一年倡議創辦「華僑學校」，獲當地僑眾同意。經籌備，遂於翌年五月十三日正式開課。創校之初，臨時校舍設於吳姑亞冷街門牌三號（現中街——JALAN TENGAH），學生五十餘人。最初由傅仁濱任董事部總理，校長馮作禮。

一九三七年「七七」事變后，中共中央領導人毛澤東、周恩來、朱德、叶劍英、林伯渠都曾為華僑學校創校二十五周年校刊題詞。翌年，毛澤東为該校題寫「加影華僑中學」校牌，并公開挂在校門口上。

戰前，華僑學校推行軍國民教育，這顯然是響應清末張之洞至民國蔡元培推行的教育政策。到了袁世凱手上，更以「尚武」為教育宗旨。經全國教育聯合會議決「軍國民教育實施方法案」，軍國民教育終於在教育界裏落實。影響所及，當時新馬僑教亦紛紛響應。据鄭良樹的觀察，新加坡應新學校、麻坡中華學校（中化前身）、加影華僑學校、怡保民德學校和振華學校、檳城邱氏兩等小學、婆羅洲山打根華僑學校等都實施軍國民教育。以明德學校為例，在軍事教官率領之下，學生軍服軍帽在郊野、山區進行射擊操演，或作守衛，或作進攻，完全是一幅軍事演習的模樣……而加影華僑學校在舉行運動會時，學生除軍服軍帽之外，還荷槍操練。學生畢業后的出路也值得注意，譬如怡保振華學校的學生畢業后多數赴昆明陸軍講武堂深造（1998：293-301），加影華僑學校師生當中，亦有奔赴前綫參與抗戰者，据胡一聲回憶，「派了不少教師和學生於一九三八年投奔延安，實際參加革命，都入了黨，如教員溫士奇（溫俊野）、陳雪（女）、李得奇、張

宣文、黃雨田……等同志」。（1991：278）

三、華僑學校與馬華文運

　　華僑學校推動的文運可從兩個方面考察。首先是老師們與地方文運的關係，其次才透過該校老師的參與探討馬華左翼文運推廣與落實的程度。因資料多已湮滅，所得僅一鱗半爪，謹作簡略報告如後。

　　在抗戰時期，華僑學校是加影埠的文化搖籃。當時校內老師鄭天保發起組織了一個「前衛劇團」，團長是曾惠欽先生。這個劇團大量公演了抗戰劇作如《大路歌》、《開路先鋒》、《亂鐘》、《八百壯士》、《東北之家》、《夜之歌》、《死裏求生》、《淪亡之夜》、《捉拿漢奸》、《大家一條心》、《保衛盧溝橋》、《張家店》、《重逢》、《民族會敵》、《瀏家店》、《三江好》、《放下你的鞭子》、《臺兒莊之戰》、《太陽旗下》和流冰的抗戰劇作《十字街頭》，此外，也排演曹禺名劇——《日出》和《原野》，導演是該校老師張一倩。抗戰時期，張氏在華僑任教，經常在報章發表話劇專論，被視為新馬話劇元老。根據該校校友郭秉箴在〈華僑學校的課外活動〉一文寫道：加影前衛劇社在馬來亞戲劇運動史上占有重要地位的團體，這個劇社除了社長曾惠欽是一位愛國的「美以美會」的教師之外，幾乎所有的中堅人物，包括行政、導演、演員、舞臺工作人員絕大部分都是華僑中學的教師和學生。這劇社的前身是「前衛的流動歌劇團」，「前衛」的名字就是師範班班主任鄭天保老師取的。歌劇團的前身是「加影學生籌賑服務團」，它原是組織當地學生捐款支持抗戰，也向社會募捐賣花等，後來發展到演戲。這是加影的兩家中學（華僑和育華——筆者按）為主組成的，核心是華僑中學的學生，把學生運動進一步擴大到社會上去，成了推動華僑抗日救亡運動的一支生力軍！（華僑學校創校八十八周年紀念特刊編輯委員會，1999：82）有關從加影學生籌賑服務團發展到前衛流動歌劇團的緣起

與經過，育華中學校友，也是前衛劇團成員之一的吳志超先生[8]追憶道：中日戰爭激起新馬以及全世界各地華人的熱烈抗日情緒，各地籌賑會的活動正蓬勃地推動，可說後方民眾已動員了！很快的，三七年十二月中的學校假期又將來臨，華僑中學學生自治會邀請育華學生會商討兩校學生會應否組織起來，在籌賑會領導下齊一步伐工作，可以增強效率和力量。華僑中學老師鄭天保先生建議，為擴大宣傳工作和籌款，應考慮組織一個劇團，利用周末和周日到各農村鄉建區表演，一方面宣傳，一方面喚起當地青少年參與籌款活動……為了配合宣傳，華僑和育華中學兩校學生決定組織一個劇團可作為固定的活動基地，演出的項目是個永和獨幕劇……團員由兩校學生會介紹，人數不限（1994）。前衛劇社公演的抗戰話劇後來都成為該劇社的保留劇目，幾乎演遍了馬來半島。當時由張天白主編的吉隆坡《馬華日報》[9]，每週有一次「華僑學生專刊」，由加影華僑中學學生會主編，前衛劇社的公演由此得以廣泛傳播。為了籌賑抗日，前衛劇社曾到新加坡、馬來亞各地巡迴演出，籌得捐款逾百萬（叻幣）（陳秋舫，2006）。在當時，這是一筆不小的款項，可見劇社同仁付出的努力，以及僑社中

---

[8] 吳志超當時為育華學校初中二學生，他以該校學生會代表的身份與華僑中學自治會進行籌賑工作。他曾與新加坡中正中學肄業（一九三九至一九四○年），后畢業于吉隆坡尊孔中學，八○年代以後積極從事加影地方掌故寫作。

[9] 馬華日報由馬來亞梅縣籍華僑梁燊南籌資創辦並兼任總編輯。當時華僑辦報的目的主要是為了鼓動抗日救亡輿論，馬華日報也不列外。一九三八年，該報於〈本報與國難〉的元旦言論可見一斑：海外僑胞，憤倭寇之殘暴猖獗，尤力主與一決雌雄，函電交馳，踴躍輸將，誓為後盾。「號召海外僑胞」凡直接間接，可以斷敵人之資源，削弱其國力者，應于無礙當地法律範圍之內，儘量運用」，「只願吾僑毀家紓難者，接踵而起，使戰時國家之經濟鞏固，然後可以應付裕如，此種責任，為遠處海外之僑胞所不能諉卸者。」並向讀者闡明該報在抗戰期間，「思以筆作槍，追隨各地同業之後，增厚吾僑言論之力量也」（張自中，2009）。

澎湃的抗日情緒。

　　另外一個劇社是加影業餘歌劇社，或曰加影業餘歌劇研究社，簡稱歌劇社。歌劇社的主要發起人和創辦者是華僑中學學生王俊誠[10]。因此，歌劇社中不少成員是華僑中學的學生，戰後華僑中學的張曉光（張天白）校長曾經到歌劇社為全體社員作政治形式報告，華僑中學的郭秉箴、胡振表等老師，都曾輔導過歌劇社的戲劇和歌詠排練，華僑中學的老師張斯民（張維）曾擔任過歌劇社的社長。可以說，華僑中學師生，為業餘歌劇社提供了可靠的人力資源，也是業餘歌劇社的堅強後盾。（王菲 305-6）

　　加影業餘歌劇社是由左傾革命組織秘密支持，但卻屬合法註冊團體。歌劇社吸納了地方上青聯（即後來的新民主青年團）和婦聯宣傳隊隊員，也吸納學生、店員、工人、小販和小業主，可見當時左翼文運在社會上的覆蓋面與影響力。根據王菲追憶，歌劇社「利用每天晚上的業餘時間，唱歌排戲，他們唱的歌，大都是中國和馬來亞的進步歌曲，如《流亡三部曲》、《黃河大合唱》等；他們排的戲，也是歌頌光明，暴露黑暗的進步戲劇，如《艷芳酒家》、《凱旋》、《升官圖》、《勳章》等等，每逢假日，他們便在加影鎮上或到周圍的市集、膠園、農村演出，受到群眾熱烈的歡迎，也得到社會各階層的支持愛護，在雪蘭莪州，有著很高聲譽。」（304-5）。除了文藝活動，歌劇社也參與了戰後數宗重大的政治運動，例如與各族人民一起發動「全馬總罷市」，對英殖民勢力復辟表示強烈反對。當蔣介石出任中國國民黨政府首長時，歌劇社參與了地方上各社團主辦的群眾大會、大遊行等，表示強烈反對。一九四八年六月二十日，英殖民政府頒佈「緊急法令」，以打擊左翼勢力，全馬各地數千人被捕，左傾團體、報社、學校被查封。業餘歌劇社部分成員也被捕入獄，歌劇社被迫解散。然而，毫無疑問

---

[10] 戰後，王俊誠是馬共加影市區支部中心，即支部書記。

的，在南洋華僑的援華抗日運動中，戲劇這個藝術門類不僅作爲一種手段或工具，以達到籌賑抗日的目的，同時也呈現出一種結合群衆力量，催生了具有高度同質性的民族文學形式。易言之，抗戰劇運以一種獨特、有效的方式積蓄民族情緒力量，適時地反映群衆的想望，並呈現于演劇活動與文藝創作中（吳佩芳，2005：171）。

四、華僑學校的左翼作家－老師

　　華僑學校從戰前就成爲文人薈萃之地，一九三二年設立初中部以後，陸續有不少文人加入執教陣容，其中包括張一倩[11]、張天白、張白萍[12]、周心默[13]、流冰等等。在這些文人當中，以左派背景者居多，以下針對胡一聲、張天白、流冰和馬寧四人給予說明，藉以勾勒該校的左翼文運色彩。

---

[11] 張一倩，另署丁倩、葛蒙、張路、方野等，，原名張業隆。一九一五年十月十日生於香港，早年於上海受教育，一九三七年南來，其長篇《一個日本女間諜》和鉄抗的中篇《試煉時代》、吳天的戲劇《傷兵醫院》在三〇年代的馬華文藝界享有很高的讚譽。除了加影華僑學校，他也曾在吉隆坡中華中學任教，後來出長循人中學校政，教學生涯前後四十餘載，至一九八五年榮休。他於一九八八年二月十日逝世，終年七十三歲。

[12] 張白萍，約生於一九一八年，粵籍人士。馬來亞獨立後在柔佛州多所華文小學長校多年，至一九七八年一月間退休。著作有《芙蓉漫記》（一九四九）、《情債何時了》（一九五二）、《馬行漫記》（一九五四）。退休前，活躍于文教界與社團，曾擔任柔佛古城會館會長和名譽主席。一九八九年四月二十五日于吉隆坡逝世，終年七十二歲。

[13] 周心默，原名周金海。戰後初期編《民聲報》綜合雜誌《民聲周刊》。戰前三〇年代，他是魯迅在上海培養的青年木刻家之一。一九七七年香港天地圖書公司印行的《中國現代木刻選》收有他五幅作品：〈掙扎〉、〈偶像〉、〈礦工〉、〈放逐〉和〈奔逃〉。戰前曾在《星洲日報‧晨星》發表散文。他於四〇年代後期回故鄉廣東，並在電影局裏做事。（參方修，1987：71-72）

（一）胡一聲

胡一聲是加影華僑中學的靈魂人物，他不僅創辦華僑學校中學部，更在華僑學校播下了革命的種子，華僑學校在他長校之下，獲得中國民主同盟（民盟）大力支持，集聚了大批知名的左翼文化界人士，有「小延安」之稱。

胡一聲，原名胡水廷，一九〇五年生於廣東梅縣九龍嶂。他于一九二六年入廣州中山大學，當年就在該大學加入共青團，並且很快成為中共的正式黨員。翌年與鄭天保在梅南家鄉建立武裝遊擊隊，與國民黨對抗。胡一聲與南洋的關係始於一九二八年秋，是年其外祖父以共產黨的罪名被槍殺，於是他和母親、外祖母一家老小逃往東爪哇泗水親人處避難。一九二九年，他化名春花，在泗水以教員身份秘密從事地下組織活動。後來，被荷印政府偵緝而不得不逃往新加坡轉往上海。他轉而在馬來亞活動，曾因不同原因而三度出入境，不過這回是公開辦教育和推展民盟的活動，前後約十年。當時民盟是向殖民政府註冊的合法社團，而聯名向英殖民政府申請註冊的是胡愈之、胡一聲、李鉄民、薛永添四人。（1991：259-260）胡一聲在新馬活動的三段時期如下：

一、一九三一年一月至一九三三年

二、一九三七年上半年至一九四一年十月

三、一九四六年七月至一九四八年六月廿八日。

一九三一年一月，他帶著組織關係回到新加坡臨委會受第三國際遠東局領導。臨委會原本是中共特委，後改為馬共臨時委員會。他當時到柔佛利豐港擔任培華學校校長。不久上海發生「牛蘭事件」[14]，共產國際遠東局書記牛蘭被捕，新加坡臨時委員會亦被破獲機關，組

---

[14] 詳情請參羅威〈「牛蘭事件」始末〉，

http://www.liuxue.net/wenxue/f5/junshiwenxue/001.htm

織部長李恩義被捕。但不久重現，訛稱中途逃脫。胡一聲在回憶有關事件時，道出了當時中共對馬共的看法：「我覺得馬共十分複雜，我和馬共也沒有組織關係了。……後來接連發生『九、一八』、『一、二八』事變，我們只以獨立作戰的方式方法，團結愛國華僑，宣傳抗日救國，籌募義款……對於馬共，亦知在抗日救國的華僑立場上取得互相支持而已。一九三二年，我團結許多因國內大革命失敗流亡在新加坡、馬來亞的同志。乘抗日救亡的東風，在馬來亞吉隆坡附近創辦『加影華僑中學』，就是站穩上述立場、觀點和方法，結合當地實際情況，小心謹慎的團結以勞動者為主的愛國華僑，靈活應付當地敵我友關係錯綜複雜的環境，宣傳抗日救國，實行愛國主義教育，反對國民黨反動派繼續大打反共內戰，對日妥協投降。因此，該校被反動派目為『赤化學校』，但為廣大愛國華僑所愛護，當地政府亦無可為何。」（1991：269-270）

　　胡一聲於一九三一年出現於世界經濟大蕭條時期的馬華文壇，其時新興文學發軔，社會動盪，政治不靖，因格於時勢，他不得不「默默的耕耘，筆名經常更換，少為人知，並不『響亮』。（方修，1988：101）他曾經以細胡、古月、宿女等多個筆名發表作品，方修的《馬華新文學大系》就收有細胡兩篇作品——〈少女狂舞曲〉和〈歷史的終點〉。方修評為「波瀾開闊，描寫細膩」（1988：100），另兩篇署名宿女的小說（〈不會站的人〉和〈昨夜〉），方修以為風格差別很大，著作權或另有其人。在戲劇創作方面，胡一聲在出任華僑學校校長時，與梅州籍同鄉鄭天保組織了加影流動歌舞劇團。這時候他創作了〈中華魂〉、〈合肥之夜〉等戲劇，並排演了〈南島風光〉、〈忍受〉、〈太平年〉等，到馬來亞各大小城市巡迴演出，大力宣傳中國共產黨提出的「民主團結，抗日救國」的主張。（張自中，2010）

　　一九四六年七月，胡一聲奉命重赴南洋，推動及開展華僑愛國民主運動，支援解放戰爭。他在新馬成立了中國民主同盟的支部組織，

並被選為中國民主同盟馬來亞支部的常委兼青年部長及中國民主同盟新加坡分部主席。同時，他復辦加影華僑中學，並安排許多南進黨內同志為該校及其他友校的校長教員。（胡一聲，1991：283）一九四八年六月，英殖民政府宣佈緊急法令，大肆展開逮捕行動。華僑中學被包抄，校長、教師、董事長及在校學生全數被捕，學校繼而被查封。胡一聲也於六月廿八日在新加坡被捕，關了一晚之後，被驅逐出境，回到香港。在港期間，受黨指派繼續搞民盟及其他民主黨派的統戰工作。一九四六年三月初，北平、天津解放後，奉黨中央電召由香港回北京，獲周恩來在中南海接見。六月中旬，參加第一屆全國人民政治協商會議的籌備工作。全國政協開會時期又獲委為聯絡秘書，同登天安門城樓恭聯毛主席莊嚴宣告中華人民共和國的成立。（同前：284）

（二）張天白

張天白，曾長期住在中馬的三〇年代初的馬華作家；於一九〇二年十二月出生在廣東平遠壩頭程南村，一九七六年去世。又名張曉光。他於一九三〇年八月來到馬來亞芙蓉，住在一個學生的紅毛樓（大宅樓宇）上。閑著無事，就構思寫作，這時期曾在星洲日報發表新興小說。十月間，在星洲日報用儉父的筆名，發表〈雜感〉連載，每天一段，約一周登完。十一月移往怡保獅尾郊區，向李西浪主編的《雷報》和鄧劍影主編的另一報章投登雜文。從一九三四年六月至三八年底，投稿最多，每週投登《星洲日報·晨星》短文二篇，延續四年半。他先後在益群報（一九三三年）、檳城新報（一九三四年一至六月）、馬華日報（一九三九年一至六月）和星檳日報（一九四六年五至十月）四家報社編輯新聞和副刊，有時兼寫社論。除了上述筆名之外，他還用過馬達、曉光、太陽、炎炎、東方生、丘康、丘幸之、莘莘、張晨、楊明等等。為了團結寫作人、推動文運，他聯同好友林參天、張曙生（筆名蓬青）、林珠光等人於一九三七年十二月中在吉隆坡召集「雪

蘭莪寫作人協會」籌備會議，惟因註冊問題而胎死腹中。[15]一九三九年初任《馬華日報》編輯時，他寫了一篇文章批評鉄抗的小說《試煉時代》而觸發了一場筆戰。根據方修的看法，「張氏在論爭中力主根據直接素材創作，反對鉄抗採用間接素材反映中國七七抗戰以後的現實。張對於現實主義的理解，那時候似乎稍微機械了些，但無意間卻開了清算僑民文藝的先河，也促成了鉄抗後期的創作方向的轉變，產生了好些描寫馬華社會生活的名作。」（1979a：1-2）

　　戰後一九四五年十一月至四六年四月，他替當時左翼報紙民聲報寫社論、看大版。一九四七年一月至四八年六月，受邀擔任加影華僑中學校長，胡一聲則擔任校監。在這一年半期間，他較多寫散文，以及有關馬來亞華僑教育發展史之類的文章。此外，他也積極領導推動新興文化活動。方修在《民聲報》任記者時，與張天白相識。方修在回憶戰後自己在《民聲報》的日子提到：戰後初期，張天白在吉隆坡很活躍，當時有一個雪蘭莪文化人聯合會之類的組織，就由他任主席。這個聯合會還出版過一份文化月刊，似乎也是由他主編的。（方修，1987：67）

　　張天白在馬來亞寫的最後一篇作品是《歸航紀事》（非原題），署名張晨，記述當時變化中新情況，全文一萬多字，占星洲日報全版。他大約於四〇年代末返回中國，居住廣州。

　　張天白的創作量頗豐，有關馬來亞題材的作品約兩百萬字（王寶慶主編，2003：303）。然而，成書的只有方修先生主編的《張天白作品選》（1979a），所收都是張氏戰前的雜文。從這些作品基本上可以看出他的文字風格和思想意識。方修在序文中給予張天白高度的評價。方修拿張天白和林參天作比較，「當時，張氏與林參天並為中馬

---

[15] 現在的馬來西亞華文作家協會獲准註冊成立於一九七八年五月二十三日，原稱馬來西亞寫作人（華文）協會，一九八五年改為目前名稱。它是第一個獲官方注冊的華文寫作人組織。

地區兩位最有名望的多產作者。林擅長小說，張專寫雜文。但修養認識各方面，張實高於林。林的小說在三十年代後期已經不很受矚目，現在看來更是不能令人滿意；而張的雜文卻始終是第一流的作品，直到今天還是覺得很耐讀。」(1979a：1)張氏的雜文的長處，除了方修所言──「文字簡潔洗練、樸素自然、內容的平時寬厚、言之有物」(同前：4)，筆者以為是他對當時馬華文藝，以及文化、教育、社會諸問題的熟識。譬如在〈馬華何以不能產生偉大的作品？〉，他首先從左翼現實主義視角提出馬來亞缺乏大時代背景下的大歷史題材，其次是華僑文化的貧乏與落後，其三是馬華社會沒有讓職業作家生存的條件，因此難以產生文學巨匠。[16]（同前：129）張氏所陳訴的語境，仍然存在於今天的馬華社會，尤其是后二者。這種在戰前（一九三八年前後）出自於左翼陣營的「經典焦慮」歷經半世紀之後，在后冷戰時期再度浮出地表，揭示馬華文藝從殖民主義時期──冷戰時期──后冷戰時期，經典缺席始終是一個潛在的焦慮，其中的癥結除了客觀條件的限制（包括政治權力的迫害），更關鍵的恐怕是主觀上客從地位未曾抹除。這在殖民地時代不難理解，但在后冷戰時期跨國主義（trans-nationality）成為時髦話語的今天，客從心理似乎找到了出口，可以隨意操弄「根與路」（root and route）之間的辯證關係，進而消解意義，這對處於當下后冷戰──后現代時期的我們實在是一個最大的諷刺。

（三）流冰

原名孫孺，一九一四年出生于新加坡，一九三七年六月十五日病

---

[16] 其他有關馬華文藝與社會文化的文章包括〈長篇創作濃煙〉、〈關於濃煙的印度教員〉、〈關於教科書〉、〈馬華文藝界渙散性的克服〉、〈強化華僑知識份子抗敵問題〉、〈華僑急切的救亡工作〉、〈馬華救亡運動之現實問題〉、〈停止磨擦的呼籲〉等。

逝于廣州。祖籍廣東省興寧縣。小學畢業后，囬廣東梅縣接受兩年中
學教育，一九二九年返新，后轉輾任教於新加坡、馬來半島各地任中、
小學。以流冰的筆名發表詩歌及小説。一九三三年離開加影華僑學校
赴上海，一九三六年抗戰前夕從日本返馬，積極推動馬來亞中部雪蘭
莪和馬六甲等地的戲劇運動。在馬來亞的第一部戲劇創作詩〈金門島
之一夜〉（又名〈金門島之夜〉），此劇本和另一部街頭劇〈十字街頭〉
在抗戰初期是星馬一些演藝團體經常搬演的劇目。吳天（葉尼）把他
編入《中國海的怒潮》，一九四〇年在上海出版。他另有一部劇作〈雲
翳〉，然而因為沒有機會演出，因此鮮為人知。方修在《流冰作品選》
序文中如此寫道：他在加影、馬六甲各地常常參加戲劇活動，街頭劇
〈十字街頭〉最初就是專為加影一個劇團的演出而編寫的；他自己也
導演過馬六甲晨鐘勵志社遊藝會演出的〈金門島之一夜〉。（1979b：6）
此外，他也寫了不少戲劇研究文章，如〈談談台詞的改變〉、〈關於金
門島之一夜〉、〈怎樣把一個劇本搬上舞台〉、〈馬華劇運的進路〉等等。

　　流冰於一九四〇年秋返回中國。曾任廣東省社會科學院副院長兼
經濟研究所所長。他的其他筆名有劉賓、夏風、夏楓、高揚、高風等
等。方修主編的《流冰作品選》（1979）收集了流冰廿五歲前發表於
新馬報刊上的作品四十篇。一九八三年十月，廣東省歸僑作家聯誼會
成立，他被選為理事長。

（五）馬寧

　　馬寧（1909-？），原名黃震村，福建龍岩人，一九三〇年在上海
參加中國左翼作家聯盟（簡稱「左聯」），同年加入中國共產黨。一九
三一年三月為躲避國民黨的政治迫害流亡到馬來亞，轉入當地的馬來
亞共產黨，任中央宣傳委員。在馬來亞共產黨領導下，馬寧按照中國
左翼作家聯盟的形式組織馬來亞普羅文學藝術聯盟（簡稱「馬普」）
並親自擔任主席。在流亡馬來亞期間，馬寧積極投入反對英、法、美、

荷殖民主義統治，爭取全南洋各殖民地人民民族自決，以及支援中國
革命的政治鬥爭，同時從事左翼文藝活動，活躍於馬來亞戲劇界，創
作了〈芳娘〉、〈綠林中〉、〈一侍女〉、〈兄妹之愛〉等反映馬來亞現實
和華僑社會時弊的劇作，在舞台上搬演時引起華僑社會的轟動。作為
左聯的成員，馬寧將馬來亞文藝界狀況以及當地革命文藝活動寫成通
訊〈英屬馬來亞的藝術界〉（筆名 M.N），寄給當時擔任左聯機關刊物
《北斗》的主編丁玲。她把它刊在最後一期《北斗》（1932 年 7 月 20
日第 2 卷第 3、4 期合刊），向中國國內文壇介紹馬來亞的文藝界概況，
以支持當時的新馬文藝界及其左翼文藝運動。（郭惠芬，2004：頁 13）

　　馬寧曾三度到南洋。第一次是一九三一年。馬寧參加上海左聯。
其時上海籠罩在白色恐怖之中。為了避難，馬寧從上海乘船到檳榔嶼
與父親、弟弟見面。後來與馬共聯系上，進行宣傳與鬥爭。直至一九
三四年四月回國。第二次是一九四一年初「皖南事變」發生之際，他
接到八路軍辦事處的短訊，要求他「自行掩護半年」。於是馬寧離開
桂林，以蘇聯藥品商的身份為掩護，逃往南洋，至太平洋戰爭爆發前
夕才回到香港。第三次在一九四六年七月，經過馬尼拉到新加坡。在
該地華僑中學任教期間，他發起組織新加坡華文文藝協會，同時配合
馬來亞共產黨做各種宣傳工作，參加群眾集會、演講、推銷進步書刊。
（卓如：787）

　　一九四八年六月廿日，英殖民政府頒布緊急法令，馬來亞共產黨
被宣布為非法組織，黨員被捕入獄。七月十四日，馬寧被逮捕，後被
驅逐出境。

結　語

　　華僑學校創辦於一九一二年，於一九四八年緊急法令頒佈時期被
關閉，其「生卒」年幾乎和中華民國同壽。因此，可以說它和民國幾
乎共享類似的經驗；在三十七年之中，它歷經保皇——革命之爭、國

共之爭和抗日戰爭，不同的是，一九四九年以後，國府遷臺，中華民國政權在臺灣出現，而加影華僑學校則被殖民者消滅，這不僅標示著中國左翼勢力在馬來亞華教界的潰亡，更重要的是它標誌著在冷戰時期馬來亞華文教育的命脈轉而由親國民黨的右派色彩華校居主導地位，因而也決定了往後的華教抗爭方式。華僑學校雖在冷戰年代伊始被關閉，然而，它所催生的左翼文運卻在冷戰時期發酵，在往後二十年佔據馬華文壇主流地位[17]，並且和接受五四新文化運動影響的小知識分子文學匯流，形成建國獨立后失焦的馬華現實主義傳統。而以金枝芒為代表的在地左翼文學卻轉入地下，逐漸被人們忘切。

　　華僑學校，尤其是在胡一聲接掌校政以後陸續創辦的初中、高中（合稱為華僑中小學，簡稱華僑中學）和簡易師資班，影響所及，不限於馬來亞中部，從南到北，涵蓋吉打、霹靂、森美蘭、馬六甲、柔佛、新加坡和蘇島，東則北婆羅洲（今沙巴），幾乎佔據整個努山打拉（Nusantara），而華僑中學作為當時南洋小延安，無論是革命運動，或新興文學運動都從此地向外輻射，主導了戰前至戰後初期的馬華文學場域，也是中國革命文學在海外的重要據點。

---

[17] 從一九五〇年代反黃運動開始，馬華文學現實主義的批判力道漸失，目標轉向最低限度的要求——反映現實。這樣的傳統延續了約二十年，至一九六九年五一三种族衝突事件而愈形保守。七〇年代以後，在美援和國內雷厲風行的剿共政策下，馬華現代主義文學逐漸擡頭。（詳參莊華興，2007）

徵引文獻

陳秋舫（2006）〈滄海橫流思振國——記華僑教育家胡一聲〉,《地平綫月刊》, http://skylinemonthly.com/showInfo_gb.asp?id=1342&moduleid=0000800003&title=%B9%CA%B9%FA%D1%B0%C3%CE

方修主編（1979a）《張天白作品選：馬華文學六十年集（1919-1979）》。新加坡：上海書局。

___（1979b）《流冰作品選：馬華文學六十年集（1919-1979）》。新加坡：上海書局。

方修口述,林臻筆錄（1987）《文學・報刊・生活》。新加坡：仙人掌出版社。

胡一聲（1991）《胡一聲傳略》。廣州：暨南大學。

郭惠芬（1999）《中國南來作者與新馬華文文學》。廈門：廈門大學出版社。

___（2004）〈丁玲與新馬文藝界〉,《新加坡文藝》季刊第 88 期,12月,頁 13。

華僑學校創校八十八周年紀念特刊編輯委員會（1999）《慷慨悲歌話華僑——加影華僑學校創校八十八周年紀念特刊》。加影：加影華僑學校產業受托會。

林雁（2001）《永恆的虹影》。加影：雪蘭莪加影牛骨頭山殉難烈士家屬委員會。

羅威（日期不詳）〈「牛蘭事件」始末〉, http://www.liuxue.net/wenxue/f5/junshiwenxue/001.htm

馬崙（2000）《新馬華文作者風采》。新山：彩虹出版社。

馬寧（1991）《馬寧選集》。福州：海峽文藝出版社。

萬家安校編（2002）《英烈千秋：加影地區及牛骨頭山殉難烈士簡介》。加影：雪蘭莪加影牛骨頭山殉難烈士家屬委員會。

萬家安（2004）〈毛澤東與南洋教育運動〉，《東方日報・東方文薈/東方名家》，4 月 20-21 日。

王寶慶主編（2003）《南來作家研究資料》。新加坡國家圖書館管理局、新加坡文藝協會聯合出版。

王菲（2001）〈逆流中的一葉小舟：記馬來亞加影業餘歌劇研究社〉，見林雁 2001，頁 303-307。

鄭良樹（1998/1999/2001/2003）《馬來西亞華文教育發展史》（全四冊）。吉隆坡：馬來西亞華校教師會總會。

吳佩芳（2005）〈抗戰戲劇海外傳演之研究〉，《復興崗學報》83 期，頁 143-173。

吳志超（1994）〈前衛劇團巡迴演出〉，《南洋商報》，10 月 31 日。.

張自中（2010）〈共赴國難：梅州籍華僑與祖國共同抗戰〉，中國新聞網（七月一日）：http://www.cns.hk:89/zgqj/news/2009/11-26/1986111.shtml（原載《梅州僑鄉月報》，二〇〇九年十一月二十六日）

莊華興（2007）〈誰的疆界？：馬華現代文學的文化意涵〉。柯思仁、宋耕主編《超越疆界：全球化、現代性、本土文化》。新加坡：南洋理工大學中華語言文化中心，頁 177-200。

＿＿（2009）〈和而不同：陳映真與馬華（民族）文學〉。新竹交通大學主辦「陳映真思想國際學術研討會」，11 月 22 日。

卓如（1991）〈我所認識的馬寧〉，見馬寧 1991，頁 772-788。

Chinese Schools in Malaysia and the Movement of Malayan Leftist Literature: The Case of Kajang Hwa Chiau High School

CHONG FAH HING

Senior Lecturer

Department of Foreign Languages

Faculty of Modern Languages and Communication

Universiti Putra Malaysia

Abstract

Currently the site of the building of United Chinese Schol of Committees Association of Malaysia as well as United Chinese Schools Teachers' Association of Malaysia (referred to as Dong Jiao Zong) and New Era College, was once where the Kajang Hwa Chiau High School was located. It was the famous Chinese school from pre-war to the earlier post-war period in the central part of Malaya. Alsoit was the Malayan Chinese leftist political front, given the name "Little Yan'an" by the higher authority of Chinese Communist Party. From China salvation war in pre-war period to anti-Japanese movement, and later actively engaged in the Malayan Anti-British movement in the post-war era, had highlighted a special position of Hwa Chiau School in the history of Chinese schools in Malaya. Undeniably, most of the teachers of the Chinese schools in Malaya at that time were the backbone of Mahua literary circle. The effort of Hu Yi Sheng was obvious in headed and running the Hwa Chiau School's administration, as well as Zhang Tian Bai, the headmaster of the school during the post-war. AlsoLiu Bing and Ma Ning, where the latter had once visited the school. These group of teachers-writers, whether direct or indirect, had uphold the Malayan Chinese education through their writings. Nodoubt, they had raised the local cultural level. More noteworthy is that their leftist background highlighted during the pre-war had led to the left-wing tone in early post-war period in the Malayan cultural sphere. The purpose of this paper is to investigate the period prior to1948 Emergency Act, the Chinese literati-teachers in Hwa Chiau School and their relationship with the Malayan leftist literary movement, and try to clarify the content and the nature of Chinese Malaysian literature in the period mentioned.

Keywords: Chinese schools, Chinese education in expatriat, Mahua Literature, left-wing writer, Hu Yi Sheng, Zhang Tian Bai, Liu Bing, Ma Ning

文學與歷史的相互滲透
——「馬共書寫」的類型、文本與評論

潘　婉　明

新加坡國立大學中文系博士候選人

提　要

「馬共書寫」是個日益流行但爭議不斷的名詞，無論是把不同文類擴大進來，或反對這個概念的成立，暫時都還屬於文學範疇的討論。然而，「馬共」作為國家歷史的一章，探討「馬共書寫」便不能單就文本而脫離歷史的脈絡。任何參與討論「馬共書寫」的研究者，都不能迴避它具有交雜在歷史和文本／學之間的體質。「馬共書寫」的文本宿命性地與歷史相互滲透。因此，歷史學者解讀這些文本時，透過相關的歷史知識和研究背景，可能有很不同的角度，有時甚至能拆解出各種暗藏其中的恩怨糾結。本文試圖以歷史學的角度，提供除了純粹文本的分析以外，另一種閱讀的可能性。

關鍵字：左翼、馬共、馬共書寫、馬華文學

楔子——馬共・歷史・王德威

　　二〇〇二年，我在師大的政大書城買下張貴興長篇《我思念的長眠中的南國公主》[1]。之前也偶讀張貴興小說，但不特別喜歡，因為文字詭譎引喻複雜，常讀不懂，接觸他更多是出於「馬來西亞」的共同背景。其時買《南國公主》，卻有另一層原因：王德威寫的〈序論〉引用了我的文章做註，指馬共實以民族主義為基礎，遙奉中共為正朔。[2]

　　這個註對一個懵懂碩士生的衝擊，遠大於小說。因為太興奮了，所以硬生生地啃下整本張貴興。事隔多年，《南國公主》故事如何、南洋如何，雨林、獸類、「馬共」、婆羅洲各自如何，印象模糊，唯記得王德威的〈序論〉，猶暗自竊喜。

　　王德威推介張貴興，不免要對旅台馬華作家的文學系譜作一番爬梳，也不得不把相關的歷史背景稍作交待。張貴興在《南國公主》之前的《群象》，就已以共產黨／游擊隊為其小說的題材。因此，無論是王德威在該書前的〈序論〉，或黃錦樹在書後的〈附錄〉[3]，勢必都要觸及「馬共」的歷史及其與華人糾纏難解的連帶關係。

　　就歷史學者的理解，東馬的共產活動和半島的馬共鬥爭史幾乎是毫無關係。但在文學分析的脈絡中，被包含在「馬來西亞」國家概念下的共產組織，在一定意義上即可概括為「馬共」。在同樣的「國家」概念之下，張貴興、李永平筆下的婆羅洲華人也都順理成章地成了「大

---

[1]　張貴興，《我思念的長眠中的南國公主》，台北：麥田，2001。

[2]　王德威，〈在群象與猴黨的家鄉——張貴興的馬華故事〉，張貴興著，《我思念的長眠中的南國公主》，（台北：麥田，2001），頁9-38。

[3]　黃錦樹，〈從個人的體驗到黑暗之心——論張貴興的雨林三部曲及大馬華人的自我理解〉，張貴興著，《我思念的長眠中的南國公主》，（台北：麥田，2001），頁249-266。

馬華人」。

　　其實歷史有點弔詭。我們一般習稱為「砂朥越共產黨」或簡稱「砂共」的對象，基本上並不這樣自我命名。在砂朥越州活躍的共產勢力，其組織起源、成立、領導權等問題，向為相關學者所爭論不休。一般可考的正式組織，有「砂朥越解放同盟」（簡稱「砂盟」）和「北加里曼丹共產黨」（簡稱「北加共」）等，但沒有「砂共」。尤有甚者，砂朥越的左翼勢力在 1963 年前後決心改採武裝鬥爭路線，正出於其以議會路線反對「馬來西亞計畫」無效所致。

　　然而，從林建國到黃錦樹，乃至於王德威，都忽略了這個背景，把張貴興、李永平、梁放等「（東）馬華」作家相關題材的小說，納入「大馬」範疇，放在「馬共書寫」的脈絡進行討論。一般不以為謬，就策略言，更是壯大聲勢的權宜之計。不過當對馬共歷史關心甚切的黃錦樹、對馬華文學認識甚深同時也在海外宣傳最力的「導師」王德威，不異而同地將兩個相去甚遠的政治勢力混為一談，我們不得不開始為這個錯置進一步深思。

　　無論是「馬共」、「砂共」、「北加共」，它們既是貫穿情節的背景，同時也是存在於現實的歷史。如果誤把「北加共」／「砂共」視同「馬共」算得上是錯的話，那麼當作者、學／論者和讀者都搞錯（或無所謂）的情況下，是否意味著這個錯誤／情節／背景乃至於歷史本身並不重要？如此，則「馬共書寫」可以獨立於「馬共」，甚至獨立於「馬」，唯「共」足矣？不然的話，這個恆常的共識又是如何使然的？

　　這可能是「馬共書寫」在文學與歷史之間的第一道分野。當我注意到文學研究者和歷史學者對「馬共書寫」的理解和角度可能有很大的分歧時，想到王德威僅以我青澀時期的一篇作業來認識馬共歷史，讓我那盤桓多年的一縷竊喜頓成尷尬。當「馬共書寫」作為純粹的文學話題，歷史學者應該扮演甚麼角色？

　　謹以此「王德威序《南國公主》事件」，為我近日閱讀和思考「馬

共書寫」的一連串問題開個頭。

一、前　言

「馬共書寫」雖然已經是一個使用中的名詞，但它事實上還是一個定位未明的領地。一般的理解，「馬共書寫」指以馬共及其歷史為情節所展開的文學創作，但最近它的範疇被擴大到由馬共所書寫或出版的其他自傳體文字；[4]另有學者認為「馬共書寫」是完全「失焦而空泛」[5]的概念，反對它自成一家，納入馬華文學的左翼傳統即可。

「馬共書寫」一詞的發源不得而知，但在相關題材的持續創作、研究計畫的持續進行以及學者的持續反對的同時，「馬共書寫」便如此在尚未產生對話的各自表述中持續茁壯。一般被視為文學範疇的「馬共書寫」，卻宿命地與歷史糾纏雜錯。馬共的鬥爭既為國家歷史的一章，探討「馬共書寫」便不能單就文本而脫離歷史的脈絡。出於這種不可迴避的文學－歷史體質，本文嘗試就個人所掌握的「馬共書寫」以及既有針對「馬共書寫」所開展的討論，作一個綜合性的探討，並以文學外行的自我定位，提出歷史研究者的觀察。同時也冀望藉由這個平台，促成兩個學科的對話。

本文將就一般認定的「馬共書寫」，即文學創作的文本和評論作初步的歸類和整理，試圖指出文學研究所未注意的角度、閱讀文本所

4　這是由鍾怡雯所提出，但可能有待商榷，詳見後文。見：鍾怡雯，〈歷史的反面與裂縫──馬共書寫及其問題研究〉，《馬華文學史與浪漫傳統》，（台北：萬卷樓，2009），頁 1-58。

5　這是莊華興與筆者通信所使用的形容詞。其反對立場亦可見：莊華興，〈飢餓的文學史巨獸──金枝芒與左翼馬華〉，宣讀於「第五屆馬來西亞國際漢學研討會」（吉隆坡博特拉大學，2008 年 9 月 12-13 日）。此外，也有政治學者認為所有馬共書寫的文體都是「馬共書寫」，唯獨文學除外。其高論雖未見諸論文，但亦不失為一種立場，茲錄在案。

忽略的歷史背景、專業所不及的資訊，以及在資訊不足之下所可能產生的誤差。基於這個動機，下文將分為三個部份來論述：首先介紹馬共從被書寫到自我書寫的各個階段與概況，為「馬共書寫」作簡略的類型粗分，以說明文本的多元性和豐富性，以及它們在政治干擾下被生產、流通或匿跡的狀況。其次，以不同立場和世代的創作，淺談作者的個人背景與創作的關係，以及文本所反映的文學與歷史互為滲透的現象，進而指出創作者既以歷史為使命，又可以文學解套的優勢。再者，以三位學者的評論為例，說明純粹的文本分析，很可能造成對歷史的誤解，或錯誤的歷史期待，並可能產生誤讀。而不夠周全的倉促概括，則無助於相應的文學議程。

　　歷史學者固然不得以「歷史正確」訴諸「文學」，但我們卻不能不正視馬華文學向有「以文學述史」這項特質，「馬共書寫」尤為鮮明。針對這種具有文學－歷史體質的書寫題裁，我們可能需要採取其他的閱讀方式，建立起區辨同一文本中文學和歷史的比重的敏感度和知識背景，才能理解其中巧妙。本文謹以這樣的動機，在此分享我所掌握的資訊、所理解的背景，以及我所發現的疑點，同時也提出我的角度和疑慮，希望能促使作為文學領域的「馬共書寫」與歷史展開正式的對話。

二、從馬共被書寫到馬共書寫：階段與類型

（一）從敏感課題到「馬共書寫」

　　「馬共書寫」突然在近幾年變得「流行」起來，跟它向來是個敏感課題有關。如果不把散見在戰後各副刊／期刊中有關抗日的文藝創作（即其小說人物身兼抗日軍和共產黨黨員身份，但抗日軍的角色在該作品中比馬共角色更為吃重／透明），如惠斌的〈我怎樣在敵人的

刺刀下生活〉(1946-47)[6]這類作品算進去的話，那麼韓素音(Han Suyin)很可能是「馬共書寫」這一創作題材的祖師婆婆。韓素音的...*and the Rain, my Drink* 英文版在 1956 年出版後[7]，隨即在 1958 年由著名報人李星可翻譯為中文《餐風飲露》[8]，可惜只出版了上冊。據稱讓已譯竣的下半冊束之出版社高閣的理由，正是「敏感」。

　　時值緊急狀態時期[9]，「敏感」之濫用已達無遠弗屆人人自危之境。若非「政治正確」的創作身份和作品[10]，「馬共」無論是存在於現實中或紙上，都是犯禁。由於政治的介入，文學變得戒慎而自律，導致書寫馬共的作品恁的消失，或只能用折衷的手法讓他們「不出場地存在」。來自與馬共歷史淵源很深的華玲（Baling）小鎮[11]的早殤作家商晚筠，其作品〈九十九個彎道〉(1987)[12]即把馬共暗藏在負責剿共的「野戰隊」角色背後，讓故事情節因他們展開，但不讓他們親自露

6　惠斌，〈我怎樣在敵人的刺刀下生活〉，《新婦女》第 10-21 期（1946-1947，連載）；另收錄於鍾怡雯、陳大為編，《馬華散文史讀本，1957-2007》，（台北：萬卷樓，2007），頁 297-338。

7　Han Suyin, ...*and the Rain, my Drink*. London: Jonathan Cape, 1956.

8　漢素音著，李星可譯，《餐風飲露》，新加坡：青年書局，1958。

9　英國殖民政府自 1948 年 6 月中旬始在馬來亞頒佈緊急狀態（Emergency），從此展開長達 12 年之久的剿共作戰，直到 1960 年才解除。

10　這裡指一個由可能同具殖民者身份的作者以英文寫作的創作傳統，我稱之為「馬共書寫」的「報導文學傳統」，詳見後文。

11　華玲（Baling）是馬來西亞半島最北部國境的一個小鎮之一。1955 年，馬共曾經在這裡和獨立前的馬來亞政府代表進行談判，最後沒有達成協議。此後，特別是六〇年代以降，駐紮在泰南的游擊隊不時越境南下，高烏（Kroh）、華玲一帶是他們進入馬境的必經之路。這說明了商晚筠許多作品中的背景與氣氛。

12　商晚筠，〈九十九個彎道〉，《癡女阿蓮》，（台北：聯經，1987），頁 231-261。

面。其他作品如〈夏麗赫〉（1978）[13]、〈木板屋的印度人〉（1987）[14]都分別提到邊界時有戰火和野戰隊員在小鎮掀起的風流韻事，但從未見有一抹馬共蹤影。如果說商晚筠的創作是「馬共書寫」確實有點牽強，但林春美巧妙地稱商晚筠筆下的馬共為「失蹤的國民」[15]，這說明在長期的政治干擾下，馬共角色連負面形象的創作也受阻撓，頓成「失蹤的題材」。

其實早在一九五〇年代，許多作家就開始用這種讓國民「失蹤」的手法創作了。根據方修的馬華文學史分期，在 1953-1956 年的「反黃運動時期」，聯邦（指不包含新加坡的馬來亞半島地區）作家的作品大多側重在反映新村居民的生活，[16]如楊樸之的〈登記〉、〈查米〉（1955）[17]、楊田源的〈照顧〉（1955）[18]均是。「馬共」雖不曾出現在字裡行間，但作品寫實得任誰讀了都明白：有沒有「登記」（身份證）究竟意味著甚麼？米若少了到底拿去接濟了誰？帶藥被搜出為何得關進警察局？當大家都向官員強調自己是「好人」，意含著那些沒有出場但人人心照不宣的「失蹤人口」是「壞人」。

這種不能分說的創作自限一直到 1989 年馬泰政府和馬共簽訂和平協議以後才有所改變。一九九〇年代以來，當馬共不再是「最敏感」

---

[13] 商晚筠，〈夏麗赫〉，重新收錄於《跳蚤──商晚筠小說集》，（新山：南方學院馬華文學館，2003），頁 115-171。

[14] 商晚筠，〈木板屋的印度人〉，《癡女阿蓮》，（台北：聯經，1987），頁 1-42。

[15] 林春美，〈失蹤的國民•女作家的版本〉，宣讀於「第五屆馬來西亞國際漢學研討會」（吉隆坡博特拉大學，2008 年 9 月 12-13 日）。

[16] 方修編，《馬華新文學大系（戰後）（二）‧小說一集》，（新加坡：世界書局，1979），頁 1、16。

[17] 楊樸之的兩篇作品〈登記〉和〈查米〉均收錄於：方修編，《馬華新文學大系（戰後）（二）‧小說一集）》，頁 313-326。

[18] 楊田源的〈照顧〉收錄在：方修編，《馬華新文學大系（戰後）（二）‧小說一集）》，頁 327-333。

的課題後，本地創作者開始提筆書寫他們記憶中的、生活中的、情感裡的，甚至耳聞過的馬共面目，唐珉的〈津渡無涯〉（1991）[19]、小黑的〈樹林〉、〈細雨紛紛〉、〈白水黑山〉（1993）[20]、駝鈴的《硝煙盡散時》（1995）[21]、《沙啞的紅樹林》（2000）[22]、《寂寞行者》（2006）[23]、晨硯的《1961》（2008）[24]和流軍的《在森林和原野》（2008）[25]，東馬作家梁放的〈鋅片屋頂上的月光〉、〈一屏錦重重的牽牛花〉（1989）[26]等作品都讓馬共／北加共現身了。基本上，九〇年代的作品仍以寫實為基調，題材以反映抑鬱的情緒和情感為主，如青年流氓擬馬共徵收「月捐」被捕驅逐、民運父親莫名消失了、苦候參加馬共的丈夫回家的妻子越境到「和平村」尋夫、不能諒解父親棄家投共的兒子、神乎其技的馬共英雄原來沒死最後還以福態的富商姿態歸來、父親上隊母親改嫁和奶奶相依為命的男孩艱辛成長、勸阻情人涉足共產活動自己反而橫死槍下的小學老師、遺下稚女長埋亂葬坑的理想青年夫妻，等等。這些創作反映了那一代華人的生命經歷：在集體噤聲的共識下，誰家不認識馬共一二人？誰人沒聽說過馬共二三事？

　　二〇〇〇年以來，本地創作的「馬共書寫」表達了更多從作者角

---

[19] 唐珉，〈津渡無涯〉，《津渡無涯》，（吉隆坡：馬來西亞華文作家協會，1991），頁 1-51。

[20] 三篇文章合錄為一書：小黑，《白水黑山》，吉隆坡：馬來西亞華文作家協會，1993。

[21] 駝鈴，《硝煙盡散時》，霹靂：霹靂文藝研究會，1995。

[22] 駝鈴，《沙啞的紅樹林》，霹靂：霹靂文藝研究會，2000。

[23] 駝鈴，《寂寞行者》，吉隆坡：燧火，2006。

[24] 晨硯，《1961》，吉隆坡：文橋傳播中心，2008。

[25] 流軍，《在森林和原野》，新加坡：流軍寫作室，2008。

[26] 梁放，〈鋅片屋頂上的月光〉，《梁放小說集——瑪拉阿姐》，（古晉：砂勝越華文作家協會，1989），頁 67-80；梁放，〈一屏錦重重的牽牛花〉，《梁放小說集——瑪拉阿姐》，頁 81-104。

度出發的情緒和疑問，一定程度地質疑和反省了這段歷史。黎紫書是
涉及馬共題材最多的本土年輕作家，作品計有〈府州紀略〉、〈夜行〉、
〈山瘟〉（2001）[27]及〈七日遺食〉（2006）[28]等數篇。黎紫書擅寫詭譎
噁心的場景和事物，馬共在她筆下，有赤裸裸、血淋淋的殺戮和殺生，
也有追求愛情的執迷和滑稽的人性百態。另外，旅台馬華作家對「馬
／北加共」的題材創作不輟，其中包括李永平的〈黑鴉與太陽〉（1976）
[29]、〈一個游擊隊員之死〉（2002）[30]；張貴興的《群象》（1998）[31]、《我
思念的長眠中的南國公主》（2001）；黃錦樹的〈大卷宗〉、〈鄭增壽〉、
〈撤退〉、〈錯誤〉（1994）[32]、〈說故事者〉、〈山俎〉、〈血崩〉、〈獏〉、
〈魚骸〉（1997）[33]、〈不信道的人們〉／〈阿拉的旨意〉、〈全權代表
的秘密檔案〉／〈猴屁股，火，及危險事物〉（2001）[34]等等。

　　可以這麼說，過去這將近二十年以來，馬華作家不但讓「失蹤」
的馬共重新出場，而且身份鮮明、形象多變、面目清晰。比之鬆綁之

---

[27] 黎紫書，〈府州紀略〉，《山瘟》，（台北：麥田，2001），頁 17-50；黎紫書，〈夜
　　行〉，《山瘟》，頁 51-79；黎紫書，〈山瘟〉，《山瘟》，頁 99-122。

[28] 黎紫書，〈七日遺食〉，《星洲日報・文藝春秋》，2006 年 2 月 5 日。

[29] 李永平，〈黑鴉與太陽〉，重新收錄於《迫迌》，（台北：麥田，2003），頁 85-102。

[30] 李永平，〈一個游擊隊員的死〉，《雨雪霏霏》，（台北：天下遠見，2002），頁
　　149-182。

[31] 張貴興，《群象》，台北：時報，1998。

[32] 以上諸篇均收錄於：黃錦樹，《夢與豬與黎明》，台北：九歌，1994。

[33] 以上諸篇均收錄於：黃錦樹，《烏暗暝》，台北：九歌，1997。

[34] 在這本作品集中，黃錦樹繼續其遊戲之能事，書名在封面（《*Dari Pulau Ke
　　Pulau* 由島至島》）和書背（《刻背》）有所不同，篇名在目錄和內文也不一樣。
　　書名的部份，我根據國家圖書館編目資料採用《由島至島》，篇名則同時列明。
　　黃錦樹，〈不信道的人們〉／〈阿拉的旨意〉，《*Dari Pulau Ke Pulau* 由島至島》，
　　（台北：麥田，2001），頁 85-109；黃錦樹，〈全權代表的秘密檔案〉／〈猴
　　屁股，火，及危險事物〉，《*Dari Pulau Ke Pulau* 由島至島》，頁 145-166。

初，作家創作的動機和動力也更為深刻，除了比較純粹的對馬共本身
功過的評議、就個人情仇的紓解和發洩外，還有了更大的敘事議程，
以代表一個時代的革命潮流追溯到華人的移民歷史和集體記憶，投射
馬來西亞的種族關係、自我境況或個人的家族命運、離散境遇甚至鄉
愁。「馬共」寫入文學，或走出了以寫實「述史」的階段，但仍圍繞
在這個題材所牽引的一個時代數個世代的歷史背景。

（二）殖民遺緒：報導文學

如果不自限於「馬」「華」[35]，「馬共書寫」其實有不少作品乃以
英語為媒介、報導文學為形式呈現。這些作品由軍人、文官、記者、
作家、傳教士、醫護人員等多數具有殖民執行者背景的作者，以自傳、
半自傳、回憶錄、見聞錄等形式撰寫的親身經驗。Spencer Chapman
的 *The Jungle is Neutral*（1949）[36]是其中最著名的例子，1997 年再版
後至今仍是書店的常銷書。跟它性質雷同的是 John Cross 的 *Red
Jungle*（1957）[37]，兩書都描寫抗日時期英軍與抗日軍／馬共的合作經
驗。

緊急狀態時期，政府投入許多軍力在馬來亞的雨林跟馬共作戰。
這些英籍軍人後來紛紛出版他們親歷戰場的所見所聞，其中包括
Arthur Campbell 的 *Jungle Green*（1953）[38]、Henniker 的 *Red Shadow over*

---

[35] 這裡指超出馬來西亞的新加坡以及超出華文的英文創作。限於能力，本文僅
提及報導文學類，純小說創作可能需要更多的搜索，如 Suchen Christine Lim
的小說 *Gift from the God*（1990）和 *Fistful of Colours*（2003），均屬此類。

[36] Spencer F. Chapman, *The Jungle is Neutral*. London: Chatto & Windus, 1949.

[37] John Cross, *Red Jungle*. London: R. Hale, 1957；這本書後來由陳田翻譯成中
文，但中文版晚了原著半個世紀才得以出版，見：John Cross 著，陳田譯，《紅
色的森林》，吉隆坡：策略資訊研究中心，2008。

[38] Arthur Campbell, *Jungle Green*. London: Allen & Unwin, 1953.

Malaya（1955）[39]、Richard Miers 的 *Shoot to Kill*（1959）[40]等等。這幾本書非常生動地描繪了不再是合作伙伴的敵對雙方的戰鬥，以及夾處其間的民眾的處境。時任《海峽時報》（*The Straits Times*）記者的 Harry Miller 因為職務的關係，對社會民生，特別是當時如火如荼進行中的新村移殖計畫，以及緊急狀態時期的政治氣候有非常直接的觀察，寫成 *The Communist Menace in Malaya*（1955）[41]和 *Jungle War in Malaya: The Campaign against Communism, 1948-1960*（1972）[42]二書。另外，著名小說家 Graham Greene 當時也被其任職的報館派駐馬來亞及其他東南亞國家擔任通訊記者，因此他的書 *Ways of Escape*（1980）[43]對馬來亞亦有簡短的描寫。傳教士 Amy McIntosh 也把她在馬來亞某新村傳教當時的工作和見聞，用匿名的方式寫成 *Journey into Malaya*（1956）[44]，而從事情報工作的 Perry Robinson 則把他在馬來亞生活和工作幾年的觀察寫成 *Transformation in Malaya*（1956）[45]。

　　一九五〇年代的報導文學寫作傳統沒有持續下去，後來雖有 Noel Barber 撰的 *The War of The Running Dogs: How Malaya Defeated the Communist Guerrillas, 1948-1960*（1971）[46]，可惜該書內容與前人多

---

[39] M. C. A. Henniker, *Red Shadow over Malaya*. London: William Blackwood & Son, 1955.

[40] Richard Miers, *Shoot to Kill*. London: Faber & Faber, 1959.

[41] Harry Miller, *The Communist Menace in Malaya*. New York: Frederick A. Praeger, 1955.

[42] Harry Miller, *Jungle War in Malaya: The Campaign against Communism, 1948-1960*. London: Barker, 1972.

[43] Graham Greene, *Ways of Escape*. New York: Simon and Schuster, 1980.

[44] Amy McIntosh, *Journey into Malaya*. London: China Island Mission, 1956.

[45] J. B. Perry Robinson, *Transformation in Malaya*. London: Secker & Warbury, 1956.

[46] Noel Barber, *The War of The Running Dogs: How Malaya Defeated the*

有重覆，似乎說明這個傳統已有瓶頸。Mubin Sheppard 以殖民政策執行者的身份撰寫回憶錄 *Taman Budiman: Memoirs of an Unorthodox Civil Servant*（1979）[47]，提供了重要的官方觀點，也可能是這個寫作傳統的最尾聲了。

（三）馬共書寫的「馬共書寫」

一九九〇年代以來的「馬共書寫」出現的另一項重大突破，就是由馬共書寫的「馬共書寫」紛紛出版了。事實上，許多馬共作家的創作多不是新著，只是受限於撰寫當時的環境而未能流通。被馬共尊稱為「人民文學家」的已故作家金枝芒所撰《抗英戰爭小說選》（2004）[48]和長篇《飢餓》（2008）[49]，就是馬共在戰鬥期間由內部印刷、傳閱的讀本。新加坡出生的賀巾是繼金枝芒之後另一位重要的馬共作家，他在一九五〇至六〇年代初發表的作品，今均收錄在《賀巾小說選集》（1999）[50]，其中包含當時備受好評的〈沈郁蘭同學〉、〈青春曲〉等代表作。一九八〇年代他到部隊後開始寫作過去在新加坡從事地下活動的故事，集結收錄在《崢嶸歲月》（1999）[51]。長篇《巨浪》（2004）[52]是賀巾的近著，為紀念 1954 年「五一三學運」屆滿五十周年而作。

　　Communist Guerrillas, 1948-1960. London: Collins, 1971.

[47] Mubin Sheppard, *Taman Budiman: Memoirs of an Unorthodox Civil Servant.* Kuala Lumpur: Heinemann Educational Books, 1979.

[48] 該書共收錄三篇作品，原為 1958 年部隊為紀念「抗英民族解放戰爭」而編輯出版的藝文刊物《十年》中的其中三期：〈督央央和他們部落〉、〈烽火中的牙拉頂〉、〈甘榜勿隆〉；經整理收錄於：金枝芒，《抗英戰爭小說選》，吉隆坡：21 世紀，2004。

[49] 金枝芒，《飢餓》，吉隆坡：21 世紀，2008。

[50] 賀巾，《賀巾小說選集》，新加坡：新華文化，1999。

[51] 賀巾，《崢嶸歲月》，香港：南島，1999。

[52] 賀巾，《巨浪》，吉隆坡：朝花，2004。

　　另一方面，阿和著《山高太陽紅》（2006）[53]是早在 1999 年就脫稿的「馬共書寫」，因出版延宕而成遺著。作者將自身在吉打州居林地區（Kedah, Kulim）參與游擊戰鬥的經驗寫成故事，承認小說中的人和事出於現實，唯情節虛構。[54]利明著《白石頂兒女》（2006）[55]表面上是抗日故事，但小說的角色均為馬共的真實人物，且均以真實姓名出場，其中多人目前尚健在。作者在 1948 年被捕，次年被驅逐返回中國，現定居香港。王惠平著《青春頌》（2002）[56]描繪一群熱愛南大的學生如何從捍衛華文教育到被迫走上武裝鬥爭一途，讓讀者認識到當時南大學生的處境、情緒和思維。作者本身就是加入游擊部隊的南大學生，應「馬來亞民主之聲電台」之邀創作《青春頌》，1985 年完稿後供電台廣播。

　　其實，現今談論或分析「馬共書寫」最珍貴材料可能是一本由馬共在森林裡印刷、出版的藝文刊物《火炬》。《火炬》創刊於一九五〇年代，具體日期不詳，目前得以保存下來的最早的一期是 1957 年 11 月出版的第 20 期。這本刊物在部隊中持續了出版將近 40 年，於 1989 年 1 月出版第 58 期後停刊。早期出版的《火炬》幾乎在動盪中散佚殆盡，今遺存者僅有 31 期。[57]

　　此外，一九五〇至六〇年代的新加坡有著濃厚的左翼文學創作風氣，體裁包括工人小說、紅色詩歌、革命戲劇、批鬥文論、上山下鄉報告或生活體驗報告等。許多作品以描寫工人團結及勞資鬥爭為題

---

[53] 阿和，《山高太陽紅》，吉隆坡：21 世紀，2006。

[54] 阿和位居馬共中委、司令，他雖謙稱基於水平不高，作品只能粗糙示人，但他的領導身份卻充分反映在其創作的情節中，因此在他筆下，敵奸總是好吃懶做、紅毛鬼軍官總是必死無疑、群眾總是一條心支持解放軍，而馬共總是戰無不勝、歡樂無比。

[55] 利明，《白石頂兒女》，香港：見證，2006。

[56] 王惠平，《青春頌》，作者自行印刷，無出版項，〈跋〉誌期 2002 年 6 月 25 日。

[57] 《火炬》的部份文章由馬共上載到其網站「21 老友」中，其餘尚未開放。

材，激進者甚至公然歌頌馬共的武裝革命。不過這些作品的創作者來源紛雜，筆名多變，很難辨識其人。其中作品的水平參差，散見各左翼團體的報刊及副刊，而這些出版品的壽命有限，經常停刊、復刊、更名[58]，也有以單行本發行，只在地下銷售、傳閱。由於「政治不正確」之故，該時期的左翼文學相關研究並未受到重視，卻是有待開發的領域。

三、文學與歷史的互為滲透——作者／文本

　　經上述的初步蒐集和閱讀後，我對「馬共書寫」的理解釐出稍微清晰的脈絡，同時也產生更大的困惑。本著歷史意識出發的作者，採取文藝形式來表達意見和抒發情緒，這其中歷史與文學的關係為何？對馬華文學有所認識的人都知道，馬華作家在現實主義傳統的指導下，有很鮮明的突出「此時此地」[59]以及「以文學述史」的寫作動機和使命。雖然創作的結果未必切合歷史的軌跡，但論者也不能忽視這個背景。

　　下文將以不同政治立場、不同世代的作者和文本為例，介紹創作者背景與作品的關係，以說明文學和歷史之間相互滲透的情況。這裡要指出的還有，無論有無如此意識／圖，以歷史為使命的創作者，在文學的掩護下，有人服務政治，有人全身而退。

（一）「馬共書寫」的祖師婆婆：韓素音的《餐風飲露》

　　以《餐風飲露》這本出版最早、有最多的馬共描寫的小說，奉韓

---

[58] 朱成發，《紅潮——新華左翼文學的文革潮》，（新加坡：玲子傳媒，2004），頁 16-22。

[59] 1947 年底，馬共作家金枝芒（周容）在《戰友報》發表〈談馬華文藝〉一文，與以胡愈之為首的一批南來文人掀起了一場「馬華文學獨特性」的論戰。

素音為「馬共書寫」的祖師婆婆應不為過。不過祖師婆婆個人的形象似乎過於強烈，以致「危害」到作品。就我的印象，Han Suyin 的 *...and the Rain, my Drink* 和韓素音的《餐風飲露》在某種程度上是可以分離的。前者被英語世界的馬共研究者直接視為文獻並廣為徵引；[60]而後者可能出於作者的政治認同和創作風格，以致在中文學術界引用韓素音或《餐風飲露》都很容易招徠質疑。我認為中文圈的讀者可能比較不熟悉作者的背景，或出於刻板印象，沒有從文學－歷史互為滲透的角度來判斷，給予《餐風飲露》一個更為公道的評價。事實上，正因為韓素音身兼了混血外國人、左翼同情者、政治部官員 Leonard Comber 之妻的特殊身份，該書的價值才得以提高，也讓韓素音在馬共歷史研究中得占一席之地。[61]

　　《餐風飲露》是寫實性很高、半自傳體的文學創作，相當真實地反映了當時的社會面貌。她對馬共的描寫和認識，不只是創作而是經驗。小說描寫的場景具體鮮明，特定人物的身份原型呼之欲出，另一些角色經 Comber 證實真有其人。[62]而作者筆下許多對新村面貌、日

---

[60] 韓素音在其自傳中亦稱，*...and the Rain, my Drink* 在 1956 年出版後多次重印，並且被美國一些大學列為了解馬來亞緊急狀態最好的一本書。見：韓素音，《韓素音自傳──五宅雙門》，（北京：中國華僑出版社，1991），頁 86-87。

[61] 大部份人知道韓素音是混血兒，也知道她的婚姻概況，但如果對馬共歷史不夠了解，可能不太能掌握她在馬來亞生活的期間，是時任政治部（Special Branch）助理警察總監（Assistant Superintendent, Chinese Section）Leonard Comber 的妻子這個身份的意義。Comber 是殖民政府看重的能諳中文／廣府話的官員，至今對馬共研究的熱情不輟。韓素音這本小說的出版，間接造成 Comber 被迫於同年（1956）離開警界。見：韓素音，《韓素音自傳──五宅雙門》，頁 87；Martin Vengadesan, *The Officer Who Loved Malaya: An Interview with Leon Comber. The Star*, 30 Nov, 2008；章星虹，〈梁康柏談在星馬的二三事〉，《聯合早報》，2010 年 2 月 28 日。

[62] 2007 年 5 月 23 日的私人拜訪，非正式訪問。

常生活、馬共行動、人物及情節的描寫，都可以從後來的研究或當時的社會新聞中獲得印證，如新村生活的各種管制、身懷手榴彈的少女馬共被捕復變節[63]、女學生出走香港被追回、滲透民運的「鬼頭」被公審私刑、接受共產主義參加鬥爭的富家子等等，情節迂迴但也充分反映馬華文學習見的「此時此地」書寫傳統，並被譽為「馬共書寫」的「重要文件」。[64]

（二）當事人的口述歷史、宣傳與創作：金枝芒的〈烽火中的牙拉頂〉和《飢餓》

　　金枝芒無論是其人其文，都是馬華文學中「死而復生」的殊例。金枝芒是一九三〇年代到馬來亞的南來文人，戰前就以「殷枝陽」、「乳嬰」等筆名活躍文壇，戰後更以「周容」一名掀起了「馬華文藝獨特性」的論戰。但緊隨著 1948 年緊急狀態的頒佈，金枝芒像在空氣中蒸發了一樣，失去蹤影。[65]若非 21 世紀出版社分別在 2004 年和 2008 年重印金枝芒的《抗英戰爭小說選》和《飢餓》，除了熟悉馬華左翼文學的讀者，一般人可能不會對他留下印象。

　　《抗英戰爭小說選》收錄的三篇小說所描寫的故事，從馬共的角

---

[63] 根據韓素音的自傳，該少女的原型是她家的幫傭。見：韓素音，《韓素音自傳──吾宅雙門》，頁 85-86。

[64] 此處語出張綿忠與筆者的通信。張錦忠認為在台灣引用《餐風飲露》易引發爭議的問題可能得歷史化其脈絡，「但漢素音對馬華文學卻頗重要。《餐風飲露》也是馬華（華馬）的『馬共書寫』的重要文件，即使只有半部。」（2009 年 7 月 23 日）然而歷史的趣味正在於此：《餐風飲露》未被翻譯以前，*...and the Rain, my Drink* 充其量只是一部在地生活和觀察的英文小說創作；它被譯為中文後，僅以半部而立足「馬華」，應該是當時沒有意料到的事。

[65] 事後得知，金枝芒當時應馬共的號召，響應武裝游擊戰鬥，成為名符其實的行軍中的「軍中作家」，一直到一九六〇年代才返回中國。

度，都是實際發生過的事實，其中〈烽火中的牙拉頂〉所寫的更是馬共史上一場著名的戰役。[66]該書在封底及內文多處附加具體的地圖，馬共方面所表現的「以文學述史」意圖非常強烈。編者在序中指出，已到邊區的戰士們知道周力（金枝芒）同志要把霹靂和吉蘭丹州戰鬥中的英雄事迹記錄下來，大家都踴躍響應，把自己的經歷和感受，或用文字或用口述，提供給作者。[67]曾經參與過相關戰役的戰士曾漢添，在日後回憶時也證實了這一點。他指出，1958 年他輾轉到達邊區，在北馬局（馬共在泰馬邊境的總部）逗留的一個多月期間，向部隊裡負責文宣工作的周同志介紹了他在丹霹兩州的戰鬥事跡，記錄成冊後油印出版，供邊區的同志閱讀。[68]換句話說，這些故事屬於馬共自己的以文藝形式呈現的口述歷史採集，儘管只取其所需，卻饒有興味。

　　〈烽火中的牙拉頂〉以布賴（Pulai）周圍地區在日據時期及緊急狀態初期所發生的事為中心，描述這裡的人民如何支持馬共並招徠各種劫難。根據 2008 年的田野資料[69]，故事的核心人物，包括眾戰士和

---

[66] 1948 年 7 月，馬共的游擊隊攻陷了話望生（Gua Musang）警察局，宣佈「解放」該地區。但是馬共的勝利只維持了約五天，因英國援軍大批進駐而撤退。牙拉頂位於話望生約十公里外的地方，靠近更為人所熟知的布賴（Pulai）地區。如果不是地方人士，通常不會知道牙拉頂的地名。黃錦樹在評論金枝芒時就誤以為它在北馬的「國北邊陲」，事實上它在吉蘭丹州最南，與彭亨州交接的地方，在馬來西亞半島上，恰好處在正中央的孤絕地帶。見：黃錦樹，〈最後的戰役——論金枝芒的《飢餓》〉，《香港文學》十月號（2009），頁 70-77。

[67] 方山，〈寫在前面——悼念金枝芒老前輩逝世 16 周年〉，金枝芒，《抗英戰爭小說選》，頁 9。

[68] 這些冊子後來出版成一系列的《十年》。所謂「十年」，意即自 1948 年緊急狀態以來的十年「抗英戰爭」。見：曾漢添，〈轉戰邊區〉，《漫漫林海路》，（香港：見證，2003），頁 145-146。

[69] 這部份的田野資料，由正在撰寫論文的澳洲 Murdoch University 博士候選人陳丁輝（Tan Teng Phee）先生提供，特此致謝。陳丁輝先生從事新村歷史研究，

走狗「唐嚴」的角色，都有其人，而且情節與口述採集所得相當接近。但金枝芒作為一名共產黨員，其創作肩負教育、宣傳、鼓舞士氣的責任。為了達到指導和激勵戰士的功能，作者讓戰士從容就義、讓群眾慷慨犧牲、讓走狗面目猙獰、讓官兵人面獸心。這種極忠極奸的人物設計，原是革命文學中很常見的，但令人費解的是，文中對參與戰役的戰士們的盲從、好鬥、無紀律、形同烏合方面的描寫，似乎也無所保留，透露了局部乃至於整體馬共的困境與侷限。其實在馬共的鬥爭史上，我們對這類戰鬥的發生並不感到陌生。因此，金枝芒雖忠於現實主義教誨，卻跟他自己提出的有作用、有力量、真正服務於人民鬥爭的文藝，是「必然和『此時此地』的政治鬥爭，從配合發展到結合」[70]的主張結合不起來。不過，金枝芒處理女性被強暴的情節卻過於粗糙及粗暴，似乎要以此激怒男性，或以此激發已被激怒了的戰士／男人的戰鬥力，可望達到另一種動員效果。可惜這亦使作者自陷於「施暴者」的強勢位置，既消費了女性身體，也不具文學實質。

　　《飢餓》則是金枝芒名留馬華文學史的力作。[71]如果這部在 1960 年只能以手抄油印、內部流通的作品沒有被重新編印出版，今天還知道它存在的，可能只剩下作者正在凋零中的昔日戰友了。《飢餓》是

曾經在當地執行較長時間的田野工作。

[70] 周容，〈論馬華文藝〉，《戰友報》（1947.12.26）。收錄於：朱齊英編，《馬來亞民族運動史料選輯（上、下）》，（吉隆坡：馬來亞勞工黨黨史工委會，2009），頁 160-166。

[71] 黃錦樹對《飢餓》有很好的分析，認為其文學筆觸超越了宣傳。莊華興對《飢餓》的評價更高，如果我沒有理解錯的話，他甚至暗示《飢餓》可以填補經典缺席的空洞。見：黃錦樹，〈最後的戰役——論金枝芒的《飢餓》〉，頁 70-77；莊華興，〈從失蹤到失憶——以郁達夫和金枝芒為例探討馬華文學的存在之議〉，宣讀於「歷史與記憶——中國現代文學國際研討會」（香港中文大學，2007 年 1 月 4-6 日。）

一部細描死亡的長篇小說，一度因為不利於士氣而停止傳閱。《飢餓》和〈烽火中的牙拉頂〉一樣是口述資料採集的成果，但令人意外的是，《飢餓》的架構、筆觸或文字，遠比〈烽火中的牙拉頂〉成熟、流暢、有說服力，使其文學性很稀罕地凌駕於歷史和宣傳的意義。在小說中，金枝芒為了讓一支由十五人（包括一名初生嬰兒）組成的小隊最後犧牲剩下五人，花了四百多頁的篇幅利用長達至少七、八個月的時間把他們一一致死。作者似乎是把他所知道的一切關於覓食的危機和在飢餓中掙扎瀕死的面貌全都寫進了一部小說裡，所以受難者必需一個一個地接續死亡而非集體餓斃。我們雖然不知道作者捨棄常見的以「歷史事件」為藍本的創作手法，改採文學性更濃厚的死亡描寫的動機，但他筆下所記錄的死亡案例似都有所根據，是口述歷史，也是戰友們親身經歷的磨難和考驗，[72]雖然有所選擇。這是文學與歷史互為滲透的一種表現。即使死亡本身不是事件只是細節，但《飢餓》的死亡情節實在太過具體、太過詳盡，也太過深刻了。金枝芒如此竭力盡職地記錄死亡，已相當於把一場進行中的革命歷史凝固在創作之中。

（三）當事人，新加坡的左翼經驗：賀巾的《巨浪》

　　相較於金枝芒被奉為「人民文學家」的地位，賀巾在馬共內部卻沒有得到特別的推崇。事實上賀巾早在一九五〇年代就是馬華文壇頗享盛名的左翼作家，其作品〈青春曲〉和〈沈郁蘭同學〉（以「韋嘉」為筆名）均描寫中學生參與活動的情形，前者近似中國左翼文學中的「成長小說」，在當時很受歡迎。賀巾是土生土長的新加坡人，他創作的題材自然也圍繞著生活和地方經驗，因此我們讀到有別於其他描寫武裝戰鬥的「馬共書寫」，因為新加坡的左翼活動有其環境局限，

72　曾漢添的文章就和《飢餓》的情節有很多「似曾相識」之處，文中也提到他
　　曾向金枝芒口述了艱難的雨林戰鬥生活。見：曾漢添，〈轉戰邊區〉，《漫漫林
　　海路》，頁 92-155；另一方面，筆者也在田野中收集到父母親手殺嬰的故事。

沒有武裝的條件，但工運和學運卻異常活躍。

　　賀巾的創作即反映了這樣的新加坡經驗。他的作品，不論是早期從事地下活動的階段或晚近重返社會以後，即使是八〇年代在部隊生活的期間，也都洋溢著青春的氣息。他筆下的人物多是來自不同階層的學生和工人，他們熱情、羞澀、幼稚、情竇初開，對人生的價值感到困惑，對社會國家的前途感到憂心，學著成熟又不失莽撞，經常在懵懂中萌生愛情，復在理想之下受阻，或彌堅。這些青澀知性的男女青年的人格特質，在彼此間互相影響，同時也啟蒙他人。

　　《巨浪》的故事描寫一九五〇年代的新加坡華校生，在共產黨地下組織的影響下，發起反對「民眾服務法令」（National Service）[73]、「反黃運動」[74]以及反殖鬥爭的故事。作者清楚表明人物純屬虛構，

---

[73] 1954 年，殖民政府頒佈「民眾服務法令」，規定在馬來亞及新加坡出生的十八到廿歲的男性必需登記入伍。此舉引起華社反彈，特別是華校生以求學為由要求免役（因為超齡生為數不少），並於 5 月 13 日前往總督府請願，結果與警察暴發衝突，造成四十八名學生被捕，約五、六十人受傷，是為「五一三事件」。是夜，超過一千名學生集合在中正中學，抗議政府對學生施暴。經中華總商會居中協調，學生獲釋。但總商會也限於壓力，宣佈提前放假以解散學生。但學生於 6 月 2 日重返校園展開另一波行動，直到教育部恫言關閉學校，整個反對運動才於 6 月 24 日宣告結束。這次學生運動一般也被稱為「反對國民服役運動」。見：Lee Ting Hui, *The Open United Front: The Communist Struggle in Singapore, 1954-1966.* (Singapore: South Sea Society, 1996), pp. 48-51; Yeo Kim Wah, *Politic Development in Singapore, 1945-55.* (Singapore: Singapore University Press, 1973), pp. 190-195.

[74] 1953 年 10 月 12 日，16 歲的女學生莊玉珍在珍珠山（Pearl Hill）距離警察局不遠的地方遇害。這宗姦殺案震驚新加坡社會，華校生組織起來將原來已經存在的「反黃」呼聲推向高潮。「反黃運動」的主旨為打擊「黃色文化」，反對美日電影、色情書報、歌台表演、脫衣舞團等麻醉和荼毒群眾的「黃色文化」的產物。

且為了不拘泥於歷史事實而再三修改。話雖如此，事實上他並沒有脫離歷史的情境和脈絡，仍按照現實主義文藝的條件進行創作。《巨浪》之前的作品集《崢嶸歲月》裡收錄的多篇小說，都是悼念亡友而作，自承近乎紀實。同書名的〈崢嶸歲月〉一文更是「具有統括我們這一代人的含意」，而其中人物，「都還健在」。[75]〈崢嶸歲月〉描寫的是當年參加學運的伙伴們，經過將近四十年後重聚，回顧人生也慨嘆時代的故事。這些在故事中「都還健在」的人物，全部又出現在《巨浪》裡面了。賀巾不希望讀者對號入座，所以特別澄清，卻徒勞無功，因為問題不在「虛構」而在「寫實」，即使對反面人物的描述也竭盡「寫實」的責任。賀巾創作可以用一個「實」字道盡──他尊循「寫實」主義、創作「紀實」文學，也尊重「史實」根據。他不是沒有掙扎過，對內部的批評，他肯定也有所覺察，但他堅信：「這是史實，總得面對！」[76]

小說的〈序〉由另一位出身新加坡的馬共成員陳新嶸所撰寫。陳序指出，當年參與過新加坡學生運動的「當事人」翻閱《巨浪》時，小說將如同電影引領他們回顧往事，因為「作者對當時受到地下組織影響的一般只有十六、七歲，主要出身於小資產階級的華校男女中學生的思想和精神面貌，寫得細致而逼真。」此外，「故事情景裡新加坡人所熟悉的許多街道、學校、果園、農舍，還有各色人物的體態、聲音和性格，都將會勾起新馬老年讀者的回想。」[77]根據田野，一位當年參加「中學聯」[78]組織的學生領袖也表示，小說中相關學運的情

---

[75] 賀巾，〈前言〉，《崢嶸歲月》，頁10。

[76] 賀巾，〈前言〉，《崢嶸歲月》，頁13。

[77] 賀慶（陳新嶸），〈序〉，《巨浪》，頁ix-x。

[78] 即「全國華校中學生聯合會」（Singapore Chinese Middle School Students' Union），簡稱「中學聯」，是學生經過「五一三事件」後，為團結所有華校中學生以爭取福利的自發性組織。

節，符合她所經歷和目睹的記憶。基本上，我們有理由相信，《巨浪》確實充分地體現了現實主義的文藝路線。然而，田野資料也顯示，馬共內部對賀巾的言論及其創作頗有微詞，認為他好發牢騷，把個人的委屈轉移到作品中，人物刻畫頗有針對性，有投射對象，特別是將全體的缺失集中在某角色人物身上，擴大其負面形象。馬共內部的反彈，也必然有其「根據」，但有意思的是，這種駁斥不但無損於作品的「寫實」價值，反而更說明了某種「實況」。歷史與文學的交纏和趣味，於焉現形。

（四）「抄寫」歷史，喃喃自語：駝鈴的《寂寞行者》

　　駝鈴可能是馬華老一輩作家中寫作馬共題材最多的一位。除了《寂寞行者》，他的《硝煙盡散時》和《沙啞的紅樹林》這兩部「馬共書寫」顯得「更像小說」，但是作者按圖索驥和借小說表達自我的創作風格卻很一致。《硝煙盡散時》在 1995 年出版時距離馬共簽訂和平協議僅六年，因此故事中後半關於去勿洞（Betong）尋親的情節，是「馬共書寫」中比較新穎的話題，也確實是當時有馬共親人者的熱門活動。然而駝鈴並無「創作」，他只是假託人物把所知所見「記錄」出來。小說人物「曉峰」一路北上越境到勿洞後，循「廣西會館」、「中華學校」尋及「聯絡處」找到裝有「義肢」來自「金馬崙」的「戰勇」，透過安排進到當時尚未拓墾的「和平新村」，一路的景觀描述，連「曉峰」在村裡見到的人物，都具體存在。2007 年當我初到勿洞勘查時，這個尋訪路線如舊，並識得這些被寫進「小說」的人物。

　　駝鈴的「馬共書寫」讓人感到混亂。他攪進了「局內人」和「創作者」雙重身份的窠臼，兩邊都想討好，又兩邊都不討好。他想盡量忠於歷史「事實」，又割捨不了文學「技巧」，結果導致歷史和文學兩方面都糾結在一起了，不諳熟歷史者，對其內容可能會茫無頭緒，鏊

不出他「述史」的本意。然而，當作者將個人的情緒和歷史、文學纏繞在一起，許多說不分明的糾葛，便有了解答。《寂寞行者》是駝鈴對馬共歷史的個人見解和情結的表達，以文學的形式呈現。另一方面，《寂寞行者》讀來有多混亂，就意味著駝鈴對其自身的和歷史的抑鬱有多深重。

《寂寞行者》是一本容易讀但不好懂的作品，全書厚達 636 頁，分四部份闡述馬共包括鋤奸、地下、游擊、扣留營、邊區等方方面面牽涉到左翼活動的內外圍陣線。作者的企圖雖大，但用意很明顯：即替「那些不計是否被領袖認可的理想社會追求者」發言。這行文字是全書唯一不是「創作」的作者告白，寫在內文前頁，但已足以揭示他滿腔情緒。老作家不吐不快的意思表現得很明白，因為這六百多頁的文字，只是作者喃喃自語，不在乎讀者甚解[79]，也不在乎馬共評價。

事實上，《寂寞行者》可視為《沙啞的紅樹林》的延續。相對於某些「馬共書寫」中那種忠奸分明、義無反顧的革命者形象，《沙啞的紅樹林》所刻畫的是不甚堅決、猶豫、在公共與一己之間徘徊，直到迫不得已走投無路才投身革命的小人物。《寂寞行者》則寫這些小人物的進一步思索和反應。駝鈴固然對他所不認同的、立場不穩或變節的馬共／左翼人士有所臧否，但他同情那些有思想但會提出質疑和困惑的人。

駝鈴對特定人物，如張佐[80]、阿海[81]等幾位領導，推崇備至，他

---

[79] 駝鈴讓不同的歷史人物以第一人稱交錯出場，熟悉馬共歷史者或可依賴這些人物的歷史角色順利「拆解」他們的身份，但對不熟悉相關歷史的讀者而言，就有故弄玄虛之嫌。

[80] 張佐，本名張天帶，資深馬來亞共產黨黨員，抗日時期曾在 101 學校受訓。自 1973 年以來，他領導第六突擊隊在金馬崙成軍，此後一直在馬來西亞境內森林活動長達 14 年，1987 年在吉隆坡被捕，並比正在與馬泰政府進行協商的邊區馬共中央，提前集體接受政府「招安」。此事引起內部很大的爭議，是

對張佐的肯定，更是非同一般，因為《寂寞行者》大約有200頁的篇幅針對張佐的回憶錄《我的半世紀》[82]進行了「高度抄寫」。駝鈴稱，他在寫作時偶讀張佐回憶錄的手稿。當時該稿出版無期，他惟恐如此重要的「歷史」記錄因此而被湮沒，遂將其內容轉化為小說的情節，讓「歷史」得以重見天日。他沒料到該回憶錄出版成書後，反讓他的苦心被誤指為「抄寫」或「抄襲」[83]。這個插曲充份地說明了作者陷溺在歷史、文學和個人之間的糾纏和焦急。

　　《寂寞行者》讓人讀不懂就在於它太「真實」了。占全書一半篇幅（約300頁）的〈卷三山林歲月〉裡以第一人稱出場的人物，全都是真實人物，計有賴萊福／杜龍山、單汝共／阿海、張佐／張天帶、阿都拉西迪（Abdullah C. D）、章凌雲／阿蘇、秀蘭／妙蘭、姚守信／姚光耀等；他們不但是真有其人，而且以不同的本名／黨名出場。儘管文中作了很清楚的「明示」，但不諳馬共歷史的讀者仍然不明所指。此外，作者也太過於借重其中一號人物「謝天霖」（其原型為作者本人）之口來表達其革命與文藝理想，許多有指向對象的直接批評或指桑罵槐，讓人讀來摸不著頭腦。

　　老作家駝鈴，作為左翼的一員，基於其個人的認知及某種歷史使命感，急欲留下可以表態的記錄，暢談己見、重申立場，也宣洩不滿。然而《寂寞行者》無論從哪一方面看，可能都很難在文學史上留名，不過它對馬共歷史研究卻產生不同的意義和價值。它揭示了內部的複雜性，進一步細緻化「他者」的對象和「內外」的分野，打破過去以

　　降是叛是俘，至今沒有定論。

[81] 阿海，本名單汝共，又名阿成，資深馬來亞共產黨黨員，自1960年陳平遠赴中國起，替代其在邊區的職務，任馬共代總書記。和談後專心著述，2011年3月30日病逝於勿洞，享年93歲。

[82] 張佐，《我的半世紀——張佐回憶錄》，吉隆坡：張元，2005。

[83] 駝鈴先生訪談，2010年10月11日，吉隆坡。

森林邊緣為界，匪徒在內野戰隊在外，或馬共在內人民在外的這種既有的定位。「他們那些人」不再只是在森林裡的共產黨，馬共自己也有「我們」游擊隊和「他們」地下組織；在扣留營裡有「我們」左翼或政治犯和「他們」私會黨或刑事犯；「裡面的人」也不再能充分指涉馬共，因為馬共也有人在「外面」；《寂寞行者》不僅透露了內部的雜音，它本身也成為「馬共書寫」的內部雜音。

（五）耳聞的「歷史」，目睹的「真相」：小黑的〈細雨紛紛〉與〈白水黑山〉

小黑是緊急狀態時期（1948-1960）出生的世代，他沒有經歷父執輩那種直接被捲入左右、內外、同情還是撇清的選邊和掙扎中，但在他的成長過程肯定有不少耳聞而來的「歷史記憶」。與他同一世代成長的人，有一部份人的人格投射在〈細雨紛紛〉的小說人物「承恩」身上：對上一代／父親的情仇，介於理解和怨恨之間，特別是有馬共關係的家屬。「承恩」的父親參加馬共鬥爭後，遺留給子女的不是高大的革命形象，反而是國家灌輸的「恐怖分子」的暴力和「拋妻棄子」的負心形象。另一部份同世代的人，則反其道而行，他們延續了父兄輩的行動，前仆後繼投向武裝革命，不過這個時代的青年，受到1969年「五一三事件」[84]的衝擊更甚於五〇年代左翼運動所掀起的熾烈鬥爭。小黑成長的世代，充斥著這兩類的朝相反方向行進的人物。因此他的創作反映的正是這個世代的各種記憶、情緒和行動。

小黑的另一篇作品〈白水黑山〉則表達了這個世代的困惑，或者還有失望。神勇的「楊武」壯烈沒入深淵「犧牲」後，原可以把一個大時代的信念和理想永久定格，埋藏在信仰它的人們心中，即使出師未捷，但浩氣長存。然而「死得其所」的人未死，還變身「雍容華貴、

---

[84] 此「五一三事件」乃是1969年在馬來西亞發生的是一次族群流血衝突，與前述發生在新加坡的學生運動不同。

氣色紅潤、臉頰圓滑、眼睛銳利」的學者歸來，讓守住他的人格存在的人沮喪，讓聽其事跡長大的人迷失。

「楊武」對同為作家的小說人物「我」造成的衝擊，就如同以富賈形象重新露面的陳平對小黑造成的打擊一般。那些耳聞積累的「歷史」，一夕間瓦解，不敵親眼目睹的「真相」。作者的困惑和失望在《白水黑山》的〈跋〉中流露無遺。1989 年 12 月 2 日守在電視前的小黑，心裡想必有他預設的形象，可能包括他隨即想到的「漏夜從山上逃回老家，瘦骨嶙峋，眼睛都深陷了」的鄰居青年。驟見「臉色紅潤，閃耀富貴的光澤」的馬共總書記，怎不教小說家失措？於是他把整半個世紀的鬥爭史，窄化成「某一個人的理想，是由許多人的血凝集而成」的感嘆。[85]

然而這聲感嘆之深刻，不容小覷。它不是作家個人的喟嘆，在很大的程度上反映了集體的失落。小黑只是率先書寫出他的世代對歷史的幻滅。

四、「馬共書寫」的解讀與盲點——學者／評論

「馬共書寫」的討論離不開作者和文本，但也不能忽視學者就「馬共書寫」所展開的相關討論。三者不能分離，因為作者的寫作動機、文本呈現的樣貌，加上學者的分析評論，所展現出的文學與歷史之間的糾結面貌，對一個歷史研究者而言，比個別理解來得更為複雜也更為有趣，且更能充分地說明兩個學科既交錯又疏離的現象。一般而言，作者寫作成就文本常有很個人的考量和議程，因此文本反映作者的歷史經驗和認知，也揭露其侷限；同樣的，學者聚焦在文本和文學本身的探討和解讀，反映其學科訓練和素養之餘，也可能暴露其歷史資訊的匱乏。

---

[85] 小黑，〈黑山巍峨，白水悠悠（跋）〉，《白水黑山》，頁 197-206。

　　以下，試以三位針對「馬共書寫」進行過討論的學者為例，指出文學研究者解讀和論述上的盲點，也分享我的看法。

（一）公開的和暗藏的官方論述共謀者：林春美論黎紫書

　　林春美對黎紫書以馬共為題材的創作，做了非常精彩但嚴厲的分析。作者在〈誰方的歷史──黎紫書的「希斯德里」〉[86]一文指控黎紫書的「馬共書寫」與「正史共謀」，「進一步鞏固官方觀點，而將馬共繼續留在歷史與記憶的空白之頁。」但林春美對「歷史」過於信任而且充滿正義感，對黎紫書的攻擊雖然猛烈，殺傷力卻不強，反而透露了本身流於情緒的內在焦慮。

　　林春美不同意黎紫書把馬共描寫成「純粹的內訌，純粹的暴力」，而且「匪氣」橫流，又與私會黨掛勾。她並且指控黎紫書採取「在地、本土、內部」的略策取信讀者，卻沒有以「圈內人」（insider）的視界去理解馬共的歷史選擇。林春美讀黎紫書讀得極仔細，並對其中情節的安排解讀出各種絕妙的聯結，比如：象徵殖民者的「聖米高」中學與一水之隔的「水月宮」，乃暗喻反不反殖，終究只是萬境歸空的鏡花水月；那頂一直被把玩的「氈帽」成了馬共被污名化為盜匪的罪證，因為它的英國身世讓階級對抗被轉化及簡化為財物劫掠。在林春美看來，黎紫書的佈局總是機關算盡，背後都有陰謀，使她更不能諒解。

　　然而，就歷史論歷史的話，林春美的諸多批判有可能不能成立。她一再質問：黎紫書創造的馬共，為甚麼多有暴力？但我不禁想問：為甚麼不呢？「暴力」、「匪徒」固然是殖民者的政治詞彙，但馬共本

---

[86] 林春美，〈誰方的歷史──黎紫書的「希斯德里」〉，《性別與本土──在地的馬華文學論述》，（吉隆坡：大將，2009），頁152-181。

身對暴力也有不少反省[87]，從傷害民生的政策到肅反時期的冤案，雖沒有高調批判，但也作出一定程度的檢討。事實上，馬共對被打為「匪徒」、「恐怖分子」更感忿怒，志氣高也不屑與「私會黨」為伍。但怡保的共產黨和私會黨都是大有名堂的，我們其實很難肯定黎紫書是出於混淆還是存心污名。她可能只是代表了一種「民聲」。[88]林春美解讀的文學聯結也許精彩，但未必是黎紫書的本意。在〈州府紀略〉中，除了隔著近打河遙遙相望的「聖米高」和「水月宮」，慈善社、二奶巷、休羅街、舊街場無一不是怡保的真實地景。我們不能確定黎紫書有沒有暗藏意圖，但「水月宮」之所以是「水月宮」，肯定不是她「設計」的。

　　另一方面，內外的概念是相對的，而且也分陣營。黎紫書相對於留台一脈的作家，其「在地、本土、內部」的位置毋庸置疑，但相對於金枝芒、賀巾、駝鈴，這些自我定位就有許多游離空間了。但內外不是二元對立，官方和地方（local）亦然。林春美把官方論述和馬共敘事對立起來，非此即彼，不但抹煞了其間的複雜性，也把黎紫書誤置在「圈內人」的位置。

　　林春美的問題在於她相信有「真實的馬共」和「真實的歷史」。她一直在辨善惡、分真假，找出「真土匪」，切割「私會黨」。她唯恐污名，痛恨不義，擔心黎紫書的「馬共書寫」成為某種集體記憶的版

---

[87] 當然也有隱瞞，而且隱瞞的不止是暴力，還有其他。因此，即使黎紫書不是暗示而是明言「馬共執筆的歷史文本對本身的暴行必然也諸多隱瞞」，我們也不能說她不對。陳平的回憶錄固然填補了一些空白，但也留白不少。這是位置和期待的落差所致。

[88] 我過去從事新村研究時，在其中一個田野地裡每問及「共產黨」的問題，村民卻總回報我以「私會黨」的答案，因為這才是他們的生活和記憶所及。見：潘婉明，《一個新村，一種華人——重建馬來（西）亞華人新村的集體記憶》，（吉隆坡：大將，2004），第二章。

本。林春美就歷史論小說，凡事以「歷史」而且以「真實的歷史」來
要求她，黎紫書自然動輒得咎；但黃錦樹為林春美寫的序指出，若就
小說論小說的話，則大部份都在情理之中。[89]從我的角度，就小說論
歷史，則黎紫書的「書共書寫」其實還看不出甚麼歷史議程，她的歷
史感／意識多從個人出發，鮮有更大的關懷。她只是透過創作，書寫
故事、地方、記憶、人情和人性。

　　不過黎紫書的得獎感言誇誇其談「對歷史失去了原來的敬畏」，
仿佛這些寫作是她被「愚弄」之後的反撲，很讓人聯想起她是晚幾個
世代的小黑。不過比起還抓住那個時代尾巴的「五年級」小黑，「七
年級」黎紫書「簡直對『現存』的歷史感到羞恥」的豪語倒顯得有點
牽強。陳平的形象對不同世代所造成的心靈傷害，從小黑延續到黎紫
書，似乎沒有停止過。

　　林春美的焦慮是很真實的，但她讓區區黎紫書來承擔這個重責，
可能有欠公允。因為用同樣的標準來檢驗的話，放眼馬華作家的「馬
共書寫」，恐怕都不能通關。如果黎紫書筆下的馬共能坐實為「官方
論述共謀」，那麼其他一眾人等都難免有「暗藏官方論述」之嫌。商
晚筠對野戰隊的同情和擔心，不也站在馬共的對立面嗎？黃錦樹那些
死的死、關的關，總是不敵當政者的馬共們，難道沒有暗示著革命的
失敗嗎？李永平和梁放的共產黨員老師們，不也都被一一擊斃了嗎？
戰無不勝而且歡樂無比的馬共故事恐怕會讓林春美更傷腦筋的。

　　（二）擴大的書寫，簡化的歷史：鍾怡雯論「馬共
　　　　　書寫」

　　鍾怡雯的〈歷史的反面與裂縫──馬共書寫及其問題研究〉一
文，透過馬共所書寫的文本分析，探討歷史與文學之界線，並討論其

89　黃錦樹，〈馬華女性文學批評的本土探索之路〉，收錄於林春美，《性別與本土
　　──在地的馬華文學論述》，頁9-11。

以小歷史對抗大歷史、又以微歷史縫補小歷史之間的關係。作者以 Hayden White 的「史元」（metahistory）觀點來說明「馬共書寫」中「故」事（past event）和「故事」（story）的模糊區，印證了歷史和文學並非涇渭分明；又以男性「馬共書寫」的內部差異，指出自傳的虛構性和想像成分；再以女性書寫的類同與不同，指出「馬共書寫」的再現危機。

鍾怡雯的論文將自傳、回憶錄、口述歷史歸類為「紀實文學」，因此擴大了「馬共書寫」普遍被視為「文學創作」的範圍。作者指馬共採用紀實文類為書寫形式，其目的乃「以另一種堪跟『歷史』匹敵的書寫類型來重寫馬來（西）亞的獨立史。」姑不論我們有沒有把握很肯定「他們」每人都有這樣的自覺性和宏圖，但「紀實文學」這個歸類在某種程度上已揭示了作者暗示／宣稱「所有方」寫作的「歷史」都不過是介於歷史和文學之間的「馬共書寫」。如此，現今歷史學者賴以為據的眾多文獻材料，包括自傳、回憶錄、口述歷史、生命史、訪問、悼文、通信、口供，可能也都流於「想像性的建構」而備受質疑了。

當然，這並不是不能挑戰的命題。就後現代史學的角度，所有「歷史」都不過是後設的「詮釋」；許多學者甚至就檔案的選擇性和虛構性作過論證。但問題是，即使是文學創作尚且可有效地用作史料，更何況以親身經歷為基礎的紀實文類。質疑這些文獻的想像或虛構性並沒有更多地說明這些材料的使用價值。目前，除了領導的回憶出版外，散居各地的前馬共成員也紛紛寫作。我所知道的許多作者，乃以一名歷史的參與者／當事人／倖存者的身份，用極其嚴肅、虔敬歷史的態度，寫下他們各自的經驗，用以記錄歷史、追悼亡者。我認為這些作品均需由歷史學者嚴正看待，不能僅就文學的角度進行敘事的分析，並進一步質疑其作為史料的價值。就我的理解，任何形式的材料都有其作為材料的分析意義，但如何使用它是研究者本身的考驗。

　　鍾怡雯很專注地就一批馬共所撰寫的文本加以分析,但是過於聚焦在文本本身,欠缺歷史背景的掌握,使其分析顯得天真。例如,作者指某女性馬共的口述歷史解開了馬共使用化名的「歷史謎底」,並認為化名乃隱喻秘密、地下、官方歷史之下。事實上,馬共採用化名其來有自,是非法政治組織必然採取的策略,並無不解之謎。又例如,她讀第六突擊隊司令張佐回憶錄《我的半世紀》,認為他「相對簡單而無所求,流露出老實說故事的動人風采」,跟陳平「為自己和馬共辯護的強勢作風」相比,其「深情」更具有說服力。一般而言,張佐和陳平無論就本人或文本,都沒有擺在一起比較的基礎。以張佐的憶述與陳平的《我方的歷史》進行攻錯,其「深情」或有之,卻不能更多說明「歷史」。

　　因此,作者一再以其他馬共領導,如阿成、方壯璧、黃信芳等人撰寫的「馬共書寫」,與陳平的《我方的歷史》作對照,攻訐其內容之「不實」與「省略」的作法,亦很可商榷。作者旨在說明自傳體文字隨時在記憶和想像中流動和運作,有時連傳主也未有覺察。然而,這種比較無疑是把《我方的歷史》視為某種馬共「正史」,大有違背前面把自傳體書寫歸類為「紀實文學」的初衷。而且,馬共撰寫的自傳體文字,也很可能完全違背了作者的樂觀期待,因為它們未必紀實,也非文學。如果只以陳平《我方的歷史》為敵,群起圍攻之,當可找出無數「不相符」之處;但如果拿出其他各人的回憶文字互相比對的話,很可能會演為一場沒法完結的遊戲。馬共黨/正史遲遲未有共識,正因為對簡中個人的論定遠比對黨政的評斷來得複雜。馬共領導彼此,想要張揚的和想要掩藏的「歷史」,恐怕一樣的多。

　　鍾怡雯另一個盲點是把歷史清楚切割為大歷史、小歷史和微歷史三大類,並簡化大歷史即官方歷史,小歷史即「馬共書寫」,而微歷史則是從小歷史分流出來的、由女性馬共寫作的「馬共書寫」。這種切割過於涇渭分明,完全化約了歷史動態而複雜的可能性。歷史之大

小，其界定可以是更廣、更相對的概念。大歷史超過官方，可以提高到任何與外在政治體聯結的重大框架，如冷戰、國際局勢、意識型態、區域安全等，也可以針對論述霸權而言，即某一種論述凌駕於其他話語形成不可攻破的主流。換言之，當某一種馬共論述成熟到可以形成該方的主流時，它也有可能成為相對的、內部的「大歷史」。

　　不過更令人不安的是，鍾怡雯把女性敘事歸類為微歷史，儘管她表示此舉只是為了突顯男女馬共歷史之差異，「而非箋注之用」，但事實上這樣的分類，就已置之於比小歷史更為邊緣的位置，宣示女性處於某種更不可挽回的弱勢。此外，鍾怡雯對邱依虹撰《生命如河流——新、馬、泰十六位女性的生命故事》一書的評論也和我的理解完全不同。鍾怡雯首先稱邱依虹受限於她的「同情和感同身受」，因此得出跟男性的「馬共書寫」相同的「結論」，因為邱依虹所強調的女性馬共的特質，非但沒有呈現應有的異質性，反而看不出「她們的故事如何跟男性馬共書寫有所區隔」，又指「微歷史亦非女性歷史書寫的全貌」，因為「女性的微歷史跟馬共的主流歷史並行不悖」。然而她在後文又添一筆，指邱依虹以女性的觀點，「敏銳的讀出女性跟男性馬共書寫的不同之處」。為此我有點混亂，唯恐誤解她的意思。

　　據我的理解，邱依虹進行是項口述歷史計畫時，應該沒有特別的彰顯性別差異的意圖，她單純地想讓女性得以發聲，同時解答她個人的困惑，因此也沒有所謂的得出甚麼「結論」。其實鍾怡雯很有意識地預設了性別差異，可惜解讀的角度大不相同。我認為《生命如河流》的絕大多數例子告訴我們，女性參與革命的動機，起碼在敘事層次上，和男性有很大的不同。當男性強調反帝、抗日、反殖的同時，女性透露了窮於應付的生活窘境，如：貧困、飢餓、家暴、逃婚、逃家、逃避政府逮捕、學習機會等等，甚至還有為了愛情革命的「隱腳本」。當男性不落俗套地宣稱無我大義，女性並未諱言革命與生存策略的一

體兩面。[90]

（三）當馬華不華文，當左翼反共：莊華興反對「馬共書寫」的困境

　　莊華興反對「馬共書寫」的態度向來明確，他在幾篇論及金枝芒的文章都清楚表明過這個立場。他認為馬華文學中的左翼傳統即可容納「馬共書寫」這支分流，因為金枝芒早年就是出於這個傳統，把金枝芒的長篇《飢餓》納入這個傳統甚至可能解決馬華文學長期以來「經典缺席」的爭議。[91]

　　莊華興的文學史主張似有其議程，但他沒有充分討論過「馬共書寫」所以不能成立的「真正原因」就直接否決它，讓他的主張氣勢有餘但論證不足，也沒有否定到底。如果「馬共書寫」不宜自立門戶只能納入左翼傳統，這種善意的安置是否就已說明了它得以存在的理由？就我的閱讀和理解，我認為「左翼文學」和「馬共書寫」的界線縱有重疊，但「左翼」並不能統攝「馬共書寫」的全部範疇。「馬共書寫」有其特殊性和多元立場，兩者之間應該發展共存對話的關係而非陷溺於統屬爭議中。

　　基本上，以「左翼文學」概括「馬共書寫」的主張有以下兩點困境：首先，莊華興乃至其他目前談論過「馬共書寫」的學者，都沒有超脫馬華文學的範疇。如果「馬共書寫」指的是涉及以馬共為角色、

90　潘婉明，〈性別・愛情・生存策略──女性馬共的革命動機〉，宣讀於「2009年台灣的東南亞區域研究年度研討會」（台北中央研究院人文中心亞太區域專題中心，2009 年 4 月 24-25 日。）

91　莊華興，〈從失蹤到失憶──以郁達夫和金枝芒為例探討馬華文學的存在之議〉，宣讀於「歷史與記憶──中國現代文學國際研討會」（香港中文大學，2007 年 1 月 4-6 日。）；莊華興，〈飢餓的文學史巨獸──金枝芒與左翼馬華〉，宣讀於「第五屆馬來西亞漢學國際學術研討會」（馬來西亞博特拉大學，2008年 9 月 12-13 日。）

情節、時代背景的創作，或由馬共親自書寫的文本，那麼我所知道的「馬共書寫」起碼有一批是以英文寫作的，一部份由前述殖民（執行）者所遺留的、我姑且稱為「馬共書寫」之「報導文學傳統」的作品；另一部份則由當代本土作家所創作的文本，新加坡的 Christine Su-chen Lim 即是其中的佼佼者。[92]如果排除這些作品的話，則韓素音的《餐風飲露》、陳田親譯的《紅色的森林》，乃至歐大旭近著《和諧絲莊》[93]等譯著也得一概排除。那麼摒棄以馬來文書寫的相關作品自不在話下了。然而，為了保留馬華文學這個主場域，讓「馬共書寫」限制在一種語文的創作，豈不辜負了其文本及題材的多元性？馬共的鬥爭，從戰前到建國，無一不是國家歷史的環節，如果將它侷限在「馬華」之內，有可能意外地促成了「馬共＝華人」這種簡單的聯結。

其次，我所接觸過的大致可以歸類為「馬共書寫」的文學文本，如果用較為嚴格的左翼文學理論來要求，可能有很大部份的作品都不合格。左翼文學最基本的條件是認同左派、親共甚至支持武裝，但是目前被普遍指為「馬共書寫」的文本，不但不具備這個條件，其中還不乏反共／恐共／質疑共的書寫。當「馬共書寫」不左，又如何納入「左翼文學」？在這種情況下，莊華興有必要更清楚闡明其反對立場的脈絡，同時也必需為「馬共書寫」建立起更明確的界定和範疇來展開他的論述及主張。

五、代結語——作為文獻的「馬共書寫」

為了行文方便，我除了把「馬共書寫」括弧起來，似乎沒有加以定義。事實上，至目前為止，我所知道的論及「馬共書寫」的學者，

---

[92] 她的作品包括：Lim Su-chen, *A Bit of Earth*. Singapore: Times Books International, 2001; Lim Su-chen, *Fistful of Colours*. Singapore: EPB Publishers, 1993.

[93] 這本小說在台灣和大陸都出版了中譯本，原著為：Tash Aw, *The Harmony Silk Factory*. London: Fourth Estate, 2005.

也都是在各自的定義下或幾乎沒有定義的情況下直接進入討論。因此，我也想當然耳地使用這個「既有」名詞，並想在它的概念還很混沌、還有爭議之際，提供馬共歷史研究者的角度、另一種閱讀文本的可能性以及背景資訊，希望有助於相關概念的釐清。

　　「馬共書寫」很明顯還不是歷史學的課題，本文的寫作也不是為了支持或反對某一立場而展開的，因此貿然定義「馬共書寫」，既是一門苦差，也不是我能勝任的任務。但深思一層，舉凡學術概念的討論，即使文章未正式定義，其定義想必早已存在於構思中，因為心中若無定見，任何概念的思考便沒有可依循的界線了。因此，定義「我的」「馬共書寫」似乎是不可迴避的了，謹在此提供一個歷史學的參考框架。對我而言，如何把「馬共書寫」有效地應用到歷史學研究中，才是我所關切的問題。有鑒於此，我認為「馬共書寫」必需符合以下條件[94]：以馬共人物或戰鬥為故事背景、以歷史為創作動機、遵循現實主義文藝教條，以及必需是文學創作；這些作品最好能體現組織的運作、政治決策及思維，能刻劃人性及臧否人物，其內在精神需反映一個時代／世代的歷史意義和生活面貌，也能透露不同陣營的策略、認同、心態和處境，等等。在這樣的前提下，「馬共書寫」的文獻價值將大幅提升，特別是馬共書寫的「馬共書寫」。

　　上述的建議，可以暫時解決一個問題，即把「馬共書寫」和馬共的「歷史書寫」區分開來。「馬共書寫」如果留在文學的畛域裡，它的界線就相對清楚了，其爭議也可望縮小到創作動機的辨識、歷史知識／意識的基礎以及作品表現的優劣等問題。就現階段而言，當「馬共書寫」的數量和質量都不夠厚實之際，這樣的界定起碼可以讓大部份屬於文學的「馬共書寫」，除了文學敘事分析外，還有其他被理解的可能性，才不辜負它們之被創作的歷史意義。未來「馬共書寫」的

---

[94] 前文列舉和討論的「馬共書寫」不一定符合這個定義，為方便對話才一併列入，故而一概使用括弧。

創作有所突破，這個定義的適用性肯定需要再加以檢討的。

　　傳記文類屬於馬共的「歷史書寫」。據我對文本的解讀和對田野的掌握，這些執筆書寫和口述記憶的作者們，乃以當事人的姿態嚴肅思考、謹慎行文，表達出他們對歷史的虔敬又俯仰無愧。這些作品的寫作並非出於文學動機，因此純粹的文學賞析不足以充分挖掘它們作為文獻的價值。如果罔顧這一點，對當事人或作品本身都是一種冒犯。

　　事實上，這也是「馬共們」對「馬共書寫」一詞不能認同的原因。馬共除了把「馬共書寫」括弧起來，還經常加上「所謂」在前。出於反感或受傷，馬共對「馬共書寫」的否定也變得很不客觀，並把正負形象二元對立起來，挑剔其中所有「不實」的細節，也不接受任何馬共人物的反面描寫，連「自己人」的作品也不例外。另一方面，有左翼背景的讀者也不認同「馬共書寫」。一位出身左翼家庭的受訪者表示，「馬共書寫」這種「流行名詞」讓人感到不舒服，認為如果不把早年的左翼創作及馬共自己所書寫的文本，跟晚近一般馬華作家的創作區隔開來，等於褻瀆了那場鬥爭，乃不諳歷史的文學外行消費了整個左翼運動的內在精神。

　　無論「馬共書寫」可不可能，基本上都對我沒有影響。我對「馬共書寫」的關懷建立在喚起歷史研究者對創作文本的重視，因為這些作品蘊含著豐富的訊息、當事／時人的意識、認同和情感。因此，「馬共書寫」作為文學場域的課題，甚至登上文學論戰的舞台，無論其「下場」如何，都不會改變我使用它們作為文獻的態度。我關心的是，「馬共書寫」如何能成為有意義的文獻材料，幫助我們認識隱藏在敘事背後的意識型態、歷史傷痕和社會記憶。

　　所以真正令我憂心的是，「馬共書寫」既宿命地不能與歷史切割，但它作為文學的一環，卻沒有被充分的理解。我擔心「馬共書寫」作為純粹的文學文本被分析時，由於論者對歷史場景和事件經過的掌握不足，對作者背景、經歷、個人感受、寫作動機和姿態的生疏，或抱持不適切的歷史期待，而使其「以文述史」的意義被消解掉。如此，即使「馬共書寫」得以成立，它的意義也將大為削減。

Intertwining Between History and Literature:

Categories, Texts and Comments of the

"Communist Writing"

Phoon Yuen Ming

Ph.d Candidate, Dept. of Chinese Studies,
National University of Singapore

Abstract

In recent years, 'Communist Writing' has become a popular but controversial term in the world of Malaysian Chinese literature. While some scholars accept literature texts and biographies written by communists as 'Communist Writing', others oppose such categorization. Such discussions have so far been limited to the field of Chinese literature, with the voices of other social scientists absent. Since Communist history is part of a broader national history, it is important to examine 'Communist Writing' from a historical context. To understand 'Communist Writing', one has to keep in mind that history and literature are often intertwined and historians might provide different perspectives in understanding such texts. This paper, therefore, aims to shed new light on 'Communist Writing' through a historical lens, providing a textual analysis and an alternative way to understanding 'Communist Writing' in the Malaysian Chinese literature world.

Keywords: Communist Malaya, Communist Writing, Leftist, Malaysian Chinese Literature.

中國文學史（下）

作者：龔鵬程
出版日期：2010/8/30
ISBN：978-986-6178-06-1
參考售價：500元／18開精裝

本書詳細說明了文學這門藝術在歷史上如
何出現、如何完善、如何發展，歷代人的文學史觀念和譜系如何建
構，及其內部形成了哪些典範，又各存在了哪些問題與爭論等等。
文學的觀念史、創作史、批評史，兼攝於其中。作者不僅對過往文
學史論述做「批駁彈正」，展現作者卓越的文學史觀，並提出諸多
非常新穎的論點，使這本文學史如此與眾不同，堪稱劃時代之作。

龔鵬程，現任北京大學教授、美國歐亞大學校長等職。

真實與想像──神話傳說探微　胡萬川文集①

作者：胡萬川
出版日期：2010/10/5
ISBN：978-986-6178-09-2（平裝）
ISBN：978-986-6178-08-5（精裝）
參考售價：450元／18開平裝
　　　　　650元／18開精裝

本書所論皆神話、傳說重大議題，分析深入且具啓發性。對長久以來習以爲常之認知，提出挑戰性的看法，並有突破性的見解。如鯀、禹本來是創世神話角色，不是歷史人物，嫦娥奔月則是死亡起源神話的變異，且奔月和射日各不相干，嫦娥和羿爲夫妻之說只是後人的想像。又如降龍伏虎羅漢，原非印度佛教所有，乃中土之產物，其意涵可與周處除三害及王維詩「安禪制毒龍」相見證，更可與英雄「屠龍」傳說相啓發，其緣由始末在書中首見發揮。

　　胡萬川，推動台灣民間文學工作與研究的重要學者。

民間文學的理論與實際　胡萬川文集②

作者：胡萬川
出版日期：2010/10/5
ISBN：978-986-6178-11-5(平裝)
ISBN：978-986-6178-10-8(精裝)
參考售價：400元／18開平裝；
　　　　　600元／18開精裝

　　本書對「民間文學」重要議題，如民間文學特性、民間文學成爲學科之過程、以及田野調查規範，從理論到實際，本書有啓發性、引導性之探討。故事、歌謠等民間文學內容，雖然自古即已存在，但「民間文學」作爲一個學科的概念，乃十九世紀歐洲浪漫民族主義思潮之產物，本書對此有詳細之解說。又如眞假民間文學之辯（Folklore and Fakelore）一類觀念，以前未見介紹之文章，本書亦有深入之探討。而對台灣代表性的傳說，本書更有深入的分析。

臺灣師大圖書館鎮館之寶——
翁方綱《翁批杜詩》稿本校釋

校釋者：賴貴三
出版日期：2011/3
ISBN：978-986-6178-21-4
參考售價：1200元／25開精裝

本書以國立臺灣師範大學圖書館鎮館三寶
之一的翁方綱（1733-1818）手批、徐松（1781-1848）補批《杜詩》
稿本，以及晚清夏勤邦過錄抄本《杜詩附記》為主，並以仇兆鰲
（1638-1713）《杜詩詳註》為斠讎底本，詳為比對，辨章考鏡。首編
緒論，探討翁氏傳略、重要稿本、治學進路與此稿源流；次編分冊
校釋，以溯源存眞；末編結論，歸納翁氏批注特色、書法風格與學
術價值，觀善集成，貞定其學。附錄二種與參考文獻，以備稽考。

賴貴三，現任國立臺灣師範大學國文學系教授。

詞學文體與史觀新論

作者：劉少雄
出版日期：2010/08/10
ISBN：978-986-6923-98-2
參考售價：450元／25開平裝

本書一方面依據文體論的觀點，透過對北
宋名家和清詞的實際分析，呈現詞體之美的特
質；另一方面則研究周濟、胡適、鄭騫諸家如
何因應時代需要為詞史賦予不同的內容及意義，並藉《草堂詩餘》
一集之研究，分析明清詞學的演變勢態。如是結合文體和史觀的研
究，旨在彰顯詞之文體特質及其美典形成的具體歷程。

劉少雄，現任臺灣大學中國文學系教授。

紅樓夢解紅樓夢——後四十回非高鶚續著

作者：王乃驥
出版日期：2010/12/30
ISBN：978-986-6178-17-7（平裝）
ISBN：978-986-6178-16-0（精裝）
參考售價：600元 / 25開平裝；
　　　　　800元 / 25開精裝

　　本書命題《紅樓夢解紅樓夢》旨在為紅學建立一新典範，作者「以紅解紅」，按書索驥，探索曹雪芹在紅樓夢書內之精心伏筆，引為內證，擊破紅學重大懸案，如「後四十回續書之疑」、「元妃虎兔相逢之謎」、「鳳姐一從二令三人木之隱」，宏觀微觀，獨家絕學，可謂紅學界異軍突起。作者指出，賈府藉清虛觀打醮看戲一幕即是線索。「清虛觀」戲中有戲，提點曹府之興、盛、衰三部曲，係演出於大清王朝、太虛幻境、大觀園裏，此即紅樓內證一例。

　　王乃驥，臺灣大學畢業，美國經濟學博士。著有《金瓶梅與紅樓夢》。

文學理論

作者：羅麗容
出版日期：2010/9/20
ISBN：978-986-6178-07-8
參考售價：400元 / 18開平裝

　　在所有的文學研究中，最有趣味且饒富意義的一部分，就是文學的基礎與根源、範圍與精神、原理與宗旨、類型與發展等基本問題的訓練。而這種功夫並不容易達成，甚至可以說困難重重，但是報酬率之高，超過其他文

學入門法，尤其是對高等教育中，以文學為學習目的之初入門者而言，它是一種健康而必要的思想訓練，一旦通過這種謹慎研求的訓練門檻，學習者就會被激發出更進一步的研究熱情與欲望。就此而言，文學理論的學習是在訓練思想的學問中佔有一席之地的，因此本書的討論也以此觀點切入，深信可引導初學者入此範疇中，不至有入寶山而空手回之嘆。

羅麗容，現任東吳大學中國文學系所教授。

尚實與務虛：
六朝志怪書寫範式與意蘊

作者：林淑貞
出版日期：2010/9/5
ISBN：978-986-6923-99-9
參考售價：700元／25開平裝

本書旨在探賾六朝志怪之書寫範式與意蘊所豁顯出來的人文心靈，冀能透顯、衍發六朝志怪之集體意識與書寫表徵。

全書分從六個面向進行探論：一、從虛實相納視角探討人類與天界、怪異界、冥界之常異遇合所佈示的虛實、真假的潛隱意涵；二、從飲饌書寫探討當時人企求長生不死之圖像與思維；三、從地誌書寫探論地誌博物與人天相融相攝的互為主體性之內涵；四、從療疾思維探討民俗療法與當時醫學發展之對蹠發展的軌轍；五、從災異書寫探討徵兆、驗證、解釋之關係，以達鑒古知今的預識與譴告之作用與效能；六、從六朝志怪與唐人小說對人神／仙婚戀的攀援與介入探討延異、顛覆與互文之關涉。

林淑貞，現任中興大學中文系教授。

新詩啓蒙

作者：趙衛民
出版日期：2011/2/28
ISBN：978-986-6178-20-7
參考售價：300元 / 25開平裝

本書網住二十世紀新詩的流變，歷數徐志摩、聞一多、戴望舒、何其芳、馮至、穆旦、余光中、周夢蝶、鄭愁予、洛夫、瘂弦、商禽、楊牧、白荻等名家名作；觀摩波多萊爾、魏爾崙、韓波、惠特曼、艾略特等西方詩作；探索創作技巧及詩學理論的發展。為中國新詩模造形貌，允為最佳新詩入門。

莊子的道──逍遙散人

作者：趙衛民
出版日期：2011/3/7
ISBN 978-986-6178-22-1
參考售價：300元 / 25開平裝

本書從莊子的時代及反省入手，由老莊的差異引路，探索莊子無的智慧。展開莊子人道、物道、技藝之道、語言之道、天地之道、聖人之道的各層思想，全面詮釋莊子的義理，還原莊子的道的原始風貌。旁通西方尼采、胡塞爾、海德格、德希達四大家以會通比較，依義理的必然推理展開，結構嚴謹，呈現莊子思想系統的具體架構，解釋並鏡映當代西方哲學的風采與幽深。莊子文如羽化，天機如風，千古以來，知音難覓，本書堪為指引。

趙衛民，現任淡江大學中文系所教授。

竹林學的形成與域外流播

主編者：江建俊

出版日期：2010/04/10

ISBN：978-986-6923-89-0

參考售價：600元／25開平裝

　　「竹林學」一詞是指古今中外學者對竹林七賢之學術思想、詩賦雜文及生命情態、處世智慧之探討。因已蔚為大宗，別具特色，足以成為一門獨立的學術系譜。而「七賢」也成了超俗拔群之智者、嘯傲山林者、淡泊名利者、清心寡欲者、優雅清閒者、傲世不拘者、任放誕達者的意象符碼。此論文集內容包括日、韓、越南等鄰邦接受竹林的層面，及法、英、荷、美學者對嵇、阮等學術的探討成果之評介。

　　主編者：江建俊，國立成功大學中文系教授。作者：松浦崇、佐竹保子、李慶、沈禹英、姜必任、程章燦、劉苑如、李美燕、王美秀、江建俊、林佳燕、蔡麗玲、葉常泓、劉家幸、顧敏耀。

高雄遊憩名山傳說研究
——以大崗山、半屏山、打狗山為對象

作者：彭衍綸

出版日期：2011/1/31

ISBN：978-986-6178-18-4

參考售價：1200元／25開精裝

本書為臺灣地區首部以自地地方風物傳說為研究主題的專著。南臺灣的高雄地區有著三座民眾習以作為遊覽休憩場所的知名山丘，分別是大崗山、半屏山、打狗山。本書意在以此三座高雄遊憩名山傳說為研究對象，一方面聯繫三山相關的地方風物和傳說，考察傳說的演變；一方面藉由三山傳說的聯結，一探高雄遊憩名山傳說的特色、意蘊及價值，考察臺灣民間傳說發展。

　　彭衍綸，現任國立東華大學中國語文學系助理教授。

廿世紀初中國俗曲唱述人物

作者：林仁昱
出版日期：2011/1/31
ISBN：978-986-6178-19-1
參考售價：800元／25開精裝

　　廿世紀初的中國社會，處在新舊文化衝突與融合的震盪中，作為市井娛樂的俗曲（時調），正跳出傳統框架，大量吸納新環境裡的新題材。本書依據典藏於台北、上海、北京、東京等地的曲本，對這個時期以唱述政治人物、社會新聞主角、新潮人物、市井小民、逸樂與犯罪人物、喜感人物為主題（或主要內容）的曲目進行探究，以明瞭其依人唱事的形式、作用與意義，掌握當時市井觀點與大眾心聲，呈顯該時空下的社會文化風貌。

　　林仁昱，現任國立中興大學中文系助理教授。

理學方法論

作者：劉昌佳
出版日期：2010/8/31
ISBN：978-986-6178-00-9
參考售價：600元／25開平裝

民國以來，中國哲學的建立，多是藉由透過西方哲學的理論或是方法論以解析或是建構中國固有的哲學思想。本書則是根據中國本有的哲學──宋代理學，分別就理學派、氣學派和心學派具有代表性的思想家，從其言說中提煉出共同的、建構其核心理論系統的方法論。

劉昌佳，現任國立高雄師範大學國文系助理教授。

成大中文寫作診斷書（成語篇）

主編者：王偉勇
出版日期：2009/9/30
ISBN：978-986-6923-78-4
參考售價：300元／25開平裝

本「成語篇」特提出124條成語，針對當前常見的成語使用現況提出糾謬、做出「診斷」：既指出用字、用法的錯誤，又標明正字，說明典故出處、解釋成語本意，並以文章形式呈現，示範正確用法。是今日中文學習風潮日盛，而大眾中文能力日益低落的情況下，提升自我程度的實用寶典。

撰稿人包括主編王偉勇教授在內，共十四位教授老師皆任教於成功大學中文系；郭娟玉，現任國立嘉義大學中國文學系助理教授；王璟，現任國立澎湖科技大學通識教育中心專案助理教授。

成大中文寫作診斷書（用語篇）

主編者：王偉勇
出版日期：2010/12/15
ISBN：978-986-6178-15-3
參考售價：300元 / 25開平裝

　　本「用語篇」共提出一百則常見用語，分為「一般用語」及「招牌用語」兩部分，針對現今新聞媒體、廣告招牌，乃至於一般用語常見的錯誤予以糾正。全書通過生動又專業的筆觸，娓娓道出正確字形、字義與讀音的歷史淵源，並指出書寫常犯的錯誤，加深學習的效果。本書援引古籍材料的同時，又適時結合當前熱門生活話題，舉例印證，期使讀者在潛移默化中，提升正確運用詞語的能力。

　　撰稿人郭娟玉，現任國立嘉義大學中國文學系助理教授。王璟，現任國立澎湖科技大學通識教育中心專案助理教授。

成大傳奇

主編者：王偉勇
出版日期：2010/11/5
ISBN：978-986-6178-12-2
參考售價：400元 / 25開平裝

　　本書分兩部分，上半部「成大十系傳奇」，依次為：中文、外文、歷史、化工、工資、環工、醫學、護理、建築、生科系等；由各系所學生參與撰寫，中文系教師審閱編訂。內容歷述系所沿革、

建築景觀、學習環境、師資課程、校友榮譽、文化傳承,以及特殊傳統等。下半部「你所不知的成大傳奇」,以活潑生動的故事筆法或詳盡確實的訪談紀錄,娓娓道出屬於成大的宿舍、社團、師長、靈異事件、校園景致等傳奇故事,讓你身歷其境,充滿想像空間。

　　本書由成功大學中國文學系王偉勇教授主編,蘇偉貞副教授、蘇敏逸助理教授、賴麗娟助理教授撰寫單篇傳奇,並由九位教師共同審閱、兩位博士後研究員校對完成。

寫出精彩的人生──
生命傳記與心靈書寫

撰寫者:林美琴
出版日期:2010/12/15
ISBN:978-986-6178-14-6
參考售價:300元/25開平裝

　　從捕捉靈感、字句產出到篇章書寫循序漸進,讓下筆寫作自在無礙,順利涵養寫作力。在書寫中與自己貼切相遇,體驗文字與心靈共舞的樂趣,寫出精彩的人生。

　　林美琴,臺灣師範大學國文系學士,美國南加州大學東亞語言與文化研究所碩士。曾任教職、國家臺灣文學館助理研究員。現專事閱讀與寫作教學研究與推廣。

藝術欣賞與實務

主編者：王偉勇
出版日期：2011.3.31
ISBN：978-986-6178-26-9
參考售價：300元／25開平裝

　　鑒於藝術教育普及之必要，本書整合各家專長，由五位作者分別撰寫：環境藝術、中西畫論、西洋繪畫、表演藝術、音樂藝術；撰稿人皆為相關領域之專家，並任教於成功大學藝術研究所。全書通過精彩生動的問題設計，引領讀者一窺藝術堂奧。撇開繁複的長篇大論，以精要簡明、自然流暢的筆觸，為讀者提供專業解答，真正落實藝術通識教育，提升藝術涵養。

　　撰稿人高燦榮、劉梅琴、吳奕芳、朱芳慧，皆現任成功大學藝術研究所副教授；楊金峯，現任成功大學藝術研究所助理教授。

里仁叢書總目

下列價格西元2012年6月30日以前有效；超過此時限，請來信或電話詢問。

※①表內價格全係優待價（含稅），書後括號爲初版年度（西元紀年）。

※②所有訂單一律免郵資（海外地區除外）。

※③您可選擇郵局宅配貨到立即付款或先自行劃撥（匯款）。

※④郵政劃撥、支票、電匯等相關資訊請見本書訊p.32。

一、總論

①章太炎與近代中國學術研討會論文集　善同文教基金會編　18開平裝　特價500元(1999)

②碩堂文存三編　何廣棪著　25開平裝　特價200元(1995)

③碩堂文存五編　何廣棪著　25開平裝　特價360元(2004)

④春風煦學集　賴貴三等編　18開精裝　特價500元(2001)

⑤含章光化——戴璉璋先生七秩哲誕論文集　戴璉璋先生七秩哲誕論文集編輯小組編輯　18開精裝　特價700元(2002)

⑥廖蔚卿教授八十壽慶論文集　廖蔚卿教授八十壽慶論文集編輯委員會編輯　18開精裝　特價600元(2003)

⑦吳宏一教授六秩晉五壽慶暨榮休論文集　論文集編輯小組編輯　18開精裝　特價1280元(2008)

⑧魏晉南北朝文學與思想學術研討會論文集（第五輯）　成功大學中文系主編　18開精裝　特價1000元(2004)

⑨魏晉南北朝文學與思想學術研討會論文集（第六輯）　成功大學中文系主編　18開精裝　特價1300元（2010）

⑩遨遊在中古文化的場域——六朝唐宋學術研討會論文集　臺灣大學中文系、成功大學中文系「六朝唐宋學術研討會」編輯小組　18開精裝　特價800元(2004)

⑪唐代學術研討會論文集　謝海平主編　18開精裝　特價1000元(2008)

⑫2004臺灣書法論集　張炳煌‧崔成宗合編　18開精裝　特價800元(2005)

⑬2004年文字學學術研討會論文集　王建生‧朱歧祥合編　18開平裝　特價800元(2005)

⑭傳播與交融──第二屆中國小說戲曲國際學術研討會論文集　徐志平主編　18開精裝　特價1000元(2006)

⑮第三屆中國小說戲曲國際學術研討會論文集　蔡忠道主編　18開精裝　特價1000元(2008)

⑯當代的民間文化觀照　周益忠‧吳明德執行　16開精裝　特價800元(2007)

⑰典範與創意學術研討會論文集　張高評主編　18開精裝　特價1000元(2007)

⑱人文與創意學術研討會論文集　張高評主編　18開精裝　特價800元(2008)

⑲傳統文化與經營管理研究論文集　張高評主編　18開精裝　特價800元(2009)

二、中國哲學‧思想

①論語今注　潘重規著　25開平裝　特價360元(2000)
②老子校正　陳錫勇著　25開平裝　特價300元(1999)
③郭店楚簡老子論證　陳錫勇著　25開平裝　特價450元(2005)
④郭象玄學　莊耀郎著　25開平裝　特價350元(1998)
⑤王船山哲學　曾昭旭著　25開漆布精裝　特價600元(2008)
⑥清代義理學新貌　張麗珠著　25開平裝　特價360元(1999)
⑦清代新義理學──傳統與現代的交會　張麗珠著　25開平裝　特價300元(2003)
⑧清代的義理學轉型　張麗珠著　25開平裝　特價400元(2006)
⑨清初理學思想研究　楊菁著　25開平裝　特價500元；25開漆布精裝　特價700元(2008)

⑩聖賢典型的儒道義蘊試詮　吳冠宏著　25開平裝　特價300元(2000)

⑪魏晉玄義與聲論新探 吳冠宏著　25開平裝　特價450元(2006)

⑫竹林名士的智慧與詩情　江建俊主編　25開平裝　特價450元(2008)

⑬竹林學的形成與域外流播 江建俊主編 25開平裝　特價600元(2010)

⑭道家思想的哲學詮釋 陳德和著　25開平裝　特價380元(2005)

⑮莊子生命情調的哲學詮釋　王志楣著　25開平裝　特價450元(2009)

⑯莊子道　王邦雄著作系列①　25開平裝 特價350元(2010)

⑰莊子的道——逍遙散人 趙衛民著 25開平裝 特價300元(2011)

⑱中國哲學史　王邦雄・岑溢成・楊祖漢・高柏園合著　18開平裝　上下各特價300元(2005)

⑲中國哲學史三十講 張麗珠著　18開精裝　特價500元(2007)

⑳理學方法論 劉昌佳著　25開平裝　特價600元(2010)

㉑淮南鴻烈論文集　于大成著　25開精裝二大冊　特價1800元(2005)

㉒朱熹與四書章句集注 陳逢源著　25開平裝　特價600元(2006)

㉓朱熹學術考論　董金裕著　25開平裝 特價400元(2008)

㉔北宋中期儒學道論類型研究 林素芬著　25開平裝　特價600元(2008)

㉕理氣與心性：明儒羅欽順研究　鄧克銘著　25開平裝　特價400元（2010）

三、西洋哲學

①康德的自由學說　盧雪崑著　25開平裝　特價650元(2009)

②物自身與智思物：康德的形而上學　盧雪崑著　25開平裝 特價650元（2010）

四、美學

①六朝情境美學　鄭毓瑜著　25開平裝　特價200元(1997)
②文學與圖像的文化美學——想像共同體的樂園論述　鄭文惠著　25開平裝　特價450元(2007)

五、經學

①周易陰陽八卦說解　徐志銳著　25開平裝　特價160元(1994)
②周易大傳新注　徐志銳著　25開平裝二冊　特價400元(1995)
③周易新譯　徐志銳著　25開平裝　特價250元(1996)
④詩本義析論　車行健著　25開平裝　特價350元(2002)
⑤儀禮飲食禮器研究　姬秀珠著　18開精裝　特價800元(2005)
⑥陳振孫之經學及其《直齋書錄解題》經錄考證　何廣棪著
　25開精裝　特價1200元(1997)
⑦昭代經師手簡箋釋——清儒致高郵二王論學書　賴貴三編著
　25開平裝　特價500元(1999)
⑧焦循手批十三經註疏研究　賴貴三著　25開平裝二冊　特價
　1000元(2000)
⑨臺灣易學史　賴貴三主編　18開精裝　特價800元(2005)
⑩易傳與儒道關係論衡　顏國明著　25開平裝　特價800元
　(2006)
⑪清代漢學與左傳學——從「古義」到「新疏」的脈絡　張素卿
　著　25開平裝　特價600元(2007)
⑫詩經問答　翁麗雪著　25開平裝　特價450元(2010)

六、中國歷史

①秦漢史　韓復智・葉達雄・邵台新・陳文豪編著　18開精裝
　特價450元(2007)
②魏晉南北朝史　鄭欽仁・吳慧蓮・呂春盛・張繼昊編著　18
　開精裝　特價450元(2007)
③隋唐五代史　高明士・邱添生・何永成・甘懷眞編著　18開
　精裝　特價450元(2006)

④國史論衡(一)　鄺士元著　25開精裝　特價400元(1992)
⑤國史論衡(二)　鄺士元著　25開精裝　特價450元(1992)
⑥中國經世史稿　鄺士元著　25開精裝　特價450元(1992)
⑦中國學術思想史　鄺士元著　25開精裝　特價400元(1992)
⑧中國上古史綱　張蔭麟著　25開平裝　特價170元(1982)
⑨中國歷史研究法（正補編及新史學合刊）　梁啓超著　25開平裝　特價180元(1984)
⑩中國史學名著評介　倉修良主編　25開精裝三冊　特價1200元(1994)
⑪明清史講義　孟森（心史）著　25開精裝　特價500元(1982)
⑫清代政事軍功評述　唐昌晉著　25開精裝三冊　特價1500元(1996)
⑬中國近三百年學術史（附：清代學術概論）　梁啓超著　25開精裝　特價400元(1995)
⑭史記選注　韓兆琦選注　25開精裝一大冊　特價500元(1994)
⑮司馬遷之人格與風格　李長之著　25開平裝　特價200元(1999)
⑯秦始皇評傳　張文立著　25開精裝　特價600元；25開平裝　特價450元(2000)

七、文學概論・文學史

①文學概論　朱國能著　25開平裝　特價300元(2003)
②文學理論　羅麗容著　18開平裝　特價400元(2010)
③文學詮釋學　周慶華著　25開平裝　特價450元(2009)
④中國文學史（上）　龔鵬程著　18開精裝　特價500元(2009)
⑤中國文學史（下）　龔鵬程著　18開精裝　特價500元(2010)
⑥嘉義地區古典文學發展史　江寶釵著　18開平裝　特價300元(1998)

八、文學評論

①楚辭文心論──諷諫抒情與神話儀式　魯瑞菁著　25開平裝　特價550元(2002)

②香草美人文學傳統　吳旻旻著　25開平裝　特價450元(2006)

③世說新語的語言與敘事　梅家玲著　25開平裝　特價400元(2004)

④文心雕龍注釋（附：今譯）　周振甫著　25開精裝　特價500元(1984)

⑤沈迷與超越——六朝文學之感官辯證　陳昌明著　25開平裝　特價400元(2005)

⑥韓柳古文新論　王基倫著　25開平裝　特價200元(1996)

⑦唐宋古文論集　王基倫著　25開平裝　特價300元(2001)

⑧女性・帝王・神仙——先秦兩漢辭賦及其文化身影　許東海著　25開平裝　特價350元(2003)

⑨風景・夢幻・困境：辭賦書寫新視界　許東海著　25開平裝　特價450元(2008)

⑩倫理・歷史・藝術：古代楚辭學的建構　廖棟樑著　25開平裝　特價600元(2009)

⑪靈均餘影：古代楚辭學論集　廖棟樑著　25開平裝　特價600元（2010）

⑫歷史・空間・身分——洛陽伽藍記的文化論述　王美秀著　25開平裝　特價450元(2007)

⑬流變中的書寫——祁彪佳與寓山園林論述　曹淑娟著　25開平裝　特價600元(2006)

⑭儒者歸有光析論——以應舉為考察核心　黃明理著　25開平裝　特價500元(2009)

⑮寓莊於諧：明清笑話型寓言論詮　林淑貞著　25開平裝　特價450元(2006)

⑯尚實與務虛：六朝志怪書寫範式與意蘊　林淑貞著　25開平裝　特價700元(2010)

⑰清代才媛沈善寶研究　王力堅著　25開平裝　特價450元(2009)

⑱溪聲便是廣長舌　王保珍著　25開平裝　特價300元(2003)

九、文學別集・選集

①歷代散文選注　張素卿・詹海雲・廖棟樑・方介・周益忠・黃明理選注　18開精裝　上下各特價450元(2009)

②楚辭註繹　吳福助著　25開精裝　上下各特價400元(2007)

③陶淵明集校箋（增訂本）　龔斌校箋　25開軟皮精裝　特價450元；25開漆布精裝　特價600元(2007)

④謝靈運集校注　顧紹柏校注　25開漆布精裝　特價500元(2004)

⑤中國文學名篇選讀　林宗毅・李栩鈺選注　18開平裝　特價350元(2002)

十、詩詞

①人間詞話新注　王國維著　滕咸惠校注　25開平裝　特價170元(1994)

②人間詞話之審美觀　蘇珊玉著　25開平裝　特價450元；25開精裝　特價500元(2009)

③歷代詞選注（附「實用詞譜」、「簡明詞韻」）　閔宗述・劉紀華・耿湘沅選注　18開精裝　特價475元(1993)

④蘇辛詞選注　劉紀華・高美華選注　18開精裝　特價450元(2005)

⑤會通與適變——東坡以詩為詞論題新詮　劉少雄著　25開平裝　特價400元(2006)

⑥讀寫之間——學詞講義　劉少雄著　25開平裝　特價420元(2006)

⑦詞學文體與史觀新論　劉少雄著　25開平裝　特價450元(2010)

⑧唐宋名家詞選（增訂本）　龍沐勛編選・卓清芬注說　18開紙皮精裝　特價600元；18開漆布精裝　特價800元(2007)

⑨唐宋詞格律　龍沐勛著　25開平裝　特價200元(1995)

⑩倚聲學（詞學十講）　龍沐勛著　25開平裝　特價180元(1996)

⑪袖珍詞學　張麗珠著　25開平裝　特價380元(2001)

⑫袖珍詞選　張麗珠選注　18開平裝　特價350元(2003)

⑬海綃翁夢窗詞說詮評　陳文華著　25開平裝　特價250元(1996)
⑭湖海樓詞研究　蘇淑芬著　25開平裝　特價450元(2005)
⑮唐宋詩舉要　高步瀛選注　18開精裝　特價450元(2004)
⑯歷代詩選注　鄭文惠・歐麗娟・陳文華・吳彩娥選注　18開
　精裝一大冊　特價600元(1998)
⑰袖珍詩選　吳彩娥選注　18開平裝　特價380元(2004)
⑱唐詩選注　歐麗娟選注　25開精裝　特價500元(1995)
⑲杜詩意象論　歐麗娟著　25開平裝　特價200元(1997)
⑳唐詩的樂園意識　歐麗娟著　25開平裝　特價400元(2000)
㉑唐代詩歌與性別研究——以杜甫爲中心　歐麗娟著　25開平
　裝　特價500元(2009)
㉒唐詩論文集及其他　方瑜著　25開精裝　特價400元(2005)
㉓杜甫與唐宋詩學——杜甫誕生一千二百九十年國際學術研討
　會論文集　陳文華主編　18開精裝　特價800元(2003)
㉔杜甫自秦入蜀詩歌析評　黃奕珍著　25開平裝　特價360元
　(2005)
㉕清代詩論與杜詩批評——以神韻、格調、肌理、性靈爲論述
　中心　徐國能著　25開平裝　特價470元(2009)
㉖臺灣師大圖書館鎮館之寶：翁方綱《翁批杜詩》稿本校釋
　賴貴三校釋：國立編譯館出版　25開精裝　特價1200元(2011)
㉗賈島詩集校注　李建崑校注　25開精裝　特價600元(2002)
㉘唐詩學探索　蔡瑜著　25開平裝　特價250元(1998)
㉙說詩晬語論歷代詩　朱自力著　25開平裝　特價200元(1994)
㉚田園詩派宗師——陶淵明探新　陳怡良著　25開平裝　特價
　500元(2006)
㉛南朝邊塞詩新論　王文進著　25開平裝　特價280元(2000)
㉜南朝山水與長城想像　王文進著　25開精裝　特價600元(2008)
㉝回車：中古詩人的生命印記　廖美玉著　25開平裝　特價
　500元(2007)
㉞蒹葭樓詩論　陳慶煌著　25開平裝　特價230元(2001)
㉟夢機六十以後詩　張夢機著　25開平裝　特價300元(2004)

㊱王東燁槐庭詩草　鄭定國編注　25開平裝　特價350元(2004)

㊲日治時期雲林縣的古典詩家　鄭定國主編　25開平裝　特價400元(2005)

㊳李商隱詩箋釋方法論──中國古典詮釋學例說　顏崑陽著　25開平裝　特價380元(2005)

㊴李商隱詩選註　黃盛雄編著　18開平裝　特價380元(2006)

㊵表意・示意・釋義──中國寓言詩析論　林淑貞著　25開平裝　特價450元(2007)

㊶絕唱──漢代歌詩人類學　高莉芬著　25開平裝　特價450元(2008)

㊷詩詞越界研究　王偉勇著　25開平裝　特價500元(2009)

㊸清代論詞絕句初編　王偉勇著　25開平裝　特價550元(2010)

㊹中西詩學的對話：北美華裔學者中國古典詩研究　王萬象著　25開平裝　特價700元(2009)

十一、戲曲

①西廂記　王實甫著　王季思校注　25開平裝　特價200元(1995)

②牡丹亭　湯顯祖著　徐朔方等校注　25開平裝　特價220元(1995)

③《牡丹亭》錄影帶　張繼青主演　VHS二捲一套　特價600元(1997)

④長生殿　洪昇著　徐朔方校注　25開平裝　特價200元(1996)

⑤桃花扇　孔尚任著　王季思等校注　25開平裝　特價250元(1996)

⑥琵琶記　高明著　錢南揚校注　25開平裝　特價200元(1998)

⑦關漢卿戲曲集　吳國欽校注　25開平裝二冊　特價500元(1998)

⑧王國維戲曲論文集（宋元戲曲考及其他）　25開平裝　特價300元(1993)

⑨戲文概論　錢南揚著　25開平裝　特價300元(2000)

⑩歷代曲選注　朱自力・呂凱・李崇遠選注　18開精裝　特價425元(1994)

⑪袖珍曲選　沈惠如選注　18開平裝　特價350元(2004)
⑫傳統戲曲的現代表現　王安祈著　25開平裝　特價300元(1996)
⑬京劇發展V.S.流派藝術　林幸慧著　25開平裝　特價400元(2004)
⑭由申報戲曲廣告看上海京劇發展（1872至1899）　林幸慧著
　　25開平裝　特價700元(2009)
⑮戲曲批評概念史考論　李惠綿著　25開平裝　特價500元(2002)
⑯清代戲曲研究五題　陳芳著　25開平裝　特價360元(2002)
⑰清人戲曲序跋研究　羅麗容著　25開平裝　特價450元(2002)
⑱曲學概要　羅麗容著　18開平裝　特價400元(2003)
⑲中國神廟劇場史　羅麗容著　18開平裝　特價500元(2006)
⑳規律與變異：明清戲曲學辨疑　林鶴宜著　25開平裝　特價
　　360元(2003)
㉑西廂記的戲曲藝術──以全劇考證及藝事成就為主陳慶煌著
　　25開平裝　特價400元(2003)
㉒元雜劇的聲情與劇情　許子漢著　25開平裝　特價250元(2003)
㉓崑曲中州韻教材（附DVD）　石海青編著　16開精裝　特價
　　880元(2007)
㉔臺灣歌仔戲史論與演出評述　蔡欣欣著　25開精裝　特價
　　600元(2005)
㉕廿世紀初中國俗曲唱述人物　林仁昱著　25開精裝　特價800元
　　(2011)

十二、俗文學・神話

①民俗文化與民間文學　陳益源著　25開平裝　特價200元(1997)
②台灣民間文學採錄　陳益源著　25開平裝　特價300元(1999)
③俗文學稀見文獻校考　陳益源著　25開平裝　特價450元(2005)
④蔡廷蘭及其海南雜著　陳益源著　25開平裝　特價450元(2006)
⑤周成過台灣的傳述　王釧芬著　25開平裝　特價450元(2007)
⑥澎湖民間故事研究　姜佩君著　25開平裝　特價550元；25開
　　漆布精裝　特價800元(2007)
⑦敘事性口傳文學的表述　巴蘇亞・博伊哲努（浦忠成）著

25開平裝　特價300元(2000)
⑧台灣原住民族文學史綱（上）（下）浦忠成著　18開漆布精裝
　　特價上下各600元（2009）
⑨中國民間文學　鹿憶鹿著　25開平裝　特價380元(1999)
⑩洪水神話——以中國南方民族與台灣原住民為中心憶鹿著
　　25開平裝　特價400元(2002)
⑪台灣民間文學　鹿憶鹿著　25開平裝　特價375元(2009)
⑫中國神話傳說　袁珂著　25開平裝三冊　特價550元(1987)
⑬山海經校注　袁珂校注　25開漆布精裝　特價500元(1982)
⑭中國古代神話選注　徐志平編著　18開平裝　特價380元(2006)
⑮蓬萊神話——神山、海洋與洲島的神聖敘事　高莉芬著　25
　　開平裝　特價450元(2008)
⑯民間文學與民間文化采風　鍾宗憲著　25開平裝　特價400
　　元(2006)
⑰台灣民間故事類型（含母題索引）　胡萬川編著　25開漆布
　　精裝附光碟　特價500元(2008)
⑱真實與想像——神話傳說探微　胡萬川文集①　18開平裝　特
　　價450元；18開精裝　特價650元（2010）
⑲民間文學的理論與實際　胡萬川文集②　18開平裝　特價400
　　元；18開精裝　特價600元(2010)
⑳高雄遊憩名山傳說研究——以大崗山、半屏山、打狗山為對
　　象　彭衍綸著　25開精裝　特價1200元(2011)

十三、古典小說

①革新版彩畫本紅樓夢校注　馮其庸等注　汪惕齋畫　25開精
　　裝三冊　特價1000元(1984)
②彩畫本水滸全傳校注　李泉・張永鑫校注　戴敦邦等插圖
　　25開精裝三大冊　特價1200元(1994)
③三國演義校注　吳小林校注　附地圖　25開精裝二大冊　特
　　價700元(1994)
④西遊記校注　徐少知校　朱彤・周中明注　25開精裝三冊

特價800元(1996)

⑤〔夢梅館校本〕金瓶梅詞話　梅節校注　25開軟皮精裝三冊
特價1000元；25開漆布精裝　特價1200元(2007)

⑥儒林外史新注　吳敬梓原著　徐少知新注　25開漆布精裝
特價450元〔2010〕

⑦魯迅小說史論文集（中國小說史略及其他）　25開平裝特價
250元(1992)

⑧古典短篇小說之韻文　許麗芳著　25開平裝　特價300元(2001)

⑨紅樓夢的語言藝術　周中明著　25開平裝　特價300元(1997)

⑩紅樓夢人物研究　郭玉雯著　25開平裝　特價380元(1998)

⑪紅樓夢學──從脂硯齋到張愛玲　郭玉雯著　25開平裝　特
價400元(2004)

⑫詩論紅樓夢　歐麗娟著　25開平裝　特價400元(2001)

⑬紅樓夢人物立體論　歐麗娟著　25開平裝　特價450元(2006)

⑭金瓶梅與紅樓夢　王乃驥著　25開平裝　特價260元(2001)

⑮紅樓夢解紅樓夢──後四十回非高鶚續著　王乃驥著　25開
平裝　特價600元；25開漆布精裝　特價800元(2010)

⑯紅樓夢指迷　王關仕著　25開平裝　特價400元(2003)

⑰紅樓搖夢　周慶華著　25開平裝　特價450元(2007)

⑱六朝小說本事考索　謝明勳著　25開平裝　特價300元(2003)

⑲身體‧性別‧階級──六朝志怪的常異論述與小說美學　劉
苑如撰　特價220元(2002)〔經售〕

⑳金瓶梅藝術論　周中明著　25開平裝　特價300元(2001)

㉑飲食情色金瓶梅　胡衍南著　25開平裝　特價400元(2004)

㉒金瓶梅到紅樓夢──明清長篇世情小說研究　胡衍南著　25
開平裝　特價500元(2009)

㉓金瓶梅餘穗　魏子雲著　25開平裝　特價450元(2007)

㉔三國演義的美學世界　廖瓊媛著　25開平裝　特價300元(2000)

㉕觀三國　羅盤著　25開平裝　特價350元〔2010〕

㉖古典小說中的類型人物　林保淳著　25開平裝　特價350元
(2003)

㉗古典小說的人物形象　張火慶著　25開平裝　特價600元(2006)

㉘古典小說與情色文學　陳益源著　25開平裝　特價380元(2001)

㉙王翠翹故事研究　陳益源著　25開平裝　特價350元(2001)

㉚唐人小說選注　蔡守湘選注　25開平裝三冊　特價600元(2002)

㉛唐代小說承衍的敘事研究　康韻梅著　25開平裝　特價450元
(2005)

㉜唐傳奇名篇析評　楊昌年著　25開平裝　特價300元(2003)

㉝西遊記探源　鄭明娳著　25開平裝　特價400元(2003)

㉞聊齋誌異癡狂士人類型析論　陳葆文著　25開平裝　特價
400元(2005)

㉟歷代短篇小說選注　劉苑如・高桂惠・康韻梅・賴芳伶選注
18開精裝　特價600元(2003)

十四、近現代文學

①魯迅小說合集（吶喊・彷徨・故事新編）　25開平裝　特價
250元(1997)

②魯迅散文選集──《野草》《朝花夕拾》及其他　徐少知編
25開平裝　特價350元(2002)

③呼蘭河傳　蕭紅著　25開平裝　特價135元(1998)

④生死場　蕭紅著　25開平裝　特價135元(1999)

⑤人間花草太匆匆──卅年代女作家美麗的愛情故事　蔡登山
著　25開平裝　特價200元(2000)

⑥人間四月天──民初文人的愛情故事　蔡登山著　25開平裝
特價200元(2001)

⑦水晶簾外玲瓏月──近代文學名家作品析評　楊昌年著　25
開平裝　特價300元(1999)

⑧兩岸小說中的少年家變　石曉楓著　25開平裝　特價400元
(2006)

⑨南社文學綜論　林香伶著　25開平裝附光碟　特價700元
（2009）

⑩新詩啓蒙　趙衞民著　25開平裝　特價300元(2011)

十五、近現代學人文集

①聞一多全集(一)　神話與詩　25開精裝　特價450元(1993)
②聞一多全集(二)　古典新義　25開精裝　特價400元(1996)
③聞一多全集(三)　唐詩雜論　25開精裝　特價450元(2000)
④聞一多全集(四)　詩選與校箋　25開精裝　特價450元(2000)
⑤廖蔚卿先生文集①　中古詩人研究　25開精裝　特價400元
(2005)
⑥廖蔚卿先生文集②　中古樂舞研究　25開精裝　特價450元
(2006)
⑦王夢鷗先生文集①　中國文學理論與實踐　18開平裝　特價
375元(2009)
⑧王夢鷗先生文集②　文藝美學　18開平裝　特價400元(2010)

十六、臺灣文學

①臺灣古典文學大事年表・明清篇　施懿琳・廖美玉主編　18
開漆布精裝　特價800元(2008)
②臺語詩的漢字與詞彙：從向陽到路寒袖　林香薇著　25開平
裝　特價450元(2009)

十七、教學與寫作

①創意與非創意表達　淡江大學語文表達研究室編　25開平裝
特價250元(1997)
②文學論文寫作講義　羅敬之著　25開平裝　特價300元(2001)
③論亞里斯多德《創作學》　王士儀著　25開平裝　特價360元
(2000)
④實用中文寫作學　張高評主編　25開平裝　特價400元(2004)
⑤實用中文寫作學(續編)　張高評主編　25開平裝　特價400元
(2006)

⑥實用中文寫作學(三編)　張高評主編　25開平裝　特價800元
〔2009〕

⑦傾聽語文──大學國文新教室　謝大寧主編　18開平裝　特
價400元(2005)

⑧中文創意教學示例　謝明勳、陳俊啟、蕭義玲合編　18開平
裝　特價450元〔2009〕

⑨語文教學方法　周慶華著　25開平裝　特價400元(2007)

十八、語言文字・文法

①甲骨文研究〔中國古文字與文化論稿〕　朱歧祥著　18開平
裝　特價500元(1998)

②甲骨文讀本　朱歧祥著　18開平裝　特價450元(1999)

③甲骨文字學　朱歧祥著　18開平裝　特價500元(2002)

④圖形與文字──殷金文研究　朱歧祥著　18開平裝　特價600
元(2004)

⑤殷墟花園莊東地甲骨論稿　朱歧祥著　18開平裝　特價600
元(2008)

⑥甲骨文考釋　魯實先講授・王永誠編　18開平裝　特價600
元(2009)

⑦殷卜辭先王稱謂綜論　吳俊德著　18開平裝　特價600元
(2010)

⑧「往」「來」「去」歷時演變綜論　王錦慧著　25開平裝　特
價350元(2004)

⑨桂馥的六書學　沈寶春著　18開平裝　特價450元(2004)

⑩辭章學十論　陳滿銘著　25開平裝　特價500元(2006)

⑪新校互註宋本廣韻　余迺永校註　18開精裝　特價500元(2010)

⑫漢語語言結構義證──理論與教學應用　許長謨著　25開平
裝　特價700元(2010)

十九、圖書文獻

①圖書文獻學考論　趙飛鵬著　25開平裝　特價400元(2005)

②印刷傳媒與宋詩特色──兼論圖書傳播與詩分唐宋　張高評
著　25開精裝　特價700元(2008)

二十、藝術

①八大山人之謎　魏子雲著　25開平裝　特價250元(1998)
②八大山人是誰　魏子雲著　25開平裝　特價160元(1999)
③詩歌與音樂論稿　李時銘著　25開平裝　特價350元(2004)

二十一、宗教

①中國佛寺詩聯叢話　董維惠編著　25開精裝三大冊　特價
2000元(1994)
②佛教與文學的系譜　周慶華著　25開平裝　特價240元(1999)
③後佛學　周慶華著　25開平裝　特價280元(2004)
④禪學與中國佛學　高柏園著　25開平裝　特價280元(2001)
⑤天台智顗的詮釋理論　郭朝順著　25開平裝　特價300元(2004)
⑥金剛般若波羅蜜經　沈祖湜手書　菊8開平裝　特價250元
(2001)
⑦鳩摩羅什般若思想在中國　涂艷秋著　25開平裝　特價400
元(2006)

二十二、兩性研究

①女性主義與中國文學　鍾慧玲主編　25開平裝　特價300元
(1997)
②《午夢堂集》女性作品研究　李栩鈺著　25開平裝　特價250
元(1997)
③不離不棄鴛鴦夢──文學女性與女性文學　李栩鈺著　25開
平裝　特價450元(2007)
④清代女詩人研究　鍾慧玲著　25開平裝　特價500元(2000)
⑤性別與家國─漢晉辭賦的楚騷論述　鄭毓瑜著　25開平裝
特價280元(2000)
⑥婦女與宗教：跨領域的視野　李玉珍、林美玫合編　18開平

裝　特價400元(2003)
⑦婦女與差傳：十九世紀美國聖公會女傳教士在華差傳研究
　林美玫著　25開平裝　特價500元(2005)
⑧民間文學的女性研究　洪淑苓著　25開平裝　特價350元(2004)
⑨現代文學的女性身影　林秀玲著　25開平裝　特價300元(2004)
⑩結構與符號之間：台灣現代女性詩作之意象研究　李癸雲著
　25開平裝　特價400元(2008)

二十三、集刊

①臺灣古典文學研究集刊　每集各500元
②宋代文哲研究集刊（編輯中）

二十四、通識叢書

①成大中文寫作診斷書（成語篇）王偉勇主編 25開平裝 特價
　300元(2009)
②成大中文寫作診斷書（用語篇）　王偉勇主編 25開平裝 特價
　300元(2010)
③成大傳奇 王偉勇主編 25開平裝 特價400元(2010)
④寫出精采的人生——生命傳記與心靈書寫　林美琴著　25開
　平裝　特價300元(2010)
⑤藝術欣賞與實務　王偉勇主編　25開平裝　特價300元(2011)

二十五、人生管理系列

①吳娟瑜的情緒管理學　吳娟瑜著　25開平裝　特價250元(1997)
②吳娟瑜的婚姻管理學　吳娟瑜著　25開平裝　特價250元(1998)
③吳娟瑜的溝通管理學　吳娟瑜著　25開平裝　特價230元(1999)
④吳娟瑜的男性知見學　吳娟瑜著　25開平裝　特價240元(2000)
⑤吳娟瑜的女性成長學　吳娟瑜著　25開平裝　特價250元(2001)
⑥吳娟瑜的快樂哲學　吳娟瑜著　25開平裝　特價250元(2001)
⑦吳娟瑜的身心安頓學　吳娟瑜著　25開平裝　特價230元(2002)
⑧吳娟瑜的幼兒養育學　吳娟瑜著　25開平裝　特價250元(2009)

本書局全省經銷處

（有☆符號者，書較齊整；有☆☆者書最齊整）

台北市：
　①重慶南路——☆☆三民書局、☆書鄉林、☆建宏書局、☆建
　　弘書局、阿維的書店。
　②台大附近——☆聯經出版公司、☆☆唐山出版社、台大出版
　　中心（台灣大學內）、女書店、台灣个店、南天書局、政大
　　書城（台大店）
　③師大附近——☆☆學生書局、☆☆樂學書局（金山南路）。
　④復興北路（民權東路口，捷運中山國中站）——☆☆三民書
　　局。
　⑤忠孝東路四段（捷運市政府站）——聯經出版公司。
　⑥木柵——☆☆巨流政大書城（政治大學內）。
　⑦中正紀念堂——中國音樂書房。
　⑧陽明山——尚書房（文化大學外）。
　⑨外雙溪——學連圖書有限公司（東吳大學內）。
　⑩北投——藝大書店（國立台北藝術大學內）。
淡水：淡大書城（淡江大學內）。
新莊：敦煌書局（輔仁大學內）。
中壢：敦煌書局（中央大學內、元智大學內、中原大學內）。
新竹：☆☆水木書苑（清華大學內）、☆全民書局（新竹教育大
　　學外、交通大學內）、☆玄奘大學圖書文具部（玄奘大學
　　內）。

台中：☆五楠圖書公司、敦煌書局（逢甲大學內、東海大學內、靜宜大學內、中興大學內）、興大書齋、☆闊葉林書店（中興大學附近）、上下游文化公司（五權西二街）。

南投：☆暨南大學圖書文具部。

彰化：☆復文書局（彰師大外）。

嘉義：☆復文書局（中正大學內）、滴水書坊（南華大學內）、紅豆書局。

台南：☆成大書城（崇善路）、☆復文書局（台南大學圖書文具部）、敦煌書局、超越書局、金典書局、成功大學圖書部（成功大學成功校區）。

高雄：☆政大書城光華店（光華一路）、☆政大書城河堤店（明仁路）、☆復文書局（高雄師大內、中山大學內）、☆五楠圖書公司（中山一路）。

花蓮：瓊林圖書事業有限公司、復文書局（東華大學美崙校區內）、☆東華大學校本部東華書坊。

台東：☆銓民書局台東店（新生路）。

連鎖店：全省誠品書店、金石文化廣場、建宏書局。

網路書店：☆☆里仁書局（網址：http://lernbook.webdiy.com.tw）
　　　　　☆☆博客來網路書店（網址：http://www.books.com.tw）
　　　　　☆☆三民網路書店（網址：http://www.sanmin.com.tw）
　　　　　☆☆誠品網路書店（網址：http://www.eslite.com.）
　　　　　☆金石堂網路書店（網址：http://www.kingstone.com.tw）
　　　　　華文網股份有限公司（網址：http://www.book4u.com.tw）

吳娟瑜老師的書全省各大書店有售

里 仁 書 局

http://lernbook.webdiy.com.tw/
台北市仁愛路二段98號5樓之2
TEL：(02)2321-8231,2391-3325,2351-7610
FAX：(02)3393-7766
郵政劃撥：01572938「里仁書局」帳戶
E-mail：lernbook@ms45.hinet.net

銀行匯款：華南商業銀行信義分行
帳號：119-10-003493-8「里仁書局」帳戶
ATM轉帳銀行代碼：008華南銀行

LE JIN BOOKS LTD.

5F-2, NO. 98, Jen Ai Road, Sec. 2,
Taipei, Taiwan, R. O. C.

Please T/T To Our Account:
（外幣匯款帳號）
HUA NAN COMMERCIAL BANK LTD.
SHIN YIH BRANCH
No. 183, Sec. 2, Shin Yih Road,
Taipei, Taiwan, R.O.C.
Swift Address: HNBK TW TP
A/C NO:102-97-002651-1

（人民幣匯款帳號）
中國工商銀行
帳號：6222020200081736734
戶名：徐秀荣

國家圖書館出版品預行編目（CIP）資料

從近現代到後冷戰：亞洲的政治記憶與歷史敘事 國際
　學術研討會論文集／國立彰化師範大學國文系編輯.－
　－初版 .－－臺北市：里仁，2011.10
　　面；　公分
　　ISBN 978-986-6178-37-5（精裝）
　　1.亞洲文學　2.史學　3.敘事文學　4.文集

860.7　　　　　　　　　　　　　　　　　　100020549

· 本書經主辦單位授權在全世界出版發行 ·

從近現代到後冷戰：

亞洲的政治記憶
與歷史敘事　國際學術研討會論文集

編輯者：國立彰化師範大學國文系
主編者：徐秀慧・吳彩娥
校對者：作者自校
發行人：徐秀榮
發行所：里仁書局（請准註冊之商標）
　　　　臺北市仁愛路二段98號五樓之2
電話：(886-2) 2391-3325・2351-7610・
　　　　2321-8231
FAX：(886-2) 3393-7766
網站：http://lernbook.webdiy.com.tw/
郵政劃撥：01572938「里仁書局」帳戶
印刷所：福霖印刷有限公司
西元二〇一一年十月二十日初版

參考售價：精裝 1000 元
ISBN：978-986-6178-37-5（精裝）